Tschechien entdecken

Unterwegs in Böhmen
und Mähren
Aufgezeichnet von
Kerstin und André
Micklitza

Trescher
Reihe Reisen

2., aktualisierte und erweiterte Auflage 2006

Trescher Verlag
Reinhardtstraße 9
10117 Berlin
www.trescherverlag.de
post@trescherverlag.de

ISBN 3-89794-087-6

Gestaltung: Angelika Drescher, Tom Schülke
Einbandgestaltung: Bernd Chill
Karten und Stadtpläne:
Johann Maria Just, Bernd Schwenkros
Lektorat: Hinnerk Dreppenstedt
Redaktionelle Mitarbeit: Fabian May

Gedruckt auf chlorfrei gebleichtem Papier.
Printed in Germany.

Inhalt

Pilsner Urquell

Vorwort

Tschechien, Tschechische Republik, Tschechei – für Deutsche verbinden sich mit diesen Namen sehr unterschiedliche Beziehungen. Dem einen blieb es ein unbekannter Nachbar, dem anderen wurde es zur geliebten zweiten Heimat. Die Generation unserer Großeltern erlebte hier mitunter ein Ende mit Schrecken, heute ist das Land, insbesondere seine Hauptstadt Prag, ein beliebtes Reiseziel.

Der Name des neuen Staates löste anfangs Irritationen aus. Tschechei war der geläufige Oberbegriff für die tschechischen Kronländer Böhmen, Mähren und Österreichisch-Schlesien, lange bevor die Nazis an die Macht kamen. Hitler hatte nach der Besetzung des Sudetenlandes von der Okkupation der ›Rest-Tschechei‹ gesprochen und sein Vorhaben ein halbes Jahr später auch verwirklicht. Die meisten tschechischen Politiker sahen diese Bezeichnung daher als desavouiert an und legten nach Wende und Loslösung von der Slowakei Wert auf die Bezeichnung Tschechien. Mittlerweile hat sich dieser Begriff im offiziellen deutschen Sprachgebrauch etabliert, das eher volkstümliche Kürzel Tschechei ist deshalb aber nicht verschwunden: Die Sachsen und Bayern etwa fahren ganz selbstverständlich weiterhin in die Tschechei.

Das Land im Herzen Europas ist eine Entdeckungsreise wert. Neben Naturschönheiten blieben hier sehr viele Altstädte, Schlösser und Burgen erhalten, die

Der Marktplatz in Telč

ihren mittelalterlichen Charakter bis in unsere Zeit bewahren konnten. Wenn im ›realen Sozialismus‹ für Modernisierungen oftmals das Geld fehlte, erweist sich das aus heutigem Blickwinkel mitunter als ein Segen. Heute findet man in Tschechien neben Italien die am besten erhaltenen mittelalterlichen Stadtbilder Europas.

Die Gastfreundschaft der Menschen, die schmackhafte und deftige Küche sowie die noch immer sehr günstigen Preise sprechen auch für einen Urlaub beim Nachbarn.

Tschechien – das ist viel mehr als Prag, Karel Gott, Škoda und Pilsner Urquell.

Hinweise zur Benutzung dieses Reiseführers

Bei einer Beschreibung ehemals vorwiegend deutschsprachiger Gebiete stellt sich immer wieder die Frage, mit welchem Namen man Städte, Straßen und Regionen bezeichnen soll. Einerseits haben die Orte heute tschechische Namen, andererseits sind diese oft geradezu zungenbrecherisch, so daß es bequemer wäre, den alten deutschen Namen zu verwenden. Sicherlich ist dies auch eine Generationsfrage, denn viele junge Leute kennen die ehemaligen deutschen Bezeichnungen nicht mehr. Auch auf aktuellen Landkarten und Stadtplänen findet man, von wenigen Ausnahmen abgesehen, die alten deutschen Namen nicht mehr.

In der Prager Altstadt

Damit sich jedermann zurechtfinden kann, werden in diesem Buch die Orte mit ihrem heutigen Namen bezeichnet, und bei der ersten Erwähnung wird der ehemalige deutsche Name in Klammern beigefügt. Lediglich bei den bekanntesten Namen, wie etwa Prag, bei wichtigen Sehenswürdigkeiten oder bei historischen Beschreibungen wird der deutsche Name beibehalten, der entsprechende tschechische bei der erstmaligen Erwähnung mitgenannt. Ein Ortsregister mit allen deutschen und tschechischen Bezeichnungen befindet sich am Ende des Buches.

Das Buch beschreibt das Land von West nach Ost, jeweils von den größeren Orten ausgehend. Sie stehen neben der Beschreibung auch kleinerer Orte und Einzelobjekte, wie sie etwa die zahlreichen Burgen, Schlösser und Sakralbauten darstellen. Hinweise zu Touristeninformationen, Restaurants, Unterkunfts- und Sportmöglichkeiten etc. befinden sich in den Informationskästen am Ende der einzelnen Abschnitte.

Die Stadtpläne und Regionalkarten dienen zur ersten Orientierung. Besonders bei längerem Aufenthalt ist es jedoch ratsam, Wanderkarten und detaillierte Stadtpläne, die in den genannten Informationsbüros erhältlich sind, hinzuzuziehen.

Zeichenerklärung

- Allgemeine Informationen
- Flugverbindungen, Rundflüge
- Bahnverbindungen, Klein- und Schmalspurbahnen
- Busverbindungen
- Schiffsausflug
- Unterkünfte
- Bergbauden
- Campingplatz
- Restaurants, Bars, Cafés
- Museen, Ausstellungen und weitere Sehenswürdigkeiten
- Kulturelle Veranstaltungen und Institutionen
- Weinproben, Weinhandlungen
- Heil-, Thermal- und andere Bäder
- Sportzentrum und weitere Sportmöglichkeiten
- Bootverleih, Ausflugsschiffahrt
- Sonstige Informationen, Der besondere Tip
- Metro, öffentliche Verkehrsmittel
- Einkaufsmöglichkeiten

Tschechien, das Land im Herzen Europas, beeindruckt durch seine Vielzahl an Baudenkmälern und historischen Orten und seine abwechslungsreichen Landschaften.

Kulturreisenden bieten sich in Böhmen und Mähren ebenso vielfältige Möglichkeiten wie Aktivurlaubern und Naturliebhabern.

Land und Leute

Tschechien im Überblick

Fläche	78 863 km
Einwohner	10,3 Mio. (am 1.1.2000)
Große Städte	Praha (Prag): 1,2 Mio Einwohner, Brno (Brünn): 380 000, Ostrava (Ostrau): 320 000, Plzeň (Pilsen): 165 000, Olomouc (Olmütz): 103 000, Liberec (Reichenberg): 100 000
Staatsform	Republik
Sprache	Tschechisch (viele Leute sprechen auch deutsch)
Währung	Koruna (Krone, Abk. Kč); 1 Kč = 100 haléřů (Heller)
Höchster Berg	Sněžka (Schneekoppe), 1602 m
Flüsse	Vltava (Moldau), 440 km, Labe (Elbe), böhmischer Teil 379 km Morava (March), 358 km
Größter See	Stausee Lipno, 4870 ha

Landschaft

Das Land wird von mehreren Mittelgebirgen umrahmt. Im Nordwesten türmt sich das Erzgebirge, im Westen und Südwesten der Böhmerwald auf. Die östliche Grenze zur Slowakei bilden die Weißen Karpaten, im Norden und Nordosten ziehen sich die Sudetengebirge entlang.

Auch im Landesinnern bestimmen Gebirgs- und Hügellandschaften das Bild. So schiebt sich zwischen Böhmen und Mähren ein Hochland, die Böhmisch-Mährische Höhe. In der Mitte Böhmens, nördlich und östlich von Prag, erstreckt sich das Elbbecken als größere Ebene mit fruchtbaren Lößböden, umgeben von ausgedehntem Hügelland. Eine ähnliche Landschaft findet man in Mähren im Flußtal der March. Zwischen Brünn und Olmütz liegen die ertragreichen Ackerböden der Hanna.

Fast alle Flüsse Böhmens entwässern über das Flußgebiet der Elbe. In Mähren strebt der Großteil der Flüsse dem Stromgebiet der Donau zu. Der Lipnostausee ist mit etwa 5000 Hektar Fläche das größte Gewässer des Landes.

Um Budweis erstrecken sich viele Teiche, die im späten Mittelalter angelegt wurden. Heute sind die Gewässer wertvolle Rückzugsgebiete für bedrohte Pflanzen und Tiere.

Trotz Industrialisierung in Ballungsräumen und moderner Landwirtschaft haben sich vielerorts naturnahe Areale erhalten, die an die Zeit unserer Urgroßeltern erinnern: Die sprichwörtlichen ›Böhmischen Dörfer‹ gibt es immer noch.

Nationalparks und Landschaftsschutzgebiete

Erste Naturschutzgebiete entstanden auf dem Territorium Böhmens schon 1838 in südböhmischen Urwaldrelikten (Hojná voda, Žofinsky prales) und 1858 um den Böhmerwald-Gipfel Kubany (Boubín). In jüngster Zeit sind große Bereiche des Böhmerwaldes, des Thaya-Flußtales und Teile der Böhmischen Schweiz zu Nationalparks erklärt worden.

Ein Großteil der Mittelgebirge wurde unter Naturschutz gestellt

Obwohl einige wenige Gebiete, auch in den Schutzzonen, Opfer einer jahrzehntelangen verfehlten Umweltpolitik wurden, bietet die Mehrheit der Landschaften eine erstaunlich vielfältige Fauna und Flora. Alle Gebiete sind zumindest in Teilbereichen für Touristen zugänglich. Selbstverständlich dürfte sein, daß in den Schutzgebieten nur ausgewiesene Wanderwege benutzt werden. Bei Nichtbeachtung drohen teils drakonische Geldstrafen.

Nationalparks

Böhmerwald (Šumava)

Der Böhmerwald nimmt eine Sonderstellung ein. 40 Jahre lang waren große Landschaftsbereiche für die Allgemeinheit gesperrt. Entlang eines breiten Streifens an der deutsch-tschechischen Grenze zerstörte man ab 1948 ganze Dörfer – Alleen und verwilderte Obstbäume verraten heute einstige Dorfanlagen –, baute den ›Eisernen Vorhang‹ auf und perfektionierte in der Folgezeit die Grenzanlagen immer weiter. Zusätzlich betrieb das Militär hier Panzerschießplätze. Was für die Bevölkerung eine Katastrophe war, erwies sich für Fauna und Flora als Geschenk. In vier Jahrzehnten entstanden neue prächtige Naturräume mit einer für Mitteleuropa ungewöhnlichen Artenvielfalt.

Šumava: Auf der Hochebene

Der Böhmerwald ist ein Radlerparadies

Seit 1991 stehen 68 500 Hektar des Böhmerwaldes als Nationalpark unter besonderem Schutz. Zusammen mit dem benachbarten, auf 13 000 Hektar geschützten Bayerischen Wald ist es das größte mitteleuropäische Waldschutzgebiet überhaupt, deshalb auch als ›Grünes Dach‹ Mitteleuropas bekannt. Sein Reiz macht die mit nordskandinavischen Landschaften vergleichbare rauhe Schönheit aus. Die charakteristischen Hochebenen auf einer Höhe von durchschnittlich 900 bis 1000 Meter erstrecken sich auf etwa 400 Quadratkilometern. Urwüchsig zeigen sich ausgedehnte Hochmoore, die seit Ende der letzten Eiszeit in Bodensenken wachsen. Einige Gebiete sind den Touristen auf sicheren Stegen zugänglich. Eine weitere Sehenswürdigkeit stellen die acht Gletscherseen dar, wovon der Schwarze See (Černé jezero) mit 18,4 Hektar der größte ist. Nur wenige markante Gipfel überragen die Hochflächen, unter ihnen der Kubany (Boubín), an dessen Hängen letzte Urwaldreste seit etwa 150 Jahren von den Äxten und Sägen der Forstleute verschont blieben.

Der längste Fluß im Lande nimmt im Böhmerwald seinen Lauf. Anfangs als Warme Moldau und Kalte Moldau getrennt, fließen die beiden Wasserläufe kurz vor dem Lipno-Stausee zusammen. Der Lipno-Moldau-Stausee, das ›Böhmische Meer‹, entstand 1958. 44 Kilometer lang und maximal 5,5 Kilometer breit, bedeckt die Wasserfläche insgesamt 4870 Hektar. Die Südseite in Grenznähe blieb bisher vom Tourismus verschont und besitzt wertvolle Landschaftsbereiche.

Böhmische Schweiz (České Švýcarsko)

Knapp 10 000 Hektar des Elbsandsteingebirges (Labské pískovce) tragen seit 2001 Nationalpark-Status. Die auch als České Švýcarsko (Böhmische Schweiz) oder Děčínske stěny (Tetschner Wände) bezeichnete Landschaft bildet die östliche Fortsetzung der Sächsischen Schweiz. Die Natur hat hier in einem in der Kreidezeit entstandenen Sandsteingebirge durch Erosion des weichen Materials eine Vielzahl überaus phantasievoller und bizarrer Felsformationen modelliert. Am Rand des ursprünglichen Plateaus entstanden im Laufe der Jahrmillionen ausgedehnte Felsenstädte mit tiefen Spalten, Klammen und Gängen.

Die Elbe hat sich zwischen Děčín und Hřensko, von Süd nach Nord, tief und canyonartig in den Sandstein gefräst. Auch die Landschaft links und rechts des Stromes wirkt beeindruckend. Darüber ragt der Hohe Schneeberg (Děčínský Sněžník), mit 726 Meter höchster Punkt.

Bis in unsere Tage konnte sich die Böhmische Schweiz ihren eigenen naturnahen Charakter erhalten. Lokalklimatisch sehr unterschiedliche Bedingungen, oft auf engstem Raum, sind Lebensgrundlage für eine reiche Tier- und Pflanzenwelt.

Blick über Klein-Iser zu Buchberg und Riesengebirge

Riesengebirge (Krkonoše)

Der Gebirgszug liegt im Nordosten Böhmens und bildet als höchster Teil der Sudeten eine natürliche Grenze zu Polen. Der böhmische Nationalpark umfaßt 385 Quadratkilometer und ist zusammen mit dem schlesischen Teil, 55 Quadratkilometer, einer der größten in Europa.

In den höchsten Regionen um die 1602 Meter hohe Schneekoppe besitzt der Nationalpark auch alpine Züge. Charakteristisch für den Park sind ausgeprägte Hochplateaus und langgestreckte Kämme oberhalb der Baumgrenze. Kare und Bergseen blieben als Relikte ehemaliger Gletschertätigkeit erhalten. Eine Vielzahl alpiner und typisch nordischer Pflanzenarten findet hier ein Refugium (Schellbeere, Sudeten-Läusekraut, Wollgrasarten). In der subalpinen Zone treten ausgedehnte Hochmoore auf. Das Riesengebirge wird seit Jahrhunderten stark vom Eingriff des Menschen geprägt. Anfangs wurden für den Bedarf der Glashütten vor allem Buchen und Bergahorn abgeholzt und durch Fichtenmonokulturen ersetzt. Nur in den Kammlagen blieb der natürliche Bewuchs an Knieholz relativ unbeeinflußt. Reste der Buchenurwälder existieren heute noch im Rehorngebirge (Rýchory), das ganz im Osten des Riesengebirges liegt. Große Areale wurden als Weideflächen genutzt und mittels der heute noch überall verstreut stehenden Bauden stark besiedelt und ganzjährig bewohnt. Seit dem Ende der 1970er Jahre beobachtete man deutlich zunehmende Waldschäden, die der ›Saure Regen‹ hervorrief.

Als Verursacher galten die auf Braunkohlebasis ohne Rauchgasreinigungsanlagen betriebenen großen Wärmekraftwerke in Deutschland und Polen. Exponierte Berghänge sind heute vielerorts abgeholzt und mit Neuanpflanzungen für artenreichen Mischwald besetzt. Die Situation im Naturhaushalt der Region erscheint kritisch. 1992 begannen großflächige Wiederaufforstungsinitiativen, die von der niederländischen Umweltstiftung Face gefördert werden. Ein weiteres Kardinalproblem, das die Naturschutzbemühungen erschwert, sind die hohen Besucherzahlen: die meisten Touristen reisen mit dem Auto an.

Hauptanziehungspunkte im Riesengebirge sind die Schneekoppe, die Elbquelle mit Elbfall, die Hochmoorgebiete und zahlreiche Gipfelpartien mit Bergbauden. Ruhe und Naturerlebnisse vermitteln deshalb eher die wenig frequentierten Seitentäler und das Gebirgsvorland.

Thaya-Flußtal (Podyjí)

Zwischen Znojmo und Vranov in Südmähren, an der Grenze zu Österreich, werden die malerischen Mäander der Thaya mit steilen Felshängen auf 100 Quadratkilometern geschützt. Seit 1994 ist das Gebiet als Nationalpark geschützt.

Landschaftsschutzgebiete

Adlergebirge (Orlické hory)

Dieser 30 Kilometer lange Gebirgskamm in Nordostböhmen bildet die Grenze zwischen Böhmen und Schlesien. Auf der Seite des schlesischen Nachbarn verlaufen parallel dazu die Höhenzüge des Habelschwerdter Gebirges (Góry Bystrzyckie).

Unter Schutz stehen 200 Quadratkilometer, die zumeist mit Fichten, teils aber auch mit urwaldartigen Buchenbeständen bewaldet sind. Saure Niederschläge haben auch hier Waldschäden verursacht.

Der höchste Gipfel, die Deschneyer Großkoppe (Velká Deštná), ist 1115 Meter hoch. Der Kamm erreicht meist nur knapp die 1000-Meter-Marke und weist nur geringe Höhenunterschiede auf.

Das Adlergebirge eignet sich für Sommer- und Wintertouristik gleichermaßen. Bedeutende Urlaubszentren sind Říčky und Deštné.

Altvatergebirge (Jeseníky)

Dieses Gebirge, auch als Hohes Gesenke (Hrubý Jeseník) bekannt, befindet sich als Teil der Sudeten in Nordwestmähren. Geschützt sind hier die höchsten Regionen, insgesamt 740 Quadratkilometer. Die Berge sind nicht viel niedriger als im

Im Altvatergebirge, im Hintergrund der Praděd

Riesengebirge; der höchste Berg, der Altvater (Praděd), erreicht 1492 Meter. Das Gebirge weist kaum Knieholz auf, nur an wenigen Stellen ist es felsig. Die obere Baumgrenze liegt zwischen 1200 und 1300 Meter.

Die auf den höheren Kämmen vorkommenden knapp zweihundertjährigen Fichten sind letzte Reste der natürlichen Bewaldung. Sie werden nur etwa drei Meter hoch, besitzen aber einen starken Stammumfang und die Form eines ausgeprägten Spitzkegels. In den unteren Lagen dominieren aufgeforstete Fichtenwälder.

Als wahre Schatzkammern für Botaniker stellen sich zwei Gletscherkare, Großer Kessel (Velká kotlina) östlich des Gipfels Hohe Haide (Vysoká hole) und Kleiner Kessel (Malá kotlina) südlich des Maiberges (Velký Máj) dar. Unter anderem wachsen hier seltene Arten wie Trollblume, Türkenbund-Lilie, Kugelranunkel und Teufelskralle. Insgesamt wurden 350 Pflanzenarten gezählt, es ist somit das reichhaltigste botanische Gebiet des Landes. Urwaldreste existieren in der Region westlich des Glasebergs (Keprník), hier ein Quellgebietsurwald, und östlich des Ortes Goldenstein (Branná).

Wasserfälle sind eine weitere sehenswerte Komponente des Altvatergebirges. Gleich mehrere erlebt man bei einem Aufstieg von Karlova Studánka zum Altvater im Bachtal der Weißen Oppa (Bílá Opava).

Bei Rejvíz, östlich von Jeseník, befinden sich ausgedehnte Torfmoore mit einigen Teichen und wertvoller Sumpfflora. In Teilbereichen sind diese zugänglich. Tropfsteinhöhlen gibt es bei Piscená.

Beskiden (Beskydy)

Die Mährisch-Schlesischen Beskiden (Moravskoslezské Beskydy), ganz im äußersten Nordosten der Republik, gehören schon zum Karpatenbogen. Das 1160 Quadratkilometer große Schutzgebiet wird von mehreren in jeweils unterschiedlichen Abständen folgenden Gebirgskämmen sowie einem abwechslungsreich gegliederten Vorland gebildet.

Höchste Gipfel sind die Lissa (Lysá hora) mit 1323 und der legendäre Radegast (Radhošt') mit 1129 Metern. Die Gipfel erheben sich nur knapp über die als besonders artenreich geltenden Bergwiesen. Den Schafhirten aus der Walachei (heute Rumänien), die hier vom 12. bis 15. Jahrhundert einwanderten, verdankt die Landschaft ihr besonderes Gepräge. Denn sie waren es, die seither die Waldgrenze weiter hinab ins Tal zurückdrängten, um mehr Weideflächen zu gewinnen. Die Abgeschiedenheit mancher Bergregion ließ auch einige Urwaldreste, so Mionší östlich des Dorfes Horní Lomná, bis heute überleben, ansonsten überwiegen Fichtenwälder.

Das Gebirge ist ein reiches Wasserreservoir, unzählige kleinere Fließe münden in drei Stauseen. Die Luvseite der Beskiden gehört zu den niederschlagsreichsten Gebieten Tschechiens, auf der Lissa fallen etwa 1500 Millimeter pro Jahr.

Blaník

Das 40 Quadratkilometer umfassende Schutzgebiet soll eine naturnahe, typisch mittelböhmische Landschaft bewahren. Den Mittelpunkt des Areals stellt der Berg Velký Blaník (638 Meter) mit einer prähistorischen Burgstätte dar. Man findet das landschaftliche Kleinod südlich von Vlašim an der ehemaligen Fernverkehrsstraße Prag–Jihlava, die durch den Bau der Autobahn Prag–Brno ihre frühere Bedeutung verloren hat.

Böhmischer Karst (Český kras)

Kalkstein, der zum Teil stark gefaltet auftritt, ist das hier vorherrschende Element. Karsterscheinungen schufen schroffe canyonartige Schluchten und Höhlen. Das 132 Quadratkilometer große Areal findet man südöstlich der Stadt Beroun und der Autobahn Pilsen–Prag. Touristisches Zentrum der mit Laubwäldern bedeckten Berglandschaft ist zweifellos der Ort und die gleichnamige Burg Karlštejn.

Der Fluß Berounka (Beraun), ein bekannter Nebenfluß der Moldau, hat sich in die felsige Landschaft tief eingefräst und eindrucksvolle Steilwände geschaffen. Abseits der Straßen zur Burg Karlstein wirkt die Landschaft sehr unberührt und lädt zu Wanderungen ein. Von botanischem Interesse ist die hier gedeihende wärmeliebende Felsensteppenflora.

Fünf Kilometer südlich von Beroun existiert das ausgedehnteste Grottensystem Böhmens, die Koněpruské jeskyně. Teilbereiche stehen Besuchern offen. Bei der Entdeckung der Höhlen Anfang der 1960er Jahre fand man eine mittelalterliche Falschmünzerwerkstatt.

Böhmisches Mittelgebirge (České středohoří)

Zwischen Ústí nad Labem und Děčín im Norden sowie Litoměřice im Süden befindet sich dieses gut 1000 Quadratkilometer große Schutzgebiet Nordböhmens. Die Landschaft beeindruckt mit einer überraschenden Formenvielfalt. Es treten markante kegel- und kuppelförmige Berge auf, die ihre Entstehung allesamt dem Vulkanismus im Tertiär verdanken.

In der Landschaft dominieren Laubwälder, auch die Gipfelpartien sind zumeist mit Buchen- und Eichenmischwäldern bedeckt. An den Nordhängen der Berge sind teilweise auch Fichtenbestände anzutreffen. Die Fauna und Flora des Gebietes ist hier so mannigfaltig wie nirgendwo sonst im Land. In den windgeschützten Tälern herrscht ein besonders mildes Klima, das wärmeliebenden Pflanzen und Tieren einen Lebensraum bietet. Selbst Obstarten wie Aprikosen, auch Mandelbäume und Edelkastanien gedeihen hier ausgezeichnet. Der höchste Berg – der Milleschauer (Milešovka) – bringt es auf 837 Meter. Hier haben Pflanzen und Tiere ihre Heimat, die rauen Winden trotzen können.

Die schmalste Einengung des Elbtals bei Litoměřice wird auch Böhmische Pforte (Porta Bohemica) genannt, die ausgedehnten Obstanbauflächen brachten dem Gebiet den Beinamen ›Garten Böhmens‹ ein. Das Mittelgebirge wird von vielen markierten Wanderwegen durchzogen.

Böhmisches Paradies (Český ráj)

Tschechische Künstler und Dichter, sicher aber auch begeisterte Besucher, verliehen diesem 95 Quadratkilometer großen Schutzgebiet seinen romantischen Namen. Es breitet sich in Nordböhmen südlich des Mittellaufes der Iser und nördlich des Oberlaufes der Cidlina aus.

Drei Städte begrenzen das Terrain: Jičín, Turnov und Železný Brod. Malerische ›Felsenstädte‹, oft aus bizarren Sandsteinfelsen gebildet, enge Schluchten sowie canyonartige Flußtäler sind landschaftsbestimmend. Kiefern- und Fichten-, aber auch Auwälder, Seen und kleine Teiche sind der Lebensraum für eine abwechslungsreiche Fauna und Flora.

Touristische Anziehungspunkte sind die Burgruine Trosky, das Schloß Hrubá Skála und weitere historisch bedeutende Architekturdenkmäler. Dörfer mit traditioneller Bebauung und kleinen Gärten fügen sich harmonisch in die liebliche Landschaft ein.

Dubauer Schweiz (Kokořínsko)

Nördlich von Mělník wurde ein 270 Quadratkilometer großer Teil der Dubauer Schweiz unter Schutz gestellt. Mehrere canyonartige Täler durchschneiden dieses ehemalige Sandsteinplateau. Das bekannteste Tal – Kokořínský důl, etwa 20 Kilometer lang – wird von bis zu 20 Meter hohen Sandsteinfelsen flankiert. Die herausragende Sehenswürdigkeit stellen jedoch die Kappensteine (Pokličky) dar. Sie entstanden durch die unregelmäßige Erosion des Sandsteins und ähneln riesigen

Pilzen. Über Stufen und Leitern kann man die Naturphänomene erkunden. Burg Kokořín, ein prächtiges Beispiel gotischer Architektur aus der Luxemburg-Epoche, erhebt sich auf der westlichen Seite des Kokořínský důl.

Isergebirge (Jizerské hory)

Das Isergebirge, westlich dem Riesengebirge vorgelagert, stand schon immer im Schatten des bekannteren östlichen Nachbarn. Erst im Jahre 1967 wurde der Zentralteil des Mittelgebirges, 350 Quadratkilometer, unter Schutz gestellt. Sehr alte Buchenwälder dominieren an den nordwestlichen Gebirgshängen, es ist der flächenmäßig größte Bestand des Landes. Ansonsten überwiegen Fichtenwälder. Das Isergebirge war im Zentralteil nahezu unbewaldet, die Bäume wurden Opfer des sauren Regens – eine schier unvorstellbare Katastrophe, ein Lehrbeispiel des unverantwortlichen Umgangs mit der Natur. Aber weil das Waldsterben ein gesamteuropäisches Problem darstellt, kann es nicht schaden, hier dieses Szenario zu studieren. Das Isergebirge als eine einzige Horrorvision darzustellen, wäre ungerecht. Auf der der ehemaligen DDR abgewandten Gebirgsseite existieren noch sehr schöne Wälder. Außerdem wurde überall aufgeforstet, und die jungen Bäumchen haben bessere Zukunftsaussichten.

Naturlehrpfad im Isergebirge

Den größeren Reichtum der Landschaft bilden die ausgedehnten Hochmoorlandschaften mit ihren torfigen Fließen, kleinen Tümpeln und geheimnisvollen Sümpfen. Sie formen eine Landschaft, die den Betrachter ganz unmittelbar an Skandinavien erinnert. Die Vegetation mit Karpatenbirken, Wollgras und Knieholz sowie das ungewöhnlich extreme Klima verstärken diesen Eindruck noch.

Die weitläufigsten Moorgebiete, die im böhmisch-schlesischen Grenzgebiet liegen, sind Totalreservate und Besuchern nicht zugänglich. Naturlehrpfade durch kleinere Moore gibt es jedoch bei Jizerka (Klein Iser). Hier kann man die Kleine Iserwiese (Malá Jizerká louka) in Teilbereichen auf sicheren Stegen begehen.

Noch eine Besonderheit befindet sich in Jizerka: Der Buchberg (Bukovec) ist im Tertiär durch Vulkantätigkeit entstanden und mit 1005 Meter der dritthöchste Basaltkegel Mitteleuropas. Mit dem Beinamen ›Garten des Isergebirges‹ verweist man auf die wertvolle Flora rund um diesen Gipfel. Mit 1124 Meter erreicht die Tafelfichte (Smrk) die Höchstmarke auf der böhmischen Seite des Isergebirges.

Auf der Nordwestseite des Gebirges gibt es zwei größere Wasserfälle, den Stolpichfall (vodopády Sloupského potoka) und den Schwarzbachfall (vodopády Černého potoka).

Kaiserwald (Slavkovský les)

Im Nordwestbereich Böhmens, zwischen Mariánské Lázně im Süden, Cheb im Westen und Karlovy Vary im Norden, wurden 640 Quadratkilometer als Landschaftsschutzgebiet ausgewiesen. Innerhalb dieses Areals gibt es mehrere Naturschutzgebiete.

Nördlich von Mariánské Lázně liegt das Naturschutzgebiet Stinker (Smrad'-och). In diesem Waldmoor blubbern gashaltige Mineralquellen, die Umgebung weist eine außergewöhnliche Flora auf. Im Gebiet Steinl (Křížky), nordöstlich der Ortschaft Prameny, wachsen auf Serpentingestein seltene Pflanzen. Das Meirichblättrige Hornkraut hat hier das einzige Refugium auf der Welt. Nördlich von Kynžvart dehnen sich großräumige Torfmoore aus, die als natürliche Wasserspeicher auch die Mineralquellen in Mariánské Lázně mit Nachschub versorgen. Im Glatzener Torfmoor (Kladské rašeliniště) gedeihen auf 133 Hektar Moorkiefern, Moosbeeren und viele andere charakteristische Torfpflanzen.

Etwas außerhalb des Kaiserwaldes, acht Kilometer nördlich von Cheb, sind im Torf- und Mineralmoor Soos (Hájek) noch Andeutungen aktiver vulkanischer Tätigkeit zu studieren. In den Mofetten (›Sumpfvulkane‹) tritt Kohlendioxyd hörbar zutage, man sieht brodelnde Wasserlöcher. Der Boden ist stellenweise mit Glaubersalzkristallen überzogen, die besonders in niederschlagsarmen Witterungsperioden gut zu sehen sind. Die Kieselgurschicht stammt aus Kieselschalen eines längst verschwundenen Sees. Diese Umstände bilden eine Lebensgrundlage für salzliebende Pflanzen wie Salz-Milchkraut und Salz-Schuppenmiere, Dreizack und Flechtbinse. Auf Torf streckt der fleischfressende Sonnentau seine klebrigen Fangarme aus.

Lausitzer Gebirge (Lužické hory)

Insgesamt 350 Quadratkilometer umfaßt dieses Schutzgebiet in Nordböhmen, direkt an der Grenze zu Sachsen. Auf deutscher Seite schließt sich nahtlos das Zittauer Gebirge an. Markante Gipfel aus Basalt oder Klingstein sind die Lausche (Luž) mit 791 Metern, der Tannenberg (Jedlová) mit 770 Metern und der Hochwald (Hvozd) mit 750 Metern Höhe. Es ist ein eher ruhiges Gebirge, das teils mit Buchenwald, teils mit Nadelwald bewachsen ist. Hier hat man gute Chancen, Hoch- oder Niederwild zu beobachten. Bei Krompach unterhalb des Hochwaldgipfels stehen mehrere teils über 500jährige Eiben. In der felsigen Gipfelregion des Kleis (Klíč) bei Nový Bor wurden Gemsen angesiedelt.

Mährischer Karst (Moravský kras)

Eines der attraktivsten Karstgebiete Europas befindet sich etwa 30 Kilometer nördlich von Brno. Auf einer Fläche von 92 Quadratkilometern findet der Besucher ausgedehnte Grottensysteme, Schluchten und weitere Karsterscheinungen vor. Auf Tiefengestein lagerten sich in den Meeren des Devons und Spätkarbons verschiedene Schichten von Kalkstein, Trümmergestein und Schiefern ab. Durch Bersten und Übereinanderschieben bildete sich eine längliche Vertiefung, die vom Jurameer überflutet wurde. Ein Großteil der Gewässer strebte später in das nicht aus Kalkstein bestehende Umland des Mährischen Karstes. An den freigelegten Kalksteinformationen drang das Wasser jedoch in die Tiefe und brachte komplizierte Höhlensysteme hervor. Durch hohe Dome und tiefe Schluchten bahnte sich das Wasser seinen Weg. Die bekannte Stiefmutterschlucht (Macocha) entstand durch den Deckeneinsturz einer mächtigen Höhle. Dort, wo das unterirdische Wasser die Höhlen wieder verließ, bildete das Sickerwasser eine märchenhafte Unterwelt aus Tropfsteinschmuck.

Der Öffentlichkeit sind die Sloups-, die Balcarka- und Katharinenhöhle (Kateřinská jeskyně) sowie die Punkwa-Höhlen (Punkevní jeskyně) zugänglich. Letztere ist jährlich das Ziel von etwa 300 000 Besuchern. In der Zeit des Zweiten Weltkrieges fanden hier die Ortsbewohner sichere Verstecke. In einer der umliegenden Höhlen arbeitete eine illegale Druckerei. Heute erwartet den Besucher der

Punkwa-Höhlen eine unvergeßliche Bootsfahrt durch die Unterwelt. Von der Sohle der Macocha-Schlucht bahnt sich die Punkwa ihren Weg bis in das Öde Tal (Pustý žleb). Zum Ende der Bootsfahrt bildet der Märchendom (Pohádkovy dóm) mit seinem schneeweißen Tropfsteinschmuck eine Besonderheit ohnegleichen.

Pollauer Berge (Pálava)

In Südmähren erhebt sich eine markante Kalksteinklippe bei Mikulov steil aus der mährischen Ebene. Mit 550 Metern ist der Dewin (Děvín) höchster Gipfel des Gebietes. 70 Quadratkilometer werden insbesondere wegen der reichen Steppen und Waldsteppenflora geschützt und genießen auch die Anerkennung als Biosphärenreservat der Unesco.

Das Gebiet besitzt auch Bedeutung als archäologische Fundstätte. Hier entdeckten Archäologen eine Mammutjäger-Siedlung aus der Steinzeit. Bei Dolní Věstonice (Westonitz) stieß man auf den spektakulärsten Fund: eine kleine, 25 000 Jahre alte Frauenplastik. Die ›Venus von Věstonice‹ ist heute im Mährischen Museum in Brno zu bestaunen.

Auf dem Weg in die Pollauer Berge bei Dolní Věstonice

Pürglitzer Land (Křivoklátsko)

Das 630 Quadratkilometer große Laubwaldareal befindet sich etwa 30 Kilometer westlich von Prag. Besonders wertvoll sind die Eibenbestände. Das veranlaßte die UNESCO, dieses Gebiet in ihr System der Biosphärenreservate aufzunehmen. Der Mittellauf der Beraun (Berounka) und die malerische Burg Pürglitz (Křivoklát) sind beliebte Ausflugsziele.

Saarer Bergland (Ždárské vrchy)

Auf 715 Quadratkilometern steht hier ein Teil der Böhmisch-Mährischen Höhe in Südmähren unter Schutz. Ursprünglich war das Saarer Bergland mit Kiefern-, Tannen- und Buchenwäldern bewachsen, heute finden sich hier vorwiegend Fichten. Wertvoll sind die Torfmoore und -wiesen mit ihrer vielfältigen Flora. Auffallend wirken zahlreiche Gneisfelsen, höchster Gipfel ist der Neunfelsen (Devět skal) mit 836 Metern. Im Tannenurwald Žáková hora blieb ein kleiner Rest der ursprünglichen Vegetation erhalten.

Die Flüsse Sazau (Sázava) und Schwarzawa (Svratka) haben hier ihr Quellgebiet. Das Bergland trennt als Wasserscheide die Zuflußgebiete von Nordsee und Schwarzem Meer.

Weiße Karpaten (Bílé karpaty)

Der Gebirgskamm im Osten des Landes bildet einen Teilabschnitt der mährisch-slowakischen Grenze. Das vorwiegend aus Sandstein und Schiefer bestehende Gebirge besitzt keine markanten Gipfel, es wirkt von weitem eher flach. Es treten auch einige Kalkklippen auf.

Das auf mährischem Terrain befindliche Schutzgebiet ist 715 Quadratkilometer groß. Wertvoll sind die ausgedehnten Eichen- und Buchenwälder, aber auch die dem Gebirge vorgelagerten artenreichen Wiesen mit ihren zahlreichen Orchideenarten. Die Mannigfaltigkeit der Pflanzen ist die Basis für den Reichtum an Insektenarten. In den weißen Karpaten leben noch Bären, Luchse und Wölfe.

Velká Javorina ist mit 970 Metern höchster Punkt und gleichzeitig Grenzgipfel. Hier befindet sich die Touristenhütte Holubyho chata. Im nahegelegenen Naturschutzgebiet wird der urwaldartige Laubwald bewahrt. Noch nicht perfekt erschlossen, bieten sich die Weißen Karpaten Besuchern an, die vor allem die Stille schätzen.

Wittingauer Teichgebiet (Třeboňsko)

In Südböhmen existiert bei Třeboň ein etwa 700 Quadratkilometer großes System von Fischteichen, Kanälen, Auwäldern und Torfmooren. Die Mehrzahl der Teiche wurde im 15. und 16. Jahrhundert in Sumpfgebieten durch das Aufschütten von Dämmen angelegt. Der größte, der Rosenberger Teich (Rožmberský rybník), umfaßt 721 Hektar.

Die Unesco hat das Gebiet in das weltweite Biosphärenreservatsnetz aufgenommen, insbesondere wegen seiner Bedeutung als Lebensraum und Rastplatz für Wasservögel (darunter Reiher, Schwäne, Wildgänse, Rohrdommeln). Auch der Fischadler wurde erfolgreich neu angesiedelt, nachdem er seit 1850 als ausgerottet galt.

Bevölkerung

Heute leben 10,4 Millionen Menschen im Land. Die höchste Siedlungsdichte erreichen die Flußtäler und Ebenen im Zentrum von Böhmen und Mähren. Als nationale Minderheiten leben etwa 100 000 Polen an der Landesgrenze in der Region um Mährisch-Ostrau und etwa 60 000 Deutsche, die hauptsächlich in Nord- und Westböhmen leben. Aus der Slowakei kamen viele Sinti und Roma ins Land, ihre Zahl wird offiziell mit 375 000 angegeben. Es ist eine ungeliebte Minderheit. Obwohl bei einer Meinungsumfrage Ende der 1990er Jahre über 60 Prozent der befragten Tschechen angaben, keine schlechten Erfahrungen mit der Volksgruppe gehabt zu haben, wünschten sich 82 Prozent der Befragten die Roma und Sinti nicht als unmittelbare Nachbarn. Verdeckter Rassismus, Intoleranz und Vorurteile auch seitens der Behörden haben viele Roma und Sinti zur Ausreise veranlaßt, Zielländer sind zumeist Belgien, Holland, Australien und Kanada. Seit den siebziger Jahren kamen viele Vietnamesen ins Land. Während sie von den Tschechen zumeist als ›Gastarbeiter‹ angesehen wurden, sind, ähnlich den Türken und Vietnamesen in Deutschland, inzwischen viele Familien heimisch geworden, die nicht an Rückkehr denken.

Im Ausland leben heute rund eine Million Tschechen. Vor und nach dem Ersten Weltkrieg verließen wegen der Wirtschaftskrise viele Tschechen ihr Land, die meisten gingen in die USA. Spätere Auswanderungswellen waren durch die politischen Verhältnisse bedingt und besonders nach 1948 und nach dem gescheiterten ›Prager Frühling‹ zu verzeichnen.

Bis zur Besetzung des Landes durch die deutsche Wehrmacht 1938/39 waren Juden die drittgrößte Minderheit im Lande. Die Mehrheit der etwa 200 000 Menschen wurde von den Deutschen umgebracht.

Sudetendeutsche

Im Mai 1945 lebten auf dem heutigen Territorium Tschechiens insgesamt 3,6 Millionen Deutsche. Mit ihrer weitgehenden Vertreibung in der Folgezeit endete abrupt das Zusammenleben von Tschechen und Deutschen, das mehr als 700 Jahre lang Bestand gehabt hatte.

Das früheste Schriftstück über das Nebeneinander von Deutschen und Tschechen stammt aus dem Jahre 1178: In einem Freiheitsbrief wurden die Deutschen unter Schutz und Gnade des Königs gestellt. Seit dem 12. Jahrhundert folgten deutsche Kolonisten massenhaft dem Ruf der Regenten. Der König und die Fürsten lockten die Neuankömmlinge mit der Verteilung von Land in bislang unbesiedelte Regionen, so auch in die Sudeten, einen Gebirgszug, der sich rund 300 Kilometer an der böhmisch-schlesischen Grenze entlangzieht. Es bildeten sich aber auch deutsche Sprachinseln im Land. Um 1300 lebten im heutigen Tschechien etwa 1,5 Millionen Menschen, von denen nach Schätzungen jeder Sechste ein Deutscher war. Viele Kaufleute und Handwerker aus Bayern, Sachsen und Tirol zog es in die aufstrebenden Städte. Alle Städte Böhmens waren im Mittelalter deutsche Gründungen. Das deutsche Siedlungsgebiet umschloß wie ein nach Osten offener Halbkreis das heutige Gebiet Böhmens und Mährens.

Lange Zeit lebten beide Volksgruppen relativ friedlich miteinander. Doch die Monarchie Österreich-Ungarn erwies sich als unfähig, den ab Mitte des 19. Jahrhunderts zu verzeichnenden wirtschaftlichen Konkurrenzkampf zwischen dem aufstrebenden tschechischen Bürgertum und den konservativen Deutschen mit politischen Reformen zu entschärfen. Die Habsburger wechselten ständig die politischen Fronten und spielten so beide Völker gegeneinander aus.

Es wird häufig vermutet, daß der Begriff ›sudetendeutsch‹ erst mit dem aufkeimenden Nationalsozialismus entstand und einen rechtsradikalen Hintergrund besitzt. Das Wort wurde jedoch schon vor dem Ersten Weltkrieg in wissenschaftlichen Veröffentlichungen als rein ethnografischer Begriff genannt. In jener Zeit drang ›sudetendeutsch‹ allerdings nicht über die Grenzen der österreich-ungarischen Monarchie hinaus. Die Sudetendeutschen waren bis Ende 1918 nie als politische Größe in Erscheinung getreten. Man bezeichnete die deutsche Volksgruppe allgemein als Deutsch-Österreicher oder nach den einzelnen Kronländern als Deutschböhmer, Deutschmährer und Deutschschlesier. Es existierte keine politische Vereinigung, die alle Deutschen vertrat.

Die Situation änderte sich schlagartig mit der Gründung der Ersten Tschechoslowakischen Republik. Die Deutschen in den drei ehemaligen österreichischen Kronländern wurden ungefragt und gegen ihren Willen Bürger in einem stark zentralistischen Staatsgefüge, ähnlich den Slowaken, die sich ebenso von den Tschechen dominiert und zurückgesetzt sahen.

Allerorten finden sich deutsche Spuren

Um sich im neuen Staat behaupten zu können, wurde es unumgänglich, einen gemeinsamen Sammelbegriff für alle Deutschen in den tschechischen Ländern zu finden. Auf der Friedenskonferenz in St. Germain-en-Laye hatte sich die österreichische Delegation vorgenommen, die Rechte aller Deutschen in den Sudetenländern als Gemeinschaft zu vertreten. Man suchte nach einem Wort, daß kurz und bündig jeden Deutschen in den ehemaligen Kronländern zusammenfaßte. So kam man auf den Begriff ›sudetendeutsch‹, der auch international gebräuchlich wurde: ›Sudetian German‹.

Die Deutschen verloren Privilegien und wurden zu Bürgern zweiter Klasse degradiert, wie es vor 1918 die Tschechen erlebt hatten. Ackerböden über 150 Hektar und Liegenschaften über 250 Hektar wurden bei einer Bodenreform enteignet und meist den Tschechen zugeteilt. Tschechische Unternehmen erhielten bevorzugt Staatsaufträge, tschechische Beamte ohne deutsche Sprachkenntnisse kamen ins Sudetenland. Ihre deutschen Kollegen mußten seit 1921 eine Prüfung in der tschechoslowakischen Staatssprache ablegen. Viele weigerten sich und wurden von ihren Posten entfernt. 1938 dokumentierte ein britischer Politiker im Auftrag seiner Regierung die Situation zur Zeit der Sudetenkrise: ›Es ist ein schweres Los, von einem fremden Volk regiert zu werden. Und ich kann den Eindruck nicht loswerden, daß die tschechoslowakische Herrschaft im Sudetenland in den letzten 20 Jahren zwar nicht tyrannisch, bestimmt nicht terroristisch, aber doch gekennzeichnet war durch Taktlosigkeit, fehlendes Verständnis, kleinliche Unduldsamkeit und Benachteiligung.‹ Diese Defizite in der Minderheitenpolitik bildeten den Nährboden für die Ablehnung des tschechoslowakischen Staates durch die Deutschen. Ihr Anteil an der Gesamtbevölkerung betrug zu diesem Zeitpunkt etwa 22 Prozent.

Die Weltwirtschaftskrise bescherte der ČSR rund eine Million Arbeitslose. Zwei Drittel davon waren Deutsche, weil besonders die Großbetriebe im Sudetenland betroffen waren. Bereits ab 1934 ging es in Nazi-Deutschland wirtschaftlich wieder bergauf. Diese Entwicklung bestärkte viele Sudetendeutsche, mit Hitler und dem Anschluß ans Reich zu liebäugeln.

1933 wurde die ›Sudetendeutsche Heimatfront‹ gegründet und 1935 in ›Sudetendeutsche Partei‹ (SdP) umbenannt. Im Mai 1935 gewann die SdP bei den Parlamentswahlen enorm an Einfluß: Mit einer Million Wählerstimmen stieg sie zur stärksten Partei der damaligen Tschechoslowakei auf. Die Machthaber in Berlin erkannten den Wert der SdP und nutzen sie als Hebel, um die ČSR zu destabilisieren. Spätestens im Herbst 1937 war die SdP im Sinne der Nazis gleichgeschaltet und forderte den Anschluß an Hitler-Deutschland.

Mit dem Münchner Abkommen im Herbst 1938 wurde die ČSR gezwungen, alle deutschen Siedlungsgebiete an das Deutsche Reich abzutreten. Obgleich damit die Forderung Hitlers erfüllt war, marschierte die Wehrmacht 1939 in das von den Deutschen abfällig ›Rest-Tschechei‹ genannte Gebiet ein.

Millionen Sudetendeutsche wurden nach Kriegsende vertrieben, bei Pogromen und Racheakten fanden Tausende von ihnen den Tod. Neueste Opferangaben schwanken zwischen 19 000 und 30 000, das Bundesamt für Statistik gab ihre Zahl 1958 mit 225 000 an. Landesweit erhielten nur etwa 250 000 ein Bleiberecht. Weil man viele Facharbeiter dringend benötigte, wurden manche Ausreisewillige am Verlassen des Landes gehindert. Techniker und Ingenieure wurden in die Sowjetunion deportiert.

Knapp 3,5 Millionen Sudetendeutsche fanden in Deutschland eine neue Heimat, die meisten in Bayern. 1948 konstituierte sich die Sudetendeutsche Landsmannschaft in München. Geschichtsbewußte Tschechen rücken das Schicksal der Sudetendeutschen zunehmend in die öffentliche Diskussion: als Chance bei der eigenen Identitätssuche und als ein Quell der Kultur im Land. In vielen Orten trägt die deutsch-tschechische Zusammenarbeit von Vereinen und Bürgern Früchte. Gedenksteine erinnern an verschwundene Ortschaften im Sudetenland, deutsche Friedhöfe werden wieder gepflegt, Kirchen restauriert, und Menschen kommen sich näher.

Weltweit leben heute 3,8 Millionen bekennende Sudetendeutsche.

Geschichte im Überblick

120000–10000 v. Chr. Nomadisierende Jäger streifen auf dem heutigen Gebiet Böhmens und Mährens umher. Aus jener Zeit gibt es viele archäologische Funde in Höhlen.

500–100 v. Chr. Der keltische Stamm der Bojer siedelt in Böhmen, der Stammesname wird zum Landesnamen: Bohemia = Böhmen. Um die Zeitenwende halten sich germanische Stämme in der Region auf.

6. Jahrhundert: Während der Völkerwanderung ziehen sich die Germanen nach Westen zurück, slawische Stämme nahmen ihren Platz ein.

9. Jahrhundert: Vorfahren der heutigen Tschechen gründen das Großmährische Reich. Es umfaßte heutige Teile Böhmens, Mährens, der Slowakei, Österreichs und Ungarns.

863 Zwei Gelehrte aus dem byzantinischen Reich, Konstantin und Methodius, bringen das Christentum ins Land.

830–908 Das Großmährische Reich zerfällt mit dem Einfall magyarischer Heerscharen.

935–972 Die Přemyslidendynastie unter Boleslav I. beugt sich dem deutschen Kaiser Otto dem Großen und erkennt die deutsche Lehnshoheit an.

1306 Mit dem Tod von König Wenzel III. stirbt die Přemysliden-Dynastie im Mannesstamm aus. Seine Tochter Eliška heiratet 1310 den Luxemburger Johann, Sohn des Kaisers Heinrich VII.; Johann erhält von seinem Vater Böhmen als Lehen.

1346–1378 Der Sohn Eliškas und Johanns besteigt als Kaiser Karl IV. den Thron. Unter seiner Herrschaft erlebt Böhmen seine größte wirtschaftliche und kulturelle Blüte. Karl machte Prag zur Hauptstadt des Heiligen Römischen Reiches Deutscher Nation. Die Stadt wird zur größten Metropole Mitteleuropas.

12.–14. Jahrhundert Entwicklung des Handwerks, Bergbaus und der Landwirtschaft. Deutsche Kolonisten, Kaufleute und Handwerker werden ins Land gerufen und in den kargen böhmischen Randgebieten angesiedelt. Böhmen galt als eines der reichsten Länder Europas.

1400 Der Sohn Karls IV., Wenzel IV., wird als Kaiser abgesetzt und regiert nur noch das Königreich Böhmen.

1415 Der Reformator Jan Hus wird vor das Konzil in Konstanz geladen, trotz gegenteiliger Zusicherung verhaftet und auf dem Scheiterhaufen verbrannt. Sein Tod ist Anlaß für den Ersten Prager Fenstersturz.

1419 Beginn der Hussitenkriege, die auf Bayern, Sachsen, Schlesien, die Slowakei, Österreich und Ostpreußen übergreifen. Die katholischen Mächte kämpten 15 Jahre gegen Böhmen, führen sechs Kreuzzüge, können die Hussiten aber lange nicht unterwerfen.

1434 Niederlage der Hussiten in der Schlacht bei Lipan (Lipany).

1471 Nach dem Tode des letzten böhmischen Königs Georg v. Podiebrad übernimmt die polnische Jagiellonen-Dynastie das Regierungszepter.

1526 Durch Heirat erlangen die Habsburger einen Erbanspruch auf Böhmen und Mähren. Kaiser Ferdinand I. leitet die 400jährige Herrschaft der Habsburger ein.

1609 Mit einem ›Majestätsbrief‹ wird den böhmischen Ständen Religionsfreiheit garantiert.

1576–1611 Prag ist wieder Hauptstadt; die Habsburger verletzen die zugesicherte Religionsfreiheit.

23.5.1618 Der zweite ›Prager Fenstersturz‹ weitet sich zum Dreißigjährigen Krieg aus. Böhmen löst sich von Kaiser Ferdinand II. und begibt sich in die Obhut von Friedrich von der Pfalz, dem Führer der protestantischen Union.

1620 Die Schlacht am Weißen Berg bei Prag endet mit einer Niederlage der böhmischen Stände.

1627 Böhmen verliert die staatsrechtliche Autonomie, 1636 und schließlich 1742 die Hoheit über die Lausitz und den Großteil Schlesiens. Unter der Regierung Kaiserin Maria Theresias besitzt Böhmen nur noch Provinzstatus.

1848 Aufstände nach dem Gesamtslawischen Kongress in Prag (Hauptforderung: Gleichstellung der tschechischen mit der deutschen Sprache, soziale Veränderungen) werden blutig niedergeschlagen.

1867 Verfassung garantiert grundlegende Bürgerrechte.

Seit Ende des 19. Jahrhunderts In Böhmen und Mähren entstehen bedeutende Fabriken und ein modernes Verkehrswesen.

1914 Österreich nimmt am Ersten Weltkrieg auf Seite des Deutschen Reichs teil, die Sympathien der Tschechen liegen aber mehrheitlich auf Seite der Alliierten.

1916 Masaryk und Beneš gründen einen tschechoslowakischen Nationalrat.

28.10.1918 Proklamation der Tschechoslowakischen Republik (ČSR). Die Deutschen, die zweitgrößte Bevölkerungsgruppe, werden nicht als Staatsvolk angesehen, sondern als Minderheit. T. G. Masaryk wird erster Präsident der Republik.

1919 Nach Protesten gegen die Zwangseinverleibung der deutschen Siedlungsgebiete in die ČSR erschießt das tschechische Militär 55 deutsche Sozialdemokraten. In der Folgezeit arrangieren sich viele Deutsche mit dem neuen Staat.

1920er Jahre Erfolgreiche wirtschaftliche Entwicklung, hauptsächlich in den deutsch besiedelten Gebieten (Chemie-, Glas-, Schwer- und Textilindustrie).

1929 Mit dem Beginn der Weltwirtschaftskrise verschärft sich die Situation zwischen Tschechen und Deutschen erneut.

1935 Gründung der Sudetendeutschen Partei (SdP), die unter starkem Einfluß der NSDAP steht. Ziel der SdP ist der Anschluß an Deutschland. SdP-Führer Konrad Henlein konfrontiert die Regierung in Prag ständig mit neuen Ansprüchen (»Wir müssen also immer soviel fordern, daß wir nicht zufrieden gestellt werden können.«)

1938 Die Beneš-Regierung bemühte sich um eine Lösung der Sudetenkrise: Sie bietet einen besonderen Nationalitätenstatus und mehr Einfluß für die Deutschen an. Henlein lehnt ab.

20.5.1938 Wegen Truppenaufmärschen auf deutscher Seite verfügt Beneš eine Teilmobilmachung der Armee. Für einige Tage erfaßt die Nation eine patriotische Welle, auch die Sudetendeutschen greifen mit ihren tschechoslowakischen Nachbarn gemeinsam zu den Waffen.

Mai 1938 Erfolg der SdP bei den Kommunalwahlen. Die ČSR-Regierung bietet den Sudetendeutschen eine Regierungsbeteiligung an. Henlein-Anhänger inszenieren bewußt Unruhen, um den Einsatz der Polizei zu provozieren. So soll der (Welt-) Öffentlichkeit die ›grausame Unterdrückung‹ der Deutschen durch die Tschechen vor Augen geführt werden.
Frankreich und Großbritannien ›empfehlen‹ Beneš darauf das Loslösen derjenigen ČSR-Grenzgebiete, in denen mehr als 50 Prozent Deutsche leben.

23.9.1938 Zweite Mobilmachung.

29.9.1938 Das Münchner Abkommen wird unterzeichnet. Es sieht die Eingliederung weiterer vorwiegend deutsch besiedelter Territorien in das Deutsche Reich vor. Das Abkommen wird zwischen Italien, Frankreich, England und Deutschland ausgehandelt, die Regierung der ČSR wird nicht in die Gespräche einbezogen. Beneš leistet seine Unterschrift nachträglich und gibt gleichzeitig einen persönlichen Protest zu Protokoll.

1.10.1938 Die Wehrmacht marschiert über die Grenze. Viele Hitlergegner aus den Sudetengebieten waren zuvor in den verbliebenen Teil der ČR geflohen, darunter 12 000 Sozialdemokraten. Sie werden von den tschechischen Behörden festgesetzt und an die SS ausgeliefert. Die meisten kommen in Konzentrationslagern ums Leben.

15.3.1939 Deutsche Truppen besetzen auch das restliche Tschechien, das Gebiet wird zum ›Reichsprotektorat Böhmen und Mähren‹ erklärt.
Die Slowakei ist nun formal selbständig, de facto ein Vasallenstaat Hitlers (›Schutzstaat‹) autoritärer Prägung.

Ab Mitte 1939 Deutsche Firmen eignen sich zahlreiche tschechische Unternehmen an.

Die Besatzungsmacht übt gegen die Bevölkerung brutalen Terror aus, dem bis 1945 etwa 30 000 Tschechen und Slowaken sowie rund 200 000 Juden zum Opfer fallen. Die Industrie wird in den Dienst der Rüstung gestellt.

1941 Der SS-Gruppenführer und stellvertretende Reichsprotektor Heydrich sagt zur tschechischen Frage, ›... daß dieser Raum einmal endgültig deutsch werden muß und daß der Tscheche in diesem Raum letztlich nichts mehr verloren hat.‹ Die deutsche Kriegsmaschinerie ist jedoch auf die Qualitätsarbeit in böhmischen und mährischen Rüstungsfirmen angewiesen und zahlt den tschechischen Facharbeitern hohe Löhne.

1942 Exil-Präsident Beneš befiehlt von London aus das Attentat auf Heydrich. Zwei tschechische Fallschirmjäger werden über Böhmen abgesetzt und ermorden Heydrich in Prag. Als Vergeltungsmaßnahme machen deutsche Truppen das zentralböhmische Dorf Lidice dem Erdboden gleich; alle 199 Männer werden erschossen, 184 Frauen und 88 Kinder in ein KZ deportiert.

August 1944 bis Januar 1945 Slowakischer Nationalaufstand, unterstützt von Tschechen und Alliierten. Er wird niedergeschlagen.

5.5.1945 Die Prager Bevölkerung greift zu den Waffen.

9.5.1945 Sowjetische Truppen marschieren in Prag ein, am gleichen Tag erklärt das Oberkommando der Wehrmacht die bedingungslose Kapitulation: Der Zweite Weltkrieg in Europa ist beendet. Von Westen her rücken amerikanische Truppen an, die jedoch bei Pilsen an einer Demarkationslinie stehenbleiben.

Mai 1945 Erneute Gründung der Tschechoslowakei. Die Sowjetunion annektiert die Karpato-Ukraine im Osten der Slowakei, ansonsten Wiederherstellung in den Grenzen von 1918. Systematische Enteignung und Vertreibung der Sudetendeutschen. Ihre rechtliche Grundlage bilden die sogenannten Beneš-Dekrete. Sie regeln ›die nationale Verwaltung der Vermögenswerte der Deutschen, der Magyaren, der Verräter und Kollaborateure‹ sowie ›die Konfiskation und beschleunigte Aufteilung des landwirtschaftlichen Vermögens der Deutschen, Magyaren, wie auch der Verräter und Feinde des tschechischen und slowakischen Volkes.‹ Bis Ende 1946 werden rund 3,6 Millionen Sudetendeutsche ausgewiesen.
Beneš übernimmt anfangs das Amt des Staatspräsidenten. Bei den ersten – noch freien – Nachkriegswahlen geht die Kommunistische Partei (KPČ) als stärkste Partei hervor.

1948 Präsident Beneš tritt zurück, sein Amt übernimmt Klement Gottwald. Aufbau eines sozialistischen Staates durch Verstaatlichung der Großbetriebe und Zwangskollektivierung der Landwirtschaft. Bürgerliche Parteien werden gleichgeschaltet. In den nächsten Jahren Durchsetzung der sozialistischen Diktatur in allen Lebensbereichen.

1966/67 Kritik an der Kommunistischen Partei (KPČ) und innerparteiliche Machtkämpfe.

5.1.1968 Alexander Dubček wird zum 1. Sekretär des ZK der KPČ gewählt und leitet in den nächsten Monaten Reformen ein. Die Regierungen der anderen Ostblockstaaten zeigen sich besorgt und fürchten den Übergriff des ›tschechischen Bazillus‹ auf ihre Staaten.

21.8.1968 Der als ›Prager Frühling‹ bekannt gewordene Versuch, dem Sozialismus ein ›menschliches Antlitz‹ zu verleihen, wird durch die Besetzung des Landes durch Truppen des Warschauer Paktes gewaltsam beendet. Zahlreiche Tschechen gehen ins Ausland, 500 000 KPČ-Parteimitglieder werden ausgeschlossen.

April 1969 Gustav Husák tritt die Nachfolge Dubčeks an und stabilisiert in der Folgezeit das sozialistische System.

1973 ČSSR und BRD nehmen diplomatische Beziehungen auf und unterzeichnen einen Grundlagenvertrag. Zuvor hatte die Bundesrepublik das Münchener Abkommen von 1938 für nichtig erklärt.

1977 Der Schriftsteller Václav Havel und weitere couragierte Bürgerrechtler gründen die ›Charta 77‹. Sie beziehen sich auf die Unterzeichnung die KSZE-Schlußakte von Helsinki (1975) und fordern vor allem die Umsetzung der darin formulierten und für verbindlich erklärten Bürgerrechte in der ČSSR.

Die Mitglieder der ›Charta 77‹ sind bis zum Ende des Regimes schlimmen Repressalien ausgesetzt. Bis 1986 schließen sich der Bewegung etwa 1200 Personen an.

1987 Miloš Jakeš wird Generalsekretär der KPČ. Die ›Charta 77‹ sieht sich durch die Reformpolitik Gorbatschows bestätigt und verstärkt ihre Aktivitäten.

Sommer 1989 Zuspitzung der Konfrontation zwischen Regierung und Bürgerrechtlern in der DDR, Bürgerbewegungen in allen sozialistischen Staaten werden stärker. Hunderte DDR-Bürger besetzen den Garten der westdeutschen Botschaft, um ihre Ausreise in die Bundesrepublik zu erzwingen.

30.9.1989 BRD-Außenminister Genscher erwirkt die Ausreise von rund 4000 Ausreisewilligen. Seine Ansprache – ›Ich bin heute zu Ihnen gekommen, um Ihnen zu sagen, daß Ihre Ausreise…‹ – geht im Massenjubel unter, die weltweit im Fernsehen gezeigte Szene wird zu einem Meilenstein auf dem Weg zur deutschen und zur europäischen Einheit.

Herbst 1989 Zahlreiche Demonstrationen für mehr Freiheit und Demokratie auch in tschechischen und slowakischen Orten.

17.11.1989 Beginn der ›samtenen Revolution‹ in Prag.

7.12.1989 Regierung und Parteispitze treten zurück, am 10. Dezember nahm Staatspräsident Gustav Husák seinen Hut. ›Havel na hrad!‹ (Havel auf die Burg) ist ein unüberhörbarer Ruf und allgegenwärtiger Graffitispruch.

8.12.1989 Tschechoslowakische Soldaten beginnen mit dem Abbau von Grenzsperren nach Österreich und Deutschland.

20.12.1989 Die Opposition schließt sich im ›Bürgerforum‹ zusammen, an der Spitze steht Václav Havel.

29.12.1989 Václav Havel wird vom Prager Parlament zum neuen Staatspräsidenten der Tschechoslowakei gewählt, Parlamentspräsident wird Alexander Dubček. Die ČSSR wird in Tschechoslowakische Föderative Republik (ČSFR) umbenannt.

5.6.1990 Bei den ersten nachkommunistischen Wahlen wird Präsident Havel in seinem Amt bestätigt.

27.2.1992 ČSFR und Deutschland unterzeichnen den Vertrag über gute Nachbarschaft und freundschaftliche Zusammenarbeit.

17.7.1992 Das slowakische Parlament verabschiedet eine Souveränitätserklärung. Havel, der sich als Präsident intensiv um den Erhalt des tschechoslowakischen Staates bemüht hatte, legt daraufhin demonstrativ sein Amt nieder.

27.8.1992 Die beiden Premiers Vaclav Klaus (Tschechien) und Vladimír Mečiár (Slowakei) verkünden: ›Die ČSFR wird zum 1. Januar 1993 aufgelöst‹. Ein von der Opposition angestrebtes Referendum zur Frage der Teilung wird nicht verwirklicht. Seit Januar 1993 existieren die Slowakei und Tschechien als unabhängige Staaten.

26.1.1993 Václav Havel wird erneut zum Präsidenten gewählt, seine erste präsidiale Auslandsreise führt Havel im März nach Deutschland.

3.11.1994 Asylabkommen zwischen Tschechien und Deutschland. Damit verpflichtet sich das Nachbarland, über seine Grenzen illegal nach Deutschland eingereiste Ausländer wieder zurückzunehmen.

1996 Tschechien gibt den EU-Aufnahmeantrag ab.

Ende 1996 Deutsche und tschechische Historiker veröffentlichen die ›Deutsch-tschechische Erklärung‹. Die Tschechen bedauern darin, daß durch die Vertreibung sowie Aussiedlung der Sudetendeutschen unschuldigen Menschen Leid und Unrecht zugefügt wurde.
Die Bundesrepublik bedauert ihrerseits das Leid, das Deutsche heraufbeschworen hatten. Erstmals werden auch die Exzesse bei der Vertreibung, die durch tschechische Gesetze im Nachhinein straffrei gestellt wurden, kritisiert. Allein die sudetendeutsche Landsmannschaft und die CSU lehnen in Deutschland den Text als ungenügend ab.

März 1999 Tschechien wird in die NATO aufgenommen.

2001 Erste Auszahlungen an ehemalige tschechische Zwangsarbeiter und NS-Opfer aus dem deutschen Zwangsarbeiterfonds.

Sommer 2002 Nach den Parlamentswahlen bilden Sozialdemokraten, Christdemokraten und Freiheitsunion die Regierungskoalition. Premier wird Vladimír Spidla, Außenminister Cyril Svoboda.

Zu den Beneš-Dekreten äußerte das neue Parlament, daß sie ihre Rechtswirksamkeit verloren hätten. Aber die daraus hervorgegangenen rechtlichen Eigentumsverhältnisse seien ›nicht anzuzweifeln, unantastbar und unveränderbar.‹

August 2002 Jahrhunderthochwasser an zahlreichen Flüssen Mitteleuropas, auch an Moldau und Elbe. 16 Tote, 220 000 Evakuierte und 99 überflutete Gemeinden in Tschechien, zahlreiche Gebäude und wertvolle Kulturdenkmäler sind in Mitleidenschaft gezogen.

Januar 2003 Václav Havel, der Dichter auf dem Präsidententhron, erhält vom US-Magazin ›Newsweek‹ den ehrenvollen Titel ›Philosophenkönig‹ verliehen. Havel selbst sieht es pragmatischer: ›Ich war ein seltsamer revolutionärer Irrtum. Jetzt kommt Normalität‹.

2.2.2003 Václav Havel verläßt nach 13jähriger Amtszeit die Prager Burg.

28.2.2003 Der ehemalige Regierungschef Václav Klaus wird zum neuen Präsidenten gewählt.

13./14.Juni 2003 Beim Referendum über den Beitritt zur Europäischen Union stimmen 77 Prozent der Wähler mit Ja. Damit wird Tschechien zum 1. Mai 2004 Mitglied der EU.

2005 Ein Jahr nach dem Beitritt zur EU schwinden bei vielen Menschen die großen Hoffnungen, die mit diesem Schritt verbunden waren. Bei einer Befragung äußert beispielsweise ein Viertel der Bevölkerung die Meinung, daß die Arbeitsplätze unsicherer geworden seien.

Mai 2005 Bundeskanzler Schröder trifft zu einem Nachbarschaftsbesuch in Tschechien ein. Neben einem Treffen mit dem Ministerpräsidenten Jiří Paroubek besucht Schröder das ehemalige KZ Theresienstadt.

Wirtschaft

Werbetafeln für zwei der wichtigsten Exportprodukte: für Pilsner Urquell …

Die im Sommer 1992 angetretene Führungsriege um Premier Václav Klaus hatte sich schon im Wahlkampf für einen schnellen und konsequenten Übergang zur Marktwirtschaft nach westlichem Muster ausgesprochen. Für dieses Wahlprogramm entschied sich die Mehrheit der Tschechen.

Gern erinnert man sich der industriellen Blüte während der ersten Jahre der jungen Republik nach dem Ersten Weltkrieg. Damals gehörte die ČSR vor allem dank der 3,5 Millionen deutschen Einwohner zu den zehn stärksten Industrienationen der Welt. In der Periode der sozialistischen Planwirtschaft nach dem Zweiten Weltkrieg wurde insbesondere die Schwerindustrie stark ausgebaut: Maschinenbau, Berg- und Hüttenwesen, weiterhin Fahrzeugbau, Glas- und Keramikindustrie, Textil- und Nahrungsmittelindustrie. Lange litt das Land an den Folgen einer verfehlten Energiepolitik. Eine Katastrophe für Bevölkerung und Umwelt waren insbesondere die ineffizienten und ohne Rauchgasreinigung arbeitenden Braunkohlekraftwerke. Hier wurde in den letzten Jahren vieles zum Positiven verändert. Aber noch immer sind Kernkraftwerke vom Tschernobyl-Typ ein unkalkulierbares Sicherheitsrisiko.

... und Škoda

Als Niedriglohnland mit sehr gut ausgebildeten Facharbeitern ist Tschechien für westliche Investoren noch immer interessant, obwohl das Finanzkapital immer weiter ostwärts zieht. Ein tschechischer Facharbeiter erhält etwa ein Zehntel des Gehalts seiner deutschen Kollegen. Selbst im Dreischichtbetrieb kommen monatlich nur 500 Euro auf das Konto. 1991 gelang dem VW-Konzern ein spektakulärer Coup: Mit dem Einstieg in das Škoda-Automobilwerk in Mladá Boleslav (Jungbunzlau) schufen die Wolfsburger die Basis für heute europaweit begehrte Autos verschiedener Preisklassen. VW ist kein Einzelfall: Deutschland ist mit etwa 30 Prozent am Gesamtanteil größter ausländischer Kapitalgeber und Investor.

Ein wichtiger Meilenstein in der Umstrukturierung der Wirtschaft wurde bereits Ende 1994 erreicht. Mit der beendeten Kupon-Privatisierung ging ein ehemaliges Staatsvermögen von 361 Milliarden Kronen (ca. 10 Milliarden Euro) in Privathand von über 6 Millionen Bürgern über. Auf der anderen Seite ist für die Mehrheit der Bevölkerung der Alltag mit einschneidenden Veränderungen im täglichen Leben, mit Preiserhöhungen und sozialer Unsicherheit verbunden.

Kunst und Kultur

Schon seit dem Mittelalter wirkten in Böhmen, Mähren und Österreichisch-Schlesien namhafte Architekten und Künstler. Dazu gehörte beispielsweise Peter Parler, der zur Regierungszeit von Kaiser Karl IV. den Bau der St. Veits-Kathedrale auf der Prager Burg, der Karlsbrücke und der Burg Karlstein leitete. Unter anderem bedingt durch die ständigen Machtwechsel waren hier auch viele Ausländer tätig, vor allem aus Deutschland und Italien.

Auf literarischem Gebiet brachte es Božena Němcová zu Berühmtheit, die ihre Kindheit bei Česká Skalice in Nordostböhmen verlebte. Hier ist auch die Handlung ihres Romans ›Die Großmutter‹ (1855) angesiedelt. Das Buch wurde in über 200 Ausgaben aufgelegt – ein Klassiker der Weltliteratur, der bis heute in 26 Sprachen übersetzt wurde. Němcová erzählte vom Alltag des böhmischen Landlebens im 19. Jahrhundert. Karel Čapek (1890–1938) wurde mit seinen utopischen Satiren bekannt, sein erfolgreichstes Werk heißt ›Krieg der Molche‹. Er prägte auch das tschechische Wort ›Roboter‹. Das aus dem alttschechischen Wort robota entlehnte Wort heißt so viel wie Fronarbeit.

Jaroslav Hašek verfaßte den weltweit bekannt gewordenen ›Soldaten Schwejk‹, zu internationalem Ruhm gelangten auch Franz Kafka (1883–1924) sowie Jaroslav Seifert (1901–1985), der 1984 den Nobelpreis für Literatur erhielt.

Zu den bedeutenden Gegenwartsschriftstellern gehören Václav Havel, Milan Kundera, Ivan Klima und Bohumil Hrabal. Milan Kundera wurde durch die Verfilmung seines Buches ›Die unendliche Leichtigkeit des Seins‹ weit über Literaturkreise hinaus bekannt. Ein Bestsellerautor der 1990er Jahre ist Michal Viewegh (geb. 1962), der inzwischen ein gefeierter Prager Kultautor ist. Sein Erfolgsroman ›Blendende Jahre für Hunde‹ (1998) erzählt eine herzerfrischende Familiengeschichte, wurde inzwischen auch ins Deutsche übersetzt und sogar verfilmt: Ein turbulenter und oft tragikomischer Streifzug durch die tschechische Geschichte von den 1960er Jahren bis zur Wende.

Als Komponisten sind vor allem Bedřich Smetana (1824–1884) und Antonín Dvořák (1841–1904) zu nennen. Smetanas Hauptwerk ist ›Mein Vaterland‹, dessen zweiter Satz ›Die Moldau‹ überall bekannt ist. Berühmt ist auch seine Oper ›Die verkaufte Braut‹. Antonín Dvořák (1841–1904) wurde mit der Oper ›Rusalka‹ und neun Sinfonien – darunter ›Aus der neuen Welt‹ – populär.

Ein Filmregisseur mit europäischem Ruf ist Miloš Forman (unter anderem ›Amadeus‹). Mitte der 1990er Jahre konnte Regisseur Jan Svěrák mit seinem Kinofilm ›Kolya‹ internationale Lorbeeren holen. Leider kann das deutsche Fernsehpublikum tschechische Gegenwartsfilme nur selten sehen, so im Spätprogramm von 3sat und arte. Beim alljährlichen Festival des osteuropäischen Films

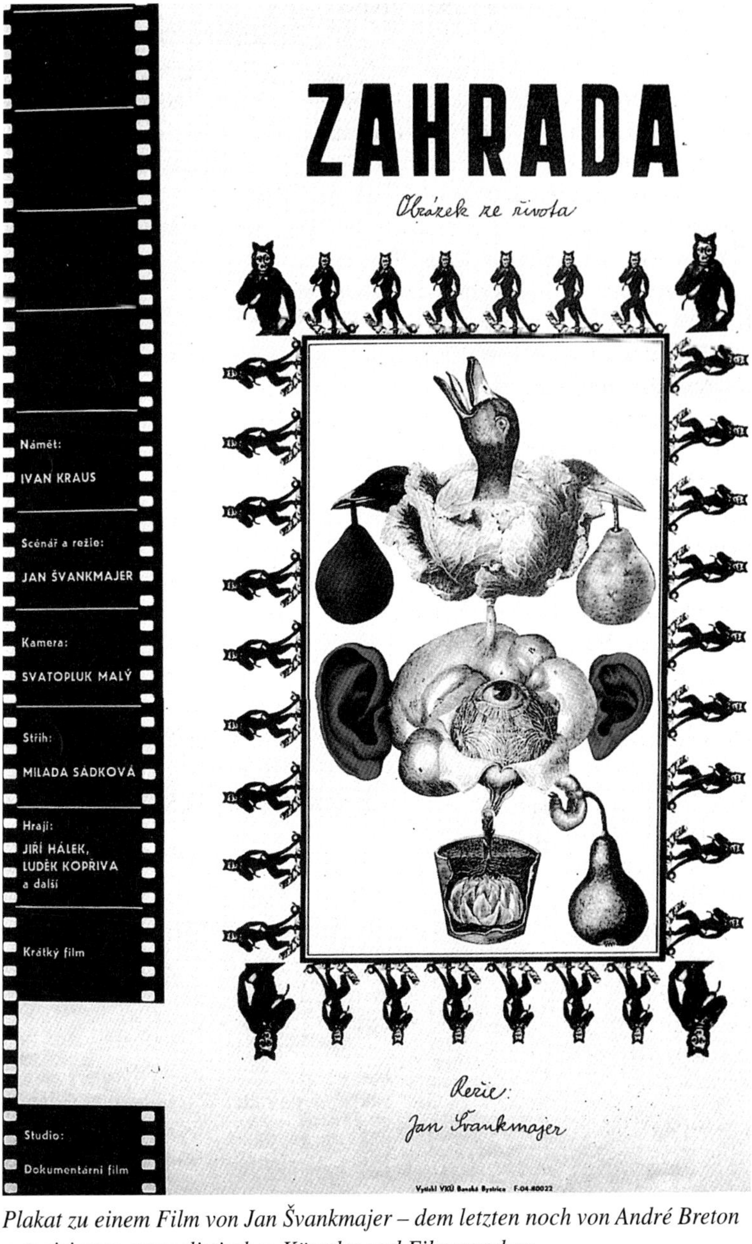

Plakat zu einem Film von Jan Švankmajer – dem letzten noch von André Breton autorisierten surrealistischen Künstler und Filmemacher

in Cottbus zählen tschechische Filme oft zu den Publikumsrennern. Mitunter kommt man hier sogar mit Regisseuren und Hauptdarstellern ins Gespräch.

Außer Pinocchio aus Italien haben es nur noch zwei weitere Marionetten zu Weltruhm geschafft: Spejbl und Hurvínek. Seit ihrem ersten Auftritt 1930 in Pilsen sind sie nicht gealtert, ihr Witz bleibt zeitlos. In Tschechien sind sie die absoluten Stars und ihre Vorstellungen in der Prager Puppenbühne (seit 1945 hier ansässig) oft ausverkauft. Meist nervt der quirlige Hurvínek seinen Vater mit unbequemen Fragen. Auf amüsante Art vermittelt ›Vatilein‹ sein Wissen. Wird seine Geduld doch zu arg strapaziert, dann rollt er unnachahmlich mit den Augen oder stampft mit dem Fuß auf die Bühne. Eine Frage Hurvíneks wurde längst zum Kult: ›Papiii, was ist Liebe?‹

Die Volkskultur blieb über die Zeiten sehr lebendig. Während des Sozialismus investierte der Staat enorme Geldmittel für die Erhaltung und die Pflege des traditionellen Brauchtums, nicht zuletzt zum Aufbessern des angekratzten internationalen Ansehens nach 1968. Heute werden die dörflichen Traditionen insbesondere von privaten Vereinen bewahrt.

Interessierten Besuchern stehen hunderte Museen, regionale Ausstellungen der Volkskunst, aber auch ethnografische Freilichtmuseen zur Auswahl. Auf Festivals der Volkskultur, viele bereits mit festem Platz auf dem alljährlichen Kulturkalender, sind die schönen Trachten zu bewundern. Erntedank- und Kirchweihfeste, Weinlesefeste und Faschingsumzüge besitzen noch Volksfestcharakter, ent-

Volksarchitektur im Lausitzer Gebirge

wickeln sich aber immer mehr zum Touristenspektakel. In allen Landesteilen findet man noch heute bewohnte Fachwerkbauten und Blockhäuser, in Südböhmen prächtige Zeugnisse des Volksbarocks.

Hochkonjunktur verzeichnen kleine Betriebe mit volkshandwerklicher Produktion, insbesondere Keramik-, Glas- und Textilerzeugnisse finden als geschmackvolles Mitbringsel ihre Käufer.

Tschechien im Wandel

Der junge Staat ist noch immer ein Land in Bewegung und voller Gegensätze. Längst ist die Euphorie der Anhänger der ›samtenen Revolution‹ verflogen, denen eine neue demokratische Republik mit hohen moralischen Werten und Ansprüchen vorschwebte. Das neue Ziel war kompromißlos: Einführung der Marktwirtschaft nach westlichem Muster mit allen Konsequenzen. Die ›Operation‹ ist gelungen, auch wenn der ›Patient‹ kränkelt. Präsident Havel kommentierte die Entwicklung so: ›In den letzten zehn Jahren, während eines derart überwältigend umverteilenden Umbaus wie etwa der Privatisierung, gab es und gibt es auch viele Versuchungen, etwas dabei für sich persönlich herauszuschlagen. Und so mancher kann nicht widerstehen: Viele Unternehmen werden ausgeplündert und in den

Bereits Geschichte: Die ehemalige EU-Grenze in Südmähren

Ruin getrieben. In den Augen vieler Bürger wird dann leider diese unerfreuliche Praxis mit der Marktwirtschaft gleichgesetzt.‹

Der monatliche Mindestlohn beträgt nur 70, der durchschnittliche Brutto-Monatsverdienst eines Arbeitnehmers 250 Euro. Das schafft zwar Anreize für westliche Firmen, die ihr Kapital gern in einem Niedriglohnland mit hochqualifizierten Facharbeitern investieren, es folgt aber auch eine schleichende Verarmung. Vor allem Rentner gelten als Verlierer, denn die Lebenshaltungskosten steigen unaufhaltsam, die Renten und Pensionen halten jedoch nicht Schritt.

Anders als im benachbarten Polen gibt es im Land keine neuen Streikbewegungen. Die durchschnittliche Arbeitslosenrate beträgt 17 Prozent, dabei gibt es erhebliche Unterschiede zwischen einzelnen Städten und Regionen. Um České Budějovice etwa mußte nach der Wende kein größerer Betrieb Konkurs anmelden. Die Brauerei Budvar floriert als Staatsbetrieb, und der Bosch-Konzern schuf 2000 neue Arbeitsplätze. Kapital aus den Nachbarländern Österreich und Deutschland floß hier in 650 neue Firmen mit tausenden von Arbeitsplätzen. Die Arbeitslosenrate in der Region liegt bei nur 6,1 Prozent. Eine Budweiser Dozentin schilderte die aktuelle Lage: ›Das Jammern gehört bei uns Tschechen zur Mentalität. Die Leute lamentieren, aber in der Summe geht es uns gut. Es gibt nur so viel Neid hier. Und die Menschen reden ihre Lage schlecht, weil sie Angst haben, beneidet zu werden.‹

Die frühere graue Einheitsfassade vieler Städte und Dörfer im Land weicht zunehmend einem sehenswerten Stadtbild. Überall in den Touristenzentren stößt man auf Baugerüste, Kräne und viele architektonisch wertvolle, bereits instandgesetzte Gebäude. Private Kleinunternehmer eröffnen Geschäfte und beleben so die Einkaufslandschaft. Auch das Markttreiben floriert. Es macht Spaß, dort zu bummeln und zu schauen.

Die Teilung der Tschechoslowakei hat für Touristen keine Spuren hinterlassen. Im Vergleich zu anderen europäischen Regionen verlief die Scheidung kulturvoll. Man beteuert offenherzig, daß die Slowaken nicht als Feinde gesehen werden, aber als ›einfach anders‹. Nur im Osten bemerken Touristen durch neue Grenzbarrieren und Einschränkung der Freizügigkeit gewisse Auswirkungen.

Leider treibt die Besucherflut auch unschöne Blüten. Einheimische und Ausländer werden in den Zentren des Massentourismus oft in zwei Preiskategorien geteilt. Trotz alltäglicher Probleme sind die Tschechen freundliche und aufgeschlossene Gastgeber, vor allem wenn man das Land auf eigene Faust erkundet und den Kontakt zu den Einheimischen sucht. Viele junge Leute lernen die deutsche Sprache; Ressentiments, die sich aus der komplizierten deutsch-tschechischen Geschichte speisen, spielen für sie kaum eine Rolle.

Allergisch reagiert man hier allerdings auf Alteigentumsansprüche mancher Sudetendeutscher. Auf diesem Gebiet hat sich gerade der ehemalige Präsident Havel um Ausgleich bemüht, womit er bei der eigenen Bevölkerung auch viel

Weltberühmt ist das tschechische Bier

Schelte erntete. ›Der Präsident hat und hatte darin recht, daß die Aussiedlung der Sudetendeutschen nach dem unannehmbaren Prinzip der Kollektivschuld und auf inhumane bis brutale Weise verwirklicht wurde, für die sich ein zivilisiertes Volk schämen muß.‹ So die Tageszeitung ›Mladá fronta dnes‹.

Im Sommer 2002 verteidigte Ministerpräsident Miloš Zeman die Vertreibungen der Sudetendeutschen und löste damit neue Unruhe im deutsch-tschechischen Verhältnis aus: ›Man dürfe nicht vergessen, daß die Sudetendeutschen die fünfte Kolonne Hitlers waren, um die Tschechoslowakei als einzige Insel der Demokratie in Mitteleuropa zu zerstören.‹ Äußerungen dieser Art sind für die verbliebene deutsche Minderheit nicht ermutigend. Andererseits stehen ihnen ebenso engstirnige und wenig konstruktive Reden zahlreicher deutscher Vertriebenfunktionäre und Politiker gegenüber.

Nach der neuesten Volkszählung leben 48 000 Deutsche in Tschechien, aber 60 000 besitzen einen deutschen Reisepaß. Viele haben scheinbar immer noch Angst, ihre Identität preiszugeben. Sie blieben Bürger zweiter Klasse, erhalten weniger Rente, weil Löhne für Deutsche einst niedriger waren als die ihrer tschechischen Landsleute. Die Zwangsarbeit in tschechoslowakischen Internierungslagern – es gab sie immerhin bis 1955 – wird bislang nicht auf die Rente angerechnet. Auch das nach dem Krieg konfiszierte Eigentum erhielten sie nicht zurück.

Bei den Beitrittverhandlungen zur EU waren die Beneš-Dekrete kein Thema. EU-Rechte würden aus heutiger Sicht insofern verletzt, da die tschechische Rechtspraxis nicht gleiches Recht für Tschechen und tschechische Bürger deutscher Nationalität gelten läßt. So erhielten die nach 1945 angesiedelten Tschechen Geld, Häuser oder Grundstücke für den Besitz, den sie von den enteigneten Sudetendeutschen übernommen hatten, 1948 durch Enteignungen der Kommunisten aber wieder abgeben mußten.

Essen und Trinken

Die böhmische Küche ist über die Landesgrenzen hinweg bekannt. Bei der Zubereitung dominieren Fleisch und Teigwaren, Gemüse ist weniger wichtig. Sehr schmackhaft sind die Knödel, die in vielerlei Varianten auf den Tisch kommen. Die echte böhmische Küche ist sehr kalorienreich und sättigt durch den hohen Anteil von Mehlspeisen. Typische böhmische Gerichte sind Rinder-, Schweine-, Gänse- oder Entenbraten mit Semmelknödeln und Kraut. Eine Spezialität sind mit Pflaumen, Kirschen oder Blaubeeren gefüllte süße Knödel und Palatschinken (gefüllte Pfannkuchen). Sehr zu empfehlen sind auch die verschiedensten Suppen (polévky), die in Tschechien üblicherweise als Vorspeise auf den Tisch kommen

Südböhmische Leckereien

Beliebtestes Getränk der Tschechen ist ohne Zweifel das Bier (pivo). Bekannte Sorten sind Pilsner Urquell, Budweiser, Gambrinus, Staropramen und Radegast. Die bei uns völlig unbekannten nordböhmischen und mährischen Weiß- und Rotweine sollte man unbedingt probieren. Sie müssen keinen Vergleich mit anderen europäischen Qualitätsweinen scheuen und besitzen oft eine eigene charakteristische Note. Der Magenbitter ›Karlsbader Becher‹ (Becherovka), der Pflaumenschnaps ›Sliwowitz‹ (slivovice) und der Gesundheitskräuterlikör ›Altvater Urquell‹ (Pravý Praděd) sind bekannte Spirituosenerzeugnisse.

Hinter dem Begriff hostinec verbirgt sich oft eine Dorfkneipe, nicht selten ist sie stark verräuchert. Hier sitzen die Einheimischen zusammen und man kann die tschechische Volksseele beobachten, so auch in der Bierstube (pivnice), der Weinstube (vinárna) und dem Café (kavárna). In letzterem serviert man jetzt auch oft italienische Kaffeespezialitäten. Auf Wunsch erhält man auch türkischen Kaffee, das heißt heißer Wasseraufguß direkt auf das Kaffeepulver.

In allen größeren Städten kam es wie überall in Europa zu einem wahren Fast-Food-Boom. Alternativen gibt es jedoch genug: So hat heute selbst jeder kleinste Ort noch immer einen kleinen Lebensmittelladen.

Die Speisekarte (jídelní lístek) wird fast überall zweisprachig angeboten, wenn nicht, sind Kellner oder Kellnerin zumeist bereit, die Speisen auf deutsch anzusagen und zu erklären. Aber es bereitet auch Spaß, selbst in der Landessprache zu bestellen: Ihr tschechisches Gegenüber wird es mit Wohlwollen honorieren.

Kalte Vorspeisen	**Studené předkrmy**
Rollmops	zavináč
belegtes Brötchen	obložený chlebíček
Käseteller	obložená sýrová mísa
Räucherlachs mit Mayonnaise	uzený losos s majonézou
Quark	tvaroh
Prager Schinken	pražská šunka
Schinkenwurst	šunkový salám
Butter	máslo
Marmelade	džem
Hörnchen/Brötchen	rohlík
Semmel	žemle houska

Warme Vorspeisen	**teplé předkrmy**
Würstchen mit Senf	párek s hořčicí
Bratwurst	klobása
Schinkenomlett	šunková omeleta
Bauernfrühstück	selská omeleta

Spiegeleier	sázená vejce
Rühreier	míchaná vejce
Toast	topinka
Suppen	**polévky**
Gulaschsuppe	gulášová polévka
Kartoffelsuppe	bramborová polévka
Fischsuppe	rybí polévka
Brühnudeln	bujón s nudlemi
Erbsensuppe	hrachová polévka
Linsensuppe	čočková polévka
Rindssuppe	hovězí polévka
Hühnerbrühe mit Nudeln	slepičí polévka s nudlemi
Tomatensuppe	rajská polévka
Pilzsuppe	houbová polévka
Hauptgerichte	**hlavní jídla**
Schweinebraten	vepřová pečeně
Schweineschnitzel paniert	smažený vepřový řízek
Rinderbraten	hovězí pečeně
Rinderroulade	hovězí závitek
Rindergulasch	hovězí guláš
Kalbsschnitzel	telecí řízek
Znaimer Braten	znojemská pečeně
Bratklops	karbanátek
Rehbraten	srnčí pečeně
Wildschweinbraten	kančí pečeně
Fasanenbraten	pečený bažant
Gänsebraten	pečená husa
Entenbraten	pečená kachna
Brathähnchen	kuře pečené
Forelle	pstruh
Fischfilet	rybí filé
panierter Karpfen	smažený kapr
gefüllte Paprikaschoten	plněné paprikové lusky
Beilagen	**přílohy**
Kartoffeln	brambory
Salzkartoffeln	vařené brambory
Röstkartoffeln	opékané brambory

Kartoffelknödel	bramborové knedlíky
Pommes frites	bramborové hranolky
Kartoffelpüree	bramborová kaše
Kartoffelsalat	bramborový salát
Semmelknödel	houskové knedlíky
Nudeln	nudle
Reis	rýže
gedünstetes Gemüse	dušená zelenina
Erbsen	hrách
Bohnen	fazole
Sauerkraut	kyselé zelí

Getränke	**nápoje**
Mineralwasser	minerální voda
Milch	mléko
Kaffee	káva
Tee mit Zitrone	čaj s citronem
Obstsaft	ovocná šťáva
Bier	pivo
Weißwein	bílé víno
Rotwein	červené víno

Süßspeisen	**moučník**
Eis	zmrzlina
Palatschinken	palačinka
Torte	dort
Sahnebecher	šlehačkový pohár
Apfelstrudel	jablkový závin

Sprache

Das Tschechische verfügt über ein Alphabet mit 84 Buchstaben. Man verwendet sieben Fälle, Verben mit zwei Aspekten und vier Konjugationsklassen. Der Schriftsteller Milan Kundera beschreibt in seinem Roman ›Die Langsamkeit‹ eine Szene, in dem ein tschechischer Professor einer französischen Sekretärin die ›merkwürdigen‹ Schriftzeichen erläutert: ›Kennen Sie Jan Hus? Wie Sie wissen, war er ein großer Reformator der Kirche. Ein Vorläufer von Luther … Was Sie aber nicht wissen: Jan Hus war zugleich ein großer Reformator der Orthografie. Es ist ihm gelungen, sie wunderbar zu vereinfachen. Um das zu schreiben, was Sie wie tsch aussprechen, brauchen Sie drei Buchstaben: t, c, h. Die Deutschen brauchen sogar vier: t, s, c, h. Während uns, dank Jan Hus, ein einziger Buchstabe genügt, ein c mit diesem kleinen Zeichen drauf.‹ So verwundert es nicht, das tschechische Texte mit gleicher Aussage etwa ein Drittel kürzer sind als deutsche. Obwohl viele Tschechen Deutsch oder Englisch sprechen, wird es in bestimmten Situationen hilfreich sein, wenn Sie sich mit einigen tschechischen Worten verständlich machen können.

Einige Ausspracheregeln

á = aa
c = z
č = tsch
ch = nach e und i wie ›dich‹, ansonsten wie in ›Krach‹
ck = zk
d' = dj
dz = ds (stimmhaft)
dž = dsh (stimmhaft)
ě = je
h = ch wie in ›ach‹ vor stimmlosen Konsonanten und am Wortende, sonst h
ň = nj
ó = oo (wie Moor)
ou = langes o
ř = rsh, bei stimmlosen Konsonanten und am Wortende rsch
š = sch
ú, ů = langes u
y = i
z = s (stimmhaft)
ž = sh wie j in Journal

Einige Redewendungen

Guten Tag/Morgen/Abend	Dobrý den/dobré jitro/dobrý večer
Gute Nacht	Dobrou noc
Auf Wiedersehen	Na shledanou
bitte	prosím
danke	děkuji
ja/nein	ano/ne
Sprechen Sie Deutsch?	Mluvíte německy?
Verstehen Sie mich?	Rozumíte mi?
Ich verstehe etwas Tschechisch	Já rozumím trochu česky.
Wo kann ich Geld umtauschen?	Kde si můžu vyměnit peníze?
Können Sie mir sagen, wie ich zum Bahnhof/ins Stadtzentrum komme?	Můžete mi říci, jak se dostanu k nádraží/do centra města?
Gehen Sie geradeaus	Jděte rovně
… nach links	… doleva
… nach rechts	… doprava
Können Sie mir ein gutes Hotel empfehlen?	Můžete mi doporučit dobrý hotel?
kaltes/warmes Wasser	studená/teplá voda
Wetter	počasí
feuchtes	vlhké
trockenes	suché
kaltes	studené
warmes	teplé
schlechtes	špatné
schönes	krásné
nebliges	mlhavé
Wie wird das Wetter?	Jaké bude počasí?
Wo kann man … kaufen?	Kde mužeme … nakupovat?
Was kostet das?	Kolik to stojí?
Wo befindet sich …?	Kde se nalézá …?
Ich möchte etwas essen/trinken	Chtěl bych něco k jídlu/k pití
Wo ist die Autowerkstatt?	Kde je autodílna?
Ersatzteile	nahradní díly
Holen Sie bitte die Polizei	Zavolejte policii
… einen Arzt/ Autoschlosser	… lékaře/ autozámečníka
Entschuldigung!	Promiňte!
Ich heiße …	Já se jmenuji …

Zahlen	čísla
0	nula
1	jedna
2	dvě
3	tři
4	čtyři
5	pět
6	šest
7	sedm
8	osm
9	devět
10	deset
20	dvacet
30	třicet
40	čtyřicet
50	padesát
60	šedesát
70	sedmdesát
80	osmdesát
90	devadesát
100	sto

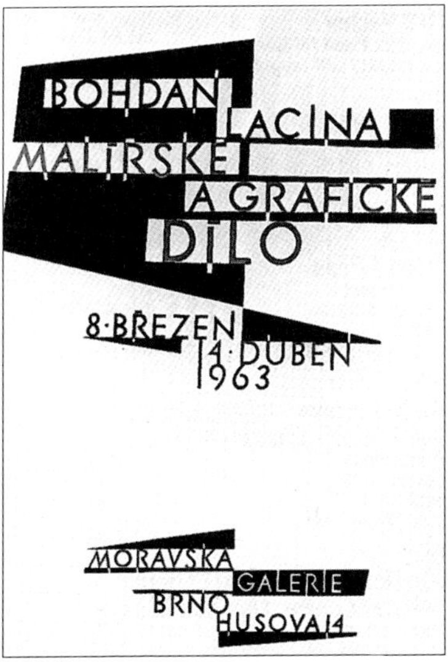

Wochentage	všední dny
Montag	pondělí
Dienstag	úterý
Mittwoch	středa
Donnerstag	čtvrtek
Freitag	pátek
Sonnabend	sobota
Sonntag	neděle

Monate	měsíce
Januar	leden
Februar	únor
März	březen
April	duben
Mai	květen
Juni	červen
Juli	červenec
August	srpen
September	září
Oktober	říjen
November	listopad
Dezember	prosinec

Westböhmen wird im Norden durch das Erzgebirge, im Westen durch das größte Waldgebiet in Mitteleuropa, den Böhmerwald, begrenzt.
Die Region lebt von den Kontrasten: In der lieblichen Landschaft finden sich die traditionsreichen Kur- und Badeorte Franzensbad, Marienbad und Karlsbad, im Pilsner Becken die Industrie.

Westböhmen

Františkovy Lázně

Františkovy Lázně (Franzensbad) liegt im äußersten Westen Böhmens. Der Kurort verdankt seinen Aufschwung einem Streit. In der benachbarten Stadt Eger kannte man die Heilwirkungen des Wassers seit jeher; es wurde in Tongefäßen zu den Kranken gebracht. 1790 wollte man die hygienischen Zustände bessern. Um das Betreten Unbefugter zu verhindern, wurden die Quellen mit Gittern gesichert. Doch die berufsmäßigen Wasserträgerinnen fürchteten um ihre Existenz, und 1791 rissen aufgebrachte Frauen alle Gitter nieder. Der Streit kam Kaiser Leopold II. zu Ohren, der eine Erklärung verlangte. Daraufhin beschloß der Egerer Stadtrat, ein ›ordentliches‹ Kurhaus zu errichten.

Sein Name Franzensbad geht auf Kaiser Franz I. zurück. Der Ort war weniger mondän als Karlsbad und Marienbad. Die ruhige und gemütliche Atmosphäre blieb bis heute erhalten. Vor allem Senioren aus dem benachbarten Sachsen kommen seit vielen Jahren, 50 Prozent der Besucher sind Stammgäste. In den meisten Kurhäusern und einigen Lokalen finden täglich Tanzabende statt – das gibt es seit der Wende in Karlsbad und Marienbad nicht mehr.

Die meisten Gebäude wurden im 19. Jahrhundert errichtet, zumeist im neoklassizistischen Stil. Die Nationalstraße (Národní třída) war die bevorzugte Flaniermeile illustrer Gäste: Beethoven komponierte 1812 im Kurhaus Sevastopol seine 7. Sinfonie in F-Dur, Goethe mochte das Hotel ›Zu den drei Lilien‹. Daran erinnert an eine Gedenktafel. Die Nationalstraße führt zum Pavillon der Franzensquelle (Františkův pramen), der stärksten von insgesamt 24 Heilquellen.

Das Gesellschaftshaus (Spolčenský dům) von 1795 ist das prächtigste Gebäude in Františkovy Lázně. Heute befinden sich hier Casino, Luxusrestaurant und ein gemütliches Café. In einer Grünanlage davor steht die Statue des Franz (František), Symbol des Kurortes und der Fruchtbarkeit. Der Knabe hält einen Fisch in den Händen. Man behauptet, daß eine Frau, die Franz berührt, bald Mutter werden soll. Daher verwundert es nicht, daß sich Franzens bestes Stück ganz blank präsentiert. Daß hier nicht nur geflunkert wird, beweisen die vielen Blumensträuße.

Das Wasser der Glauberquellen (Glauberův pramen) I bis IV ist ein bewährtes Abführmittel. Die Quelle Nummer IV ist die stärkste weltweit. Glaubersalz ist ein Natriumsalz, es erhielt seinen Namen zum Gedenken an den Apotheker Johann Rudolf Glauber.

In der Kollárstraße (Kollárova ulice), zwischen Bahnhof und Zentrum, steht die russisch-orthodoxe Kirche der Hl. Olga (Pravoslavný kostel sv. Olgy).

Am Südwestrand der Stadt wartet ›Amerika‹. Das ist der Franzensbader Stadtteich, mit sauberem Badewasser, Gaststätte, Weinstube und Campingplatz; er ist zu Fuß über den Westterrainweg (Západní terénní cesta) in 30 Minuten zu erreichen.

Westböhmen

Im Naturschutzgebiet Komorní hůrka (Kammerbühl) südwestlich der Stadt befindet sich der jüngste Vulkan Mitteleuropas. Er war im Quartär vor etwa eineinhalb Millionen Jahren aktiv. Die Entstehung des Berges durch vulkanische Tätigkeit wurde durch Goethe bewiesen, der einen Stollen anlegen ließ. Heute erinnert beim unscheinbaren Stolleneingang am Südhang ein Granitportal mit Gedenktafel an den Dichter und Naturwissenschaftler: ›Goethe – dem Erforscher des Kammerbühls 1808–1822‹.

Das Wahrzeichen von Františkovy Lázně ist auch ein Symbol der Fruchtbarkeit

Fünf Kilometer nordwestlich liegt das Naturschutzgebiet Hájek (Soos). In diesem Torf- und Mineralmoor treten noch Spuren aktiver vulkanischer Tätigkeit auf. In den Mofetten tritt hörbar Kohlendioxyd zutage, Quellwasser brodelt in Wasserlöchern. Der Boden ist teilweise mit Glaubersalzkristallen bedeckt, was in regenarmen Zeiten besonders gut zu sehen ist. Im Sommer erscheint der weiße Belag wie Schnee. Das Naturschutzgebiet ist auf einem Naturlehrpfad zugänglich. Die Kaiserquelle (Císařský pramen) am Naturlehrpfad ist eine der wohlschmeckendsten Mineralquellen im Bäderdreieck (geöffnet von 9 bis 18 Uhr, Eintrittsgeld).

In Stodola lohnt ein Zwischenstop im Schmetterlingsmuseum (Motýlí farma a muzeum). Die Falter sind sowohl präpariert und als auch lebend zu bestaunen.

Postleitzahl: 35101.
Reiseagentur Tři lilie (Drei Lilien, im gleichnamigen Hotel), Národní 3, Tel. 354 20 89 90, ca3lilie@franzensbad.cz.
Bad Franzensbad AG-Kurverwaltung, Jiráskova 3, Tel. 354 20 11 11, www.franzensbad.de.

Kurhotel Imperial, Dr. Pohoreckého 3, Tel. 35 42 06 60 00. Luxuriöses Haus mitten im Kurpark, 2002 modernisiert; DZ 87 bis 94 Euro, ab 74 Euro pro Person mit Kuranwendungen.
Kurhotel Tři lilie (Drei Lilien), Národní třída 3, Tel. 354 20 89 00, trililie@franzensbad.cz. Ein französischer Architekt leitete den Umbau zum luxuriösen Kurhotel mit Restaurant, Brasserie und Café des Philosophen; DZ 84 Euro, ab 64 Euro pro Person mit Kuranwendungen.
Kurhaus Pawlik, 5. května 9, Tel. 354 20 60 00, pawlik@franzensbad.cz; angenehme Lage am östlichen Kurpark nahe dem Aquaforum; DZ 34 bis 77 Euro, ab 59 Euro pro Person mit Kuranwendungen.
Im nördlichen Stadtteil findet man viele nette und günstige Privatpensionen, DZ ab 20 Euro.

Campingplatz Jadran, Jezerní 84/12, Tel. 354 54 24 12. Nahe dem See Amerika, ganzjährig, mit Bungalowvermietung.

Goethe-Restaurant im Gesellschaftshaus; k.u.k.-Atmosphäre, gehobene Preise, täglich ab 11.30 Uhr.
Wiener Café im Gesellschaftshaus; Ein Traum in Gold und Stuck, täglich ab 8 Uhr.

Stadtmuseum, Dr. Pohoreckého 117/8, Mo bis Fr 9 bis 12 und 14 bis 17 Uhr, Juni bis September auch Sa und So 9 bis 16 Uhr.
Schmetterlingsmuseum und -farm in Stodola, 2,5 Kilometer nordöstlich vom Stadtzentrum, Di bis Fr 13 bis 17, Sa und So 10 bis 17 Uhr.

Aquaforum, Bade- und Wellnesszentrum mit Saunalandschaft; neben dem Hotel Pawlik.

Cheb

Das historische Städtchen Cheb (Eger) liegt zu beiden Ufern des gleichnamigen Flusses Eger (Ohře). Als der schwäbische Herzog Friedrich I. Barbarossa im Jahr 1149 die Tochter des Markgrafen von Eger heiratete, wählte er die bereits bestehende Burg zur Residenz. Nach seinem Aufstieg zum deutschen Kaiser – er regierte von 1152 bis 1190 – ließ er die Anlage ab 1170 zur Kaiserpfalz umbauen und regierte von hier aus die Geschicke seines Reiches.

Kaiser Ludwig der Bayer verpfändete 1322 die Stadt samt Egerland an den böhmischen König. Im ›Egerer Freiheitsbrief‹ wurde den Deutschen zwar die Unabhängigkeit garantiert, aber die Selbstverwaltung hatte nur bis zum Dreißigjährigen Krieg Bestand. Als Teil der Habsburger Monarchie gelangte das Egerland nach dem Ersten Weltkrieg an die Tschechoslowakei. Weiterhin bestanden aber vielfältige Verflechtungen mit dem benachbarten Deutschland. Der Tradition des Egerlandes verbunden, wurde Cheb Anfang der 1990er Jahre als Zentrum der Euroregion Egrensis ausgewählt, die Teile Sachsens, Bayerns und Böhmens einschließt.

Die größte nicht-tschechische Bevölkerungsgruppe bilden heute die Vietnamesen, die offiziell zehn, tatsächlich wohl aber zwanzig Prozent der Einwohner ausmachen. Einst als Gastarbeiter ins Land geholt, blieben viele Asiaten auch nach der Wende im Land und sind heute zumeist als fliegende Händler tätig. Zigaretten, Spirituosen und Textilien finden zumeist deutsche Käufer. Der mit etwa

Ein Kleinod des Egerlandes: Der Kachelofen von Willi Russ in den Kasematten

300 Ständen größte Markt Tschechiens, auf dem überwiegend Vietnamesen handeln, heißt ›Dragoun bazar‹ und befindet sich auf einem ehemaligen Kasernengelände bei Cheb.

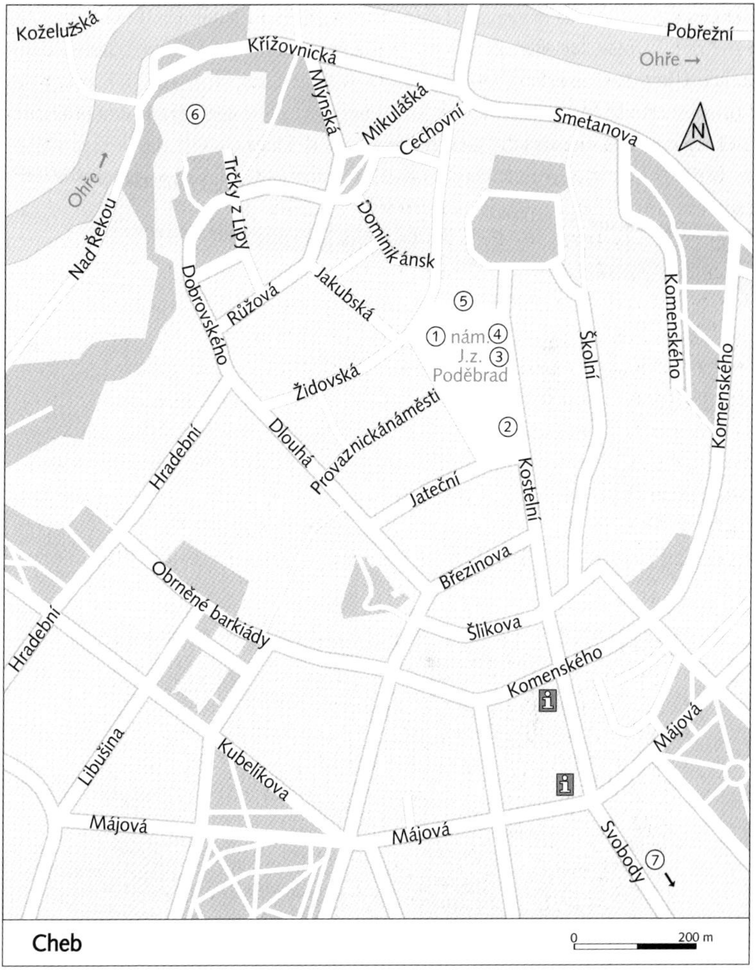

Legende

1 Egerer Stöckl
2 Neues Rathaus
3 Schillerhaus
4 Gablerhaus
5 Stadthaus (Wallenstein-Museum)
6 Burg und Kaiserpfalz
7 Bahnhof/Busbahnhof

Am historischen Markt versammeln sich prächtige Bürgerhäuser mehrerer Bauepochen. Der Komplex von elf ehemaligen Krämerhäusern ist als Egerer Stöckl (Špalíček) bekannt. Den Markt zieren zwei Brunnen, Roland- und Herkulesbrunnen. An der Ostseite steht das barocke Neue Rathaus (1723–1728), heute Domizil der Galerie Bildender Künste und eines Cafés. Im Haus Nummer 17 wohnte 1791 Friedrich Schiller, der hier an seiner ›Wallenstein‹-Trilogie arbeitete. Daher heißt es heute Schillerhaus (Schillerův dům). Das Gablerhaus, Nummer 507, zieren ein Portal und ein Muttergottesbild mit Jesuskind sowie eine herrliche Rokokofassade.

Das Stadthaus versteckt sich hinter dem Stöckl. Es ist ein Ort, der Weltgeschichte schrieb. Am 24. Februar 1634 erstach hier der kaiserliche Hauptmann Walter

Prächtige Bürgerhäuser im Egerer Stöckl vereint

Deveroux den Heerführer Albrecht von Wallenstein. Originalexponate – ein ausgestopftes Pferd, Stiefel und die Mordwaffe – erinnern an Wallenstein. Kostbar sind auch das Egerer Antependium (Altarvorhang aus dem 14. Jahrhundert) und die ›Goldene Sonne‹ (Kriegsbeute aus der Burg Neuhaus von 1412). Das weit verzweigte böhmische Adelsgeschlecht wird in der Wallensteinschen Portraitgalerie vorgestellt. Hoch über dem Flußufer der Eger stehen die Mauern der Kaiserpfalz (Chebský hrad). Von der romanischen Befestigung blieb der Schwarze Turm erhalten, der aus Basalttuff errichtet wurde. Dieses Baumaterial gewann man aus dem nahen Vulkan Kammerbühl. Vom Turm genießt man einen Rundblick.

Zur Kaiserpfalz gehören auch die Burgkapelle St. Erhard und der Kaiserpalast. Die Kapelle besitzt einen unteren romanischen Raum, eine Etage höher liegt die frühgotische Kapelle: Oben feierte die feine Gesellschaft den Gottesdienst, in der Krypta das Personal. Vom Kaiserpalast sind nur Mauern mit romanischen Rundbogenfenstern erhalten. Blut floß einst im ehemaligen Rittersaal des Palasts: In der Nacht, bevor Wallenstein ermordet wurde, waren seine Offiziere zu einem Gelage mit Kaisertreuen geladen. Nach reichlichem Weingenuß wurden die Getreuen Wallensteins niedergemetzelt.

Touristeninformation Cheb, nám. Krále Jiřího z Poděbrad 33, Tel. 354 44 03 02, Fax 354 44 03 30, infocentrum@mestocheb.cz.

Hotel Hvězda, nám. krále Jířího 4–6 (Marktplatz), Tel. 354 42 25 49, Fax 354 42 25 46; EZ 21 bis 31, DZ 31 bis 50, Apartment 82 Euro.

Hostel Židovská ulice, Židovská 7, Tel./Fax 354 42 34 01, nahe dem Markt. Gemütlich; DZ 24 Euro.

Restaurant Zlaté slunce, nám. Krále Jiřího z Poděbrad 38 (im Postgebäude), Mo bis So 11 bis 15 und 17 bis 23 Uhr. Stammherberge von Goethe, originale Wandmalereien erhalten, reichhaltige Speisekarte.

Restaurant Valdštejn, nám. Krále Jiřího z Poděbrad 35.

Restaurant Fortuna, nám. Krále Jiřího z Poděbrad 28.

Restaurant Radniční sklípek, nám. Krále Jiřího z Poděbrad 14.

Pizzeria Guiseppe, Jateční 18, täglich 11.30 bis 23 Uhr. Reichhaltiges Angebot an Pizza, Pasta und Fisch.

Kaiserpfalz, Dobrovského 21, Mo bis So 9 bis 12 und 13 bis 18 Uhr, Mai, Juni und September täglich außer Mo 9 bis 12 und 13 bis 17 Uhr, April und Oktober täglich außer Mo 9 bis 12 und 13 bis 16 Uhr.

Egerer Museum, nám. Krále Jiřího z Poděbrad 3.

Schirndingerhaus (mit Galerie und Café U Kamene), nám. Krále Jiřího z Poděbrad 7, täglich 9 bis 24 Uhr.

Loket

Auf halber Strecke zwischen Sokolov und Karlovy Vary, dreiseitig malerisch von der Eger umflossen, liegt Loket (Elbogen), ein heute wieder hübsch herausgeputzter Ort. Die Burg thront auf einem Granitfelsen und setzt der Bergstadt die Krone auf. Die Feste war ein Lieblingsaufenthaltsort des später zum Kaiser gekrönten Karl IV. Während eines Jagdausflugs entdeckte er die heißen Quellen von Karlsbad, und so gilt Elbogen als Wiege des Kurortes.

Im Burgmuseum sind Porzellan- und Zinngeschirr ausgestellt. Die Attraktion der Archäologieschau im Hauptmannhaus ist der Elbogener Meteorit, der hier vor 600 Jahren vom Himmel fiel. Er wog 107 Kilogramm, das größere Teilstück von 80 Kilogramm lagert heute in Wien. Auf den Burgturm mit schöner Aussicht über Loket und Umgebung führen 96 Stufen. Wer alle Stufen händchenhaltend hinaufklettert und sich oben drei Mal küßt, bleibt angeblich ein Leben lang zusammen.

Die ehemaligen Burgkerker wurden in eine multimediale Folterkammer verwandelt: Schreie und Schläge sind zu hören, drastische Szenen wie das Augenblenden und Erhängen zu erleben.

Auf der Burg fand Goethes Steinsammlung ihr Ende. Er hatte testamentarisch das Stift Tepl als Erbe bestimmt. 1950 übernahm die Armee das Kloster, die Sammlung kam nach Loket. Unbedarfte nahmen die Kisten auseinander, verbrannten Goethes Schriftstücke, die Steine landeten auf dem Müll.

Goethe war 13 Mal in Elbogen. Im Weißen Ross (Bílý kůň) am Markt feierte er seinen 74. Geburtstag und bat vergeblich um die Hand der 19jährigen Baroness Ulrike von Levetzow. Sie gab dem Alten einen Korb.

Ein Wanderweg führt von Loket durch das romantische Egerflußtal nach Karlovy Vary (17 Kilometer). Eine Stunde dauert der Spaziergang zu den Hans-Heiling-Felsen (Svatošské skály), der Sage nach ein verzauberter Hochzeitszug.

Stadtinformation, T. G. Masaryka 12, Tel./Fax 352 68 41 23, www.loket.cz.

Hotel Bílý kůň, T. G. Masaryka 10, Tel. 352 68 50 02; nüchterne Einrichtung, aber schöne Terrassenplätze mit Blick auf die Eger; täglich ab 11 Uhr.

Burgrestaurant Loket, rechts neben dem Eingang, täglich 11 bis 22 Uhr.

Restaurant Švejk, Masaryka 134, Tel. 353 22 14 01, vom Markt Richtung Karlsbad gehen, täglich 10 bis 23 Uhr.

Burgmuseum, täglich 9 bis 16.30 Uhr, November bis März bis 15.30 Uhr.

Karlovy Vary

Karlovy Vary (Karlsbad), malerisch in das Flußtal der Tepl eingebettet, ist der größte Kurort Tschechiens. Der tschechische Namenszusatz weist auf die Thermalquellen hin: var(y) bedeutet sieden oder kochen. Der deutsche Name Karlsbad geht auf den Stadtgründer zurück, Kaiser Karl IV. Er entdeckte die Quellen angeblich bei einem Jagdausflug. 1370 erklärte er die Siedlung zur königlichen Stadt.

Lange nutzte man das Quellwasser nur für Bäder. Erst Dr. David Becher führte im 18. Jahrhundert neue Behandlungsmethoden wie etwa Trinkkuren ein und ermittelte die chemische Zusammensetzung des Wassers. Er erfand auch die Rezeptur des Becherbitters. Deshalb nennt man den aus 20 Heilkräutern gewonnenen Likör seit 1807 ›Becherbitter‹ (Becherovka).

Seinen Ruhm verdankt Karlsbad den zwölf warmen Heilquellen. Die alkalischen Glaubersalzquellen besitzen eine tägliche Gesamtergiebigkeit von sechs Millionen Liter. Die hohe Konzentration von über 30 Mineralien, etwa sieben Gramm pro Liter, wirkt sich günstig auf verschiedene Erkrankungen aus. Im 18. Jahrhundert trug Karlsbad den Beinamen ›Salon Europas‹, viele Persönlichkeiten aus aller Welt kamen hierher.

Karlsbad ist heute wieder ein florierender Kurort, ganz so, wie es 1930 ein begeisterter Gast festhielt: »... daß jedermann, sei er krank oder gesund, in Karlsbad alles findet, was er sucht: Heilung von seinem Leiden oder Zeitvertreib, je

Die Freiheitsquelle lädt zum Verweilen ein

nachdem, und kaum einer wird die schöne Sprudelstadt mit ihren gottbegnadeten Gesundbrunnen, ihrer herrlichen Lage und entzückenden Umgebung verlassen, ohne eine schöne bleibende Erinnerung mit fortzunehmen.«

Eines hat sich allerdings geändert: Waren vor dem Krieg deutsche Gäste in der Mehrzahl, sind es heute russische, etwa 20 000 jährlich. Das hat durchaus Tradition, denn schon während der Zarenzeit zog es reiche Russen hierher. In den besten Geschäftslagen sind bereits 60 Prozent der Immobilien in russischem Besitz, darüber hinaus etwa 30 Prozent der knapp 9000 Karlsbader Gästebetten. In einigen Nobelgeschäften spricht das Personal nur russisch, sehr zum Ärger der einheimischen Tschechen.

Das Hotel ›Thermal‹ ist ein typisches Beispiel der Betonarchitektur aus den 1970er Jahren. Zur Zeit arbeitet der Hotelbetrieb mit Verlust. Deshalb soll das Haus, noch immer in Staatsbesitz, jetzt privatisiert werden. Alljährlich im Frühling treffen sich Regisseure, Stars und Filmfreunde in den Kinos des Hotels zum Internationalen Filmfestival.

Ganzjährig ist das Hotel-Thermalfreibad mit 50-Meter-Bahnen geöffnet. Nebenbei genießt man vom Bad auch einen herrlichen Ausblick auf das Kurviertel.

Im benachbarten Dvořák-Park steht der Komponist höchstpersönlich auf dem Sockel. 1894 zelebrierte der Künstler hier eine Weltpremiere: Erstmals erklang seine Symphonie ›Aus der neuen Welt‹. Die nahe gußeiserne Parkkolonnade (1880/81) blieb leider nur als Stückwerk erhalten. Am linken Teplufer flußaufwärts steht ein reich verzierter Pavillon aus Holz. Hier tritt die Freiheitsquelle (pramen Svobody) zu Tage.

Einhundert korinthische Granitsäulen verleihen der flußaufwärts liegenden Mühlbrunn-Kolonnade (Mlýnská kolonáda) das Aussehen eines antiken Tempels. In der offenen dreischiffigen Halle mit Säulenreihe und Kassettendecke sprudeln fünf Heilquellen.

Über die Lázenská kommt man zur Marktkolonnade (Tržní kolonáda) mit der Quelle Kaiser Karls des IV. Sie präsentiert sich ganz in weiß, aus Holz mit viel Zierat. Die Legende, derzufolge der Kaiser einst die heißen Quellen entdeckt haben

Legende

1 Hotel Thermal
2 Dvořák-Park
3 Freiheitsquelle
4 Mühlbrunn-Kolonnade
5 Marktkolonnade
6 Sprudel
7 Maria-Magdalenen-Kirche
8 Café Elefant
9 Grandhotel/Parkhotel Pupp
10 Stadttheater
11 Stadtmuseum
12 Russisch-orthodoxe Kirche
13 Petershöhe
14 Dianaturm

soll, stellt ein Relief dar. Vom einstigen Jagdschloß auf einer Anhöhe blieb nach einem Stadtbrand nur der Turm übrig. Unterhalb liegt das rekonstruierte Schloßbad, darüber lädt das Café Eden mit einer Sommerterrasse ein.

Unweit vom Markt staunen die Besucher, denn der Sprudel (vřídlo) schießt hier bis zu 15 Meter in die Höhe. Die Stadt verdankt ihre Attraktion einem

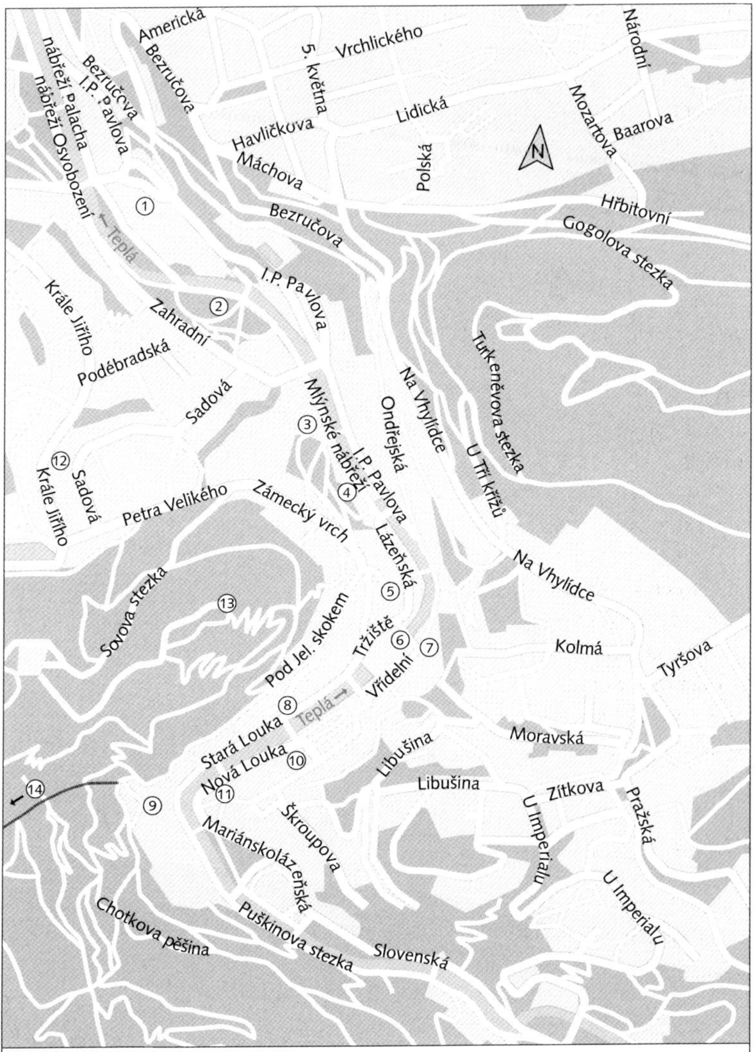

Karlovy Vary

0 200 m

Marktkolonnade und Schloßturm in Karlsbad

2000 Meter tiefen Riß in der Erdkruste, der beim Falten der Granitblöcke vor etwa 500 Millionen Jahren entstand. Kohlendioxyd treibt das bis zu 72 Grad heiße Wasser nach oben, täglich etwa drei Millionen Liter. Die Kolonnade aus den 1970er Jahren wirkt heute glanzlos, die prächtige gußeiserne Kolonnade wurde 1939 von den Nazis entfernt. Die warmen Quellwässerchen führen im Winter oft dazu, daß aus der Teplá (der Warmen) Dampfschwaden aufsteigen.

Hinter dem Sprudel erhebt sich die Maria-Magdalenen-Kirche, ein zwischen 1732 und 1736 erbautes barockes Kunstwerk des böhmischen Architekten K. I. Dientzenhofer. Zwischen der Kirche und der ehemaligen Sparkasse (Spořítelná) verkehrt eine Tunnelstandseilbahn zur Imperial-Höhe mit dem gleichnamigen imposanten Kurhotel (1912–1914).

An der Sprudelkolonnade führen zwei Flaniermeilen flußaufwärts. Rechts verläuft die Alte Wiese (Stará Louka), links die Neue Wiese (Nová Louka). Die Gäste des Cafés Elefant an der Alten Wiese schreiten wie eh und je durch die Doppeltür. Die riesigen Fenster ermöglichen das Sehen und Gesehen werden. Goethe feierte im ›Elefant‹ seinen 37. Geburtstag – womöglich aus diesem Grund.

Die kaiserlich und königliche Epoche hat in Karlsbad deutliche Spuren hinterlassen. Die High-Society aus Ost und West trifft im berühmten Grand Hotel Pupp zusammen, das zu den ältesten und prächtigsten Hotels auf dem Kontinent zählt. Die Nobelherberge am Ende der Alten Wiese wurde nach Plänen des Wiener Architektenduos Fellner und Hellmer umgebaut. Sie lieferten auch die Baupläne für das benachbarte Kaiserbad (Lázně I). Hier badete der Kaiser in einer goldenen Wanne, später auch der sowjetische Kosmonaut Juri Gagarin. Zur Zeit steht das Gebäude leer.

Das Stadttheater (1884–1886) an der Neuen Wiese entstand ebenfalls nach Plänen von Fellner und Hellmer. Vom Theaterplatz kommt man schnell zum Stadtmuseum, Nová Louka 23, mit natur- und heimatgeschichtlichen Sammlungen sowie mehreren Originalzeichnungen Goethes. Der Dichter war häufig in Karlsbad. Rechnet man alle Tage zusammen, so verbrachte er über zwei Jahre hier. »Nur Weimar und Rom könnten mit Karlsbad konkurrieren«, meinte er 1812.

Von der Mühlbrunn-Kolonnade führt die Parkstraße (Sadová třída) zur russisch-orthodoxen Kirche mit vergoldeten Zwiebeltürmchen. Sie entstand mit Spenden russischer Kurgäste.

Die Petershöhe (Petrova výšina) erhielt ihren Namen nach einem Aufenthalt Zar Peters I. in Karlsbad. Vom Markt steigt man am Beginn der Schloßbergstraße (Zámecký vrch) viele Stufen empor. Weiter oberhalb, von der Petershöhe mit Zarenbüste und Pavillon, genießt man das wundervolle Panorama des vom Wald gerahmten Kurviertels.

Ein herrlicher, blau markierter Wanderweg führt vom Dianaturm auf der Freundschaftshöhe (zugänglich mit der Standseilbahn nahe dem Hotel Pupp) westwärts zum etwa drei Kilometer entfernten Aberg (Doubský vrch) mit Berggasthof und Aussichtsturm und von hier weiter durch das Egertal nach Loket.

Informationszentrum der Stadt Karlovy Vary, Lazeňská 1, Tel. 353 22 40 97, www.karlovyvary.cz.

Grandhotel/Parkhotel Pupp, Mírove nám. 2, Tel. 353 10 91 11, www.pupp.cz; DZ ab 200 Euro.

Hotel Krásná Královna, Stará Louka 48, Tel. 353 85 26 11, www.krasnakralovna.cz; DZ 87 bis 107 Euro; vornehmes Hotel im Herzen des Kurviertels.

Egerländer Hof, Tržiště 39, Tel./Fax 353 22 93 32; EZ 17, DZ 34 Euro (ohne Frühstück); beste Lage nahe dem Sprudel, mit Restaurant.

Hotel Garni Palatin, Lázeňska 10, Tel. 353 30 41 11, www.energotour.cz; 32 bis 42 Euro pro Person; komfortables Haus an der Mühlbrunnkolonnade.

Plzeňská pivnice Kolonáda, I. P. Pavlova 8; rustikales Gasthaus der Pilsner Urquell-Brauerei.

Poštovní dvůr (Posthof), Slovenská 2, am Stadtrand Richtung Mariánské Lázně; prächtige Säle, von Mai bis Sept. Mi, Sa und So 14 bis 17 Uhr Blasmusik.

Sprudelkolonnade (Vřídelní kolonáda), Mo bis So 6 bis 18.30 Uhr.

Café Elefant, Stará Louka 30, täglich 10 bis 21 Uhr.

Ausflugslokal Malé Versailles, täglich 11 bis 23 Uhr; idyllische Lage nahe der russisch-orthodoxen Kirche.

Russisch-orthodoxe Kirche St. Peter und Paul, Sadová, täglich 10 bis 17 Uhr.

Standseilbahn zur Freundschaftshöhe, täglich 9 bis 17, während der Saison bis 18 Uhr.

Dianaturm an der Freundschaftshöhe, täglich 9 bis 18 Uhr.

Thermalfreibad am Hotel Thermal, Mo bis Sa 8 bis 20.30, So 9 bis 20.30 Uhr, während der Sommersaison bis 21.30 Uhr.

Jáchymov

Jáchymov (St. Joachimsthal) liegt 15 Kilometer nördlich von Karlovy Vary im Erzgebirge. Im 16. Jahrhundert führten Erzfunde zu einem Silberrausch. Damals war St. Joachimsthal die drittgrößte Stadt Böhmens, hier prägte man die berühmten Joachimsthaler. Diese Silbermünze hieß anfangs Thaler, später Tollar, und sprachgeschichtlich hat hier auch der Begriff Dollar seinen Ursprung.

Im Jahr 1898 entdeckten die Physiker Marie Skłodowska-Curie und Pierre Curie in hiesigen Pechblendenrückständen die Elemente Radium und Polonium, 1906 wurde in Jáchymov das erste Radonbad der Welt eröffnet. Nach 1945 übernahm die Sowjetunion die Urangruben. Von 1949 bis 1961 gab es in der Umgebung 18 Straflager, in denen politische Häftlinge ohne Schutz den Gesundheitsgefahren ausgesetzt waren. Insgesamt wurden 7940 Tonnen Uran abgebaut.

Die Altstadt am langgezogenen und steil ansteigenden Markt erscheint heute verlassen und verwahrlost. Fassaden bröckeln, viele ehemals schöne Bürgerhäuser im sächsischen Renaissancestil sind von Roma bewohnt, viele einsturzgefährdet.

Das Rathaus vereint Einflüsse der Gotik und Renaissance und besitzt ein schönes Portal, aber auch sein Putz bröckelt. Die Königliche Münze (Královská mincovna) am Rathaus zeigt sich in frischem Gewand mit einem spätgotischen Erker von 1536. Hier kann man eine numismatische Sammlung sowie wechselnde Ausstellungen besichtigen.

Die monumentale Dekankirche des Hl. Joachim ist für 18 000 Einwohner gebaut worden. Davor erinnert ein moderner Kreuzweg mit Namen der Uranbergschächte an die Leiden der Sträflinge. Oberhalb der Kirche steht der älteste Urangrubenförderturm der Welt. Bis 1945 lag die durchschnittliche Lebenserwartung eines Grubenarbeiters bei etwa 40 Jahren. Ältestes Bauwerk der Stadt ist die kleine Spitalkirche aus dem 16. Jahrhundert, die sich zwischen Markt und Kurviertel findet.

Gepflegte kleine Parks umgeben das Kurviertel. Das imposante Sanatorium Radium-Palace (1910–1912), erscheint wie ein Schloß, daneben stehen die modernen Kurhotels Curie und Běhounek. Hier werden die radioaktiven Quellen zur Behandlung von Krankheiten des Bewegungsapparates genutzt.

Vom Ortsteil Jáchymovský les fahren die Besucher mit dem Sessellift auf den höchsten Gipfel des Erzgebirges, den Keilberg (Klínovec). Auf dem Plateau in 1244 Metern Höhe stehen neben dem Fernsehturm ein historischer Aussichtsturm und das Berggasthaus. Abfahrt und Langlauf sind möglich.

Auf der Fahrt von Jáchymov zum Grenzübergang nach Sachsen (Kurort Oberwiesenthal) kommt man zuvor in das Berg- und Wintersportzentrum Boží Dar (Gottesgab). Auf einer Hochebene in 1028 Metern, ist es das höchstgelegene Gebirgsstädtchen Böhmens. Ein interessanter Naturlehrpfad führt Wanderer durch das nur einen Kilometer westlich gelegene Gottesgaber Hochmoor (Božídarské rašeliniště) mit Zwergbirken und mehreren Wollgrasarten. 1876 wurde in Gottesgab der bekannte erzgebirgische Heimatdichter und -sänger Anton Günther geboren. Sein Grab findet man auf dem Friedhof am Ortsausgang. Ihm zu Ehren wurde 1995 der grenzüberschreitende 65 Kilometer lange ›Anton-Günther-Rundwanderweg‹ eröffnet.

Stadtinformation Jáchymov, nám. Republiky 1, Tel./Fax 353 81 13 79, www.info-jachymov.cz.
Stadtinformation Boží Dar, Nr. 2, Tel./Fax 353 81 51 08, www.bozidar.cz.
Léčebné lázně Jáchymov (Kurbadinfo), Tel. 353 81 12 08, Fax 353 81 17 30, www.laznejachymov.cz.

Hotel Panorama, Dvořákova 931, Tel. 353 81 11 06, Fax 353 81 11 06; hotel.panorama@volny.cz; DZ 33 Euro.
Hotel Bellevue, Nové Město 2, Tel. 353 81 10 64, Fax 353 81 12 26. Zwei Kilometer von Jáchymov auf einer Bergwiese mit herrlicher Aussicht zum Keilberg gelegen; DZ 25 bis 36 Euro.
Hotel und Pension Svatý Hubert, Boží Dar 22, Tel. 353 81 51 44. Beliebtes Restaurant, täglich geöffnet ab 11 Uhr; DZ 47 Euro.
Hotel Zelený dům, Boží Dar Nr. 46, Tel. 353 81 50 05; DZ 40 Euro.
Sporthotel Rudolf, Tel. 353 81 20 00. Kleines Hotel am Keilberggipfel.
Anton Günther Schänke & Pension, Boží Dar. Am Infozentrum, voll mit Andenken an den Heimatdichter und -sänger Anton Günther; täglich 11 bis 22 Uhr.

Kneipe Kolíba, Boží Dar, gegenüber der Kirche, täglich ab 17 Uhr.
Café U sněhuláka, Boží Dar, nahe der Kirche.

Stadtmuseum (ehemals Königliche Münze) in St. Joachimsthal, Mincovní 37, Mi bis So 9 bis 12 und 13 bis 17 Uhr.
Kirche St. Joachim, Heilige Messe am So um 14 Uhr.

Sanatorium Radium Palace, Tel. 353 81 15 11; luxuriös; DZ 128 Euro.

Bečov nad Teplou

Burg und Schloß Bečov nad Teplou (Petschau) thronen majestätisch über dem Flußtal der Tepl (Teplá) auf einem Felsen, knapp 20 Kilometer südlich von Karlovy Vary. Die gotische Burg wurde im 13. Jahrhundert gegründet. 1813 kaufte der belgische Herzog Friedrich von Beaufort-Spontini die Besitzungen. Mitte des 18. Jahrhunderts wurde die ehemalige Vorburg zum Barockschloß umgebaut.

Vier Räume im ersten Stock dokumentieren die spektakuläre Geschichte und Wiederherstellung des romanischen Maurusschreins, der im 12. Jahrhundert zur Aufbewahrung der sterblichen Überreste von St. Johannes dem Täufer, St. Maurus und einem seiner Gefährten angefertigt wurde. Während Johannes der Täufer eine bekannte Persönlichkeit war, weiß man über den Heiligen Maurus nur wenig. Um das Jahr 250 lebte er als Priester in Frankreich. Nachdem er einige Dutzend

Heiden getauft hatte, wurde er geköpft. Beim Öffnen des Schreins fanden sich menschliche Knochen und romanische Textilreste. Ein Originalzertifikat beweist die Echtheit: »Der Körper des Hl. Maurus eines Priesters und edlen Märtyrers mit dem Kopf eines anderen Märtyrers.«

Der Maurusschrein erstrahlt in einem abgedunkelten fünften Raum. Kleine Lämpchen beleuchten ihn, dazu erklingt feierliche Kirchenmusik. Der Schrein ist 138 Zentimeter lang, 42 Zentimeter breit und 64 Zentimeter hoch und besteht aus 3000 Einzelteilen mit 300 Edelsteinen. Auf dem verzierten Deckel und an den Seiten der Truhe sind Medaillons zu sehen, die Szenen aus dem Leben von St. Maurus und John dem Baptisten wiedergeben, außerdem Statuetten der zwölf Apostel. An der einen Frontseite sitzt der Heilige Maurus, auf der anderen Christus. Nach den böhmischen Kronjuwelen ist der Maurusschrein heute das bedeutendste Kunstwerk des Landes.

Vor Jahrhunderten befand sich das Reliquiar in der Abtei des St. Gendulfklosters (Belgien). 1838 kaufte Alfred de Beaufort den vernachlässigten Schrein für 2500 Franken, nach einer ersten Reparatur und Ausstellung in Brüssel (1888) kam das Kunstwerk auf Schloß Petschau. Im Frühjahr 1945, vor ihrer Flucht in den Westen, vergruben die Adligen den Schrein im Fußboden der Burgkapelle.

Im Jahr 1984 kam ein Amerikaner in die Botschaft der ČSSR in Wien und begann Verhandlungen über den Kauf und die legale Ausfuhr einer nicht näher beschriebenen Antiquität. Der Mann behauptete, er wüßte als einziger, wo sich der Schatz befände, und er wolle 250 000 Dollar dafür bezahlen. Die Kriminalpolizei rief die ›Operation Antik‹ ins Leben. Die Mitarbeiter suchten nach einem Objekt von der Größe eines Schreibtisches, das einer Aristokratenfamilie gehörte, die 150 Kilometer von Nürnberg begraben lag. Im November 1985 fand ein Forschungsteam den Reliquiar in der Petschauer Burgkapelle. Die Holzteile waren verrottet, Metallornamente deformiert. Die Restaurationsarbeiten begannen 1991, allein die Dokumentation der Entdeckung und das Zerlegen nahmen drei Jahre in Anspruch. Fast vergessene Techniken der Goldschmiedekunst mußten neu erlernt werden. Weil das alte Holzgehäuse aus Eiche teils zerfallen und deformiert war, wurde der Grundkörper des Schreins völlig neu aus Walnußholz ersetzt.

Hotel Royal Golf, Cihelny 5, Tel. 353 97 24 11; DZ 121 Euro; luxuriöses Schlößchen. Hotel, Pension und Restaurant U zamku (Am Schloß), nám. 5. května 17, Tel. 353 99 93 65; DZ 30 Euro; mit Sommerterrasse.

Schloß Bečov, April und Oktober Sa und So 9 bis 16 Uhr, Mai und Juni Di bis So 9 bis 16 Uhr, Juli und August bis 17 Uhr, September bis 16 Uhr; virtueller Rundgang: www.cestujme.cz/becov.

Kynžvart

Der Ort Kynžvart (Königswart) befindet sich sieben Kilometer nordwestlich von Marienbad. Fürst Clemens Wenzel Metternich, der 47 Jahre im Dienst der österreichischen Kaiser stand, hielt sich oft im nahen Kurbad auf. Aber es fehlte ihm dort ein repräsentativer Ort, um prominente Gäste zu sich einzuladen. Von 1833 bis 1839 ließ er daher das Schloß Königswart von Pietro Nobile im Empirestil umbauen. Es liegt wundervoll, eingebettet in einen englischen Park.

Während des Rundgangs kommen die Besucher durch 25 Räume. Dabei kann man unter anderem mehrere große Malachitvasen bestaunen, die Zar Alexander I. dem Kanzler schenkte, ein Gobelinbild, das die Krönung von Napoleons darstellt, und eine Vitrine mit Geschirr und Gebrauchsgegenständen, die Napoleon während seiner Zwangsaufenthalte auf St. Helena und Elba nutzte. Mit der Nummer 210 sind Haare Napoleons inventarisiert. Im Kanzlerarbeitszimmer sieht man Porträts der drei Ehefrauen von Metternich. Hier steht auch der Tisch, an dem Politiker auf dem Wiener Kongreß (1815) über das weitere Schicksal Europas entschieden.

Im größten Raum des Schlosses, dem Großen Tanzsaal, hängt ein böhmischer Kronleuchter, der aus etwa 2000 Kristallstücken zusammengefügt ist. In der Waffenkammer sammelte Metternich über 200 Blank- und Feuerwaffen. Als Weltkuriosität ist hier eine kleine Büchse ausgestellt, die gleichzeitig als Spazierstock genutzt werden konnte. Vom Auditorium blickt der Besucher in die Schloßkapelle. Der Altar mit Reliquien des Hl. Bonifatius ist ein Geschenk von Papst Gregor XVI. In der Kanzlerbibliothek befinden sich 24 000 Bände, darunter ein Fragment des Alten Testaments aus dem 8. Jahrhundert.

In Metternichs Kuriositätenkabinett sind etwa 2000 Exponate zu besichtigen, darunter zwei kleine Bomben vom Attentat auf Napoleon III., eine Tasche von Madame de Pompadour sowie Haare von Beethoven. Im Nebenraum sind zwei ägyptische Mumien (2500 und 3500 Jahre alt) sowie drei Nilkrokodil-Mini-Mumien zu bestaunen.

Ein Gastgeschenk des russischen Zaren sorgt noch heute für Aufregung: 1815 ließ Fürst Metternich den damals exotischen Riesenbärenklau in seinen Schloßpark pflanzen. Von hier breitete sich die im Kaukasus beheimatete Pflanze in ganz Mitteleuropa aus; mittlerweile gilt sie als Plage. Die Herkunft und die Aggressivität des Doldengewächses sind der Grund für den jetzt gebräuchlichen Namen ›bolševik‹. Die Bolschewiken, die sowjetischen Besatzer, ist man Anfang der 1990er Jahre losgeworden, der Kampf der Tschechen mit der allgegenwärtigen Pflanze wird schwieriger sein.

Das Schloß ist im April und Oktober nur an den Wochenenden, Mai bis September täglich 9 bis 12 und 13 bis 16 Uhr, im Juli und August bis 17 Uhr geöffnet, das Schloßrestaurant am Parkplatz täglich 8 bis 22 Uhr.

Mariánské Lázně

Marienbad ist der jüngste böhmische Badeort. Der Kaiserwald schützt die Stadt vor kalten Nordwinden, und Moore sind die natürlichen Wasserbehälter. In und um den Kurort sprudeln 140 Mineralquellen. Marienbad wurde als Gartenstadt konzipiert, als Stadt im Meer von Grün. Thomas Alva Edison meinte vor gut hundert Jahren: »Einen schöneren Kurort gibt es in der ganzen Welt nicht.« Der Ortsname Marienbad leitete sich von der Marienquelle ab, in deren Nähe ein Marienbild angebracht war. 1818 erhielt der Ort den Status eines Kurortes.

Goethe war seit den 1820er Jahren ein Stammgast. Der 73jährige verlor hier sein Herz an die junge Ulrike von Levetzow. Die junge Dame interessierte sich zwar für literarische Gespräche mit dem rüstigen Alten, aber von Liebe konnte bei ihr keine Rede sein. Goethe war völlig niedergeschlagen, als jegliche Hoffnung verflog. In melancholischer Stimmungslage schrieb er die Marienbader Elegie: ›Mir ist das All, ich bin mir selbst verloren, der ich noch erst den Göttern Liebling war‹. Er, der Böhmen so sehr mochte, verließ den Ort und kam nie wieder.

Die Hauptkolonnade in Mariánské Lázně

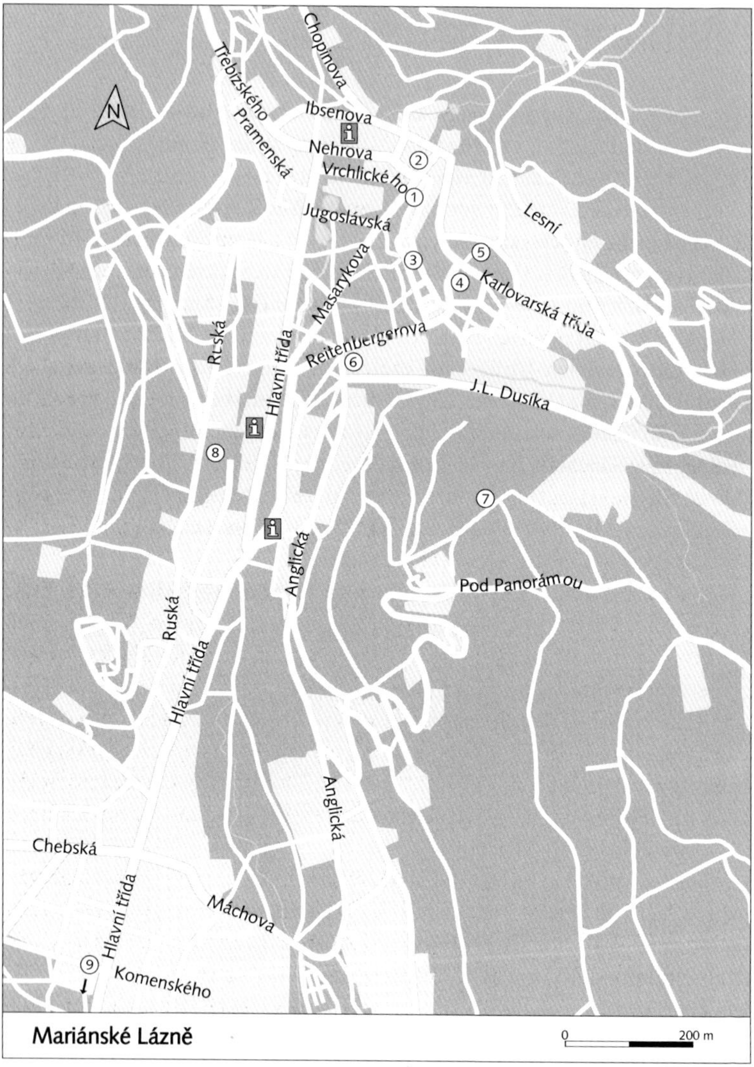

Legende

1 Hauptkolonnade
2 Kreuzbrunnen
3 Karolinenkolonnade
4 Mariä Himmelfahrtkirche
5 Goetheplatz
6 Neubad
7 Hamilka mit Aussichtsturm
8 Wladimirkirche
9 Bahnhof/Busbahnhof

An der Wende zum 20. Jahrhundert war Marienbad ein Zentrum der europäischen Prominenz. Neben Komponisten und Dichtern kamen auch Kaiser und Könige hierher; der österreichische Kaiser Franz Joseph I., der Preußenkönig Friedrich Wilhelm IV. sowie der englische König Edward VII. waren Stammgäste. Das etwa zwei Kilometer nördlich des Bahnhofs gelegene Kurviertel, in dem sie sich aufhielten, ist heute größtenteils als Fußgängerzone gestaltet.

Nach dem Zweiten Weltkrieg wurden die Kuranlagen verstaatlicht und größtenteils als Gewerkschaftserholungsheime genutzt. Prächtig verzierte Fassaden täuschen jedoch. Nur wenige Häuser sind Luxushotels, in den vielen Herbergen kurt nach wie vor das ›einfache‹ Volk. Wer sich vom häufig abgewetzten Glanz nicht abschrecken läßt, kann hier oft in bester Lage zu noch günstigen Preisen übernachten.

Die gußeiserne Hauptkolonnade der Wiener Architekten Miksch und Niedzielsky ist ein Prunkstück der europäischen Bäderarchitektur. Außen kann man filigrane Schmuckelemente im Neobarockstil bewundern, innen großflächige Deckengemälde. Nördlich schließt sich der Kreuzbrunnen (Křížový pramen) mit klassizistischer Säulenhalle an. Ab sieben Uhr, zu jeder ungeraden Stunde, sprudelt das Wasser der Musikfontäne im Takt hervor. Wenn die Dunkelheit hereinbricht, sind auch farbige Lichtspiele zu erleben.

Unter der Kuppel der Karolinenkolonnade fließen zwei wohlschmeckende Wässerchen. Allesamt sind es in Marienbad kalte Säuerlinge mit vielen Mineralien, die man gern trinkt, ganz im Gegensatz zu den heißen und salzigen Karlsbader Quellen.

Gegenüber steht die katholische Mariä Himmelfahrt Kirche im neobyzantinischen Stil (1844–1848). Am Goetheplatz (Goethovo nám.) sitzt der bronzene Goethe in Lebensgröße auf einer Bank inmitten der Grünanlage. 1823 wohnte er im damaligen Gasthaus ›Zur goldenen Traube‹. Das Portal führt heute ins Stadtmuseum. Goethes Zimmer und einige Gegenstände, die er benutzte, sind original erhalten geblieben.

Auch das sogenannte Neubad (Nové lázně) ist schon über hundert Jahre alt. Parterre liegt das Fürstenbecken (Královská lázeň) mit einem herrlichen Lichthof, Säulen, Malereien und viel Stuck. Einst war es nur Reichen zugänglich. Kurgäste genießen heute das Ambiente bei Kohlensäurebädern. Auch Tagesbesucher können sich das Vergnügen leisten, wenn sie bereit sind, ein paar Euro mehr auszugeben.

Vom Neubad windet sich die Straße auf den Hügel Hamilka (716 Meter) mit einem Aussichtsturm im Stil einer romantischen Ruine. Goethe war mehrmals hier und erfreute sich offensichtlich nicht nur an der Waldesruhe, denn sein Wissensdrang wurde auch hier geweckt: Am Wegrand fand er ein bislang unbekanntes Mineral, das nach seinem Fundort Hamelicit genannt wurde.

Am westlichen Stadtrand führt die Russische Straße (ul. Ruská) zur russisch-orthodoxen Wladimirkirche. Das Gotteshaus aus dem Jahre 1901 schmückt eine

Die Karolinenkolonnade; im Hintergrund die Mariä Himmelfahrtkirche (1848)

kunstvolle Porzellan-Ikonostase. Bevor die dreitürige Bilderwand ihren heutigen Platz erhielt, begeisterte sie zuvor auf der Pariser Weltausstellung viele Besucher.

Das Naturschutzgebiet Kladská (Glatzen) liegt zehn Kilometer nördlich von Mariánské Lázně mitten im Wald. Seit Fürst Otto Schönburg-Waldenburg hier im Jahr 1875 auf einer Wiese ein Jagdschloß im Tirolerstil erbauen ließ, ist es ein beliebtes Ausflugsziel für Marienbader Kurgäste. Das rustikale Gasthaus U tetřeva (Zum Auerhahn) ist an schönen Tagen noch immer gut besucht. Rund um den nahegelegenen Königsteich (Kladský rybník) führt ein Naturlehrpfad.

An der Bahnlinie Mariánské Lázně –Teplá liegt das Dorf Milhostov mit einem Gehöft im Egerländer Stil. Das Fachwerk des Egerer Stils ist reich gegliedert und besitzt zudem kunstvolle Schachbrettmuster um die Fenster. Weitere schöne Dörfer mit diesen besonderen Bauernhäusern gibt es in Nový Drahov, Salajna, Třebeň, Doubrava und Hranice zu sehen. In Doubrava wurde im Rusterlgut von 1751 ein kleines privates Freilichtmuseum eröffnet (Sa, So und Feiertage 11 bis 18 Uhr).

Repräsentationshaus in der Prager Altstadt

Traditionelles Restaurant in der Prager Innenstadt; Kurgäste in Mariánské Lázně

ZDAR TOBE PRAHO VZDORUJ CASU I ZLOBE
JAK ODOLALAS VEKY BOURIM VSEM
POLICIE
AEY 24-39
AKP 00-01

café
FRANZ
KAFKA
FRANZ KAFKA café
SALÁTY
PEČIVO
ZMRZLINA

Infocentrum, Hlavní třída 47, Tel. 354 62 24 74, infocentrum@marianskelazne.cz. Marienbad Kur & Spa Hotels, Masarykova 22, Tel. 354 65 55 01, www.marienbad.cz.

Hotels und Pensionen im Internet: www.marienbad.com.

Hotel Cristal Palace, Hlavní 61, Tel. 354 61 51 11, cristal.palace@telecom.cz; DZ 98 bis 166 Euro; neu erbautes Luxushotel im Zentrum.

Hotel Excelsior, Hlavní 121, Tel. 354 62 27 05, info@hotelexcelsior.cz; DZ 89 bis 139 Euro; mit ›Restaurant 1900‹ und ›Restaurant Churchill‹ mit dem Ambiente eines englischen Pubs.

Hotel Luna Park, Třebízského 94, Tel. 354 62 09 90, lunapark@marienbad.com; DZ 33 bis 38 Euro; familienfreundlich.

Hotel Centrální Lázně, Goethovo nám. 1, Tel. 354 63 41 11; DZ 66 bis 106 Euro; beste Lage, 2005 rekonstruiert.

Villa Sant Georg, Anglická 358/4, Tel. 06 03 24 49 14, sant-georg@marienbad.com; DZ 70, Zusatzbett 20 Euro; in einer schönen alten Villa nahe dem Kurzentrum, stilvolle Zimmer, familienfreundlich.

Mährisches Restaurant (Moravska restaurace U Ječminků), Klíčova 10, täglich ab 11 Uhr.

Wiener Café, am Neubad (Nové Lázně), täglich 9 bis 20 Uhr.

Stadtmuseum, Goethovo nám. 11, Di bis So 9.30 bis 17 Uhr.

Neubad (Nové Lázně), Reitenbergova 53, Mo bis Fr 7 bis 15 Uhr. Das Mineralbad in der Königskabine kostet 26 Euro (verlangen Sie Kabine 1 oder 2), das Römische Bad im gleichen Haus ist täglich 15 bis 20 Uhr geöffnet. Eine Stunde kostet etwa 8 Euro.

Chodova Planá

Etwa acht Kilometer südlich von Mariánské Lázně liegt Chodova Planá (Kuttenplan). Die hiesige Familienbrauerei ist die älteste in Westböhmen, sie wurde 1573 erstmalig erwähnt. Die Gänge wurden in den anstehenden Granitfelsen gehauen. Aus jener Zeit stammt auch die Sage vom weißen Hündchen Albi, der angeblich die wohlschmeckende und ergiebige Quelle erschnupperte. Deswegen ziert sein Abbild noch heute das Wappen der Familienbrauerei. Das Bier wird noch immer

Junge Frauen in südmährischer Tracht; Auf dem Hradschin in Prag
Das Café Franz Kafka in Prag

nach traditioneller westböhmischer Brauart hergestellt: Diese Biere haben eine prächtige goldene Farbe, einen ausgeprägten Malzgeschmack und nur wenig Bitterstoffe. Die berühmteste der sechs Sorten heißt Schloß-Lagerbier (Zámecký ležák).

Im Braukeller wurde ein kleines Brauereimuseum mit Bierstube eröffnet. Der Weg dorthin führt über einen 40 Meter langen Gang, der den Blick auf die Lagerkammern freigibt. Am letzten Wochenende im Juni findet an der Brauerei ein Wettbewerb im Bierfaßrollen statt, zum Bierfest wird alljährlich Ende August eingeladen.

Pivovarská Chodovar, Pivovarská 107, www.chodovar.cz; täglich 11 bis 23 Uhr, Brauereibesichtigung täglich um 14 Uhr.

Teplá

Die Gründungsurkunde für das Kloster Tepl von 1197 ist die erste durch einen Adligen ausgestellte und besiegelte Urkunde in Böhmen. Der Adlige Hroznata stiftete das Prämonstratenserchorherrenstift. Seinem Ruf folgten Brüder aus dem Prager Strahovkloster. Nach dem Tod von Frau und Sohn vermachte Hroznata sein Vermögen dem Kloster und trat als Verwalter in den Orden ein. Egerländer Ritter nahmen ihn gefangen und forderten Lösegeld. Hroznata war zu keinen Zugeständnissen bereit, die Entführer ließen ihn verhungern, und die Mönche lösten den Leichnam aus. 1897 wurde Hroznata seliggesprochen. An seinem Todestag, dem 14. Juli, pilgern noch immer viele Gläubige in das Kloster.

Die Mönche waren maßgeblich an der Kolonisierung Westböhmens beteiligt. Das Stift häufte riesigen Grundbesitz an; dazu gehörten auch 60 Dörfer und drei Städte. Zur wichtigen Einnahmequelle entwickelte sich der Kurort Marienbad, der ebenfalls auf Tepler Land gelegen war; bis zum Beginn des Zweiten Weltkrieges flossen reichlich Mieteinnahmen. Im April 1950 wurden alle Mönche von der Staatssicherheit verhaftet und interniert. Um die Gläubigen zu erniedrigen, wurde das Kloster zur Kaserne umgewandelt. Das Militär entweihte das Kloster fast vollständig, nur Kirche und Bibliothek waren tabu und der Öffentlichkeit zugänglich. 1978 zog die Armee ab. Wegen Geld- und Materialmangels schritt danach der Verfall weiter voran. Der Staat gab 1990 das Stift Teplá an den Orden zurück, seither leben hier wieder zehn Mönche. Zwar wurden seitdem alle Dächer erneuert, die meisten Mauern und Innenräume warten aber noch auf eine Rekonstruktion. Von außen wirkt das Kloster trostlos.

Während des Klosterrundgangs kommen die Besucher in den ramponierten Kapitel- und Speisesaal, wo nur Fragmente von Fresken und Stuck erhalten sind. Die Abteikirche erstrahlt dagegen wieder in barockem Glanz und beeindruckt mit einem monumentalen Säulengang, zwei Reihen von Altären und Statuen. Der schmucklose Steinsarkophag vor dem Hauptaltar war die erste Grabstätte Hroznatas. Gleich daneben befindet sich die Hroznata-Kapelle mit einem prächtigen goldenen Sarkophag.

Im Lese- und Studiersaal sind Nachdrucke wertvoller Bücher ausgestellt, so eine Gutenbergbibel aus dem 15. Jahrhundert. Die Bibliothek wurde zwischen 1904 und 1907 erbaut, die Regale aus slawonischem Eichenholz geschnitzt. Hier steht ein Drittel der insgesamt 100 000 Bände, die sich im Klosterbesitz befinden. Im nächsten Raum sieht man Kopien des Codex Teplensis, einer Pergamenthandschrift aus 315 Blättern. Die Handschrift ist die erste lückenlose deutsche Übersetzung des Neuen Testaments und wurde zwischen 1380 und 1400 angefertigt.

Im Klostermuseum sind Schnitzkunst, Kirchengewänder, Reliquien, historische Andenken an den Marienbader Kurbetrieb und Reste von Goethes berühmter Mineraliensammlung zu besichtigen.

Hotel Klášter Teplá, Tel. 353 39 22 64, Fax 353 39 23 12, www.pmgastro.cz; DZ 42 bis 55 Euro; in der ehemaligen Klosterscheune, einfache Zimmer ohne Schnickschnack, sehr ruhig.

Klosterrestaurant (Plzeňská pivnice), täglich ab 11 Uhr.

Klosterkirche, Heilige Messe Mo bis Fr 7.30 Uhr, Sa 14.45 Uhr, So 10 Uhr.

Klosterführungen: Februar bis April sowie Oktober bis Dezember Mo bis Sa 9 bis 15.30 Uhr, So 11 bis 15.30 Uhr, Mai bis September Mo bis Sa 9 bis 17 Uhr, So 11 bis 17 Uhr, am 24.12. und im Januar geschlossen. Klosterbesichtigung: Tel. 353 39 27 32, prohlidky@klastertepla.cz.

Orgelkonzerte in der Klosterkirche und Konzerte im Blauen Saal sowie Ausstellungen im Klosterspeicher.

Manětín

Das Schloß im Ort Manětín (Manetin) gilt als ›Perle des böhmischen Barock‹. Die Zufahrtstraße säumen barocke Heiligenfiguren. Die Allee mit der steinernen Parade christlicher Würdenträger mündet am Markt in eine noch größere Ansammlung barocker Pracht: Schlößchen, Kirche und eine Vielzahl allegorischer Figuren.

Nach einem Großbrand Anfang des 18. Jahrhunderts wurde das Städtchen in einheitlichem Stil wieder aufgebaut. Der ansässige Adel beauftragte den Architekten Mathey sowie die Bildhauer und Maler Brokoff, Brandel und Herrscher mit dem Wiederaufbau und der Gestaltung der Umgebung. Im Schloß ist eine seltene Ahnengalerie zu sehen, die auch das Gesinde und die Bediensteten berücksichtigt. In der Kirche Johannes der Täufer sind Gemälde von Peter Brandl zu sehen. Insgesamt 80 barocke Figuren und einige Marterln sind auf der Schloßterrasse, an der Kirche und auf dem Hohen Weg (Vysoká cesta) zu entdecken.

Pension Dersiehův Mlýn, Manětín Nr. 44, Tel. 373 39 22 84; DZ 20 bis 33 Euro.

Schloß Manětín, von April bis Oktober von Di bis So von 9 bis 12 und 13 bis 17 Uhr.

Plasy

Etwa 25 Kilometer nördlich von Plzeň liegt Plasy (Plass). Um die Mitte des 12. Jahrhunderts stiftete Fürst Wladislaw II. ein Zisterzienserkloster. Im späten Mittelalter zählten etwa 70 Dörfer zu den Besitzungen. Nach dem Dreißigjährigen Krieg wurde die Anlage barock umgestaltet, Anfang des 18. Jahrhunderts erhielten G. Santini und K. I. Dientzenhofer den Auftrag, das Konventsgebäude umzubauen. Das Projekt nahm fast drei Jahrzehnte in Anspruch, da wegen des sumpfigen Untergrunds etwa 5000 Pfähle aus Eichenholz eingerammt werden mußten.

Kapellen und Gänge im ersten Stock wurden mit herrlichen Fresken von F. A. Müller, J. A. Pink und J. Kramolín ausgeschmückt. Im Konvent dokumentiert eine Ausstellung die regionale Arzneimittelkunde. Ab 1826 zählten das Kloster und über fünfzig Dörfer zum Grundbesitz des Fürsten Metternich, deshalb wurde hier 1859 die Metternichsche Familiengruft (Metternichovská hrobka) in der St. Wenzelskirche hergerichtet. In ihr ruhen der ehemalige österreichische Reichskanzler Fürst Metternich und seine Ehefrauen. Konvent, Metternichgruft sowie Speicher mit Uhrturm können besichtigt werden. Im Sommer findet im Kloster ein internationales Festival für zeitgenössische Kunst und Musik statt.

Kloster Plasy, im April und Oktober Sa und So 9 bis 16 Uhr, im Mai und September täglich außer Mo 9 bis 17 Uhr und Juni bis August 9 bis 18 Uhr.

Kladruby

In Kladruby (Kladrau) steht ein Kloster mit der Stiftskirche St. Marien. Das Benediktinerkloster wurde im Jahr 1115 gestiftet, von 1712 bis 1728 war G. B. Santini mit dem Umbau der romanischen Kirche beschäftigt. Der Architekt verband eindrucksvoll gotische und barocke Stilelemente. An das dreischiffige Langhaus wurde ein Querschiff mit einer großen Kuppel angefügt, seitdem beträgt die Längsachse über 80 Meter. Die Statuen auf dem Altar und weitere Heiligenfiguren sind das Werk von M. B. Braun. Im Kloster werden zwei Besichtigungstrassen angeboten. Die eine umfaßt die Wohnung des Abts, die Kirche St. Marien und eine Ausstellung über Johannes von Nepomuk, die andere eine Zinnausstellung, das Winterrefektorium, Skulpturen von M. Braun sowie die Bibliothek. Im Sommer finden im Rahmen des alljährlichen Festivals ›Musiksommer von Stříbro‹ Konzerte statt.

Kloster Kladruby, im April und Oktober nur Sa und So 10 bis 16 Uhr, im Mai und September täglich außer Mo 9 bis 16 Uhr, von Juni bis August bis 17 Uhr.

Plzeň

Plzeň (Pilsen) ist mit rund 165 000 Einwohnern die zweitgrößte Stadt Böhmens, die drittgrößte Tschechiens. Bekannt ist sie weltweit vor allem wegen des gleichnamigen Bieres, dessen Brauart 1842 hier erfunden wurde. Die ursprüngliche Siedlung Alt-Pilsen (Starý Plzenec) liegt heute gute zehn Kilometer vom jetzigen Stadtzentrum entfernt. Weil die alte Stadt häufig vom Hochwasser des Flusses Usla bedroht war, ließ König Wenzel II. Ende des 13. Jahrhunderts ein Neu-Pilsen gründen. Die Planungen waren großzügig, der Marktplatz mit 193 Metern Länge und 139 Metern Breite ist noch heute der größte in Böhmen.

Im Jahr 1468 entstand in Pilsen das erste böhmische Buch, die ›Trojanische Chronik‹. 1633/34 war Heerführer Wallenstein in der Stadt, ließ hier seine Untergebenen einen Eid auf sich schwören und stellte seine Armee damit gegen Kaiser Ferdinand III.

Die Waldsteiner Maschinenfabrik, im Jahr 1859 gegründet, wurde später von Dr. J. Škoda erworben und entwickelte sich am Anfang des 20. Jahrhunderts zum bedeutendsten Maschinenbauzentrum Österreich-Ungarns und später der Tschechoslowakei. Sie galt als eine der modernsten Fertigungsstätten Europas, in der neben Autos und Lokomotiven auch Waffen hergestellt wurden. Plzeň ist zwar auch heute eine bedeutende Industriestadt, doch die Altstadt rund um den Marktplatz und die Pilsner-Urquell-Brauerei lohnen in jedem Fall eine Besichtigung.

Im Stadtpark Bory steht ein Gedenkstein an die Befreiung der Stadt am 6. Mai 1945, ein weißer Marmorblock mit der Aufschrift: ›Thank you, America‹.

Die Innenstadt läßt auch heute noch den schachbrettartigen Grundriß aus der Gründungsepoche erkennen. Der Platz der Republik (nám. Republiky) umfaßt eine Fläche von fast 30 000 Quadratmetern. Mit dem Bau der St. Bartholomäuskirche wurde im Jahr 1295 begonnen. 1993 begründete Papst Johannes Paul II. in Pilsen ein Bistum und nobilitierte den Dom zur Kathedrale. Die Pilsner Madonna aus Tonschiefer in der Mitte des neugotischen Hauptaltars, umgeben von einer Vielzahl großer und kleiner Heiligenfiguren, ist das wertvollste Kunstwerk im Innern. Die Madonna im sogenannten Schönen Stil stammt wahrscheinlich aus den Jahren um 1390 und wurde von einem unbekannten Meister gefertigt. Ihre liebliche Gestalt beeinflußte eine ganze Reihe weiterer Madonnenfiguren jener Zeit. Größer und vergoldet steht die Pilsner Madonna als barocke Kopie auf der Pestsäule vor der Kirche. Der ›Böhmische Altar‹ im Jugendstil (1900) wurde zur Weltausstellung in Paris gezeigt und erhielt den ersten Preis für neue sakrale Kunst. Sehenswert ist auch das gestickte Antependium. Eine besondere Bedeutung wird einem der Engelsköpfchen am Türgitter vor der Statuengruppe ›Christus auf dem Ölberg‹ an der Kirchenaußenmauer zugeschrieben: Wer den sil-

Das Westböhmische Museum beherbergt die Stadtwaffenkammer

bernen Engel mit der Hand berührt, hat einen Wunsch frei. Da er von den Leuten ständig angefaßt wird, ist der Goldüberzug längst verschwunden. Der Kirchturm ragt 102 Meter in den Himmel und ist damit der höchste im Land. Über 301 Stu-

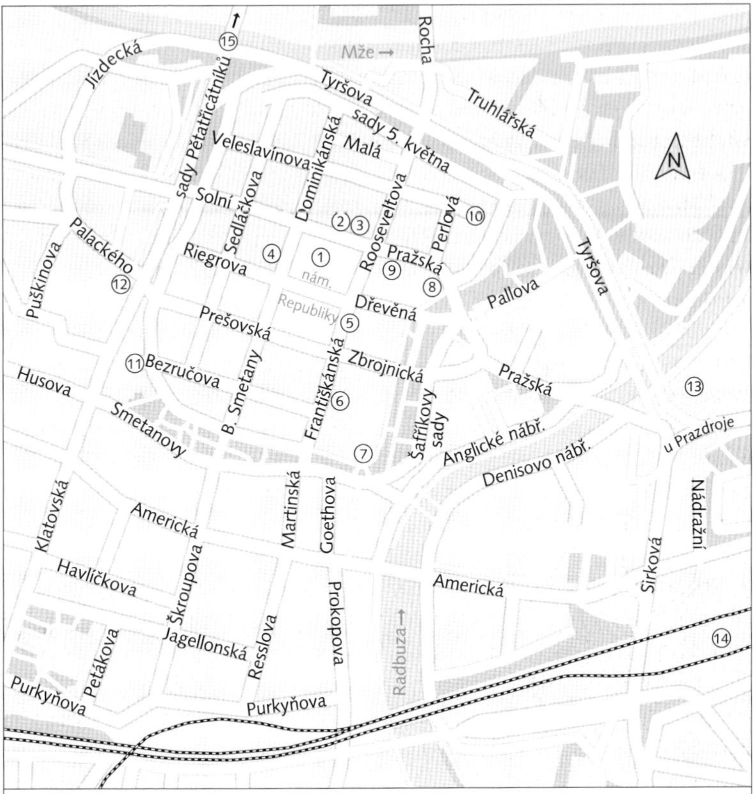

Plzeň

Legende

1 Bartholomäuskirche
2 Rathaus
3 Kaiserhaus
4 Palais der Erzdechanei
5 Volkskundemuseum
6 Diözesanmuseum
7 Westböhmisches Museum
8 Westböhmische Galerie
9 Bierstube U Salzmannů
10 Brauereimuseum
11 J. K. Tyl-Theater
12 Synagoge
13 Pilsner-Urquell-Brauerei
14 Hauptbahnhof
15 Zoo

fen können die Besucher bis in eine Höhe von 62 Metern zur Aussichtsgalerie steigen.

Von 1554 bis 1559 wurde das Rathaus im Renaissancestil nach Plänen des italienischen Architekten Giovanni de Statia als Dominante der Marktnordseite erbaut. Die Sgraffitos entstanden von 1907 bis 1912 nach Entwürfen von J. Koula. Die farbigen Sgraffitos an zwei Häusern am Markt (Nummer 27 und 36) sowie dreizehn anderen Häusern in der Altstadt schuf der tschechische Künstler Mikoláš Aleš ab 1892.

Pilsen verdankt seine Popularität diesem Bier

Sehenswert ist auch das Kaiserhaus (Cisařský dům) neben dem Rathaus. Es entstand durch den Zusammenschluß zweier Häuser. 1599 diente es Kaiser Rudolf II. für neun Monate als Residenz. Weil in Prag die Pest grassierte, war er nach Pilsen geflüchtet. Auf dem mittleren Stützpfeiler steht der Roland, in Pilsen Žumbera genannt. Im Skriboniushaus (Scriboniovský dům), Nummer 105/12, nahm Albrecht von Waldstein (Wallenstein) 1633/34 für einige Wochen Quartier. Aus Pilsen reiste er 1634 nach Eger, wo er kurze Zeit später einem Attentat zum Opfer fiel.

An der Westseite des Platzes steht das bedeutendste Barockhaus Pilsens, das Palais der Erzdechanei (1710), heute Sitz des Bischofs. Über dem Portal prangt das Wappen des Erzbistums Prag. An das Palais lehnt sich das Haus U Červeného srdce (Zum Roten Herzen) an, ein schöner Bau von 1894. M. Aleš verzierte die Fassade mit farbigen Sgraffitos. Die Szene zeigt zwei Ritter hoch zu Roß, bereit zum Turnier. Tatsächlich ließ Erzherzog Ferdinand von Tirol Mitte des 16. Jahrhunderts zahlreiche Turniere und anderen Mummenschanz veranstalten, um seine Geliebte zu beeindrucken.

Im Jahre 2000 wurde das Volkskundemuseum der Pilsner Region – Markt Nummer 13 – wieder eröffnet. Man sieht prächtig eingerichtete zeitgenössische Zimmereinrichtungen von der Gotik bis zum Anfang des 20. Jahrhunderts sowie zwei bäuerliche Stuben vom Anfang des 19. Jahrhunderts.

Das ehemalige Kloster in der Františkánská (Franziskanerstraße) wird heute als Diözesanmuseum genutzt. Im Kreuzgang stehen viele schöne Bildhauerarbei-

Sandsteintor an der Pilsner-Urquell-Brauerei

ten, darunter das Werk ›Christus am Kreuz‹ von Matthias Braun. Östlich des Kreuzgangs befindet sich die St. Barbarakapelle, in der Fresken aus dem 15. Jahrhundert erhalten sind. Ein Wandbild zeigt Pilsen im Mittelalter. Die gotische Franziskanerkirche in der gleichen Straße besitzt einen schönen Barockaltar.

Nach dem Abriß der Stadtmauern entstanden ab dem 19. Jahrhundert großzügige Parkanlagen und attraktive Gebäude, unter ihnen – zwischen 1897 und 1900 – das heutige Westböhmische Museum (Západočeské muzeum) in einer Stilmischung aus Neorenaissance und Jugendstil als Kunstgewerbemuseum.

Hier sind antike und orientalische Kunstsammlungen sowie die berühmte Pilsner Stadtwaffenkammer zu besichtigen. Die historischen Waffen wurden jahrhundertelang im Rathaus aufbewahrt. Heute zählt die Waffensammlung des Pilsner Zeughauses im Erdgeschoß zu den besterhaltenen in Europa, die Feuerwaffen aus der Wende vom 14. zum 15. Jahrhundert sind sogar eine Weltrarität. Morgensterne aus dem 15. Jahrhundert und Hellebarden aus dem 16. und 17. Jahrhundert zählen zu den bedeutenden blanken Waffen.

In der Pražská (Prager Straße) befanden sich die Fleischbänke (Masné krámy) mit ehemals 31 kleinen Läden, die bis 1950 als Fleischmarkt genutzt wurden. Heute hat hier die Západočeská galerie (Westböhmische Galerie) ihre Dauerausstellungsräume, Wechselausstellungen werden im Haus Pražská Nummer 13 gezeigt.

Im Haus Pražská Nummer 8, U Salzmannů, befindet sich die älteste Pilsner Bierstube. Das Haus wurde 1907 umgebaut, vom Vorgängerbau aus dem Jahre 1584 blieb nur das schöne Portal erhalten. Der Kutscher Martin Salzmann brachte 1842 die ersten Fässer mit Pilsner Urquell zu seinem Freund Pinkas nach Prag. Dem schmeckte das neue Bier so ausgezeichnet, daß er seinen Beruf aufgab und eine Gaststube eröffnete. Herr Salzmann folgte bald dessen Beispiel und richtete eine Kneipe in seinem Wohnhaus ein, dies war neben der heutigen Nummer 8.

In der benachbarten Perlová (Perlenstraße) befindet sich der Eingang zu den historischen Stadtkellern. Sie entstanden schrittweise vom 13. bis zum 19. Jahrhundert. Die drei- und vierstöckigen unterirdischen Räume waren teilweise miteinander verbunden und dienten zur Aufbewahrung von Lebensmitteln, waren Handwerkerstätten, Weinbrennereien und Mälzereien. Außerdem konnte man schnell vor Feinden und bei Feuersbrünsten fliehen.

In der Nordostecke der Altstadt steht das Brauereimuseum der Bürgerlichen Pilsner Urquell Brauerei. Es ist das einzige Biermuseum auf der Welt, das sich in einem einst brauberechtigten mittelalterlichen Haus befindet. Noch bis 1860 wurde hier Malz für das Bürgerliche Brauhaus zubereitet. Man zeigt Gerätschaften, die früher in Brauereien, Mälzereien, in Gastwirtschaften, beim Böttcher und Faßbinder verwendet wurden. Und man schließt Bekanntschaft mit Herzog Gambrinus, der der Sage nach der erste Bierbrauer Böhmens war, sowie dem Märchenkönig Ječmínek, dem Schutzpatronen der böhmischen Brauer und Mälzer. Der Clou ist das Modell eines funktionstüchtigen Dampfsudhauses, das auf der Expo 1958 in Brüssel ausgestellt worden ist. Die Rolle des Bieres wird auch in bildender Kunst, Literatur und Musik anhand von Gemälden und Dokumenten – Noten, Büchern und anderem – gebührend berücksichtigt.

Am Smetana-Park gefällt das J. K. Tyl-Theater (1899–1902) mit sehenswerten Jugendstilelementen. Den Zuschauerraum erleuchtet ein 1800 Kilogramm schwerer Kronleuchter mit über 200 Glühlampen.

Die Synagoge (1894) im maurisch-romanischen Stil in der Nähe der Westseite des Marktplatzes krönen zwei zinnoberrote Zwiebeltürme. Sie kann ungefähr 2000 Besucher fassen und ist damit die drittgrößte Synagoge der Welt, nach denen in Jerusalem und Budapest. In der Pogromnacht 1938 blieb sie verschont, weil sich in direkter Nachbarschaft ein Verwaltungsgebäude der Nationalsozialisten befand.

Östlich vom Zentrum, am Fluß Radbuza (Radbusa), liegt das Betriebsgelände der Bürgerlichen Brauerei (Měšt'anský pivovar), wo die Ursprünge des ab 1842 gebrauten Pilsner Urquells zu suchen sind. Das neuartige Bier mit schneeweißer Blume, würzigem Geschmack sowie guter Bekömmlichkeit trat von hier aus seinen weltweiten Siegeszug an.

Im Jahr 1295 verlieh König Wenzel II. der Stadt die Braurechte. Jahrhundertelang fabrizierten die Pilsner Bürger ihr Bier zuhause, in Spitzenzeiten besaßen bis zu 260 Leute ein Brauprivileg. Die Qualität war allerdings bestenfalls mäßig, und so hatten sich bis zum Anfang des 19. Jahrhunderts viele Bürger das Biertrinken fast abgewöhnt.

Im Jahr 1839 beschloß der Stadtrat den Bau des Bürgerlichen Bräuhauses. Der erste Bierbrauer, ein ebenso bekannter Grobian wie anerkannter Fachmann, kam aus Bayern: Braumeister Josef Groll. Er achtete auf Qualität und erfand die Pilsner Brauart. Bis heute hat sich daran kaum etwas geändert. Das weiche Wasser stammt aus 80 Metern Tiefe, der Hopfen aus Zatec (Saaz), das Malz wird selbst gedörrt. Nur die Besitzer wechselten: 1999 kaufte die zweitgrößte Brauereigruppe der Welt, die südafrikanisch-amerikanische SAB-Miller, die Brauerei und kurbelte seitdem den Export an.

Auch in Pilsen entsteht das Bier, wie Besucher bei einer Brauereiführung erfahren können, mittlerweile nach modernsten technologischen Verfahren. In den ausgedehnten Sandsteinkellern hat sich die klassische Bierherstellung nach alter Braukunst aber noch erhalten. Bei zwei Grad Celsius gärt das Bier zehn Wochen in Eichenfässern. Dieser Prozeß dient nicht nur der Traditionspflege: Die Qualität des Bieres nach altem und neuen Verfahren kann so ständig miteinander verglichen werden.

In der Bierhalle auf dem Werksgelände geht es laut und geschäftig zu. Sie heißt ›Na spilce‹, was Sudkeller bedeutet. Hier gärte das Bier einst in großen Holzbottichen. Anläßlich des 150jährigen Gründungsjubiläums wurde im Jahr 1992 das größte Bierlokal Tschechiens eröffnet. In ihm finden bis zu 600 Gäste Platz. Auch die ehemaligen Präsidenten Vacláv Havel und Bill Clinton saßen hier schon gemütlich bei einem pivočka (Bierchen) zusammen. Dazu werden passende Gerichte wie Biergulasch mit Knödeln, Pilsner Schweinebraten oder gefüllte Kartoffelknödel gereicht.

Mit der Straßenbahn Nr. 1 und 4 (Haltestelle Lékařská fakulta) und dem Stadtbus Nr. 41 (Eingang Vinice) gelangt man zum Zoo und in den Botanischen Garten Pilsen (Zoologická a botanická zahrada). Im Zoo leben unter anderem Komodowarane, die größten Eidechsen der Welt. Sie sind nur in acht Zoos der Erde zu beobachten. Der Zoo in Pilsen ist auch für seine Aufzucht des gefährdeten großen Ozelots, der Schnee-Eule und die erste Aufzucht von Sporenschildkröten bekannt. Hier gibt es auch große Freigehege für Braunbären und Wölfe. Konsequent wurden in den letzten Jahren Gitter und Zäune durch Gräben, Glas und Holzpalisaden ausgetauscht.

Im Botanischen Garten wurde 2004 ein neuer Japanischer Garten eröffnet. Der Architekt Eischin Harada hatte zuvor bereits den Japanischen Garten am Schloß Schönbrunn in Wien gestaltet.

Postleitzahl: 30116.
Infozentrum Pilsen, nám. Republiky 41, Plzeň, Tel. 378 03 53 30, Fax 378 03 53 32, http://info.plzen-city.cz.
Infozentrum im Hauptbahnhof, Nadražní 102.
Infozentrum Zlaté slunce, Prešovská 7, im Haus Zur Goldenen Sonne, Tel. 377 36 09 51, info@zlateslunce.cz.

Hotel Panorama, V Lomech 11, Tel. 377 534 323, Fax 377 534 328, www.panorama-pm.cz. Kleines modernes Hotel an einem Teich, Restaurant, Weinstube und Salon; DZ 85 Euro.
Hotel Gondola, Pallova 44/12, Tel. 377 99 42 11, Fax 377 99 42 77, www.hotelgondola.cz. Ruhiges kleines Privathotel in einem Gebäude aus dem 16. Jahrhundert, französisches Restaurant mit großem Angebot an französischen und tschechischen Weinen, leckere Fischspezialitäten, Sommerterrasse; DZ 66 Euro.
Hotel Garni Stella, Mohylová 18/A, Tel. 377 26 66 36, Fax 377 47 23 21, stella-garni@volny.cz. Kleines Familienhotel, ruhig im Stadtviertel Doubravka gelegen, fünf Autominuten vom Stadtzentrum, 800 Meter von der Autobahn in Richtung Prag entfernt; Restaurant, Weinstube; DZ 51 bis 58 Euro.
Pension City, sady 5. května 52, Tel. 377 32 60 69, Fax 377 22 29 76. Ruhig, nahe vom Markt in einem historischen Haus, Zimmer 11 im Erdgeschoß ist eng und ungemütlich; DZ 40 Euro.
Hotel Roudná, Na Roudné 13, Tel. 377 25 99 26, Fax 377 53 95 42, www.hotelroudna.cz, 300 Meter nördlich vom Zentrum. Ruhig, gutes Restaurant; DZ 52 Euro.

Pilsner Urquell Original Restaurant, U Prazdroje 7, am Haupteingang zur Brauerei, gutbürgerlich, Mo bis Fr 10 bis 22 Uhr.
Bierhalle (Pivnice Na spilce) im Betriebsgelände der Urquellbrauerei, täglich ab 11 Uhr, Sommergarten 10 bis 22 Uhr. Größtes tschechisches Bierhaus, rustikal, oft Reisebusgesellschaften, schmackhafte Gerichte und Happen zum Bier.
Restaurant Stará sladovna, Malá ul. 3, Tel. 377 22 51 51, in einer alten Mälzerei nahe vom Markt. Romantisch, oft Livemusik, gut besucht. Platzreservierung ratsam; Mo bis So 11 bis 24 Uhr.
Restaurant und Pension U Salzmannů, Pražská 8, Tel. 377 23 58 55, Fax 377 23 58 86, www.usalzmannu.cz. Älteste Pilsner Bierstube im Stadtzentrum, altböhmische Küche, Mo bis So von 11 bis 23 Uhr; DZ 23 bis 50 Euro.
Restaurant Plzeňská bašta, Riegerova, Ecke Sedláčkova, im Zentrum. Angenehme Atmosphäre, täglich von 11 bis 23 Uhr.
Café Fellini, nám. Republiky 6 (am Markt), im italienischen Stil eingerichtet, täglich ab 8 Uhr.

Brauereimuseum, Veleslavínova 6, täglich von 10 bis

18 Uhr. Schenke Na Parkánu täglich ab 11 Uhr.
Unterirdische Gänge (Plzeňské historické podzemí), Perlová 4; April, Mai, Oktober und November Mi bis So 9 bis 17 Uhr, Juni bis September Di bis So 9 bis 17 Uhr.
Diözesanmuseum, Františkánska 11, April bis September Di bis So von 10 bis 18 Uhr.
Westböhmisches Museum, Kopeckého sady 2, Di bis So 9 bis 17 Uhr.
Große Synagoge, sady Pětatřicátníků 11, von April bis Oktober von Mo bis Fr 11 bis 18 Uhr.
Turm der St. Bartolomäuskirche, täglich 9 bis 18 Uhr.
Ethnografisches Museum, nám. Republiky 13, Di bis So 9 bis 17 Uhr.
Westböhmische Galerie (in den Fleischbänken), Pražská 13, Mo bis Fr 10 bis 18 Uhr, Sa 10 bis 13 Uhr, So 9 bis 17 Uhr, Wechselausstellungen.
Zoologischer und Botanischer Garten, Pod Vinicemi 9, Zoo: Oktober bis März von 9 bis 18 Uhr, April bis September von 8 bis 19 Uhr, Fütterung der Alligatoren sowie Komodowarane täglich ab 13 Uhr, www.zooplzen.cz. Botanisches Treibhaus: Oktober bis März nur Sa und So von 10 bis 16 Uhr, April bis September Di bis So von 11 bis 18 Uhr. Arboretum: Mai bis September täglich von 8 bis 18 Uhr.
Brauereirundgang: Täglich 12.30 und 14 Uhr, www.beerworld.cz.

Domažlice

Die Stadt und ihre Umgebung nahe der bayerisch-böhmischen Grenze ist Mittelpunkt des Chodsko (Chodenlandes) mit einer reichen und bunten Volkskultur. Ab dem 13. Jahrhundert siedelten die böhmischen Herrscher die Choden als Wehrbauern zum Schutz der Grenze an. Die slawische Volksgruppe erhielt zahlreiche Privilegien. Sie durften Waffen tragen, das Jagdrecht ausüben und waren von Abgaben befreit. Es war auch ihre Aufgabe, Kaufmannszüge, Boten, Kuriere und Reisende durch die damals dichten und unsicheren Grenzwälder bis zur nächsten Zollstelle zu begleiten. Ein Hundekopf im Wappen war Zeichen ihrer Treue und Wachsamkeit. Viele Menschen sprechen noch heute einen eigenen Dialekt, das Brauchtum wird gepflegt. Alljährlich im Juli verwandelt sich die Stadt zwei Tage lang in eine große Bühne, dann finden die Volkskunstfestspiele statt. Die Choden tragen ihre Volkstrachten, singen, blasen den Choden-Dudelsack und spielen Geige und Klarinette.

Am langgestreckten Markt stehen hübsche Giebelhäuser mit Laubengängen. Das Ensemble wirkt wie aus einem Guß, die Häuser schmücken barocke oder klassizistische Fassaden. Die Kirche Mariä Geburt wurde von K. I. Dientzenhofer umgestaltet. Der Glockenturm, ein markanter Rundturm, fällt 70 Zentimeter aus dem Lot. Von dessen ehemaligem Wehrgang bietet sich eine schöne Aussicht.

Am Chodenplatz (Chodské nám.) dominiert die Chodenburg (Chodský hrad), die sich nach Umbauten in ein Schloß verwandelte. Das Chodenlandmuseum präsentiert Möbel und Gemälde, Münzen und Volkskundliches. Das Untere Tor (Dolejší brána) blieb als Teil der ehemaligen Stadtbefestigungsanlagen erhalten.

Das Museum Jindřich Jindřich in der Unteren Vorstadt (Dolní předměstí) ist dem Leben und Werk des gleichnamigen Komponisten gewidmet. Der Komponist war selbst ein leidenschaftlicher Sammler. Aus diesem Fundus konnte mit Möbeln, Kleidung, Porzellan, Zeichnungen und Münzen ein eigenständiges Museum eröffnet werden. Jindřich trug auch die bedeutendste Sammlung von Hinterglasbildern in Mitteleuropa zusammen.

Drei Kilometer südwestlich der Stadt erhebt sich der Lustige Berg (Veselá hora) mit der Laurentiuskapelle, ein bekannter Wallfahrtsort und Aussichtsgipfel zum Böhmerwald. Im Dorf Klenčí pod Čerchovem (Klentsch), acht Kilometer westlich, stellt man kunstvolle handbemalte Keramik her. Babilon (Babylon) ist ein beliebter Ferienort mit vielen Teichen.

Informationsdienst Domažlice, nám. Míru 51, 34401 Domažlice, Tel./Fax 379 72 58 52, mks@idomazlice.cz.

Privatunterkunft Marie Křenová, Kozinova 271, Tel. 379 72 37 62, DZ 30 Euro. Einfamilienhaus, zehn Minuten vom Stadtzentrum.

Pension Family, Školní 107, Tel. 379 72 59 62, pavla.michl@volny.cz. Historisches Haus im Zentrum.

Café und Pension Tiffany, Kostelní 102, Tel. 379 72 55 91, mobil 602 39 66 66, www.pensiontiffany.cz. Gemütliches Altstadthaus; DZ 27 Euro.

Restaurant in der Chodenburg, täglich ab 11 Uhr, So nur 1. Mai bis 31. Oktober.

Historicka krcma U Meluziny (Schurkennest), Vodní 19, Mo bis Fr 10.30 bis 21 Uhr, Sa 14 bis 24 Uhr. Gerichte aus der Zeit der Renaissance, historische Musik, Freiluftplätze im Hof.

Afrika Club, Hradská 86, täglich 18 bis 3 Uhr, Mi auch 11 bis 14 Uhr. Afrikanisches Ambiente und internationale Speisen.

Chodenlandmuseum in der Chodenburg, Chodské nám. 96, Mitte April bis Mitte Oktober täglich außer Mo 9 bis 12 und 13 bis 17 Uhr, ansonsten Mo bis Fr 10 bis 12 und 13 bis 15 Uhr.

Völkerkundliches Museum Jindřich Jindřich, nám. Svobody 67, Mitte April bis Mitte Oktober Mo bis Fr 9 bis 12 und 13 bis 16 Uhr.

Švihov

Zehn Kilometer nördlich von Klatovy (Klattau) blieb eine der wenigen Wasserburgen Böhmens erhalten. Architektonisch gilt Burg Švihov (Schwihau), Ende des 14. Jahrhunderts errichtet, als bedeutender Übergangsbau zwischen einer gotischen Burg und einem Renaissanceschloß. Die Wassergräben stellten für Belagerer allerdings kein Hindernis dar, so daß im Zuge eines Umbaus in der zweiten Hälfte des 15. Jahrhunderts eine Vorburg angelegt wurde, die mit einem zweiten Wassergraben gesichert war. Ergänzt durch weitere Kanäle, waren die Verteidiger nun in der Lage, die umliegenden Wiesen zu überfluten. Am Ausbau beteiligte sich auch Benedikt Ried. Nach seinen Plänen entstanden zwei Paläste im Stil der Spätgotik. Nach dem Dreißigjährigen Krieg gab Kaiser Ferdinand III. den Befehl, die Burg zu schleifen. Der Besitzer, Herr von Czernin, verzögerte den Plan und erreichte, daß später nur ein kleiner Teil der Befestigung weichen mußte. Das Interesse an der Burg schwand und die Besitzer ließen die Anlage zu Speichern umbauen. Später verfielen die Mauern. Nach dem Zweiten Weltkrieg wurden umfangreiche Rekonstruktionsarbeiten durchgeführt, auch gegenwärtig sind die Restauratoren wieder am Werk. Ausstellungen in der Burg bringen den Besuchern das Leben im 16. Jahrhundert näher. In der frühgotischen Kapelle sind mittelalterliche Plastiken ausgestellt, ein Wandgemälde zeigt den Hl. Georg, den Drachentöter. Im Tanzsaal ist eine wundervolle Kassettendecke aus der Renaissance zu bewundern.

Viele Leute kennen die Burg unbewußt aus dem Fernsehen oder Kino: Im Burghof wurden Anfang der siebziger Jahre viele Szenen des Märchenklassikers ›Drei Haselnüsse für Aschenbrödel‹ gedreht, auf Burg Švihov befand sich der Hof der Stiefmutter. Der Film war eine Gemeinschaftsproduktion der Prager Studios Barrandov mit der DEFA.

April und Oktober Sa, So und Feiertage 9 bis 12 und 13 bis 15 Uhr, Mai und September täglich außer Mo 9 bis 12 und 13 bis 16 Uhr, Juni bis August bis 17 Uhr. Details zu den Standorten der Filmaufnahmen: www.dreihaselnuessefueraschenbroedel.de.

Klatovy

Die Kreisstadt Klatovy (Klattau) ist das nördliche Tor zum Böhmerwald und seit 1685 ein Wallfahrtsort. Ziel der Gläubigen ist die ›Madonna von Klattau‹ in der Dekanatskirche. Die Wallfahrt findet alljährlich am Sonntag nach dem 8. Juli statt.

Seit den Napoleonischen Kriegen ist die Nelkenzucht in der Stadt heimisch. 1813 brachten Kürassiere aus Nancy einige Blumensamen als heimatlichen Glücksbringer in ein Biwak bei Klattau mit. Am Ende des 19. Jahrhunderts waren durch Veredeln bereits 80 neue Nelkensorten mit kleinen Blüten und dem typischen Gewürznelkenduft gezüchtet worden. Alljährlich im Juli sind auf einer Blütenschau im Botanischen Garten am Stadtmuseum, ul. Hostašova, mehrere Neuzüchtungen zu beschnuppern.

Am Markt imponiert der spätgotische Schwarze Turm aus der Mitte des 16. Jahrhunderts. Von der Aussichtsgalerie reicht der Blick bei guter Fernsicht bis zu den Höhen des Böhmerwaldes. Neben dem Turm steht das Rathaus. Die Pseudorenaissancefassade wurde erst 1925 angebracht. Mit strahlendweißer Fassade setzt sich die barocke Jesuitenkirche St. Ignatius gegenüber dem Rathaus eindrucksvoll in Szene. Am Bau waren D. Orsi und C. Lurago beteiligt, die Portale sind wahrscheinlich Werke von K. I. Dientzenhofer.

Unter der Kirche befindet sich eine Hauptattraktion der Stadt: die Katakomben mit mumifizierten Leichen von etwa 200 Mönchen, Adligen, Offizieren und reichen Handwerkern, die hier von 1667 bis 1783 beigesetzt wurden. Durch ein ausgeklügeltes Lüftungssystem – mit Schächten, die in den Kirchenmauern bis zum Dach reichen – kann ständig trockene Luft in die unterirdischen Räume einströmen. Das beständige Mikroklima konserviert die Toten bis heute.

Neben der Jesuitenkirche ist im Haus Nummer 147 die originale Einrichtung der Barockapotheke ›Zum weißen Einhorn‹ (U bílého jednorožce) zu bestaunen.

Blick vom Schwarzen Turm auf den Marktplatz von Klatovy

Das Inventar des heutigen Apothekenmuseums steht auf der UNESCO-Weltkulturerbeliste für wissenschaftlich-technische Kulturgüter. Die Apotheke war im Besitz der Jesuiten und bis 1966 eine reguläre Stadtapotheke.

In der westlichen Altstadt, nahe am Park, steht der Weiße Turm, ein Renaissanceglockenturm aus dem 16. Jahrhundert. In der benachbarten Kirche der Hl. Jungfrau Maria befindet sich das Bild der ›Klattauer Madonna‹ mit Merkmalen einer byzantinischen Arbeit.

Postleitzahl: 33901. Pergolia Tour – Informationszentrum Klatovy, nám. Míru 63, Tel. 376 34 72 40, icklatovy@mukt.cz, www.klatovy.cz.

Hotel Rozvoj Kittler, Rozvoj 110/5, Tel. 376 31 16 09, Fax 376 31 54 42, www.klatovynet.cz/rozvoj. Kleines Hotel in einem modernen Rundbau, Restaurant, Bierstube, Sommerterrasse, am Stadtrand; DZ 30 Euro.
Country Steak Pension und Restaurant, Beňovy 8, Tel. 376 31 33 38, www.klatovy.cz/saloonbenovy, ein Kilometer vom Zentrum Richtung Domažlice. Zimmer im gemütlichen Countrystil; DZ 23 bis 37 Euro.
Pension und Restaurant U Hejtmana, Kpt. Jaroše 145, Tel./Fax 376 31 79 18, http://uhejtmana.klatovynet.cz; DZ 19 Euro. In einem stilvollen Haus der Altstadt nahe dem Markt in der Fußgängerzone.
Pension Nela, Gorkého 840/2, Tel. 376 31 44 87, mobil 723 90 68 93, www.klatovy.cz/pension-nela. Neue Familienpension, ruhig gelegen, Restaurant in der Nähe; DZ 27 bis 37 Euro.

Schwarzer Turm und Katakomben: April und Oktober Sa und So 9 bis 12 und 13 bis 16 Uhr, Mai bis September täglich außer Mo bis 17 Uhr.
Barockapotheke, nám. Míru 149/I, Mai bis Oktober Di bis So 9 bis 12 und 13 bis 17 Uhr.
Okresní muzeum v Klatovech (Kreismuseum), Hostašova 1/IV, November bis April Di bis Fr 9 bis 12 und 13 bis 17 Uhr, Mai bis Oktober Di bis So 9 bis 12 und 13 bis 17 Uhr. Spielzeug, Glas aus Böhmen und dem Ausland, Archäologie.

Rabí

Die Burgruine Rabí (Raby) im gleichnamigen Ort ist ein Touristenmagnet im Vorland des Böhmerwaldes, an der Hauptstraße zwischen Horažd'ovice und Sušice gelegen. Der Ort besitzt einige hübsche Häuser im schönen Bauernbarock. Die

Aufstieg zur Burg Rabí

Burg wurde im 14. Jahrhundert auf einer Anhöhe errichtet und mehrmals erweitert. Die Feste sicherte die Goldwäsche in der Wottawa. Im 17. Jahrhundert verbot Kaiser Ferdinand II. das Instandsetzen der Burg. Der Verfall begann, und die Bewohner der umliegenden Siedlungen nutzten die Mauern als Baumaterial.

Nach umfangreichen Rekonstruktionsarbeiten können die Räume des königlichen Palastes und mehrere Burghöfe besichtigt werden. Die bis zu sechs Meter starken Mauern haben einen Gesamtumfang von zehn Kilometern. Im Juli findet ein Ritterfest statt.

Im April und Oktober nur Sa, So und an den Feiertagen von 9 bis 16 Uhr, im Mai und September täglich außer Mo von 9 bis 17 Uhr, von Juni bis August bis 18 Uhr geöffnet.

Sušice

Die Gründung von Sušice (Schüttenhofen) an der Wottawa geht auf Goldwäscher zurück. Der tschechische Stadtname leitet sich daher ab: sušit heißt trocknen und verweist auf das Trocknen des aus dem Fluß herausgewaschenen Goldsandes. 1273 trat Heinrich von Bayern die Stadt an den böhmischen König Přemysl Ottokar II. ab. Dank der Lage am wichtigen Handelsweg Goldener Steig und des Salzhandelprivilegs war die Stadt bis zum Dreißigjährigen Krieg sehr wohlhabend. Im Jahr 1839 begann mit der Streichholzproduktion ein neues Zeitalter, das der Stadt Weltruhm einbrachte. Die Fabrik Solo belieferte die gesamte Habsburger Monarchie, Teile des Orients, Englands und die USA. Solo war die einzige Zündholzfirma der Welt, die sich gegen das amerikanisch-schwedische Zündholzmonopol behaupten konnte. Auch heute ist die Streichholz- und Holzfaserplattenfabrik größter Arbeitgeber der Region, Zündhölzer werden in vierzig Länder exportiert.

Auf der Mitte des Marktes steht das Renaissancerathaus. Das Woprochowsky-Haus war ursprünglich ein gotisches Bürgerhaus. Später diente es als Sitz der

Dekanatsverwaltung und wurde mit einer märchenhaften Renaissancefassade versehen. Seit 1880 befinden sich hier die Räumlichkeiten des Böhmerwaldmuseums mit vielen Streichholzschachteln der Firma Solo und einer regionalen Glassammlung. Mit reichhaltigen Sgraffitos wurde die ehemalige Apotheke am Stadtplatz verziert, heute Sitz der Böhmerwald-Nationalparkverwaltung. Nebenan befand sich das traditionsreiche Hotel Fialka (›Zur weißen Rose‹), heute eine Ruine.

Auf einer Anhöhe östlich der Stadt thront eine 1682/83 errichtete barocke Schutzengel-Kapelle. Der Öffentlichkeit ist sie nur am Kirchweihfest (erster Sonntag im September) und in den Sommermonaten jeweils am Donnerstag zugänglich – aber allein der schöne Anblick auf die Stadt lohnt den Weg.

Postleitzahl: 34201.
Informationszentrum Sušice, nám. Svobody 138, Tel. 376520537, is.susice@sumava.net, www.sumava.net.

Hotel u Daliborky, Pravdova 216, Tel./Fax 376523450, mobil 777323450, hotel@hoteludaliborky.cz. Mit Restaurant und Weinstube; DZ 20 bis 50 Euro (drei Kategorien).
Fithotel Na Fufernách, Tel. 376523262. Neues, modernes Haus im Grünen am Ufer der Wottawa, dennoch nahe der Altstadt.
Sporthotel Pekárna, T. G. Masaryka 129, Tel. 376526869, sporthotel@sumavanet.cz. Neues Hotel in der Stadt; DZ 27 Euro.
Hotel Gabreta, Americké armády 73, Tel. 376528016, in der Nähe des Markts. Ruhig; DZ 30 Euro.
Pension und Restaurant U Vítovců, Americké armády 81, Tel. 376523224.
Pension Milli, Kostelní 70, Tel. 376526623, in einer ruhigen Gasse zwischen Markt und Kirche, nebenan Restaurant mit böhmischer Küche; DZ 20 Euro.

Stadt- und Böhmerwaldmuseum, nám. Svobody 40, von Mai bis Oktober von Di bis Sa von 9 bis 12 und 12.45 bis 17 Uhr, So von 9 bis 12 Uhr. Böhmerwaldglas, Streichhölzer, Wohnkultur, Zinnschatz, Galerie gotischer Plastiken, Karel-Klostermann-Saal.

Železná Ruda

Der Eisensteiner Bahnhof wurde 1877 mitten auf der bayerisch-böhmischen Grenze eröffnet und diente seitdem beiden Ortsteilen. 1953 wurde er auf tschechischer Seite geschlossen. Seit der Wende dient das Gebäude nicht nur als Bahn-

Mariahilf-Kirche mit hölzerner Zwiebelkuppel in Železná Ruda

hof, sondern auch als deutsch-tschechisches Informationszentrum sowie Restaurant auf beiden Seiten.

Die Stadt an der bayerisch-böhmischen Grenze, unmittelbar an der E 53 München–Pilsen gelegen, ist das größte Touristenzentrum im Norden des Böhmerwaldes. Bis Mitte 1945 überwog der deutsche Bevölkerungsanteil, nach der Vertreibung der Deutschen verödete die Siedlung und nahm erst in den sechziger Jahren einen Aufschwung. Seit dem Fall des Eisernen Vorhangs blüht der Ort wieder auf. Gäste haben die Wahl unter 60 Gasthäusern und Restaurants – im Ort selbst leben nur rund 1500 Einwohner! Außerdem gibt es einen großen ›Vietnamesenmarkt‹ und, wie in vielen Grenzorten, auch einige Bordells direkt an der Hauptstraße.

Das Wahrzeichen der Stadt ist die Mariahilf-Kirche im Grundriß eines zwölfeckigen Sterns mit einer holzschindelgedeckten Zwiebelkuppel. Der Graf Heinrich Nothaft von Wernberg ließ sie von 1727 bis 1732 erbauen. In der Kirche fand die im Böhmerwald berühmte Gläserfamilie Hafenbrädel ihre letzte Ruhestätte.

Das Marienbildnis ist angeblich ein Werk von Lucas Cranach. Gottesdienste finden sonntags statt, im Winter um 13.30, im Sommer um 8.30 Uhr.

Rechts vor dem Hotel Javor lädt ein kleines Böhmerwaldmuseum in der ehemaligen Villa des Glashüttenbesitzers Abele zum Besuch ein. In der Sammlung befinden sich veredelte Gläser wie auch einfaches Gebrauchsglas aus dem Besitz der Familie Abele. Als einzigartig gelten die von Abele hergestellten Spiegel und Glasbilder mit Spiegelhintergrund. In der Villa schrieb Karel Klostermann den Roman ›Die Gläser‹ (Sklář).

Der älteste Eisenhammer des Böhmerwaldes blieb am Ufer der Režná (Großen Regen) erhalten. Die Anlage stammt aus dem 16. Jahrhundert und war bis 1947 in Betrieb. Heute lädt hier ein Ausflugsrestaurant zum Besuch ein.

Der Špičácké sedlo (Spitzbergsattel) bei Železná Ruda eignet sich als Ausgangspunkt für Wanderungen. Autofahrer können hier auch ihren Wagen auf einem bewachten Parkplatz abstellen. Der Pancíř (Panzer) ist der beliebteste Aussichtsgipfel des Nordböhmerwaldes. Ein rot markierter Weg führt vom Spitzbergsattel über drei Kilometer auf den Gipfel. Die grüne Markierung leitet Ausflügler zur Sesselliftstation (Lanová dráha Pancíř, täglich 8 bis 16 Uhr). Die höchstgelegene Berghütte des Böhmerwaldes bietet Verpflegung, Unterkunft und einen Aussichtsturm. Bei guter Sicht sind sogar die Alpen zu sehen. Vom Spitzberg-Sattel sind gemäß gelber Markierung die beiden Gletscherseen Čertovo jezero (Teufelssee) und Černé jezero (Schwarzer See) bequem erreichbar, (2,5 und 4 Kilometer). Die Tour kann auch als Rundweg um beide Seen erweitert werden, was dreieinhalb Stunden in Anspruch nimmt. Im Sommer werden Buspendelverkehr und Kutschfahrten zum Schwarzen See angeboten.

Der Teufelssee liegt malerisch auf 1030 Metern Höhe, ist 10 Hektar groß und bis zu 37 Meter tief. Zwischen beiden Seen verläuft die Hauptwasserscheide

Am Teufelssee im Böhmerwald

Europas, der Teufelssee entwässert zum Schwarzen Meer. Der Schwarze See ist mit 18 Hektar der größte Gletschersee des Landes und liegt auf einer Höhe von 1008 Metern, die maximale Tiefe beträgt 40 Meter. Über die Úhlava (Angelbach) entwässert dieser See in Richtung Nordsee. Vom Teufelssee führt ein rot markierter Wanderweg zum bayerisch-böhmischen Grenzübergang.

Ein besonderes Naturerlebnis bietet eine Wanderung in das Nationalparkgebiet östlich von Böhmisch-Eisenstein. Bis 1991 war es Militär- und Grenzsperrbezirk und als Panzerschießplatz Dobrá Voda (Gutwasser) bekannt. Nicht einmal die Einheimischen durften einen Schritt in die verbotene Zone setzen. Seit 1992 wurden Touristenpfade neu markiert.

Von Železná Ruda-Alžbětín führt ein rot markierter Weg zum zwölf Kilometer entfernten Jezero Laka (Lackasee). Es ist mit 1096 Metern der höchstgelegene und mit 2,5 Hektar gleichzeitig der kleinste Gletschersee des Böhmerwaldes. Eine Besonderheit des Sees sind die schwimmenden Inseln aus Wasserpflanzen. Man kann die Tour verkürzen: Mit dem Auto auf der E 53 und dann den ersten Abzweig Richtung Dobrá Voda/Sušice benutzen. Es fahren auch Busse zwischen Železná Ruda, Nová Hůrka und Sušice. Am ehemaligen Militärobjekt Nová Hůrka, vier Kilometer vom Abzweig entfernt, befindet sich ein kleiner Parkplatz. Der Weg zum Lackasee ist mit vier Kilometern angegeben und blau markiert. Auf der Asphalt- und Schotterstraße nimmt der Weg etwa eine Stunde in Anspruch. Auf der Hälfte der Strecke überquert man die Schneise, wo einstmals die Hauptsicherungsanlagen des Eisernen Vorhangs installiert waren, und nur wenige Meter weiter sieht man die Überreste des früheren Glasmacherdorfes Hůrka (Hurkenthal) mit der einst zerschossenen, aber inzwischen teilweise rekonstruierten Friedhofskapelle. Die Glashüttenbesitzer Abele und Hafenbrädler ließen hier ihre Familiengruft errichten, in der auch die Eltern des Böhmerwalddichters Karel Klostermann bestattet waren. Anfang der fünfziger Jahre öffneten betrunkene Soldaten die Särge und betrieben Leichenschändung. Heute künden nur noch ein Gedenkstein mit der Aufschrift Hůrka/Hurkenthal sowie Fundamentreste, Obstbäume und alte Alleen von einstiger großflächiger Besiedlung. Vom Lackasee zurück zum Ausgangspunkt der Tour steht nur derselbe Weg zur Verfügung.

Postleitzahl: 34004. Informationszentrum, Javorská 154, Železná Ruda, Tel./Fax 376397033, itcruda@sumava.net, www.sumava.net.

Hotel Horizont I, Špičák 126, Tel. 376365111, Fax 376397203 und Horizont II, Špičák 95, Tel. 376397119, Fax 376355333, horizont@sumava.net. Zwei moderne große Hotels unterhalb des Panzer, sechs Kilometer vom Stadtzentrum entfernt, herrliche Aussicht.
Pension Diana, Pancířská 348, Tel. 376397217, Fax 376397105, www.sumava.net/diana. Ruhige Lage nahe am Stadtzentrum; pro Person 7 bis 11 Euro.
Malá Paříž, Špičák 17, Tel./Fax 376397511, im Erholungszentrum Špičák, in einer Höhe von 850 Metern; pro Person 16 Euro.
Pension Valmi, Na svahu 157, Tel./Fax 376397087, www.pension-valmi.cz. Hübsche Familienpension mit Swimmingpool; pro Person 10 bis 11 Euro.
Hotel Engadin, Tel. 376397041, Fax 376397042, www.engadin.cz; pro Person ab 13 Euro.
Pension Böhmerwald, Tel. 376397295, tomhorek@pension-bohmerwald.cz, DZ 40 Euro. Gemütliches und modernes Haus, jüngst rekonstruiert; schönes Restaurant mit Freilichtplätzen am Regenbach. Von Bayern aus vor der Kirche rechts fahren.

Café Charlotte, Železná Ruda 77. Von Bayern aus hinter der Kirche gleich rechts abbiegen. Täglich von 10 bis 22 Uhr geöffnet; über den Köpfen der Gäste fährt eine Modelleisenbahn, sehr gutes Tortenangebot.

Böhmerwaldmuseum, Javorská 154, Di bis Sa 9 bis 12 und 12.45 bis 17 Uhr, So 9 bis 12 Uhr.

Dobrá Voda

Dobrá Voda (Gutwasser) ist der Ort im Böhmerwald, an dem sich am besten erahnen läßt, wie christliche Traditionen und deutsch-jüdischer Alltag durch zwei totalitäre Regimes vollständig ausgelöscht wurden.

In Dobrá Voda wurde 1997 im wiederaufgebauten Wohnhaus der jüdischen Familie Adler ein Jüdisches Museum eröffnet. Die Nachkommen der Familie Adler leben heute in Israel, dennoch engagierten sie sich für die Eröffnung des Museums. Die Gedenkstätte soll das Verständnis zwischen den Menschen fördern, denn auch das Schicksal deutscher Böhmerwalddörfer wird beleuchtet. Die Ausstellung verdeutlicht das Ausmaß des Holocaust im Sudetenland nach 1938: 110 jüdische Gemeinden wurden ausgelöscht. Etwa 400 Jahre zuvor waren die ersten jüdischen Siedler in den Böhmerwald gekommen. Heute erinnert kaum noch etwas an die einst blühenden Dörfer im Grenzgebiet. Was die deutschen Besatzer verschonten, zerstörte das tschechische Militär.

In der alten Schule und zwei weiteren Gebäuden war bis 1990 der Verwaltungssitz des Militärbezirks Dobrá Voda einquartiert, die barocke Wallfahrtskirche des Hl. Einsiedlers Gunther über Jahrzehnte ein Munitionslager der Grenztruppen. An diesem Ort begann vor etwa 1000 Jahren die deutsche Kolonisation des Böhmerwaldes. Im 11. Jahrhundert verbrachte hier der Benediktinermönch Gunther – einst Gaugraf von Thüringen, Vetter von Kaiser Heinrich III. und ein Freund böhmischer Adliger – als Einsiedler seinen Lebensabend; er starb 1045 im Alter von 90 Jahren. Später wurde er als Volksmissionar und Friedensstifter verehrt und heilig gesprochen. Im 14. Jahrhundert wurde ihm zu Ehren in Gutwasser eine St. Gunther-Kapelle errichtet, die sich rasch zum Wallfahrtsort entwickelte. 1734 entstand anstelle der Kapelle eine Barockkirche. Mit Spenden wurde die Kirche vor dem Verfall gerettet und im Herbst 1996 neu geweiht. In der Nähe tritt unter einem Pavillon das vorzügliche Quellwasser mit starkem Eisengehalt zutage, das dem Ort seinen Namen gab. Gegenüber der Kirche lädt eine Verkaufsgalerie Prager Kunstglasmaler ein, das ehemalige Pfarrhaus wurde eine Begegnungsstätte für deutsche und tschechische Jugendliche.

Kašperské Hory

Im Jahr 1584 wurde Bergreichenstein, das heutige Kašperské Hory, zur königlichen Bergstadt erklärt. Seit dem Mittelalter waren hier reiche Goldvorkommen ausgebeutet worden. Erst zum Ausbruch des Dreißigjährigen Krieges ebbte der Goldrausch wieder ab, da die Vorkommen mit den damals zur Verfügung stehenden Abbaumethoden nicht weiter ausgebeutet werden konnten.

Das Renaissancerathaus in Kašperské Hory zeugt vom goldenen Glanz vergangener Zeiten

Mitte der 1990er Jahre wollte ein kanadisches Unternehmen an diese Tradition anknüpfen, denn das Gestein im Umland enthält mancherorts fünf bis sieben Gramm Gold pro Tonne. Wegen der befürchteten großen Umweltzerstörung und Protesten der Öffentlichkeit ist es um das Vorhaben wieder ruhig geworden. Von vergangenem Glanz künden am Markt das Renaissancerathaus mit barockem Schmuckgiebel aus dem 18. Jahrhundert und die gotische St. Margareta-Kirche.

Das Böhmerwaldmuseum wurde im Jahr 1924 gegründet. Heute sind Ausstellungen zur Bergbaugeschichte, spätgotische Plastiken, volkstümlich bemalte Möbel und Gläser zu besichtigen. Besonders viele Exponate stammen aus den untergegangenen Glashütten Klostermühlen und Reichenstein

Am südlichen Stadtrand steht die Wallfahrtskirche St. Maria Schnee. Alljährlich am ersten Sonntag im August findet wieder eine traditionelle Wallfahrt statt. Nördlich der Stadt befindet sich die gotische Friedhofskapelle des Hl. Nikolai (kaple sv. Mikuláš), eines der wichtigsten Baudenkmäler des Mittelalters in Böhmen. Sie wurde 1330 errichtet. Die Burg Kašperk (Karlsberg) mit ihren zwei markanten Türmen ist weithin sichtbar. Mitte des 14. Jahrhunderts wurde sie zum Schutz der Goldminen und des Handelsweges auf Order des Kaisers Karl IV. erbaut. Dem Kaiser zu Ehren erhielt sie seinen Namen. Von der Burg genießt man einen schönen Blick über den Böhmerwald. Vom Markt in Kašperské Hory führt ein grün markierter Pfad über vier Kilometern zur höchstgelegenen Burg Böhmens (886 Meter). Die Feste wurde im 19. Jahrhundert teilweise restauriert.

Kultur- und Informationszentrum Kašperské Hory, nám. 1, Tel. 376 50 34 11, Fax 376 58 25 82, informace@kaspory.cz.
Informationszentrum des Nationalparks Šumava, Sušická 399, Tel. 376 58 27 34, Fax 376 58 24 93, Mai bis August täglich 8 bis 16 Uhr, September bis Juni Mo bis Sa 8 bis 15.30 Uhr. U.a. Videoprogramme (auch auf deutsch), Infomaterial.

Parkhotel Tosch, Tel. 376 58 25 92, Fax 376 58 25 00, www.tosch-parkhotel.cz, am Markt. 1994 im Gebäude der ehemaligen städtischen Brauerei eröffnet; DZ 82 Euro.
Apparthotel Šumava 2000, nám. 8, Tel. 376 54 69 10, Fax 376 54 69 20, www.sumava2000.cz, am Markt; mit Internetcafé, DZ ab 50 Euro.

Muzeum Šumavy (Böhmerwaldmuseum), nám. 140, Mai bis Oktober Di bis So 9 bis 12 und 12.45 bis 17 Uhr.
Motorrad- und Spielzeugmuseum, Vimperská 12, Juni bis September Mo bis Fr 9 bis 17.30 Uhr.
Burg Karlsberg, April und Oktober nur Sa, So und Feiertage 9 bis 16 Uhr, Mai und September täglich außer Mo 9 bis 17, Juni bis August täglich außer Mo 9 bis 18 Uhr.

Vimperk

Vimperk (Winterberg) ist eine alte Buchdruckerstadt am Rande des Böhmerwald-Nationalparks, an der Straße von Sušice nach Prachatice gelegen. In Vimperk produziert man den bekannten Böhmerwald-Kräuterschnaps, der aus Auszügen von 22 Kräutern hergestellt wird. Monatlich werden etwa 35 000 Liter davon in Flaschen abgefüllt. Von Vimperk fährt die Eisenbahn, ein Dieseltriebwagen, über den höchstgelegenen Bahnhaltepunkt Tschechiens in Kubová Hut' (Kubohütten) nach Volary (Wallern). Für Eisenbahnfreunde ist dies ein echtes Abenteuer.

Die ursprünglich in der Mitte des 13. Jahrhunderts errichtete Burg wurde im 17. Jahrhundert zum Schloß erweitert, 1798 wurde das Schloß Eigentum der Schwarzenberger. Der Vlček-Turm war einst Wohnturm und blieb als einziger Rest der frühgotischen Burg erhalten. Durch das Tor betritt man zuerst das Untere Schloß, durch ein weiteres Tor gelangt der Besucher in das Obere Schloß mit Stadtmuseum. Die Ausstellung umfaßt die Themen Buchdruck, Glas- und Zündholzherstellung, Geigenbau sowie Spielzeug und Schnitzereien. Eine umfangreiche Musterkollektion aus dem 19. Jahrhundert stammt aus dem Wiener Glasverlagshaus J. & L. Lobmeyer. Winterberger Glas ist in der Schloßkapelle zu sehen.

Informationszentrum Vimperk, nám. Svobody 8, Tel. 388 41 18 94, Fax 388 41 48 22, infocentrum@mesto.vimperk.cz.

Amber Hotel Anna, Kaplířova 168, Tel. 388 41 20 50, Fax 388 41 16 94, www.legner.cz; neu rekonstruiertes Hotel; DZ 52 bis 64 Euro.

Stadtmuseum, Di bis Sa 9 bis 12 und 13 bis 16, So 9 bis 12 Uhr.

Kvilda

Das mit 1065 Meter höchstgelegene Dorf Böhmens Kvilda (Außergefild) breitet sich auf einer charakteristischen Hochfläche des Böhmerwaldes aus. Es wurde von Holzfällern gegründet, später fand man hier Gold. Während des 19. Jahrhunderts entstanden im Ort kunstvolle Hinterglasbilder, die Außergefild bis weit nach Böhmen, Bayern und Österreich bekannt machten. Kvilda ist heute eines der bekanntesten Wintersportzentren auf der Böhmerwaldhochebene, und in der Winterferienzeit ist ganz Kvilda fest in der Hand von tschechischen Urlaubern. In der schneefreien Jahreszeit kommen Radler und Mountainbiker in Scharen. Nachmittags treffen sich beinahe alle Besucher wie auf ein geheimes Zeichen in der Bäcke-

Charakteristisch für die Kirche in Kvilda sind ihre Holzschindeln

rei nahe der Kirche. Um in den Genuß der süßen Köstlichkeiten zu gelangen, reiht man sich willig in die Warteschlange ein. Die neugotische St. Stephanskirche (erbaut 1892–1894) ist auf der Wetterseite mit Holzschindeln warm eingepackt, ihr gegenüber befindet sich das neue Nationalpark-Informationszentrum.

Von Kvilda verläuft ein blau markierter Weg immer entlang der Warmen Moldau (Teplá Vltava) zur Moldauquelle (pramen Vltavy). Reichlich sechs Kilometer sind es bis zur Quelle. Die Moldauquelle befindet sich am Ostabhang des Schwarzen Berges auf 1172 Metern Höhe am Rande eines Moores. Heute ist sie wieder ein Treffpunkt von Wanderern und Skiläufern aus allen Himmelsrichtungen. Früher stand hier eine Touristenhütte, die Quelle war ein moderner Wallfahrtsort ähnlich der Elbquelle im Riesengebirge. Doch mit Beginn des Kalten Krieges war die junge Moldau plötzlich unzugänglich, jetzt gehört die ›Mutter aller böhmischen Flüsse‹ wieder zu den Besuchermagneten. Im Unterstand halten viele Brotzeit. Der rot markierte Weg führt zum 2,5 Kilometer entfernten Fußgänger- und Radfahrergrenzübergang Buchwald (Bučina). Zwischen Mauth in Bayern und Kvilda wurde der Wanderpfad als ein grenzüberschreitendes ›Waldgeschichtliches Wandergebiet‹ mit zahlreichen zweisprachigen Informationstafeln gestaltet. Zwischen Finsterau in Bayern und Bučina in Böhmen verkehrt in der Saison (Juli/August) ein Elektrobus.

Postleitzahl: 38493. Informationszentrum Radhost, Tel. 388 43 50 74, www.sumavainfo.cz.

Hotel Šumava Inn, Kvilda 26, Tel./Fax 388 40 25 11, www.sumavainn.sumava.net; DZ 27 bis 57 Euro; stilvolles Haus mit rustikalem Restaurant.
Hotel Rankl in Horská Kvilda, Tel. 388 43 50 44, www.hotelrankl.sumava.net; DZ 30 bis 37 Euro; 2004 komplett renoviert, herrliche Lage, mit gemütlicher Cafeteria.
Appartements Kvilda, Kvilda 111, Tel./Fax 388 32 03 40, www.kvilda.com.
Pension Hájenka, Filipova Hut' 5, Tel. 376 59 93 22, www.pension-hajenka.cz; pro Person 14 bis 16 Euro, Hund 3 Euro; auf einer Waldlichtung, mit Gasthaus.
Hotel Klostermannova chata, Modrava 4, Tel./Fax 376 59 90 67, www.klostermannovachata.cz; DZ 30 bis 44 Euro; Kulturdenkmal, schindelgedecktes Blockhaus von 1924, 2004 nach vollständiger Rekonstruktion wiedereröffnet, Gasthaus täglich 11.30 bis 22 Uhr.
Thurnerhütte (Turnerova chata), Tel. 376 59 92 34, www.turnerova-chata.cz; Hütte mit stilvollem Ausflugsgasthaus am Ufer der wildromantischen Wydra; pro Person 8 bis 9 Euro.

Campingplatz Antýgl, schöne Lage auf einem ehemaligen königlichen Freibauernhof an der Straße von Srní nach Modrava.

Naturlehrpfad zum Jezerní slat' (Seefilz)

Von Kvilda führt eine Straße nach Norden, nach Horská Kvilda (Innergefild). Nach drei Kilometern breitet sich links dieser Straße ein 103 Hektar großes Hochmoor aus, das schon seit 1933 unter Naturschutz steht. Die Torfschicht ist bis zu 7,5 Metern dick. Der Lehrpfad ist nur 130 Meter lang, und auf sicherem Holzsteg gelangt man an den Rand des Moorgebietes. Ein botanisches Eiszeitrelikt ist die Zwergbirke – ein buschartiger Baum mit vielen kleinen Blättchen –, die hier ein Refugium hat. Am Rande des Schutzgebietes steht ein Aussichtsturm, der einen guten Überblick ermöglicht.

Lenora

Den Ort Lenora (Eleonorenhain) hat eine Glashütte berühmt gemacht, die 1834 von Johann Mayr gegründet wurde. Das Glas wurde mit Gold und Glasur kunstvoll verziert. Zu Ehren der Gattin des Fürsten von Schwarzenberg, Eleonora, erhielt der neue Ort seinen deutschen Namen. Die Glashütte Lenora war die letzte produzierende Glashütte im Böhmerwald, 1995 war auch dieser Betrieb pleite. Die ausgestellten Gläser stammen alle aus der hiesigen Hütte, so auch sehr schöne Exponate im Jugendstil. In einer Verkaufsstelle nebenan kann man aus böhmischer Produktion gleich das passende Mitbringsel auswählen.

Blick zum Kubany

Am Parkplatz beginnt ein Pfad, der über die Bahngleise zu einer kleinen Anhöhe führt. Hier oben erinnert ein Obelisk mit deutscher Gedenktafel an Andreas Hartauer, der durch das Lied ›Tief drin im Böhmerwald‹ bekannt wurde. Als technisches Denkmal ist die überdachte Brücke (Rechle) aus dem 19. Jahrhundert am Ortsausgang Richtung Volary eine Sehenswürdigkeit. Sie wurde jedoch nicht als eigentliche Brücke erbaut, sondern gerade auch als Rechen, in dem das Schwemmholz für die Glashütten gesammelt wurde.

Nördlich von Lenora erhebt sich das Bergmassiv des 1262 Meter hohen Boubín (Kubany). Seit 1858 blieb der urwaldartige Mischwald aus Buchen, Fichten und Tannen von den Äxten und Sägen der Forstleute verschont; er steht unter Naturschutz. Von Lenora führt ein blau markierter Weg zum Boubín. Am Parkplatz Kaplice, südöstlich vom Boubín, kann man das Auto abstellen. Wer mit der Bahn aus Vimperk kommt, muß an der Station Zátoň oder in Kubova Hut' aussteigen.

Der Lehrpfad ›Boubínský prales‹ führt über etwa vier Kilometer auf den Gipfel des Boubín. Die gesamte Strecke von Zátoň nach Kubova Hut' beträgt 14 Kilometer, für die je nach Kondition etwa vier Stunden eingeplant werden sollten. Zurück zum jeweiligen Ausgangspunkt kann man die Bahn nutzen. Campingplätze befinden sich am Parkplatz Zátoň und in Horní Vltavice.

Lagerplatz zum Zelten (Vodarska tabořiště) am Ufer der Warmen Moldau; pro Person 1 Euro. Von hier kann man mit dem Boot bis zum Lipno-Stausee paddeln. Leider wird die Idylle durch den starken LKW-Verkehr auf der nahen Straße gestört.

Sklařské muzeum Lenora (Glasmuseum), Mai bis September Di bis Fr 9 bis 13 und 14 bis 16 Uhr, Sa und So 9 bis 12 Uhr.

Kubova Hut'

Lange, bevor es überhaupt zu sehen ist, kündigt sich das rote Bähnlein durch anhaltendes Hupen an. Es ist hier noch gut besetzt, im Winter wie im Sommer: Der kleine Erholungsort Kubova Hut' (Kubohütten) war früher ein Glasmacherdorf und ist heute mit 995 Metern die höchstgelegene Bahnstation des Landes.

Hotel Arnika, Tel. 388 43 63 26, Fax 388 43 63 27, hotel.arnika@iol.cz. Großes Hotel am Wald, mit Restaurant und Café; DZ 44 bis 63 Euro.

Amber Hotel Kuba, Nr. 26, Tel. 388 43 63 19, Fax 388 43 63 21, kuba@lconsulting.cz; Mittelklassehotel im Ortszentrum, nahe der Wanderwege und Loipen, Restaurant in der Nähe; DZ 41 bis 53 Euro.

Pension Klose, Nr. 1, Tel./Fax 388 43 63 33, mobil 608 94 14 94, klose@boubin.cz; hübsche Pension in einem Haus im alpenländischen Stil am Berghang; pro Person 9 Euro.

Volary

Der Ort ist von einer lieblichen Landschaft und den Höhen des Böhmerwaldes umgeben, sein Stadtbild selbst ist weniger schön. Als Wallern wurde er im 14. Jahrhundert als Säumersiedlung auf dem ›Unteren Goldenen Steig‹ gegründet. Im 16. Jahrhundert kamen Walser aus dem Großen und Kleinen Walsertal und bauten hier ihre Häuser im Alpenstil auf. Typisch dafür sind eine Dachstube, im vorgesetzten Giebel eine Pawlatsche und ein niedriges Satteldach. 60 Häuser fielen dem Brand von 1863 zum Opfer. Die verbliebenen wurden nach 1945 vernachlässigt, heute stehen noch zehn. In einem dieser Tirolerhäuser – nahe dem Markt – hat das Stadtmuseum sein Domizil. Weiter die Česká entlang kommt man zu mehreren Tirolerhäusern, besonders schön sind die mit den Hausnummern 102 und 104.

Kubova Hut' im Böhmerwald ist der höchste Bahnhaltepunkt in Tschechien

Alljährlich am vorletzten Augustwochenende werden beim Wallerner Holzfest alte Handwerkstechniken vorgeführt. Etwa 30 Holzskulpturen sind seit 1997 entstanden, man findet sie an mehreren Stellen im Ort.

Die frühbarocke St. Katharinakirche entstand zwischen 1669 und 1690 nach Plänen von J. Canevallo, später wurde sie mehrmals umgebaut.

Postleitzahl: 38451. Infozentrum Volary, Česká 71, Tel. 388 33 32 59.

Pension U Jíchů, Pod kostelem 130 (gegenüber dem Stadtmuseum), Tel. 388 33 33 00, www.apartmanyujichu.cz, DZ 22 Euro; modern eingerichtet, teils mit Küchenzeile.

Stadtmuseum (Volarské muzeum), Česká 71, Mai bis September, Di bis So 10 bis 17 Uhr.

Nová Pec

Die kleine Gemeinde Nová Pec (Neuofen) befindet sich am Zulauf zum Lipno-Stausee. Der Ort verdankt seine Entstehung dem Bau des Schwarzenberger Schwemmkanals (Schwarzenberský plavební kanál), der zwischen 1791 und 1822 geflutet wurde. So war es möglich, Hunderte Hektar Wald zu nutzen. Der Kanal verband das Stromgebiet der Moldau über den Fluß Mühl in Österreich mit der Donau. Für die damalige Zeit war die Anlage eine technische Meisterleistung. Der Schwemmkanal ist knapp zwei Meter breit, einen Meter tief und über 45 Kilometer lang. Am Jelení hrbet (Hirschberg) wurde sogar ein Tunnel über 419 Meter Länge geschaffen. Die Bauausführung lag in den Händen von Bauingenieur Josef Rosenauer. Bei Nová Pec nutzte man den Kanal bis 1962. Bis zum Fahrverbot bei Jelení, etwa fünf Kilometer nordwestlich des Dorfes, kann man mit dem Auto fahren. Von hier führen markierte Wanderwege zum Schwemmkanal.

Einen Kilometer nördlich von Nová Pec, an der Bahnstation Ovesna, beginnt der gelb markierte und 15 Kilometer lange Medvědí stezka (Bärenpfad). In der Umgebung des Perník (Pumpernickelberges) sieht man eine faszinierende Felsenstadt, weiter unterhalb liegt der See Jelení jezero (Hirschsee), ein ehemaliger Wasserspeicher für das Betreiben des Schwarzenberger Schwemmkanals. Der Bärenstein (Medvědí kámen) erinnert an den letzten Bären im Böhmerwald, der hier am 14. November 1856 zur Strecke gebracht wurde. Präpariert ist der Braunbär im Jagdmuseum Ohrada bei Hluboká zu bestaunen. Der Weg führt weiter hinab zur Bahnstation Černý Kříž mit Zugverbindungen nach Volary und Nová Pec. Hier gibt es auch einen Imbiß.

Nová Pec ist Ausgangspunkt für eine reizvolle Wanderung auf den Plöckenstein (Plechý) und weiter nach Nové Údolí (Neuthal). Der Plešné jezero (Plöckensteinsee) ist elf Kilometer entfernt und liegt auf einer Höhe von 1090 Metern.

Reichlich zweihundert Meter über der Wasserfläche steht ein Obelisk, 1876/77 zum Andenken an den deutschen Dichter Adalbert Stifter errichtet. Die Mühen des Aufstiegs werden mit einem Panoramablick auf den See und seine Umgebung belohnt. Der rot markierte Kammweg verläuft weiter auf der Staatsgrenze, anfangs mit Österreich, später mit Deutschland, und ist für Wanderer geöffnet. Man kann weiter zum Gipfel des Trojmezí (Dreiecksteins) – hier befindet sich das Dreiländereck – und zum Třístoličník (Dreisesselberg) laufen. Auf bayerischer Seite lädt ein Gasthaus ein. Von hier bis zur Bahnstation Nové Údolí sind nochmals sieben Kilometer zu bewältigen – eine anspruchsvolle Tagestour.

Im Sommer verkehren Busse von Nová Pec nach Jelení, von hier sind es auf grüner Markierung noch fünf Kilometer zum Plöckensteinsee.

Postleitzahl: 38462. Infozentrum Nová Pec, Tel. 388 33 60 93.

Hotel u Jezera, Tel. 388 33 60 51.
Pension Mauritz, Tel. 728 94 19 23, www.dudovi.cz; DZ 26 bis 50 Euro, Ermäßigung bei längerem Aufenthalt; Oberösterreichischer Vierseithof aus dem 16. Jahrhundert, gemütlicher Saal mit Kamin, Sauna, Kanuverleih mit Transportmöglichkeit zur Moldau.
Pension Hubertus, Tel. 602 25 35 72.

Horní Planá

Der kleine Ort Horní Planá (Oberplan) liegt auf einer Halbinsel am ›Böhmischen Meer‹, wie der Lipno-Stausee von den Tschechen gern genannt wird. Die Bauarbeiten zum Anstauen der Wasserfläche dauerten von 1950 bis 1959. Dabei wurden ein 25 Meter hoher und 280 Meter langer Damm sowie ein unterirdisches Wasserkraftwerk bei Lipno errichtet. Das Kraftwerk befindet sich 150 Meter unterhalb der Stauseesohle, die Moldauwässer strömen durch einen 3,5 Kilometer langen unterirdischen Kanal in ein zweites, kleines Speicherbecken, Lipno II. Die Besichtigung des Kraftwerks ist möglich. Der Lipno-Stausee breitet sich auf etwa 5000 Hektar aus, die Wasserfläche dehnt sich über 42 Kilometer Länge aus, die maximale Breite beträgt 8 Kilometer.

Horní Planá ist der Geburtsort Adalbert Stifters (1805–1868). Weil seine Werke damals nur in deutscher Sprache erschienen, ist er in Böhmen noch heute

Fähre bei Horní Planá (Oberplan) am Lipno-Stausee

wenig bekannt. Sein kleines Anwesen mit Gedenkzimmer steht an der Landstraße am Ortsausgang Richtung Černá v Pošumaví. Am Museum nimmt der Stifter-Weg mit Informationstafeln zum Leben des Dichters und der hiesigen Natur seinen Anfang. Oberhalb des Dorfes steht das Stifter-Denkmal, 1906 vom Bildhauer Wilfert geschaffen.

Eine Personen- und Autofähre verbindet Horní Planá mit dem kleinen Ort Bližší Lhota (Vorderstift), im Sommer verkehren Ausflugsschiffe von Horní Planá, Černá v Pošumaví, Frymburk, Přední Výtoň und Lipno.

In Přední Výtoň (Vorder-Heuraffel) befindet sich der längste und schönste Sandstrand am Lipno-Stausee.

Postleitzahl: 38226. Infozentrum Horní Planá, nám. 8, Tel./Fax 380 73 80 08, www.horniplana.cz.

Hotel Na Pláži, Jiráskova 42, Tel. 380 73 82 31, Fax 380 73 83 74, www.hotel-plaz.cz; DZ 36 bis 40 Euro; kleines, gemütliches Haus.

Hotel Na Jezere, Jenisov u Lipna, Tel. 380 73 80 13, Fax 380 73 83 38, www.euroagentur.cz; DZ 42 bis 80 Euro; auf einer Halbinsel am Lipno-Stausee.

Hotel Svatá Anežka, Jenisov u Lipna, Tel. 380 73 83 38, www.euro-agentur.cz; DZ 36 bis 64 Euro.

Adalbert-Stifter-Gedenkstätte, Palackého 21, Di bis So 10 bis 12 und 13 bis 18 Uhr, Juli und August auch Mo geöffnet.

Eine Skiwanderung durch den Böhmerwald

Eine Skilanglauftour von Železná Ruda nach Nová Pec führt durch eine Mittelgebirgslandschaft von ausgesprochener Schönheit, die in Teilen als Nationalpark Šumava unter besonderem Schutz steht. Sinnvoll ist eine Einteilung in die hier vorgeschlagenen fünf Etappen, je nach individueller Kondition und Neigung sind jedoch auch andere Etappen denkbar und möglich: Unmittelbar am Weg finden sich zahlreiche Unterkünfte.

Der Start der Tour ist in Železná Ruda, etwas außerhalb des Zentrums. Wer von Deutschland anreist, nimmt den Zug nach Železná Ruda/Bayerisch-Eisenstein, wo man in den Zug nach Železná Ruda-Centrum umsteigen muß.

Die erste Etappe von Železná Ruda nach Prášily ist rund 20 Kilometer lang; man benötigt etwa fünf bis sechs Stunden dafür.

Etwa zwei Kilometer ist das Hotel Grádl vom Zentrum des Ortes Železná Ruda entfernt. Es befindet sich mitten im Wald, von der Hauptstraße E 53 führt eine Zufahrt hierher. Da in unmittelbarer Nähe die Loipe beginnt, bietet es sich als Ausgangspunkt für die Skiwanderung an (Tel. 376 38 72 70, 14 Euro pro Person).

Sanft ansteigend führt die Doppelloipe vom Hotel zur Wegkreuzung Na Pošt'áku. Hier halten wir uns links und fahren bis zur Weggabelung Gerlova Hut'. Von dort folgt die Loipe der Straße Železná Ruda-Hartmanice nach rechts, mal bergauf, mal bergab bis Nová Hůrka. Wer die Wanderung bereits hier unterbrechen möchte, findet direkt am Skiwanderweg eine Unterkunft (ubytovaní v soukromi U Jezera Laka, Tel. 723 11 48 04, neu renoviert, herrlich ruhige Lage).

Ab Nová Hůrka folgen wir der blauen Markierung sanft bergauf nach Hůrka. Die blaue Markierung führt hinter der Kapelle auf die Loipe Richtung Prášily. An der Weggabelung Vysoke Lávky biegen wir nach rechts ab, es geht bergauf zur ehemaligen Siedlung Formberk. Von dort führt eine rasante Abfahrt bis nach Prášily (Stubenbach), dem Ziel der ersten Etappe.

Die zweite Etappe von Prášily nach Modrava ist wie die erste ebenfalls 20 Kilometer lang; man sollte also ähnlich viel Zeit einplanen.

Hinter dem Heim des Clubs der Tschechischen Touristen in Prášily beginnt die gespurte Loipe, bis zum Abzweig Slunečná folgt der Skiweg der Straße Richtung Srní. Hier gabelt sich die Loipe. Parallel der Straße verläuft der Weg nach Velký Bor, wir folgen jedoch der gelben Markierung und biegen nach rechts ab; die Loipe verläuft eben. An der nächsten Gabelung biegen wir links ab (geradeaus geht es zum Prášilské jezero) und steigen zum Větrný vrch auf. Der Weg führt in Richtung Nová Studnice/Zelená Hora. Der lange Aufstieg endet nach fünf Kilometern am Wegweiser Vaňkova cesta. Von dort verläuft die Loipe bis nahe des Berges Oblík eben, dann gibt es eine rasante Abfahrt bis Javoří Pila. Der wildromantische Rachelbach (Roklanský potok) begleitet uns bis nach Modrava.

Die dritte Etappe von Modrava nach Knížecí Pláně umfaßt ungefähr 21 Kilometer.

Der Loipeneinstieg befindet sich in Modrava an der Klostermannhütte. Es geht bergauf, auf der großen Lichtung von Filipova Hut' steht die Berghütte Hájenka (Tel. 376 59 93 22, Gasthaus täglich 11.30 bis 22 Uhr, Tip: Knoblauchsuppe). Es geht weiter leicht bergan in den Wald Richtung Horská Kvilda, dann folgt eine schnelle Abfahrt in das Tal des Hammerbachs (Hamerský potok). Hier blieben sogenannte Seifen erhalten. Sie entstanden, als im Mittelalter aus dem Sand Gold gewaschen wurde und viele Sandhügel übrigblieben, eben die Seifen.

Nach der Brücke über den Hammerbach ist ein kurzer steiler Aufstieg zum Hotel Rankl Sepp in Horská Kvilda zu überwinden (Tel. 388 43 50 44, www.hotel-rankl.sumava.net; Sauna und Massage; mit gemütlicher Cafeteria täglich 10 bis 20 Uhr, Tip: Liwanzen mit Pflaumenmus und Sahne).

Die Loipe nach Kvilda verläuft ab dem Hotel Rankl Sepp parallel der Straße auf der rechten Seite. Sie ist fast eben und führt am Moor Seefilz (Jezerní slat') vorbei. Nach einer kurzen Waldstrecke tauchen schon bald die Häuser von Kvilda auf. Hinter der Brücke über den Bach an den ersten Häusern links befindet sich eine Konditorei (Di bis Sa 7 bis 17 Uhr, So 8 bis 17 Uhr, Tip: Pflaumencremeschnitte/povidloň).

Wir gehen die Hauptstraße hinunter und halten uns an der Straßengabelung rechts. An der nächsten Weggabelung geht es links Richtung Bučina (grüne Markierung). Eine lange Strecke läuft man auf der gepflegten Doppelloipe meist bergan durch Fichtenwald, erst kurz vor Bučina lichtet sich der Wald. Bei gutem Wetter hat man von hier eine herrliche Aussicht auf das bayerische Finsterau und die Dachsteingruppe, einem Teil der Alpen.

Von der Wegkreuzung Bučina ist der Skiwanderer-Grenzübergang nur 500 Meter entfernt, wir halten uns aber links bergab nach Knížecí Pláně (blaue Markierung). Die neuerbaute Berghütte steht einsam auf einer Wiese.

Die vierte Etappe von Knížecí Pláně nach Stožec erlaubt mehrere Varianten. Sie ist ungefähr 23 Kilometer lang; man sollte sechs bis sieben Stunden einplanen.

Von der Berghütte in Knížecí Pláně laufen wir bis zur Weggabelung Žd'árské sedýlko. Von hier bestehen zwei Varianten für die weitere Tour nach Strážný: nach links über Polka (blaue Markierung) oder nach rechts am See Žd'árecké jezírko vorbei (grüne Markierung). In Strážný laden mehrere Gasthäuser und eine Konditorei zur Rast ein (Skihotel Strážný, Tel. 388 43 71 19, Restaurant Sv. Martin).

Um von Strážný nach Stožec zu gelangen, gibt es abermals mehrere Möglichkeiten. Nahe der bayerisch-böhmischen Grenze führt die rot markierte Loipe über Mlaka und Krasná Hora nach Nové Údolí. In diesem Ort gibt es neben einem Grenzübergang nach Bayern und einer Bahnstation auch ein Restaurant mit Unterkunft (Tel. 388 33 02 22, www.noveudoli.cz, DZ 24 Euro). Von Nove Údolí

Unterwegs im Böhmerwald

kann man auf dem Fahrweg in etwa 30 Minuten nach Stožec laufen oder in die Bahn umsteigen (Fahrplan: www.vlak-bus.cz). Der kürzere Weg führt von Strážný über České Žleby nach Stožec.

Die letzte Etappe von Stožec über Jelení Vrchy nach Nová Pec ist rund 20 Kilometer lang; mit sechs Stunden ist zu rechnen.

In Stožec geht es am Hotel Mauritz vorbei, der Loipeneinstieg beginnt am Waldrand. An der Weggabelung Tovární cesta führt die Loipe links über den Bärenpfad (Medvědí cesta) ohne Umweg nach Jelení Vrchy, rechts folgt man noch weiter der Rundloipe Stožec (Stožec okruh). Am nächsten Abzweig biegt man nach links ab in Richtung Nové Údolí (grüne Markierung). An der Weggabelung Oslinec halten wir uns links, die Loipe folgt ab hier ohne spürbare Höhenunterschiede lange Zeit dem Schwemmkanal (Schwarzenberský plavební kanál). Am Abzweig Hučina biegen wir nochmals links ab, beim Fahrweg unmittelbar am Tunnelportal des Schwarzenberger Schwemmkanals nach rechts. In der Streusiedlung Jelení Vrchy, die wir nun erreichen, gibt es zwei einfache Einkehrmöglichkeiten (Faßbier, Imbiß).

Ab Jelení Vrchy fährt man weiter am Schwemmkanal, nach starkem Schneefall kann man auch auf der kaum befahrenen Straße nach Nová Pec gut Skilaufen. Von hier ergeben sich herrliche Ausblicke auf die Umgebung, so die Plöckensteinseewand. Gleich am Ortseingang Nová Pec kann man im Gasthaus Zárubů gut und preiswert speisen (täglich ab 12.30 Uhr; Tip: Gebratene Forelle).

Von Nová Pec besteht Bahnanschluß in Richtung Nove Údolí (mit Grenzübergang nach Haidmühle), Volary (weiter nach Vimperk) und České Budějovice (Fahrpläne: www.vlak-bus.cz).

Železná Ruda
Hotel Skalka, Klatovská 360, Tel. 376 39 77 67, www.hotelskalka.cz; im Zentrum, drei Kategorien: 17, 24 und 31 Euro pro DZ, Frühstück kostet 3 Euro extra.

▸ Prášily
Villa Karolína, Tel. 376 58 90 61, www.nasehory.cz/sumava; mit Restaurant und Sauna.
Pension Pampeliška, Tel. 376 58 90 29; mit Konditorei und Lebensmittelladen im Erdgeschoß.
Pension Škarda, Tel. 376 58 90 28; DZ 22 Euro, Frühstück extra; kleine Gaststube, gemütlich und günstig.
Chata U Jakuba, Tel. 376 52 61 47, www.sumava.net/adamec; 6 Euro pro Person, von Sa auf So Zuschlag von 1 Euro; originales Böhmerwaldhaus mit Holzschindeln, sehr einfach.

▸ Modrava
Klostermannhütte (Klostermannova chata), Tel. 376 59 90 67, www.klostermannovachata.cz; Restaurant täglich ab 11 Uhr, Biosauna.
Pension Zlatá stezka, Tel. 376 59 93 35; mit rustikalem Gasthaus.
Pension Arnika, Tel. 376 59 93 49; mit Gasthaus.

▸ Knížecí Pláně
Berghütte, Tel. 388 43 40 15, 16 Euro mit Halbpension; Gasthaus in der Sommer- und Wintersaison täglich 10 bis 17 Uhr, Tip: Schweinebraten oder Pralinenknödel mit Rumgeschmack, Obst und Schlagsahne.

▸ Stožec
Pension Druid, Nr. 64, Tel. 388 33 51 34, www.penzion-druid.net; 20 Euro pro Person mit Halbpension; neu und komfortabel, ruhig an der Alten Schule gelegen.
Hotel und Restaurant U Mauritzu, Nr. 42, Tel. 338 33 51 66, 13 Euro pro Person.
Hotel und Gasthaus Pstruh, Tel. 388 33 51 11, 9 Euro pro Person; nahe der Bahnstation, gute Küche, täglich 11 bis 21 Uhr.

▸ Nová Pec
Apartmány Nové chalupy, Nová Pec 37, Tel. 388 33 61 48; neuerbaute Apartments nahe dem Gasthaus Zárubů.
Hotel u Jezera, Tel. 388 33 60 51.

Železná Ruda
Restaurant Abele; täglich 10 bis 21 Uhr; im böhmischen Teil des Grenzbahnhofs, gute Küche, günstige Preise.
Café Charlotte, nahe der Bahn-

station Železná Ruda-Centrum; gemütlich.
▶ Prášily
Gasthaus (hostinec) U Michala, täglich 11 bis 22 Uhr, Fr und Sa bis 23 Uhr; Spezialität: Schmackhafte ›Mährische Spatzen‹ (Moravský vrabec) mit Knödeln.

Vyšší Brod

Das Städtchen Vyšší Brod (Hohenfurth) ist wegen seines gotischen Klosters weithin bekannt. Die Anlage wurde in der Mitte des 13. Jahrhunderts gegründet. Anfang der 1990er Jahre wurde das Kloster an den Zisterzienserorden zurückgegeben.

In der Stiftskirche Mariä Himmelfahrt beeindrucken barocke Altäre, viele Wirtschaftsgebäude dagegen befinden sich leider noch in desolatem Zustand. Sehenswert sind auch der Kreuzgang und die ehemaligen Mönchszellen, von denen eine mit Originalinventar erhalten ist. Die Klosterbibliothek umfaßt 70 000 Bände, wertvollstes Exemplar ist das Hohenfurther Wörterbuch aus dem 14. Jahrhundert. Mönchszelle und Bibliothek können besichtigt werden.

Ebenfalls sehenswert ist die gotische Rosette im Refektorium wie auch das Postmusuem im ehemaligen Abteigebäude. Im umliegenden Park kann man einen

Blick von der Teufelskanzel auf das Steinerne Meer

zwei Meter hohen Stein anschauen, der von den Moldaustromschnellen modelliert wurde. Alljährlich am ersten Sonntag im Juli wird hier ein Wettbewerb kurioser Wasserfahrzeuge veranstaltet, eine Art Volksfest.

Vier Kilometer nordwestlich von Vyšší Brod breitet sich im Moldautal das ›Steinerne Meer‹ aus. Bevor der Fluß angestaut wurde, nahm er hier mit donnerndem Getöse über große Steine seinen Weg. Die wurden treffend als Teufelsschnellen (Čertovy proudy) bezeichnet. Jetzt wird die Moldau zur Stromerzeugung durch einen 3,5 Kilometer langen unterirdischen Kanal geleitet, und im ursprünglichen Flußbett fließt nur wenig Wasser.

Der Legende nach wollte der Teufel die Moldau mit großen Felsbrocken anstauen, um das eben gegründete Kloster Hohenfurth durch eine Überschwemmung zu vernichten. Er schaffte es aber nicht in der vorgegebenen Zeit und suchte unverrichteter Dinge das Weite.

Eine schöne Sicht bietet der höchste Felsen der Umgebung, des ›Teufels Predigtstuhl‹ oder einfach ›Teufelskanzel‹ genannt. Von Vyšší Brod führt der Wanderweg zur Teufelskanzel leider nur an der Hauptstraße entlang. Man fährt daher besser mit dem Auto zum Parkplatz und läuft von dort nur 200 Meter zu Fuß bis zur Teufelskanzel und dem darunter liegenden ›Steinernen Meer‹.

Postleitzahl: 38273. Informationszentrum Vyšší Brod, nám. 104 (im Rathaus), Tel. 380 74 66 27, infocentrum@vyssibrod.cz, www.vyssibrod.cz.

Restaurant U Petra Voka, Vyšší Brod 78; Eigenwerbung: »Willkommen in unserem Restaurant. Es ist im unteren Teil des Hauptplatzes in Vyšší Brod platziert. Als das einzige Restaurant ist es dauerhaft in einen Raucher- und einen Nichtrauchersalon geteilt. Sie, die Nichtraucher, können bei uns in Ruhe ohne Rauch sitzen, und Sie, die Raucher, können skrupellos weiter Ihre Unart treiben.«
Hotel Šumava, nám. 47, Tel. 380 74 65 74, Fax 380 70 48 11, www.hotel-sumava.cz. Denkmalgeschütztes Gebäude am Markt, Restaurant 10 bis 22 Uhr; DZ 40 bis 64 Euro.
Pension und Restaurant Inge, Míru 379, Tel. 380 74 62 72, mobil 606 69 10 56, info@pensioninge.cz; DZ 33 Euro; am Parkplatz in der Nähe des Klosters an der Moldau; Kanuverleih.
Pension und Restaurant U Candrů, nám. 36, Tel./Fax 380 74 62 15, penzion.candra@atlas.cz; DZ 32 Euro.
Pension Villa Rauschenberg, Náměští, Tel./Fax 380 74 71 06, villa@volny.cz; DZ 28 bis 40 Euro; in der Villa das beliebte Café Alpenrose und eine Kunstgalerie mit wechselnden Ausstellungen.

Kloster, Mai bis September Di bis So 9 bis 16 Uhr.

Südböhmen blieb von der Schwerindustrie weitgehend verschont. Berge wechseln mit sanften Hügeln, naturnahe Teichlandschaften mit Flußauen. Darin liegen Städte, die noch heute vom Kunstsinn ihrer einstigen Besitzer künden. Zudem blieb der südböhmische Dorfbarock vielerorts erhalten – auch diese Region bietet eine reizvolle Kombination von Natur und Kultur.

Südböhmen

Rožmberk nad Vltavou

Der Ort Rožmberk nad Vltavou (Rosenberg) ist eine der Wiegen des mächtigen böhmischen Adelsgeschlechtes, der Wittigonen. Im 13. Jahrhunderts wurde es schick, sich mit deutschen Namen zu schmücken. Aus den Wittigonen wurden Rosenberger; der Name leitet sich von den Rosen im Familienwappen ab.

Bis zum Anfang des 17. Jahrhunderts beherrschten die Rosenberger ganz Südböhmen bis nördlich von Strakonice (Strakonitz): Ein kleines Königreich inner-

halb des Territoriums böhmischer Könige und Habsburger Monarchen. Das Zusammenleben zwischen Deutschen und Tschechen funktionierte über Jahrhunderte weitgehend reibungslos.

Auf drei Seiten von der Moldau umflossen, liegt auf einem Felsplateau über dem Städtchen Rosenberg die gleichnamige Burg. Im 13. Jahrhundert gegründet, blieb aus dieser Zeit nur der Kleine Jakobiner erhalten, ein schlanker Turm der Oberburg. Die Untere Burg stammt aus dem 14. Jahrhundert, ihr Stil wurde je nach Zeitgeschmack von den jeweiligen Besitzern bis in die Mitte des 19. Jahrhunderts mehrmals verändert; so erhielt die Fassade im Burghof eine Sgraffitodekoration. Bereits vor über hundert Jahren begannen die letzten Besitzer, die Familie Buquoy, Andenken der einstigen Burgbesitzer zu sammeln. In der Gemäldegalerie befinden sich Werke der böhmischen und europäischen Spätrenaissance sowie des Barock. In der Waffenkammer sind Feuer- und Stichwaffen, Rüstungen und Kriegsandenken zu sehen.

Einige Möbel mit schönen Holzschnitzereien wurden von der Familie Buquoy eigens für die Museumsräume in Auftrag gegeben. Besonders sehenswert sind die farbig verzierte Kassettendecke im Rittersaal sowie die Malerei im Stil des Manierismus in der hiesigen Musiknische, aber auch in der Burgkapelle. Neben einem Hauptrundgang wird auch eine Trasse für Kinder angeboten. Die Kirche zur Hl. Maria (13.–15. Jahrhundert) besitzt eine schöne barocke Innenausstattung.

Hotel und Restaurant Růže, Nr. 78, Tel. 380 74 97 15, Fax 380 74 97 17, www.hotelruze.rozmberk.cz. Renoviertes Bürgerhaus am Markt, Restaurant, Freiluftplätze im Innenhof nahe der Moldau mit Blick zum Schloß, täglich ab 10 Uhr; DZ 42 bis 52, Apartment 53 Euro.

Burg Rosenberg: April und Oktober nur Sa und So 9 bis 16 Uhr, Mai und September täglich außer Mo 9 bis 16 Uhr, Juni bis August täglich außer Mo 9 bis 17 Uhr.

Český Krumlov

»Ich weiß nicht, wie viele Male sich hier die Moldau schlängelt, bevor du durch die Stadt kommst, dich so geradeaus haltend, wie es nur möglich ist, du überquerst sie etwa fünfmal und jedes Mal wunderst du dich, daß sie so goldbraun ist und daß sie es eilig hat. Wie viele Einwohner Krummau hat, das weiß ich auch nicht, aber es hat vierunddreißig Gaststätten, drei Kirchen, ein Schloß, aber dafür ein großes, zwei Tore und eine große Menge von Denkmälern, eigentlich ist die ganze Stadt ein einziges historisches Denkmal, was ein bisschen an Siena oder Stirling oder an andere berühmte Orte erinnert. Also es gibt hier alte Giebel, Erker, Dacherker, Laubengänge, Bogen, Umgänge, Zinnen, Sgraffiti, Fresken, Treppen hinauf und hinunter, Balustraden, Brunnen, Säulen… historisches Pflaster, zickzackförmige Gassen… und über alles, herzogt' dort oben das Schloß und vor allem der Turm, einer der türmigsten Türme, die ich je gesehen habe.« So formulierte Karel Čapek in seiner Erzählung ›Bilder von zu Hause‹. Auch heutige Besucher werden seine Begeisterung verstehen können; nicht zufällig steht das Städtchen Český Krumlov (Krummau) seit 1992 auf der Weltkulturerbeliste der UNESCO.

Bis 1945 betrug der deutsche Bevölkerungsanteil 90 Prozent. Nach ihrer Vertreibung litt die Altstadt über Jahrzehnte unter einem langsamen Verfall, blieb so glücklicherweise aber auch vor der Modernisierung bewahrt. Da es in der Stadt aber viele deutsch-tschechische Mischehen gab, konnten hier mehr Deutsche als anderswo bleiben. Noch immer sind etwa fünf Prozent der Bevölkerung Sudetendeutsche.

Anfang des 13. Jahrhunderts entstand unterhalb der Wittigonen-Burg eine Siedlung, die 1274 zur Stadt erklärt wurde. Zu höchster Blüte verhalfen ihr die Herren von Rosenberg, die vom 14. bis Anfang des 17. Jahrhunderts auf Burg und Schloß Krummau regierten. Von ihrer Macht zeugt die Tatsache, daß sie von 1394 bis 1402 sogar den böhmischen König in Gewahrsam hielten. 1575 wurde Wilhelm von Rosenberg gar die polnische Königskrone angeboten; er lehnte das Angebot aber ab. Von 1622 an residierten die Eggenberger für ein knappes Jahrhundert auf der Burg, 1719 übernahm die Fürstenfamilie Schwarzenberg den Besitz. 1863 verließen die Schwarzenberger die Stadt Krummau und verlegten ihre Residenz nach Frauenberg (Hluboká nad Vltavou). Um 1900 verfügten die Schwarzenberger über knapp 250 000 Hektar Land, besaßen zwei Dutzend Schlösser und 13 Brauereien, sie waren die ungekrönten Böhmerwaldkönige. Auch der ehemalige Präsident Václav Havel wußte um die Qualitäten der Dynastie und holte sich 1990 Karl Fürst von Schwarzenberg zuerst als Berater, später als Kanzler auf die Prager Burg.

Mitte August 2002 stand das Wasser der Moldau über zwei Meter hoch in der Altstadt. Doch schon einige Wochen später saßen Tagesausflügler wieder unter bunten Sonnenschirmen am Moldauufer. Nur eine unwirklich scheinende braune Linie markiert in den Gassen der Altstadt noch hier und da den Scheitelpunkt der Katastrophe. Der einheimische Künstler Miroslav Páral hat das Ereignis für die Nachwelt dokumentiert: An der Fassade seines Ateliers Na Fortně (›An der Pforte‹) am Moldauufer im Stadtteil Latron hat er den höchsten Stand der Moldau mit blau glasierten Steinchen für immer festgehalten – ein beliebtes Fotomotiv.

Das heutige Schloß wuchs auf einer Wittigonenburg aus dem 13. Jahrhundert. Als Teil der Burg blieb der schöne Renaissanceturm mit schmucker Fassaden-

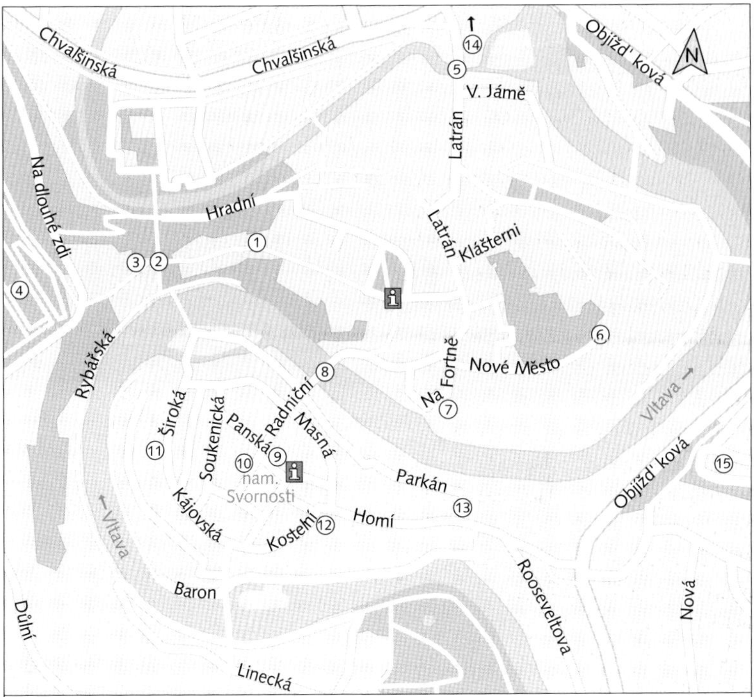

Český Krumlov
0 200 m

Legende

1 Schloß
2 Mantelbrücke
3 Schloßtheater
4 Schloßgarten
5 Budweiser Tor
6 Eggenberger Brauhaus
7 Hochwassermarke von 2002
8 Barbierbrücke
9 Rathaus
10 Hotel Old Inn
11 Egon-Schiele-Zentrum
12 St. Veitskirche
13 Bezirksheimatmuseum
14 Bahnhof
15 Busbahnhof

malerei erhalten. Im Burggraben unterhalb des Schloßturms werden heute wieder Bären gehalten. Mitte des 16. Jahrhunderts übernahmen italienische Baumeister den Umbau der Burg zum Renaissanceschloß.

In Tschechien ist nur die Prager Burg ein wenig größer. Von der Brüstung der Mantelbrücke und vom Burgturm genießt man den schönsten Blick auf die Alt-

Das Schloß Český Krumlov ist das zweitgrößte in Tschechien

stadt mit der malerischen Moldauschleife: Der kurvige Verlauf des Flusses gab der Stadt ihren Namen, Krummau, abgeleitet vom mittelhochdeutschen Krumben Ouwe, krumme Au.

Das Schloß besitzt vier Höfe und 365 Zimmer. Für eine umfassende Besichtigung von Schloß und Burg sollte man sich mindestens drei Stunden Zeit nehmen. Es werden zwei Hauptrouten und weitere sechs verschiedene Rundgänge angeboten. Am beliebtesten ist die Barocktour mit Besichtigung des berühmten Barocktheaters. Als neue Attraktion stehen den Besuchern die Schwarzenberger Apartments offen. Die Ausstattung der Räume wurde exakt nachgestellt. Behilflich war den Experten dabei das Archiv mit genauen deutschen Inventarlisten.

In den Räumen der Damen hängen an vielen Stellen Seilzüge mit Ringen. Beim Ziehen ertönt ein Glöckchen, doch Dienerschaft kommt nicht mehr angelaufen. Die Wände in den Speiseräumen werden von kunstvollen Gobelins aus Brüssel geziert.

Im Schloß steht eine große vergoldete Kutsche, von den Eggenbergern im Jahr 1638 in Auftrag gegeben, um dem Papst damit einige Geschenke zu überbringen. Später diente sie dem Adel als adäquate Schlafstatt.

Die Wandmalereien im Maskensaal stammen aus dem Jahre 1748. Noch immer haben sie nichts von ihrer Faszination eingebüßt: Würde jetzt Musik erklingen, so wäre man inmitten der bunten Bilder ganz Teil der Festgesellschaft. Die illusionistischen Effekte der Figuren sind ein Meisterwerk von Josef Lederer.

Originale Barockstatuen werden im Schloßlapidarium gezeigt, der vom Ersten Schloßhof aus zugänglich ist. In den Schmalzkasten (Máselnice) mit einer Galerie tschechischer Kunst gelangt man vom Zweiten Schloßhof, im Wenzelkeller sieht man Keramik und Plastiken des Krummauer Künstlers Miroslav Páral. Der Zugang befindet sich im Durchgang vom Vierten Schloßhof zur Mantelbrücke.

Über die Mantelbrücke kommen die Besucher in das barocke Schloßtheater (1765/66). Heute ist es neben einer Spielstätte in Drottningholm (Schweden) das älteste fast komplett erhaltene Barocktheater der Welt. In Krummau sind auch Ausstattung und Kostüme vollständig vorhanden. Auch die Technik mit Schiebegestellen, Seil- und Hubwinden, Rollen und Lichtrampe funktioniert noch immer tadellos. Zum Fundus gehören 13 Grundbühnenbilder, 250 Kulissen und über 500 Theaterkostüme, aber auch 2400 Bände mit Textrepertoires und 300 Partituren und Notensammlungen.

Auch aus dem Schloßtheater führt eine Tür in den barocken Schloßgarten. Er ist 20 Hektar groß, in ihm finden sich ein Seerosenteich, Wasserspiele, das Lustschlößchen Bellaria und eine Schloßreitschule. Vor der Schloßreitschule lädt ein Terrassencafé ein, in der Rittertaverne werden Speisen auch am offenen Kaminfeuer zubereitet.

Schloßtheater und -garten bilden im Sommer eine authentische Barockwelt: Hier ist alles original erhalten, die Barockfestspiele benötigen keine nachempfundenen Kulissen. Im Schloßgarten befindet sich ein modernes Freilichttheater mit drehbarer Zuschauertribüne und dem Park als lebendiger Kulisse, hier finden auch zu den Südböhmischen Theaterspielen Aufführungen statt.

Unterhalb der Burg befindet sich am linken Moldauufer der älteste Stadtteil Latrán (Latron). Hier stehen einige schöne Renaissancegebäude. Das Českobudějovická brána (Budweiser Tor) und eine Bastei blieben als Teile der einstigen Stadtbefestigung erhalten. Waffen wurden aus dem herrschaftlichen Zeughaus schon lange verbannt. Jetzt hat hier die Eggenberger Brauerei mit Brauereigaststätte ihren Sitz.

Aus dem Stadtteil Latrán gehen die meisten Gäste über die Lazebnický most (Barbierbrücke). Von hier wirken Schloß und Burgturm auf einem Felsplateau besonders eindrucksvoll. Das Rathaus mit Lauben ziert eine raffinierte Attika (1580): So erscheint das Ganze vom Ring aus gesehen wie ein kleiner Palast. Dabei sind es nur vier kleinere Bürgerhäuser, deren niedrigere Spitzdächer von der Schmuckmauer wirkungsvoll verdeckt werden.

Auf dem nám. Svornosti (Ring) steht die barocke Mariensäule. Das ehemalige Gasthaus Goldenkron am Platz heißt heute Hotel Old Inn und umfaßt drei Gebäude. Die Nummer 12 stammt aus dem Jahre 1309, die Rezeption befindet sich in einem Gewölbesaal mit Mittelpfeiler.

Im Jahre 1993 wurde in den historischen Räumen der Stadtbrauerei aus dem 16. Jahrhundert das ›Egon Schiele Art Centrum‹ eröffnet. Als internationale Kulturinstitution gegründet, sollen auch die Kontakte zwischen dem traditionsreichen böhmischen Kulturraum und Zentraleuropa gestärkt werden, unter anderem mit Lesungen, Konzerten und Ausstellungen. In einem Teil des Museumskomplexes befinden sich Ateliers für längere Studien- und Arbeitsaufenthalte von Künstlern aus Ost- und Westeuropa. Es entstand auch ein Museumsshop und im Innenhof ein Café mit Freiluftplätzen, das böhmische Spezialitäten anbietet und ein Treffpunkt für Kunstschaffende und -interessierte mit anregender Atmosphäre ist. Im Art Centrum werden regelmäßig Wechselausstellungen klassischer und moderner Kunst auf einer Fläche von 3000 Quadratmetern gezeigt. So waren hier bereits Werke von Andy Warhol, Pablo Picasso, Alfons Mucha, Oskar Kokoschka und Salvador Dalí zu sehen. Die Dauerausstellung über Egon Schiele umfaßt 50 Aquarelle und Zeichnungen sowie einen Dokumentationsraum zu Leben und Werk des Künstlers. Man zeigt von ihm entworfene Möbel, seine Totenmaske und seine einzige Plastik sowie jedes Jahr auch ein neu ausgeliehenes Gemälde.

Egon Schiele war von Krummau, der Geburts- und Heimatstadt seiner Mutter, zeitlebens begeistert. Er lernte die Stadt in seiner Kindheit während Verwandtschaftsbesuchen kennen und verlebte auch die Ferien während seiner Aka

In einem der vier Schloßhöfe

Das Egon-Schiele-Art-Centrum vermittelt zwischen ost- und westeuropäischer Kunst

demiezeit in Krummau. Eines seiner Jugendwerke ist ›Das Budweiser Tor in Krummau‹ von 1906. Der Großstadt Wien überdrüssig, zog es Schiele im Mai 1910 nach Krummau. Er liebte vor allem die Motive mit ineinander geschachtelten Häusern und alten Mauern. Im Herbst 1910 fuhr er wieder nach Wien zurück und verbrachte dort den Winter. Im Mai 1911 fand er ein kleines Gartenhaus an der Moldau und zog hier mit seiner Lebensgefährtin Wally Neuzil ein, die er zuvor als Modell des Jugendstilmalers Gustav Klimt kennen gelernt hatte. Die verwinkelten Stadtansichten portraitierte Schiele ebenso eindringlich wie seine lebenden Modelle. Schiele besuchte häufig sein Stammlokal, das Café Fink in Latron (ul. Pivovarská), heute die beliebte Pizzeria Latrán. Die Stadt stellte ihm für seine Gemälde ihren größten Saal zur Verfügung. Häufig waren Kinder der Umgebung zu Besuch im Gartenhaus. Das Künstlerleben verlief jedoch nur kurze Zeit friedlich. Die Kleinstädter empörte, daß das Paar in wilder Ehe zusammen lebte und auch, daß Schiele sehr junge Mädchen für freizügige Aktbilder Modell sitzen ließ. Er wurde genötigt, die Stadt im August 1911 wieder zu verlassen und kommentierte dies mit den Worten: ›Ich will nicht an Krummau denken, so lieb habe ich die Stadt, aber die Leute wissen nicht, was sie tun.‹

Dennoch kehrte er immer wieder für kürzere Aufenthalte zurück, skizzierte die Architektur seiner ›Stadt am blauen Fluß‹ und verarbeitete sie in seinem Wiener Atelier zu großformatigen Krummauer Stadtvisionen. 1917 entstand seine letzte bekannte Krummauer Zeichnung ›Alte Giebelhäuser in Krummau vom Schloßberg aus‹.

In Wien erkrankte Schieles schwangere Frau an der weltweit grassierenden ›Spanischen Grippe‹ und starb am 28. Oktober 1918. Egon Schiele erlag der Krankheit am 31. Oktober im Alter von 28 Jahren. Schieles Gesamtwerk umfaßt 330 Gemälde und mehr als 3000 Arbeiten auf Papier.

Die St. Veitskirche besitzt einen schönen Barockaltar, ein feingliedriges Netzgewölbe, gotische Wandmalereien und die Grabplatten der Eheleute Wilhelm und Anna Maria Rosenberg. Die Sarkophage aus Silber wurden eingeschmolzen und die Eheleute in Holzsärgen neben Krummauer Bürger umgebettet. Von der ehemaligen Grabstätte blieben auch vier Marmorsäulen mit Baldachindach erhalten. Hier befindet sich auch eine Kapelle des Heiligen Wenzel, dem Schutzpatron der Stadt Krummau. In der Kapelle wurden die Herzen einiger Schwarzenberger bestattet. Die Barockkapelle des Heiligen Nepomuk und die Kapelle der Auferstehung schmiegen sich an die Nordseite. Über dem Eingang befindet sich eine kleine Barockorgel, die große Hauptorgel wird gegenwärtig restauriert.

Das einstige Jesuitenkolleg in der Horní ulice (Oberen Gasse) wurde zum Vier-Sterne-Hotel Růže (›Zur Rose‹) umgebaut. In das benachbarte Jesuitenseminar lädt heute das Bezirksheimatmuseum ein, unter anderem mit einem historischen Stadtmodell im Maßstab 1:200 und der barocken Jesuitenapotheke.

Postleitzahl: 38101.
Infocentrum Český Krumlov, nám. Svornosti 2, Tel. 380 70 46-22, -23, Fax 380 70 46 19, infocentrum @ckrf.ckrumlov.cz, www.ckrumlov.cz. Ansprechpartner für touristische Angebote in Český Krumlov und Umgebung, aber auch Audio-Guide-Ausleihe, Gepäckaufbewahrung, Auto-, Boots- und Fahrradverleih, Internet-, Fax- und Kopierdienst.

Hotel Růže, Horní ul. 153, Tel. 380 77 21 00, Fax 380 71 31 46, www.hotelruze.cz. Im Gebäude des ehemaligen Jesuitenkollegs, nahe dem Ring; DZ 127 bis 237 Euro.
Hotel Old Inn, nám. Svornosti 12/ 13, Tel. 380 77 25 00, www.hoteloldinn.cz. Vier-Sterne-Hotel aus drei Bürgerhäusern am Markt, mit Restaurant und Pilsner Bierkeller, Freiluftplätze am Markt; DZ 80 bis 167 Euro.
Hotel Zlatý Anděl, nám. Svornosti 10, Tel. 380 71 23 10, Fax 380 71 29 27, www.zlatyandel.cz. Schönes Haus am Ring gegenüber dem Rathaus, mit Restaurant ›Don Julius‹, gemütlichem Café mit Terrasse, Musik- und Tanzbar, Cocktailbar und Bierstube; DZ 77, Apartment 97 bis 114 Euro.
Hotel Wien (U města Vídně), Latrán 77, Tel. 380 71 39 17, Fax 380 72 01 11, www.hmv.cz, DZ 69 bis 95 Euro.
Hotel und Gasthaus Zum kleinen Veit, Radniční 27, Tel. 380 71 19 25, www.vitekhotel.cz; DZ 38 bis 87 Euro.
Hostel Krumlov House, Rooseveltova 68, Tel. 380 71 19 35, www.krumlovhostel.com; pro Person 10 Euro; in der Altstadt.

Restaurant und Café U písaře Jana, Horní ul. 151, Tel. 380 71 24 01. Sommerterrasse mit herrlichem Altstadtblick.
Restaurant Krčma U dwau Maryí, Parkán 104, Tel. 380 71 72 28; direkt am Moldauufer; vegetarische Küche, Sommerterrasse, kleine private Ausstellung über Denkmalpflege im Ort (nur auf Anfrage).
Schloßrestaurant Máselnice; stilvolle Einrichtung, Zugang vom Zweiten Schloßhof, bei Vorlage der Eintrittskarten gibt es 10 Prozent Ermäßigung auf die Rechnung.
Restaurant Zámecká Jízdárna (Schloßreitschule), in der Nordostecke des Schloßgartens.
Rytířská krčma Markéta (Ritterschenke), am Nordrand des Schloßparks nahe der Wasserspiele; Grillgerichte vom offenen Feuer.
Restaurant Parkán, Parkán 102, Sommerterrasse an der Moldau mit Schloßblick, täglich 11 bis 23 Uhr.
Pizzeria Latrán (früher Café Fink, Schieles Lieblingslokal), Latrán 37, Tel. 380 71 26 51, www.anviex.cz; täglich 11 bis 24 Uhr, Renaissancehaus mit sehr stilvoller Pizzeria, Weine aus Valtice, Budweiser Bier.
Brauereigaststätte Eggenberg und Bierstube Formanka, Latrán 27;

uriges großes Bierlokal der hier ansässigen Brauerei; täglich 10 bis 23 Uhr.

Egon-Schiele-Art-Centrum, Široká ul. 70–72, Tel. 380 70 40 11, www.schieleart-centrum.cz, Mo bis So 10 bis 18 Uhr.

Schloß, April und Oktober Di bis So 9 bis 12 und 13 bis 16 Uhr, Mai und September bis 17 Uhr, Juni bis August bis 18 Uhr, www.castle.ckrumlov.cz.

Schloßturm, April und Oktober 9.30 bis 16.30 Uhr, Mai und September bis 16.30 Uhr, Juni bis August bis 17.30 Uhr.

Schloßtheater, Mai bis September Di bis So 10 bis 11 und 13 bis 17 Uhr, Oktober bis 16 Uhr.

Südböhmisches Theater (auch Freilichtbühne im Barockgarten), www.ckrumlov.cz (Kulturkalender).

Bezirksmuseum, Horní ul. 152, www.muzeum.ckrumlov.cz; Mai bis September Mo bis So 10 bis 17 Uhr, Juli und August bis 18 Uhr, sonst Di bis Fr 9 bis 16, Sa und So 13 bis 16 Uhr.

Wachsfigurenmuseum, Kájovská 68, täglich 9 bis 20 Uhr; 50 Figuren, u. a. T. G. Masaryk, Václav Havel, Dalai Lama, Bill Clinton.

Foltermuseum, nám. Svornosti 1, täglich 9 bis 20 Uhr; nichts für schwache Nerven: In den Kellern unter dem Rathaus sind rund hundert Foltergeräte zu begutachten, Klang- und Lichteffekte simulieren eine Hexenverbrennung und eine Enthauptung.

Haus der Fotografie, Šatlavská 141, täglich 9 bis 18 Uhr; Fotografien renommierter tschechischer Künstler.

Märchenhaus – Die Welt der Puppen, Radniční 29, täglich 10 bis 19 Uhr; 200 historische Spielpuppen, mechanisches Theater von 1815, riesiges Modell eines Rummelplatzes.

Marionettenmuseum in der ehemaligen Kirche St. Jodoskus, Latrán 6, täglich 10 bis 19 Uhr, Mai bis September ab 9 Uhr.

Brauereibesichtigung Eggenberg, Latrán 27, Tel. 380 71 14 26, www.eggenberg.cz.

Graphitbergwerk, Chvalšinská ul., Tel. 380 71 11 99, www.grafitovy-dul.cz; Juli und August täglich 9 bis 17 Uhr, sonst nur auf Vorbestellung.

Fest der fünfblättrigen Rose: Mitte Juni erwacht das mittelalterliche Krummau mit Rittern, Hofdamen, Gauklern, Musikern und vielem mehr; Kammermusikfestival (Juni/Juli); Klavierfestival im Maskensaal, Orgelwoche ›Organum hydraulicum‹ (Juli); Festival der alten Musik (Ende Juli); Musikfestival (August); Jazz am Ende des Sommers; Advents- und Weihnachtsfeste.

Bootausleihe (Kanus, Kajaks, Kanadier, Schlauchboote) und Floßfahrten in Český Krumlov: Maleček, Rooseveltova 28, www.malecek.cz.

Zlatá Koruna

Fünf Kilometer nordöstlich von Česky Krumlov steht in der kleinen Gemeinde ein herrliches Kloster, das wegen des unermeßlichen Reichtums der Besitzer vom Volk ›Goldenkron‹ genannt wird (heute Zlatá Koruna). Es wurde 1260 von König Přemysl Ottokar II. für die Zisterzienser gestiftet.

Ältester Bauteil des Klosters: die Erzengel-Kapelle

Ursprünglich frühgotisch, wurde das Kloster später im Barockstil verändert. Die Schutzengelkapelle ist an der rosa getünchten Fassade zu erkennen und der älteste Teil der Anlage (1270–1280). Sie wurde für die damalige Zeit als seltener zweigeschossiger Bau errichtet. Vorbild war die berühmte Kapelle Sainte Chapelle im Pariser Krönungspalast. Aus der Kapelle führt ein wunderschön verziertes gotisches Portal aus der ersten Hälfte des 13. Jahrhunderts. Im Domkapitelsaal (1280–1300) befinden sich schöne Gewölbe und schlanke Pfeiler mit starker Betonung der aufstrebenden Linien. Herrliche Stukkaturen schmücken den Kreuzgang.

In der Klosterkirche Mariä Himmelfahrt befindet sich an ungewöhnlicher Stelle – am Querschiff – eine der schönsten Rosetten in Europa. Sie stammt von Michael Parler, einem Bruder des berühmteren Peter Parler.

Die barocke Kirchenorgel ist die am besten erhaltene in Böhmen. Sie stammt aus der Werkstatt von Abraham Strok aus Elbogen, heute Loket, der sie 1699 konstruierte. 1984 feinfühlig rekonstruiert, erhielt das Instrument seinen alten herrlichen Klang zurück.

Nach der Säkularisierung 1806 wurde der Kreuzgang bis 1909 als Eisengießerei und Maschinenbaubetrieb genutzt. Später fand man unter den rußigen Wänden wertvolle alte Wand- und Deckenmalereien, die ab den vierziger Jahren restauriert wurden.

Die Führung nimmt etwa eine Stunde in Anspruch.

České Budějovice

Im 13. Jahrhundert wollte König Přemysl Ottokar II. die Allmacht der Herren von Rosenberg in Südböhmen einschränken. Zu diesem Zweck siedelte er vorwiegend deutsche Kolonisten an und erklärte Budweis im Jahr 1265 zur königlichen Stadt. Gleichzeitig wurde die Stadt mit doppelter Stadtmauer und Wassergraben gesichert. Im Verlauf des 14. Jahrhunderts entwickelte sich Budweis zu einer Handelsmetropole, besonders durch die von Kaiser Karl IV. eingeräumten Sonderprivilegien. In der östlichen Umgebung bei Rudolfov (Rudolfstadt) wurde erfolgreich Silbererzbergbau betrieben, und Budweis erhielt eine eigene Münze. Zum Aufschwung trugen auch der Salzhandel und eine ertragreiche Fischzucht bei. 1832 wurde die erste europäische Pferdebahn eröffnet, die Budweis mit dem 130 Kilometer entfernten Linz verband. 1847 nahm die Firma Hardtmuth ihre Produktion auf, die Bleistifte aus Budweis wurden weltbekannt.

Seit im 13. Jahrhundert über die Ausmaße der Stadt entschieden worden war, änderte sich der regelmäßige Grundriß nur unbedeutend. Noch immer fasziniert der weitläufige Marktplatz, 133 Meter mal 133 Meter. In der Mitte steht der Brunnen Samsonova kašna (Samsonbrunnen), Tschechiens größer Brunnen. Ab 1726 diente er auch zur Wasserversorgung der Bürger aus der Moldau. Hübsche Laubenhäuser aus der Zeit der Gotik und der Renaissance verleihen dem Platz einen würdigen Rahmen. Das Alter sieht man den Gebäuden oft nicht an, weil die Fassaden immer wieder dem Zeitgeschmack angepaßt wurden. Dem stattlichen Aussehen wurde etwas nachgeholfen und gemogelt: Der zweite Stock wurde häufig nur durch blinde Fenster vorgetäuscht. Dort wo die Piaristengasse in den Markt mündet, steht das schöne Mallnerhaus. Das Erdgeschoß schmücken gotische Steinfutter, Maßwerke und Fresken aus dem 14. und 15. Jahrhundert. Im 18. Jahrhundert erhielt das Rathaus ein Barockgewand von A. E. Martinelli. Die Attika zwischen den Türmen zieren Figuren mit den bürgerlichen Tugenden Behutsamkeit, Gerechtigkeit, Tapferkeit und Weisheit. Aufmerksamkeit erregen die vier großen Drachenköpfe, die bei Regen Wasser speien. Stündlich erklingt ein Glockenspiel.

Von 1642 bis 1649 entstand auf den Trümmern der ausgebrannten Kirche St. Nikolaus eine Nachfolgerin. Für damalige Verhältnisse ging der Wiederaufbau zu schnell, bereits 1683 zeigten sich Bauschäden. In der Kirche wurden während des Dreißigjährigen Krieges für kurze Zeit die böhmischen Kronjuwelen verwahrt. Der Schwarze Turm (Ćervená věž) diente als Wach- und Glockenturm. Heute offenbart sich dem Betrachter von der Aussichtsgalerie die schachbrettartig angelegte Altstadt besonders eindrucksvoll.

An der Kanovnická (Domherrengasse), Ecke Kněžská steht das Kneislhaus mit herrlichem Renaissancegraffiti (1557).

Das gotische Alte Zeughaus am Piaristické náměstí (Piaristenplatz) ist auch als Salzhaus bekannt. Hier wurde jahrelang das aus Österreich stammende Salz zwischengelagert. Von der Fassade schauen drei Gesichter herab, es sind ähnliche Mauerzeichen wie an der Donaubrücke in Regensburg. Vielleicht stellen sie den Baumeister und seine Gesellen dar – Genaues ist nicht bekannt.

Ein malerisches Ensemble bieten Salzhaus, Kloster, Bastei und eine winzige Kapelle mit einer Statue des Hl. Nepomuk vom Ufer der Malše (Malsche) aus.

Über die Gassen Mlýnská (Mühlgasse) oder Pánská ul. (Herrengasse) gelangt man zum Rabštejnská věž (Rabensteiner Turm) aus dem 14. Jahrhundert. Zurück

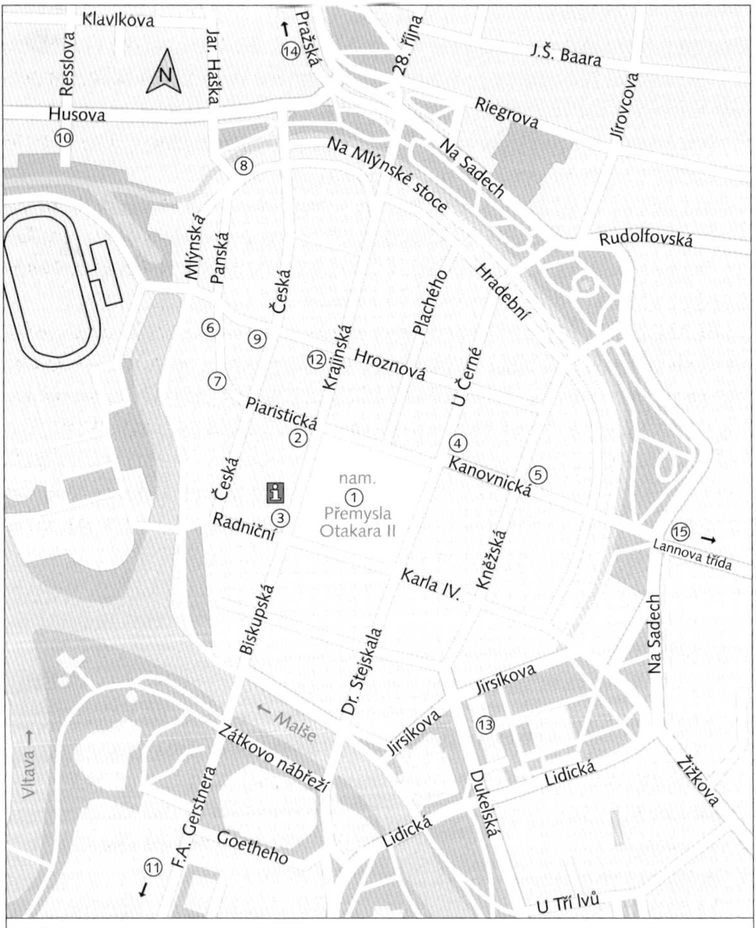

České Budějovice

zum Markt führt auch die Česká (Böhmgasse), in der die Laubenganghäuser durchweg erhalten sind. Das spätgotische Lubashaus am Ende der Česká, an der Einmündung zur Hroznová, besitzt einen interessanten Eckgiebel.

Eisenbahnfreunde kommen nach Budweis, um einige Relikte der einst längsten Pferdeeisenbahn Europas zu besichtigen. Die Strecke zwischen Budweis und Linz wurde von 1827 bis 1832 erbaut, um Salz aus dem österreichischen Salzkammergut nach Böhmen zu transportieren. Personen- und Lastwaggons rollten auf hölzernen Schienen. Fahrgäste waren von Budweis nach Linz etwa 14 Stunden, Güter bis zu drei Tagen unterwegs. 1871 wurde der Betrieb endgültig eingestellt, die Ära der Dampflokomotiven war bereits eingeläutet. Einige Stationsgebäude und aufgeschüttete Gleisdämme überdauerten die Zeit. Das ehemalige Gasthaus Zum Grünen Zweig (U zelené ratolesti) in der Husova (Husstraße) war die nördlichste Station der Pferdebahn, hier befanden sich Marställe, Wagenschuppen und Kutscherwohnungen. Heute verläuft die ehemalige Pferdebahnstrecke durch die Altstadt über Husova – Česká – Radniční – Biskupská – Eiserne Brücke (Zelený most) – ul. F. A. Gerstnera – Mánesova.

Im winzigen Stationshäuschen in der Mánesova ul. 10 wohnte einst der Wächter des benachbarten Umschlagplatzes der Pferdebahn. Heute gilt es als das älteste Bahnhofsgebäude in Europa. Hier wird die Geschichte des technischen Denkmals dokumentiert.

Bierdurst nach einem Stadtrundgang läßt sich am besten in der Krajinská ulice 13 löschen. Die ehemaligen Fleischbänke (Masné kramy) aus dem 16. Jahrhundert gaben dem heutigen Bierlokal seinen Namen. Links und rechts vom schmalen langen Hauptsaal kann man sich in lauschige Nischen zurück ziehen. Das Lokal ist beliebt, täglich werden hier bis zu 15 Hektoliter Budweiser gezapft. Auch Österreicher fühlen sich hier wohl: In Linz wurde sogar ein Club der Fleischbänke-Freunde gegründet. Die Mitglieder stehen in der Pflicht, das Gasthaus mindestens einmal jährlich zu besuchen.

Legende

1 Samsonbrunnen
2 Mallnerhaus
3 Rathaus
4 St. Nikolauskirche und Schwarzer Turm
5 Kneislhaus
6 Altes Zeughaus
7 Dominikanerkloster
8 Rabensteiner Turm
9 Lubashaus
10 Ehemaliges Gasthaus ›Zum Grünen Zweig‹
11 Ehemaliges Stationshäuschen
12 Bierhaus Fleischbänke
13 Südböhmisches Museum
14 Budweiser-Brauerei
15 Bahnhof/Busbahnhof

Das Budweiser Bier trug den Namen von Budweis in die ganze Welt. Ernsthafte Konkurrenz gibt es im Inland nur aus Pilsen. Von den jährlich insgesamt 1,3 Millionen Hektolitern sind rund 75 Prozent für den Export in sechzig Länder bestimmt. Seit 1895 wird hier das 12grädige Lagerbier Budweiser gebraut. Auch in

Der Samsonbrunnen ist der größte Brunnen Tschechiens

den USA gibt es Budweiser. 1852 gründete ein deutscher Einwanderer in St. Louis eine Brauerei, die Eberhard Anheuser anfangs als ›Bayerische Brauerei‹ betrieb. Busch war kein Braumeister, er lernte das böhmische Bier aber auf Geschäftsreisen nach Europa und Böhmen kennen. Seit 1872 wurde das originale Budweiser auch nach Amerika exportiert und feierte seinen Siegeszug. Das brachte einen weiteren deutschen Einwanderer auf die Idee, Budweiser Bier selbst zu verkaufen. Er begann, Saazer Hopfen zu importieren und ließ das Bier bei seinem Freund Busch brauen. So erschien im Jahr 1876 das amerikanische Budweiser Lager Bier, mehr als sechshundert Jahre, nachdem in Budweis erstmals Bier gebraut wurde. 1907 ließ Anheuser-Busch in den USA das Markenzeichen Budweiser registrieren. Erst 1911 einigten sich die Budweiser Brauer und Anheuser-Busch gegen einen Finanzausgleich darauf, daß die Amerikaner das Markenzeichen Budweiser überall außerhalb Europas nutzen dürfen. 1978 startete das Anheuser-Busch-Management einen neuen Versuch, die Koexistenz beider Budweiser Marken in Europa zu erreichen. Für die tschechische Seite war das jedoch nicht hinnehmbar, und Gerichtsverfahren um die Markenrechte sind seither die Folge. In Deutschland darf das US-Bier nicht unter dem Namen Budweiser verkauft werden, denn in der ehemaligen DDR hatten die Tschechen das Markenrecht auf Budweiser inne und seit dem Einigungsvertrag in ganz Deutschland. US-Budweiser wird in Deutschland als ›AB 1876‹ vertrieben. In den USA und vielen anderen Ländern heißt das Budweiser Original dagegen Czechvar, weil die Amerikaner hier Budweiser für sich allein beanspruchen.

Das Geheimnis des unvergleichlichen Geschmacks, den das Original hat, liegt im Malzduft aus der mährischen Hannaebene, im Saazer Hopfen, im Grundwasser aus 300 Metern Tiefe und im Können der Budweiser Braumeister versteckt.

In der Budweiser Brauerei werden täglich Betriebsführungen angeboten. Nach dem Rundgang lockt die Braustube Budvarka zum Verkosten.

Postleitzahl: 37092. Touristeninformation České Budějovice, nám. Přemysla Otakara II. c.1, Tel. 386 80 14 13 und 386 35 94 80, Fax 386 35 94 80, www.c-budejovice.cz.

Grandhotel Zvon (Silberne Glocke), nám. Přemysla Otakara II. 28, Tel. 387 31 13 84, Fax 387 31 13 85, www.hotel-zvon.cz; DZ 53 bis 134 Euro; Vier-Sterne-Hotel am Marktplatz mit Tradition seit 1533, das beste Hotel in der Stadt mit mehreren Restaurants: Gourmet Symphony mit geschnitzter Holzdecke aus dem 17. Jahrhundert, Alte Zeiten im 1. Stock, Café-Restaurant Mozart, Altböhmische Bierstube, Steh-Imbiß Zvon.

Hotel und Restaurant Malý pivovar (Kleines Brauhaus), ul. Karla IV. 8–10, Tel. 386 36 04 71, Fax 386 36 04 74; kleines Hotel

in historischem Gebäude am Markt, Restaurant, Bier- und Weinstube sowie Café; DZ 65 bis 95 Euro.
Hotel U Solné brány (Am Salztor), Radniční 11, Tel. 386 35 41 21, Fax 386 35 41 20, www.hsb.cz; kleines Hotel in historischem Gebäude am Rathaus; DZ 50 bis 63 Euro.
Pension und Restaurant Klinka, Hroznová 487/25, Tel. 387 31 83 60, Fax 387 31 81 71; kleines gemütliches Haus an der Maltsch hinter dem Salzhaus; DZ 58 Euro.
Pension Centrum, Na Mlýnské stoce 6, Tel. 386 35 20 30, zwischen St. Nikolaus-Kathedrale und Grünanlage; DZ 33 Euro.
Pension und Restaurant Štilec, Tel. 387 90 81 20, www.stilec.cz; ruhige Pension im Ortsteil Kamenný Újezd, Nr. 520, zwölf Kilometer von Budweis entfernt am Teich Štilec; DZ 25 bis 30 Euro.
Studentenwohnheime der Südböhmischen Universität, Tel. 387 77 42 01, Fax 387 77 42 02, porhansl@jcu.cz; Mai bis Oktober, Bett pro Nacht 10 bis 16 Euro.

Gasthaus Švejk (Schwejk), Krajinská 27; der Autor des weltberühmten Schwejk, Jaroslav Hašek, schrieb 1843 einige Kapitel seines Romans in der Mietskaserne an der Ecke der heutigen Straßen Husova/Pražská.
Budvar (Brauerei-Restaurant), Karolíny Světlé 2, www.budweiser.cz; neben Budweiser werden hier auch das neue Starkbier Bud sowie ein Hefeweizenbier ausgeschenkt; täglich 10 bis 22 Uhr.
Restaurant Herrenschenke (Panský šenk), Plachého 19, täglich 10 bis 23 Uhr; mittelalterliche Atmosphäre, Bedienung in historischen Kostümen, angenehme Musik.

Brauereiführungen bei Budweiser Budvar, Karolíny Světlé 2, Anmeldungen unter Tel. 387 70 53 41, exkurse@budvar.cz; täglich 9 bis 16 Uhr.
Jihočeské krajske muzeum (Südböhmisches Museum), Dukelská 1, täglich außer Mo 9 bis 17.30 Uhr; archäologische, naturwissenschaftliche und volkskundliche Ausstellungen und gotische Malerei.
Südböhmisches Motorradmuseum, Piaristické nám. in Solnice; täglich außer Mo 10 bis 18 Uhr, auch historische Fahrräder, Kinderwagen, mechanisches Spielzeug.
Muzeum koněspřežky (Museum der Pferdeeisenbahn), Mánesova 10; April bis September täglich außer Mo 9 bis 12.30 und 13 bis 17 Uhr.
Südböhmische Aleš-Galerie, Wortnerův dům, U Černé věže 22, täglich 9 bis 12 und 13 bis 18 Uhr.
Jagdschloß Ohrada, täglich von 8.30 bis 17 Uhr.

Südböhmisches Theater (Jihočeské divadlo), Dr. Stejskala 23, Tel. 386 35 69 25, www.jihoceskedivadlo.cz, Schauspiel, Oper und Ballett.
Kleines Theater (Malé divadlo), Hradební 18, Tel. 386 35 50 60; Puppenspiele, Schauspiele.

Hluboká nad Vltavou

Das Schloß in Hluboká nad Vltavou (Frauenberg) liegt etwa zehn Kilometer nördlich von České Budějovice. Mitte des 17. Jahrhunderts kam die ehemalige Königsburg in den Besitz der Schwarzenberger, 1863 verlegte die Familie ihre Residenz von Krummau nach Frauenberg. Als Leitbild für den Umbau im neugotischen Stil diente das englische Schloß Windsor.

Mit Einbruch der Dunkelheit wird das Schloß angestrahlt und erscheint in märchenhafter Gestalt. Viele Räume besitzen kunstvoll verzierte Wandtäflungen und

Das englische Windsor zum Vorbild: Das Schloß in Hluboká nad Vltavou

Decken aus Edelholz. Das Schlafzimmer und der Ankleideraum von Fürstin Eleonore, das Hamilton-Kabinett und den Lesesaal zieren Gemälde europäischer Meister des 16. bis 18. Jahrhunderts, schöne Lüster und Fayencen aus Delft.

Portraits derer von Schwarzenberg sind im Morgensalon, im kleinen Speisesaal, im Raucher- und Empfangssalon zu sehen. An den Wänden des Großen Speisesaals sind kostbare Brüsseler Wandteppiche aus dem 17. Jahrhundert zu bewundern. Die Bibliothek ist der größte Saal des Schlosses. Die 12 000 Bände standen ursprünglich im Kloster Würzburg. Die herrliche Kassettendecke stammt aus der Schwarzenberger Stammburg in Bayern. Sehr umfangreich sind die Sammlungen der Waffenkammer mit Rüstungen, Schwertern, Degen, Dolchen, Pistolen und Gewehren.

In der ehemaligen Schloßreitschule werden in der Südböhmischen Aleš-Galerie gotische Plastiken und Tafelbilder, flämische und niederländische Malerei des 17. Jahrhunderts sowie moderne Kunstwerke ausgestellt.

Zwei Kilometer südwestlich ließen die Schwarzenberger inmitten von Wald und Teichen das Jagdschlößchen Ohrada errichten. Bereits 1842 wurde hier der Grundstock für das Jagd-, Fischerei- und Forstmuseum gelegt. Die Sammlungen zum Jagdwesen sind die ältesten weltweit. Nebenan befinden sich ein kleiner Tierpark und der zweitgrößte Teich des Landes, Bezdrev, ein beliebtes Badegewässer.

Postleitzahl: 37341. Informationszentrum, Masarykova 35, Hluboka nad Vltavou, Tel. 387 96 61 64, info@hluboka.info, www.hluboká.cz.

Hotel Štekl, Tel. 387 98 74 91, Fax 387 96 59 82; www.bohemiagold.cz. Ehemaliges Gebäude für das Dienstpersonal des Schlosses, ebenfalls im neugotischen Stil und direkt gegenüber dem Schloß; mit Restaurant, öffentlichem kleinen Hallenbad und Sauna; Apartment 203, ›Königszimmer‹ 177, Schloßzimmer 130 Euro.

Sportzentrum Dvořák, Podskalí 980, Tel. 387 96 56 55. Vier-Bett-Bungalow, frisch renoviert, sehr schön am Moldauufer gelegen, unterhalb des Schlosses, Restaurant ›Kuki‹; pro Person 10 Euro.

Zamecká restaurace (Schloßrestaurant), Tyršova 24 (nahe der Kirche); mit Sommerterrasse, Blick auf Böhmerwald und ein Storchennest, beste Fischgerichte und Wein, Bierstube ›Formanka‹; täglich 11 bis 23 Uhr.

Schloß Hluboká, April bis Juni und September und Oktober täglich außer Mo 9 bis 17.30 Uhr, Juli und August täglich 9 bis 18 Uhr, Mittagspause 12 bis 12.30 Uhr.

Aleš-Galerie, täglich 9 bis 11.30 und 12 bis 16 Uhr.

Galerie im Fürstenhof, Marktplatz, täglich 10 bis 18 Uhr, im Juli und August bis 19 Uhr.

Holašovice

Das kleine Dorf Holašovice, etwa 15 Kilometer westlich von České Budějovice gelegen, ist ein Schmuckstück des Bauernbarock: 23 Gehöfte mit prächtigen Barockgiebeln stehen in Reih und Glied. Zu einem Gehöft gehören häufig zwei Giebelwände, die, weiß, rosa oder gelb getüncht und mit Stuckelementen verziert, im Verlaufe des 19. Jahrhunderts von einheimischen Maurermeistern geschaffen wurden. Das Dorfensemble Holašovice, mit kleiner Kapelle, Schmiede, Gasthaus und einem Dorftümpel, wurde 1998 in die Weltkulturerbeliste der UNESCO aufgenommen.

Infozentrum, Holašovice Nr. 43, Tel. 387 98 21 45, www.pruvodce.com/holasovice.

Südböhmisches Gasthaus, U Blábola, Holašovice Nr. 18, Tel. 387 98 20 41, geöffnet von Mai bis September von Di bis So von 12 bis 22 Uhr, von Oktober bis April von Mi bis So von 16 bis 22 Uhr.

Třeboň

Die denkmalgeschützte Stadt Třeboň (Wittingau) säumen etwa fünfhundert Teiche, viele Moore und eine liebliche Hügellandschaft. Saubere Luft sowie schwefel- und eisenhaltiger Heilschlamm sind die Basis für das Kurbad. Seit dem 15. Jahrhundert ist Wittingau das Zentrum der böhmischen Karpfenzucht, zu dieser Zeit wurden auch die Teiche angelegt. Die Fischzucht war eine wichtige Geldquelle für die jeweiligen Besitzer.

Am Markt gefallen die vielen Renaissance- und Barockhäuser. Das Haus U bílého koníčka (Zum weißen Rössel) wurde im Jahr 1544 erbaut. Besonders schön erscheint der vierstöckige Giebel mit einem Kronengesims und sieben Zylindern. Die Ähnlichkeit mit einer kleinen Bastei wird noch durch Zinnen und Schlüsselschießscharten verstärkt.

Die Rosenberger stifteten 1367 den Bau der Klosterkirche des Hl. Ägidius. Die Bauzeit währte bis 1384, und die Kirche wurde ein Paradebeispiel der südböhmischen Hochgotik; daher fand dieser Sakralbau auch viele Nachahmungen. Innen sind wertvolle Wandmalereien aus der Gründungsepoche und die Tonschiefer-Skulptur der ›Madonna von Wittingau‹ zu bewundern. Teile des Flügelaltars sind so kostbar, daß sie heute in der Prager Nationalgalerie aufbewahrt werden.

Das Haus ›Zum weißen Rössel‹ wurde 1544 errichtet

Mitte des 16. Jahrhunderts wütete ein Stadtbrand, der auch das Schloß nicht verschonte. Baumeister Dominik Cometa vollendete den Umbau zum Renaissanceschloß, an dem zuvor schon mehrere Baumeister beteiligt gewesen waren, nach 1552. Zum Ende des 17. Jahrhunderts kamen die Güter in den Besitz der Fürsten von Schwarzenberg.

Vom Stadtplatz betritt man das Schloß durch das nördliche Schloßtor. Die Ausstellungen im Schloß zeigen die Lebensweise der Rosenberger und Schwarzenberger. So sind die privaten Wohnräume aus dem Ende des 19. Jahrhunderts zugänglich. Ein schöner Landschaftspark im englischen Stil umgibt das Schloß; exotische Pflanzen, Blumenbeete und ein Springbrunnen bereichern die grüne Oase. Das Schloßcafé ist sowohl vom Markt als auch vom Schloßpark zugänglich.

Am Südrand der Altstadt steht die Brauerei Regent, deren Bier in vielen Gasthäusern der Stadt frisch aus dem Zapfhahn fließt. Die wehrhaften Mauern stammen vom einstigen Zeughaus, erst Anfang des 18. Jahrhunderts zog hier die Brauerei ein. Hier blieben auch eindruckvolle Reste der Stadtmauer mit Basteien erhalten.

Ein grün-rot markierter und von dicken Eichen gesäumter Weg führt in südliche Richtung am linken Ufer des Weltteiches (Svět) zur Schwarzenberger Gruft (Schwarzenberská hrobka) im neogotischen Stil.

Der größte Fischteich ist der Rožmberský rybník (Rosenberger Teich) mit einer Größe von über 700 Hektarn. Die vielen künstlichen Fischteiche entstanden durch das Aufschütten von Dämmen, für das Bewässern wurden auch Kanäle gegraben. Mit den Bauarbeiten waren bis zu 800 Arbeiter fünf Jahre lang beschäftigt.

Ein ingenieurtechnisches Meisterwerk der damaligen Zeit ist der Goldene Kanal (Zlatá stoka). Er wurde zwischen 1506 und 1520 angelegt, ist knapp 50 Kilometer lang, zwischen zwei und vier Metern breit und etwa einen Meter tief. Über ihn und den Neufluß werden noch immer die Wasserstände der meisten Teiche reguliert. Das Abfischen im Herbst ist seit jeher mit Volksfesten verbunden. Übrigens sind die Wittingauer Weihnachtskarpfen in vielen Ländern Europas begehrt.

Das Třeboňsko (Wittingauer Feuchtgebiet) ist etwa siebenhundert Hektar groß. Fischteiche, Auwälder und Moore sind heute als Biosphärenreservat der UNESCO anerkannt, vor allem wegen der Bedeutung als Lebensraum und Rastplatz für Reiher, Schwäne, Wildgänse und Rohrdommeln. Der Fischadler wurde erfolgreich neuangesiedelt, nachdem er seit 1850 als ausgerottet galt. Auch Elche streifen wieder durch die weiten Wälder.

Viele markierte Rad- und Wanderwege führen durch die herrliche Landschaft. Ein Radwanderlehrpfad umfaßt auf knapp 40 Kilometern 22 Stationen mit Schautafeln. Der Naturlehrpfad rund um den See Weltteich (Svět) ist zwölf Kilometer lang, gut drei Stunden sind dafür einzuplanen. Am Nordwestufer führt der Weg durch ein kleines Moor.

Postleitzahl: 37901. Informations- und Kulturzentrum, Masarykovo nám. 103, Tel. 384 72 11 69, Fax 384 72 13 56, www.trebon-mesto.cz.

Hotel Zlatá hvězda (Goldener Stern), Masarykovo nám. 107, Tel. 384 57 51 11, Fax 384 75 73 00, www.zhvezda.cz; mit Restaurant und Freiluftplätzen unter Laubengang am Markt; DZ von 38 bis 58 Euro.

Hotel Bílý koníček (Weißes Rössel), Masarykovo nám., Tel. 384 72 12 13; www.hotelbilykonicek.cz; DZ 33 Euro; am Markt, 1544 erbaut, mit Restaurant.

Hotel Myslivna, Rožmberská 33, Tel. 384 72 18 33, www.myslivna.com; kleines Haus mit neun Zimmern; im Restaurant werden Fisch- und Wildspezialitäten angeboten, Sommerterrasse; DZ 20 bis 27 Euro.

Kurhaus Bertiny lázně, Tylova 1, Tel. 384 75 41 11, Fax 384 75 44 61, www.berta.cz; an der südlichen Stadtmauer, mit kleinem Hallenbad und Whirpool; DZ 20, Apartment 30 Euro.

Pension U Míšků, Husova 11, Tel. 384 72 16 98, Fax 384 72 39 17, www.misek.cz; mit schönem Café und einer Galerie; DZ 47 bis 55, Apartment 60 bis 73 Euro.

Pension Pohádka, Husova 67, Tel. 604 44 57 69 und 776 65 49 84, penzionpohadka@atlas.cz; DZ 20 bis 30 Euro; am Markt, neu und gemütlich.

Autocamping Třeboň, Domanín 285, Tel./Fax 384 72 25 86, info@autocamp-trebon.cz.

Fischrestaurant Na rybníčků, Na rybníčků 76, täglich 11 bis 24 Uhr.

Gasthaus Zum Weißen Rössel, Masarykovo nám. 27, täglich 9 bis 22 Uhr.

Café Rosenberger Rose (Kavárna Rožmberská růže), Masarykovo nám. 146, täglich 10 bis 22 Uhr.

Weinkeller Kamila, Komenského 866, täglich außer Sa 16 bis 23 Uhr.

Schloß, im April und Oktober Sa, So und an den Feiertagen 9 bis 16 Uhr, im Mai und September Di bis So 9 bis 16 Uhr, Juni bis August Di bis So 9 bis 17 Uhr.

Schwarzenberger Gruft, im April, Mai und Oktober Sa, So 9 bis 16 Uhr, Juni bis August Di bis So 9 bis 17 Uhr.

Prachatice

Im 16. Jahrhundert wurde die Stadt Prachatice (Prachatitz) durch den Salzhandel reich. Über den ›Unteren Goldenen Steig‹ kam das Salz aus Passau nach Böhmen. In Passau wurden die Salzfässer von Schiffen auf Saumpferde verladen und über den Böhmerwald gebracht. Mit ›Säumen‹ bezeichnete man den Warentransport mit Tragpferden. Säumer waren zumeist Bauern oder ihre Knechte, die sich mit dem lukrativen Handel ein gutes Zubrot verdienten.

Der Majestätsbrief von 1381 bestätigte den Prachatitzer Bürgern das Alleinrecht der Einfuhr, des Lagerns und des Weiterverkaufs in Böhmen. Nach 1550 war der Höhepunkt des florierenden Handels erreicht, wöchentlich kamen etwa 100 000 Kilogramm Salz in die Stadt. 1594 wurde das Fürstbistum Passau vom Salzhandel abgeschnitten, und später kam das österreichische Salz über Linz auf kürzeren Wegen nach Böhmen.

Die früheren Salztransportwege sind heute als grenzüberschreitende Wanderwege ausgewiesen. Die älteste Route, der Untere Goldene Steig, ist hundert Kilometer lang und führt von Passau über Waldkirchen und Volary nach Prachatice. Die Karawanen haben im Böhmerwald zum Teil heute noch deutlich sichtbare Hohlwege hinterlassen.

Ende Juni wird in Prachatice das Fest des Goldenen Steigs mit historischem Umzug, Ritterturnieren, Musik und Markttreiben begangen. Täglich um 22 Uhr läutet von der St. Jakobskirche die Säumerglocke. Früher fanden so die Säumer- und Kaufmannszüge in der Dunkelheit den Weg in die Stadt.

Im 16. Jahrhundert ließen sich reiche Bürger ihre Häuser von italienischen und heimischen Künstlern mit Sgraffitos, Ornamenten oder Wandmalereien verschönern. Das Piseker Tor ist das schönste Bauwerk der gut erhaltenen Stadtmauer. Ein Sgraffito zeigt Wilhelm von Rosenberg auf einem Pferd.

Vom Unteren Tor geradeaus führt die Gasse zum Heydel-Haus (Nr. 29) mit Attika und herrlichen Sgraffitos aus dem Jahr 1545. Die benachbarte St. Jakobskirche wurde von Peter und Hans von Prachatitz errichtet, die auch am Bau des Wiener Stephansdoms beteiligt waren. Die Kirche besitzt einen auffällig steilen Dachstuhl, schöne Netzgewölbe, mehrere Seitenaltäre, kunstvolle Kreuzwegstationen und eine prächtige Kanzel. Rechts vom Chor findet man die Kapelle für Johannes Nepomuk Neumann, der 1811 in Prachatitz geboren wurde. Neumann war in Nordamerika als Priester tätig, 1977 wurde er als erster Amerikaner heilig gesprochen. In der Dekangasse (Děkanská ulička), neben der Kirche, Haus Nr. 32, gefällt das Heilige Abendmahl als Sgraffitoarbeit.

Das Sittnerhaus (Sytrův dům) am Markt schmücken zehn königliche Bildnisse. Auch die Familie Sittner gelangte durch den Salzhandel zu Reichtum. Heute

Prächtige Sgraffitofassade am Rumpalhaus

befindet sich hier das Stadtmuseum mit einer Dauerausstellung zum Goldenen Steig.

Bis in das 16. Jahrhundert wohnten die Rosenberger in einem kleinen Schloß. Die Residenz wurde später zum Alten Rathaus umgebaut. Die Hauptfassade wird von einer Allegorie jungfräulicher Tugenden, Szenen der Justiz und Kopien apokalyptischer Motive von Hans Holbeins ›Totentanz‹ geschmückt. Das Neue Rathaus im Neorenaissancestil (1902/03) paßt sich in die mittelalterliche Häuserzeile ein und ist ebenfalls mit Sgraffitos verziert; eine Szene zeigt den Salztransport auf dem Goldenen Steig. Unter der Turmuhr sieht man König Wenzel IV. bei der Verleihung der Stadtrechte. Die Fassade des Rumpalhauses (Rumpálův dům) auf der gegenüberliegenden Marktseite zeigt eine Reiterschlacht.

Das gotische Fürstenhaus (Knížecí dům) neben dem heutigen Restaurant Narodní dům ist ein zweigeschossiges Eckgebäude mit Sgraffito aus dem Jahre 1580. Die mittelalterliche Schmuckwand weist Elefanten, Fabelwesen und eine Jagdszene auf.

Das Hus-Haus in der gleichnamigen Straße erhielt seinen Namen, weil hier Johannes Hus während seines Studiums in Prachatitz gewohnt haben soll. Weder

Wohnsitz noch Studium sind aber dokumentiert. Das Hushaus schmückt sich mit Sgraffitofassade, Volutenattika und Rundbogenportal.

Postleitzahl: 38301.
Infozentrum Prachatice, Velké nám. 1, Tel. 388 31 05 89, www.prachatice.cz.
Infos zum Goldenen Steig in Deutschland: www.bayerwald-info.de.

Hotel Parkán, Věžní 51, Tel. 388 31 18 68; DZ 31 Euro; historisches Gebäude in romantischer Gasse zwischen Hus-Haus und St. Jakobskirche gelegen, mit Restaurant.

Restaurant Bastion, Hradební 175, Tel. 388 31 15 09, täglich 10 bis 23 Uhr; in einem historischen Bürgerhaus.
Restaurant Zlatá stezka, Velké nám. 46; am Markt, Budweiser vom Faß.
Čajovna U hrušky, Velké nám. 44, Tel. 388 31 93 96; gemütliche Teestube, Mo bis Fr ab 12.30, Sa und So ab 15 Uhr.

Stadtmuseum, Neumannova 13, täglich außer Mo 9 bis 16 Uhr, Sa und So ab 10 Uhr.
Kulturní centrum Otto Herberta Hajeka, Velké nám. 45, täglich außer Mo 9 bis 16 Uhr.

Kratochvíle

Nahe Netolitz, dem heutigen Netolice, ließ Wilhelm von Rosenberg zwischen 1583 und 1589 ein Lustschlößchen im Stil italienischer Villen errichten. Die Rosenberger nannten es ›Kurzweil‹. Weil die Anlage in einem Sumpfgebiet stand, mußte der Baugrund zuvor aufwendig mit Eichen- und Erlenpfählen gesichert werden. Wilhelm von Rosenberg ging in der Umgebung gern jagen, bei Nový Leptač wurde daher für ihn ein riesiges Hasengehege eingezäunt. Das Schlößchen kam später in den Besitz von Kaiser Rudolf II. und den Schwarzenbergern, doch den Nachfolgern gefiel es hier nicht, so daß ein schleichender Verfall begann. Erst Mitte der 1950er Jahre wurde wieder viel Geld in die Restauration gesteckt.

Eingangssaal und Speisezimmer werden von Malereien mit Jagdszenen geschmückt. Goldener Saal, Weißer Saal und Blaues Zimmer ziert herrlicher Stuck mit Szenen der römischen Geschichte, Fachleute halten die Stukkatur des Italieners Antonio Melani für die schönste nördlich der Alpen. Heute ist Kurzweil Heimstatt eines Museums des tschechischen Zeichen- und Puppentrickfilms. Viele Trickfilmhelden haben sich seit langem auch einen Platz in deutschen Kinder- und Erwachsenenherzen erobert, so der Kleine Maulwurf. Bei einer Führung werden auch kurze Filme und viele Szenenbilder gezeigt.

Písek

Der Stadtname (deutsch: ausgewaschener Sand) erinnert an das einst goldhaltige Flußsediment. Von der ehemaligen Königsburg Přemysl Ottokars II. blieb nur der Westflügel unversehrt erhalten, heute Heimstatt des Stadtmuseums. Über die Wottawa (heute: Otava) führte der Handelsweg von Prag nach Prachatitz. Die malerische Hirschbrücke wurde wahrscheinlich vor Ende des 13. Jahrhunderts erbaut und ist damit um einige Jahrzehnte älter als die berühmte Karlsbrücke in Prag. Auf der Mitte der 111 Meter langen Hirschbrücke stehen vier barocke Sandsteinplastiken aus dem 18. Jahrhundert: die Heiligen Johannes Nepomuk, Anna, Anton von Padua und der Gekreuzigte.

Das Prachenmuseum in der Burg dokumentiert das einstige Goldfieber mit Schürfgeräten, Nuggets und historischen Fotos. Mattglänzende Perlenketten waren ein Resultat der mühseligen Arbeit der hiesigen Flußperlenfischer. Später sorgte die Textilindustrie für Lohn und Brot.

Die frühgotische Dekanatskirche Mariä Geburt besitzt einen 74 Meter hohen Turm. Im Mittelschiff der Kirche wurden Ende des 19. Jahrhunderts Malereien aus dem 13. Jahrhundert freigelegt. Als Motive sind die Kreuzabnahme, der leidende Christus, die Kreuzigung und Madonna mit Christus zu sehen.

Am Velké nám. (Markt) sind das Rathaus (1740–1767) mit Barockgiebel und zwei Türmen sowie eine Reihe von Patrizierhäusern im Renaissance- und Barockstil sehenswert. Die Klosterkirche besitzt einen wunderschönen Sgraffitogiebel, ein Relikt aus der Zeit, als sie als städtisches Salzlager diente.

Am 20. August 1419 entlud sich am ehemaligen Dominikanerkloster der Zorn der Anhänger von Jan Hus, sie zerstörten das Kloster, nur die Kirche überstand den Furor. Die Hussiten hatten hier fast dreißig Jahre das Sagen, Pisek war eine unabhängige Stadtrepublik, bis sie wieder dem Reich einverleibt wurde. Am Ende des Dreißigjährigen Krieg lag die Stadt in Trümmern. In der ul. Fráňi Šrámka steht das Haus ›Zu den Kugeln‹. Ursprünglich war das Gebäude Bestandteil des Putimer Stadttores. Als es im Jahr 1836 abgetragen wurde, fand man Kanonenkugeln. Die neun Fundstücke – eine große, acht kleine Kugeln – wurden in die Hausfassade eingelassen, und so kam das Haus zu seinem Namen. Heute ist das Gebäude Sitz einer Kunsthochschule. Im schönen Innenhof stehen Sitzbänke zum Verschnaufen.

An Stelle des einstigen Budweiser Tores ließ ein Piseker Apotheker im Jahr 1899 eines der damals komfortabelsten Hotels in Südböhmen erbauen. Die Vorla-

Auf der Hirschbrücke

gen für die elf farbigen Sgraffitos an der Hausfassade des ehemaligen Hotels Otava lieferte der berühmte Künstler Mikolaš Aleš. Die Motive zeigen Szenen aus der Stadtgeschichte, so das Goldwaschen in der Wottawa und die Eroberung der Stadt im Dreißigjährigen Krieg.

Sehenswert ist auch das alte Städtische Elektrizitätswerk (Městská elektrárna) am Ufer der Otava. Im Jahr 1887 war Pisek die erste Stadt Böhmens mit öffentlicher elektrischer Beleuchtung. Das Wasserkraftwerk nahm 1888 den Betrieb auf und besitzt heute noch zwei Francis-Turbinen von 1901. Seit 1994 ist das umweltfreundliche Werk wieder in Betrieb und im Sommer auch für Neugierige zugänglich.

Postleitzahl: 39701. Informationszentrum, Heydukova 97, Tel./Fax 382 21 35 92, icpisek@icpisek.cz, www.icpisek.cz. Hotel Amerika, Richarda Weinera 2375,

Tel. 382 21 93 57; moderner Neubau; DZ 66 Euro.
City-Hotel, Alšovo nám. 35, Tel. 382 21 51 92; zentral gelegen, in einem alten Stadthaus mit Restaurant, schöner Garten; DZ 43 Euro.
Hotel U kapličky, Budějovická 2404, Tel. 382 21 53 00; modernes Haus am Stadtrand, 15 Gehminuten ins Zentrum, Restaurant und Bierstube; DZ 50 Euro.
Hotel Bílá růže, Šrámkova 169, Tel. 382 21 49 31; modernes Drei-Sterne-Haus mit Restaurant, zentral gelegen, Garage; DZ 38 bis 45 Euro.
Touristenherberge Jitex, U Vodárny 2382, Tel. 382 78 20 86; pro Person 7 Euro.
Pension U Kloudů, Nerudova 66, Tel. 38 22 10; DZ 28 Euro.
Restaurant U Reinerů, Heydukova 98; rustikal, böhmische Küche, Pilsner Urquell.
U Přemysla Otakara; in der Burg am Prachenmuseum, mittelalterliches Ambiente, vorzügliche Küche.
Café Mozart Deliktes, Čechova 448/II, am linken Wottawaufer nahe der Hirschbrücke;
Prácheňské Muzeum, Velké nám. 114, täglich außer Mo 9 bis 18 Uhr.
Elektrizitätswerk, Pod Skalou, täglich außer Mo 10 bis 18 Uhr.
Kursanatorium Vráž, Tel. 382 73 71 11, Fax 382 28 31 36, www.san-vraz.cz; 10 Kilometer nördlich von Písek in einem Schloß.
Alljährlich im August finden im südwestlich gelegenen Dorf Staré Kestřany Goldwäscher-Wettbewerbe (Rýžovaní zlatá na Otavě) an der Wottawa statt.
Rundflüge (Vyhlídkové lety): Tel. 777 20 40 34 und 602 29 33 09, airport@aeroplanes.cz.

Zvíkov

Einst lag die Burg Klingenberg hoch auf einem Felsplateau über dem Zusammenfluß von Wottawa und Moldau. Die spätromanische Feste wurde im 13. Jahrhundert errichtet. Seit Anfang der 1960er Jahre erscheint sie wie ein Schiff, seitdem wird sie an drei Seiten vom Wasser des Orlík-Stausees umflossen. Die schönsten Schleifen der Moldau wurden nicht nur zum Leidwesen vieler Maler und Dichter überflutet, ihre einstige Wildheit ist leider verloren gegangen.

König Wenzel I. und Přemysl Ottokar II. hielten sich hier sehr gern auf, auch Kaiser Karl IV. gefiel die Burg. An den hohen Wehrturm, auch Knolle (Hlaská) genannt, wurde unter Ottokar II. ein Königspalast mit Arkadengängen angebaut. Schönster Raum ist hier der Hochzeitssaal mit Kreuzrippengewölbe und Wandmalereien. Sehenswert ist ebenfalls die frühgotische Burgkapelle mit ihren Fresken.

Im Mittelalter galt die Festung als uneinnehmbar. Bis zur Fertigstellung der Burg Karlstein wurden daher hier die Krönungskleinodien aufbewahrt. Von 1621 bis 1622 belagerten Soldaten Kaiser Ferdinands II. die Mauern, um der Sympathisanten des Ständeaufstandes habhaft zu werden. Trotz Artilleriefeuer dauerte es länger als ein Jahr, bis die Verteidiger zur Aufgabe bereit waren. 1648 wurde die Burg noch für einen Angriff schwedischer Truppen gerüstet, aber die Burgherren Eggenberger und später die Schwarzenberger hatten an den Mauern kein rechtes Interesse mehr. Erst Karl von Schwarzenberg ließ zwischen 1881 und 1885 umfangreiche Reparaturen vornehmen, so wurden die frühgotischen doppelstökkigen Arkaden des Burghofes erneuert.

In der Sommersaison verkehren von der Anlegestelle unterhalb der Burg Ausflugsschiffe zum benachbarten Schloß Orlík (Worlik).

Postleitzahl: 39818.

Hotel Zvíkov, Zvíkovské Podhradí 43, Tel. 382 89 96 59, Fax 382 89 96 55; schönes Hotel, etwa zwei Kilometer von der Burg entfernt; DZ 33 bis 43 Euro, von Mai bis Oktober auch Bungalows, DZ 14 bis 24 Euro, nahes Freibad.

Gast- und Brauereihof (Pivovarský dvůr), Zvíkovské Podhradí, Tel. 382 28 56 60, Fax 382 28 57 22, www.pivovar-zvikov.com; an der Straße zur Burg, Kopiebau eines typischen südböhmischen Wirtschaftshofes mit eigener Bäckerei, Metzgerei und Brauerei, auch Weizenbier und Fischspezialitäten, modern eingerichtete Zimmer, täglich ab 11 Uhr.

Burg Zvíkov, Tel. 382 28 56 76, April und Oktober nur Sa, So und Feiertage 9.30 bis 12 und 12.30 bis 15.30 Uhr, Mai bis September täglich außer Mo 9 bis 12 und 13 bis 16 Uhr.

Orlík nad Vltavou

Die Burg Orlík (Worlik) entstand um die Mitte des 13. Jahrhunderts auf Erlaß König Wenzels II. Ein kleiner Palast wurde von drei Seiten vom steilen Moldauufer, den Burgmauern und drei Wehrtürmen geschützt. Nach einem Brand 1508 wurde die Burg im spätgotischen Stil wieder aufgebaut. Einst befand sich die Feste am Rande eines steil zur Moldau abfallenden hohen Felsvorsprunges und

Burg Orlík bezaubert durch ihre Lage am See

glich einem Adlerhorst. Aber als vor vier Jahrzehnten im engen Flußtal der Moldau ein Stausee entstand, änderte sich die Szenerie gewaltig: Die Talsperre Orlík staut die Moldau auf 70 Kilometern, die Wottawa auf 23 Kilometern Länge. Der Stausee umfaßt 2730 Hektar, mehrere Dörfer wurden überflutet. Der Staudamm ist 91 Meter hoch und 511 Meter lang und damit der größte im Lande.

Bei Worlik stieg der Wasserspiegel der Moldau um etwa sechzig Meter. Heute gleicht Worlik eher einem Wasserschloß. 1802 wählten die Schwarzenberger die Burg zum Stammsitz der Familie. Das Schloß wurde um ein Stockwerk erhöht und im Stil der Neugotik umgestaltet. In den Räumen wurde das Lebensgefühl des Adels im 19. Jahrhundert festgehalten. Die vielen Empiremöbel hat Karl von Schwarzenberg in Paris eingekauft. Interessant sind die Stammbäume der Familie. Im Schwarzenbergischen Museum sind archäologische Funde aus Südböhmen, Griechenland und dem antiken Troja zu sehen. Die Sammlungen der Familie umfassen auch zahlreiche wertvolle Orden und Ehrenzeichen, darunter der nur in wenigen Exemplaren erhaltene französische Ritterorden des Hl. Geistes, gestiftet im Jahr 1578. Von der Jagdleidenschaft künden 300 Flinten aus dem

17. bis 20. Jahrhundert und zahlreiche Trophäen. Die Schwarzenberger Bibliothek umfaßt 18 000 Einzelbände. Auch Karl I. Philipp Fürst v. Schwarzenberg wurde ein Raum mit Andenken gewidmet. Als bekannter Vertreter der Familie Schwarzenberg ging Karl I. Philipp Fürst zu Schwarzenberg in die Geschichte ein. Er war es, der 1813 als Feldmarschall das vereinigte europäische Heer in der Völkerschlacht bei Leipzig siegreich gegen Napoleon führte. Auch Karl von Schwarzenberg, 1990 bis 1992 Kanzler von Präsident Havel, verbrachte auf dem Schloß Worlik glückliche Kindheitstage. Ende 1948 mußte die adlige Familie die Koffer packen und gen Westen ziehen, man wählte Österreich als neue Heimat. 1965 erbte Karl von Schwarzenberg Millionen, er wurde zum drittgrößten Grundbesitzer des Alpenlandes. In Tschechien genießt die Adelsfamilie bis heute ein hohes Ansehen. Als Hitler sich Ende der 1930er Jahre anschickte, das Sudetenland und bald darauf ganz Böhmen und Mähren zu annektieren, bewiesen die Schwarzenberger Zivilcourage: Als Wortführer mehrerer Adelsfamilien bekannten sie sich mit einem öffentlichen Manifest standhaft zum Tschechentum. Dafür zahlte die Familie 1940 einen hohen Preis. Alle böhmischen Besitzungen wurden in deutsche Verwaltungen überführt. Manch einer wurde gar wegen seiner Überzeugung ins KZ verschleppt.

Im Mai 1992 wurde Schloß Worlik als einer der ersten Adelssitze in Tschechien seinen Besitzern zurückgegeben. Das Schloß ist restauriert, die Fassade erstrahlt ganz in weiß. Im ehemaligen Reitstall befindet sich das Restaurant U Toryka.

Der Worlik-Stausee ist ein Paradies zum Baden, für Wassersportler und Angler. Wegen der felsigen Ufer sind aber viele Bereiche nicht zugänglich.

Zwischen Orlík und Zvíkov verkehren im Sommer Motorschiffe die auch an den Campingplätzen in Trhovský, Podskali, Radava und Velký Vir anlegen.

Zwischen den beiden Schlössern führt die Fahrt auf dem Wasser unter der Moldaubrücke von Zd'ákov hindurch. Mit einem Brückenbogen von 330 Metern war sie zur Bauzeit zwischen 1957 und 1965 die größte ihrer Art in Europa.

Yacht Club Barrandov, Kozlí u Orlíka, 39807 Orlík nad Vltavou, Tel. 382 27 51 94, www.yachtclubbarrandov.cz; DZ 14 bis 17 Euro.

Schloßrestaurant U Toryka, von April bis Oktober von Di bis So von 10 bis 20 Uhr.

Schloß Orlík, 39807 Orlík nad Vltavou, www.volny.cz; im April und Oktober täglich außer Mo 9 bis 15 Uhr, im Mai und September bis 17 Uhr, von Juni bis August bis 18 Uhr.

Schiffsverkehr der Weißen Flotte vom 1. April bis 30. Oktober, Infos: www.lodnidopravaquarter.cz.

Tábor

›Da die von ihm besetzte Stadt nicht verschanzt war, wählte er eine durch die natürliche Lage befestigte Stelle an demselben Fluß … Er verschanzte sie und befahl jedem, sein Haus so zu bauen, wie er sich früher sein Zelt baute.‹ So beschreibt der Chronist Aeneas Silvius Piccolomini im 15. Jahrhundert die Gründung von Tábor. Das Städtchen wurde auf einer steilen Landzunge der Lainsitz (Lužnice) angelegt und ist untrennbar mit der Hussitenbewegung verbunden. Deshalb nimmt Tábor einen hohen Stellenwert im Nationalbewußtsein der Tschechen ein. Tausende Glaubensbrüder des 1415 von den Katholiken verbrannten Jan Hus zogen mit ihren Familien von Prag aus nach Süden. Viele Anhänger kamen auch aus dem benachbarten Dorf Sezimovo Ústí. Aus einem großen Lager (tschechisch: tábor) entstand bald eine ansehnliche Stadt. Der unregelmäßige Bebauungsgrundriß und die absichtlich schief angelegten Straßenzüge sollten die Verteidigung der Stadt erleichtern. Die neue Stadt wurde auf der Grundlage des Gemeinschaftseigentums gegründet, Privatbesitz völlig abgeschafft. Jeder Neuankömmling mußte sich seiner mitgebrachten Habe entledigen. Das Abendmahl auf dem Marktplatz wurde auf steinernen Tischen gespendet. Sie sind erhalten, zwei stehen vor dem Rathaus, einer vor dem Stadtrat an der Nordseite. Das frühsozialistische Experiment überdauerte nur gut ein Jahrzehnt, es scheiterte wie die realsozialistischen Gesellschaftsordnungen knapp 600 Jahre später.

Von Tábor aus, ihrem heiligen Berg und Hauptstützpunkt, schwärmten die Hussiten unter ihrem Heerführer Jan Žižka 15 Jahre hintereinander aus, um den Kampf gegen den Kaiser und die katholische Kirche aufzunehmen. 1437 verlieh der böhmische König Siegmund von Luxemburg Tábor die Stadtrechte. 1451 besuchte der spätere Papst Pius II. die Stadt und zeigte sich freudig überrascht, ›daß die hiesigen Frauen die Bibel besser als mancher Bischof in Italien kannten.‹ Im 16. Jahrhundert wandelten sich die meisten Holzhäuser in ansehnliche Bürgerhäuser im Stil der Renaissance.

Fünfzehn Gassen münden in den Marktplatz (Žižkovo náměstí). Auffallend wirkt das Rathaus mit seinen Renaissancegiebeln, 1440 begonnen und 1521 von Baumeister Wendel Roskopf vollendet. Im Inneren befindet sich ein Museum zur Geschichte der Hussitenbewegung. Vom Rathaus gelangt man in ein System unterirdischer Gänge. Bei Angriffen auf die Stadt waren sie ein sicherer Schlupfwinkel. Die Chronik der Stadt verweist noch auf einen weiteren Zweck: Hier ›verwahrte‹ man für einige Zeit allzu geschwätzige und zänkische Weiber.

Etwa 15 Kilometer soll das System umfaßt haben, heute ist ein Teilabschnitt von knapp 700 Metern zugänglich. Der Gang führt vom Rathaus treppab und treppauf zum Ausgang in einem Renaissancehaus nahe der Kirche.

Schöne Giebelbauten zieren die Altstadt

Auf der Mitte des Marktes steht ein Renaissancebrunnen, in der Nähe eine Bronzestatue des Hussitenführers Jan Žižka. Am Denkmalsockel sind die Orte von Žižkas siegreichen Schlachten eingraviert. Alljährlich Mitte September wird das dreitägige Taborer Treffen (Táborská setkání) gefeiert. Dann erwacht hier das Mittelalter mit Marktfrauen, Handwerkern, Ritterturnieren und einem Umzug mit dem Hauptmann Jan Žižka von Trocnov an der Spitze des Gefolges.

Schöne Häuser stehen in der Prážská (Prager Gasse). Nummer 156 besitzt ein herrliches Sgraffito, das Renaissancehaus Nummer 220 nahe dem Markt wurde als Symbol der Städtepartnerschaft zwischen Tábor und Konstanz gemeinsam renoviert. Der 77 Meter hohe Turm der Dekanatskirche dient auch als Aussichtsgalerie.

Gut erhalten blieb das Stadtbefestigungssystem, es zeigt noch heute eindrucksvoll die Wehrhaftigkeit des Hussitenstützpunktes. Der Burgturm Kotnov am Rande der Altstadt bot Jan Žižka eine sichere Bleibe. Die Burg stand bereits, als der Hussitenführer hier einzog. Die erste schriftliche Erwähnung nennt das Jahr 1370, wahrscheinlich ist sie ein Relikt der mißglückten Stadtgründung durch König Ottokar II. im 12. Jahrhundert. Ab 1612 wurde die Burg als Brauerei genutzt und mehrmals umgebaut, nur der Burgturm blieb unverfälscht erhalten. Von oben bietet sich ein schöner Ausblick auf das bewaldete Flußtal der Lainsitz.

Nebenan ist das heute romantisch anmutende Bechiner Tor (Bechyňská brána), um 1420 errichtet, nahezu unverändert erhalten.

Das Wallfahrtskloster Klokoty bei Tábor

Ganz in der Nähe des Gasthauses U Boučků, am südwestlichen Treppenaufgang zur Altstadt, funkelt ein Granatfelsen (Granátová skála).

Die Lainsitz fließt in den Jordán. Es war der erste Stausee in Europa, angelegt zur Trinkwasserversorgung im Jahr 1492, als Kolumbus Amerika entdeckte.

Vom Burgturm Kotnov (Bechiner Tor) läuft man durch eine schmale Lindenallee und einen Kreuzweg zum etwa anderthalb Kilometer entfernten Wallfahrtskloster Klokoty aus dem 18. Jahrhundert. Die Kirche ist ein herrlicher Barockbau im Grundriß eines orthodoxen Kreuzes. Die zehn Türme und Glocken sollen die gefalteten Hände der Jungfrau Maria symbolisieren. Als Baumeister vermutetet man Giovanni Santini, im deutschen Sprachraum auch unter dem Namen Johann Santin Aichel bekannt. Von hier führt die grüne Wegmarkierung ans Ufer der Lainsitz zum Haus Riviera und zur Brücke über den Fluß. Hier wechselt man auf die rote Markierung und gelangt ins romantische Wolfstal (Vlčí důl) entlang eines Bachlaufs mit mehreren Kaskaden. Die gelben Wegzeichen führen zurück nach Tábor (zehn Kilometer, zwei Stunden). Fünf Kilometer südlich von Tábor steht die Burgruine Kozí Hrádek. Hier lebte Jan Hus von 1412 bis 1414, bis er seine Reise nach Konstanz antrat, die in den Tod führte.

Postleitzahl: 39001. Stadtinformation, Žižkovo nám. 2, Tel. 381 48 62 30, Fax 381 48 62 39, infocentrum@mu.tabor.cz, www.tabor.cz.

Amber Hotel Palcát, tř. 9. května 2471, 381 25 29 01, Fax 381 25 29 05, www.legner.cz; Neubauhotel aus der Ära der ČSSR, fünf Gehminuten vom Markt; Restaurant, Chinarestaurant, Café; DZ 37 bis 43 Euro.

Hotel Kapitál, tř. 9. května 617, Tel. 381 25 60 96, Fax 381 25 24 11, www.hotel-kapital.cz; neues Hotel in historischem Gebäude, Restaurant; DZ 32 bis 66 Euro.

Hotel Relax u Drsů, Varšavská 2708, Tel. 381 26 39 05, Fax 381 26 39 07, www.hotel-relax@atlas.cz; modernes Mittelklassehotel, Restaurant und Weinstube; DZ 33 bis 53 Euro.

Pension Modrá růže, Ovocná 63, Tel. 381 23 12 77, www.tabor.cz/modraruze; Restaurant mit Galerie, Gartenrestaurant, Sauna, zwei DZ, ein Apartment; DZ 23 Euro.

Kostnický dům (Konstanzer Haus), Střelnická 220, Tel. 381 25 22 83; Renaissancehaus, behutsam renoviert, Nähe Markt; DZ 30 Euro.

Švejkova hospoda (Gasthaus Schwejk), Špitálské nám. 509, Tel. 381 25 77 33; Markt-Nordseite.

Restaurant Beseda, Žižkovo nám. 5; einfaches Gasthaus, böhmische Küche, mit Freiluftplätzen direkt am Markt.

Budvar Restaurant im Hotel Palcát, tř. 9. května 2471.

Dobrá čajovna (Teestube), Tomkova 2; täglich 14 bis 22 Uhr, Tee aus aller Welt.

Hussitenmuseum, Žižkovo nám. 1, Di bis So 8.30 bis 17 Uhr, von November bis März nur Mo bis Fr 8.30 bis 17 Uhr.

Kloster Klokoty, täglich 9 bis 17 Uhr.

Červená Lhota

Das romantische Wasserschloß Rothlhota (heute: Červená Lhota) nahe der Ortschaft Deštná entstand im 14. Jahrhundert als gotische Festung. Es stand ursprünglich auf einer Anhöhe. Dann wurde das Tal gesperrt, der darin fließende Bach gestaut, und aus der Anhöhe wurde eine kleine Insel. Im 16. Jahrhundert verlor die Burg ihre Wehrfunktion und erfuhr eine Umgestaltung zum Renaissanceschloß, Mitte des 17. Jahrhunderts folgte ein weiterer Umbau im Barockstil. Aus dieser Zeit stammt auch der Beiname, denn die dunkelgefärbten Holzschindeln wechselte man gegen rote Dachziegel aus (červená = rot). Zu Beginn des 20. Jahrhunderts verschwanden die Zinnen und andere neugotische Elemente. Der Architekt H. Walcher von Moltheim ersetzte sie durch vier hübsche Pseudorenaissance-

Das Wasserschloß Červená Lhota beherbergt wertvolle Kunstgegenstände

giebel. Ende der achtziger Jahre restauriert, ist das kleine Schlößchen nun ein wirkliches Prachtstück. Im Inneren sind wertvolle Kunstgegenstände zu besichtigen, Zinngeschirr, Möbel, orientalische Teppiche und Porzellan. Der deutsche Musiker und Opernkomponist Karl Ditters von Dittersdorf (1739–1799) verbrachte seinen Lebensabend im Schloß, sein Grab befindet sich im Nachbarort Deštná (Deschna).

Schloß Červená Lhota, April und Oktober nur Sa, So und Feiertage 8 bis 12 und 13 bis 15.45 Uhr, Mai und September täglich außer Mo 8 bis 12 und 13 bis 15.45 Uhr, Fr nur 13 bis 15.45 Uhr, Juni bis August bis 16.45 Uhr.

Jindřichův Hradec

Im 13. Jahrhundert gründete der Wittigone Heinrich (tschechisch. Jindřich) zwischen dem Flüßchen Nežárka und dem Teich Vajgar eine Stadt. Vom 14. bis zum 16. Jahrhundert war die Herrschaft von Neuhaus eine der mächtigsten böhmischen Adelsfamilien. Anfang des 17. Jahrhunderts übertrumpfte Neuhaus, das heutige Jindřichův Hradec, sogar fast alle Städte Böhmens, nur in Prag standen zu jener Zeit mehr Häuser. Die Bürger brachten es durch die Herstellung und den Verkauf von Tuchen sowie den Fisch- und Weinhandel zu Reichtum. Neuhaus besaß eine ideale Lage am Handelsweg zwischen Prag und Wien.

Von der ursprünglichen Wasserburg blieb bis heute der Alte Palast mit der Heiliggeistkapelle erhalten. Ein Gemach im Palast wird von Wandmalereien aus dem Jahre 1338 mit Motiven aus der Legende des Heiligen Georg sowie mittelhochdeutschen Schriftzügen geziert. Im Erdgeschoß des Roten Turmes sieht man die mittelalterliche Burgküche, darüber befindet sich der Gerichtsraum mit Wandgemälden aus der Zeit um 1500. Einige Räume im Adamshaus sind mit Renaissancedecken und Wandmalereien geschmückt. Hier gefallen vor allem der große Schrank mit den Wappen Adams I. von Neuhaus und seiner Frau Anna, ein kostbares Speiseservice der Familie Czernin, eine umfangreiche Sammlung von Habaner-Majolika aus dem 16. und 17. Jahrhundert sowie Gemälde im Slawata-Speisesaal, darunter Salvator Rosas ›Schlacht der Christen mit den Türken‹ sowie Peter Brandls ›Josef von Ägypten‹.

Das Schloß fasziniert den Betrachter durch das harmonische Nebeneinander von Hoch- und Spätgotik sowie Renaissance. Letztere ist das Werk italienischer Baumeister, besonders die Arkadengänge und der hübsche Gartenpavillon mit prunkvollem Gewölbe und vergoldeten Stukkaturen erinnern an die Leichtigkeit des warmen Südens. Im Schloß sind auch Gobelin- und Autographensammlungen zu sehen, in der Gemäldegalerie das Tafelgemälde ›Madonna von Neuhaus‹. Kurios erscheint die Hundeportraitsammlung der Familie Czernin. Im Schloßhof steht ein Brunnen mit herrlichem Schmiedegitter.

Das Schloß in Jindřichův Hradec vereint verschiedene Baustile

Die Schloßanlagen sind neben Prag und Krummau mit etwa drei Hektarn die größten im Lande, das Schloß ist mit 350 Zimmern ebenfalls nicht klein. Es werden drei verschiedene Rundgänge angeboten: Adams Haus, Gotische Burg und ein Spaziergang durch die Jahrhunderte.

Die schönen Giebel der Renaissance- und Barockhäuser am Markt, die Kirche Johannes des Täufers mit dem benachbarten Minoritenkloster und die Kirche Mariä Himmelfahrt mit einem hohen Turm veranschaulichen noch heute den Ruhm der Vergangenheit. Langrův dům (Langers Haus) besitzt Sgraffito mit Szenen aus dem Alten Testament und ein filigranes Netzgewölbe im Laubengang. Die Dreifaltigkeitssäule wurde Mitte des 16. Jahrhunderts errichtet.

Vor der Kirche Mariä Himmelfahrt aus dem 14. Jahrhundert ist im Pflaster eine Markierung des 15. Meridians östlich von Greenwich (Null-Meridian) eingelassen. Die mitteleuropäische Zeit wird hier ganz ohne Abweichung angezeigt. Im einstigen Jesuitenseminar sind heute die Sammlungen des Bezirksmuseums ausgestellt. Die größte Weihnachtskrippe der Welt mit mechanischem Antrieb, die dort zu sehen ist, ist das Werk des Neuhauser Strumpfmachermeisters Thomas Krýza, der daran über 60 Jahre werkelte. Sie umfaßt 60 Quadratmeter und besitzt 1398 Figuren von Menschen und Tieren, von denen 133 beweglich sind. Der Weltrekord wurde 1998 anerkannt und ins Guinnessbuch eingetragen. Daneben werden gotische Plastiken, aber auch historische Schießscheiben und dazugehörige Waffen gezeigt. Die ausgestellte Apotheke stammt aus der Neuhauser Apotheke ›Zur hilfreichen Jungfrau Maria‹. Der Emmy-Destinn-Saal erinnert an die berühmte Opernsängerin.

Die Dreifaltigkeitssäule im Zentrum

Unterhalb des Schlosses stehen am Ufer der Nežárka einige Häuser mit Mansardendächern, typische Gerberhäuser. Die Textilkünstlerin Marie Hoppe-Teinitzer gründete im Jahr 1910 in der Stadt ihre weltberühmten Ateliers. 1925 erhielt die Chefin anläßlich einer internationalen Ausstellung in Paris den Hauptpreis und die Goldmedaille. Der achtteilige Tapisserienzyklus ›Handwerke‹ hatte die Jury beeindruckt. Mitte der fünfziger Jahre zogen die Ateliers und Restauratorenwerkstätten in die denkmalgeschützten Häuser unterhalb des Schlosses. Hier entstehen noch heute Gobelins und Tapisserien und man wird in einige Geheimnisse der alten Webkunst eingeweiht.

Auf den Schmalspurbahnstrecken von Jindřichův Hradec nach Nová Bystřice und Obrataň sind von Zeit zu Zeit auch Dampflokomotiven im Einsatz.

Ausgedehnte Wälder, viele Fischteiche und eine geringe Besiedlung waren wohl die Gründe, der Landschaft südöstlich von Jindřichův Hradec den Beinamen Česká Kanada (Böhmisch Kanada) zu verpassen.

Postleitzahl: 37701. Stadtinformation, Panská ul. 136/I, Tel. 384 36 35 46, Fax 384 36 15 03, info@jh.cz, www.jh.cz.

Hotel Concertino Zlatá husa, nám. Míru 141, Tel. 384 36 23 20, Fax 384 36 23 23, www.concertino.cz; luxuriöses Vier-Sterne-Haus am Markt in einem Mix aus historischer Renaissance und Neubau, Restaurant, Café und Weinstube; DZ 63 bis 75 Euro.

Hotel Grand, nám. Míru 165/I, Tel. 384 36 12 52, Fax 384 36 12 51, grand@esnet.cz; schönes altes Haus am Markt, Restaurant mit guter böhmischer und mexikanischer Küche; DZ 33 bis 60 Euro.

Hotel Bílá paní, Dobrovského 5/I, Tel. 384 36 26 60; kleines hübsches Hotel nahe am Schloß, mit Restaurant; DZ 37 bis 43 Euro.

Cyklopenzion, nám. Míru I/178, Tel. 384 36 14 74, kasper@cyklopenzion.cz, www.cyklopenzion.cz; DZ 38 bis 52 Euro; am Markt, mit Café und gotischen Gewölben.

Čajovna u zámku (Teestube am Schloß), Dobrovského 6/I; etwa 100 Teesorten, täglich 10 bis 22 Uhr.

Burg und Schloß, Dobrovského 1, April und Oktober täglich außer Mo 9 bis 16 Uhr, von Mai bis September bis 17 Uhr.

Bezirksmuseum, Balbínovo nám. 19/I, April und Mai sowie Oktober bis Anfang Januar täglich außer Mo 8.30 bis 12 und 12.30 bis 17 Uhr, Juli bis September täglich zu den gleichen Zeiten.

Ateliéry tapiserií Teinitzerová (Teinitzer Wandteppichateliers), Pod Hradem 7/I.

Aussichtsturm (Propsteikirche Mariä Himmelfahrt), April bis Juni und September bis Januar nur Sa und So 10 bis 12 und 13 bis 16 Uhr, Juli und August täglich zu den gleichen Zeiten.

Fahrplan der Schmalspurbahn unter www.jhmd.cz (Parní vlaky).

Im Zentrum Nordböhmens erhebt sich das Böhmische Mittelgebirge, durchbrochen vom malerischen Elbtal. Nordböhmen gilt als industrielles Herz der Tschechischen Republik. Braunkohle- und Schwerindustrie haben der Landschaft mitunter tiefe Narben zugefügt, doch die landschaftlichen Schönheiten mit sehenswerten Kulturdenkmälern überwiegen.

Nordböhmen

Chomutov

Die Stadt Chomutov (Komotau) liegt inmitten des nordböhmischen Braunkohlereviers und ist vom Strukturwandel besonders stark betroffen. Derzeit liegt die Arbeitslosigkeit bei 13 Prozent. Die ehemalige Burg des Deutschen Ritterordens wurde später zum Rathaus im Renaissancestil umgebaut, heute Sitz des Heimat-

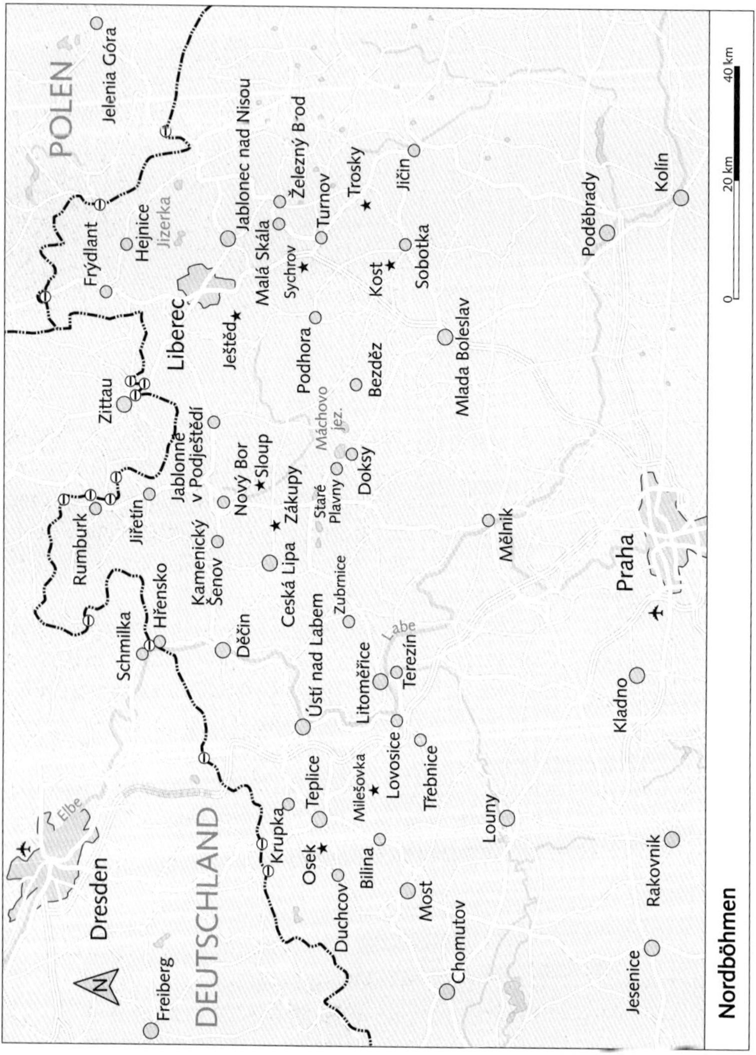

Hübsche Laubenganghäuser prägen den Ortskern von Chomutov

museums. Die gotische St. Katharinenkirche und das ehemalige Rathaus bilden eine architektonische Einheit, ein seltener Zusammenschluß zwischen weltlicher und geistlicher Macht. Das Gotteshaus entstand als Klosterkirche der Kommende des deutschen Ritterordens um 1250. In der Kirche blieben Elemente der Romanik erhalten und auch orientalische Schmuckelemente zum Gedenken an die Aktivitäten des Ordens im Nahen Osten.

Vier Kilometer nordöstlich der Stadt entstand aus einem Alaunbergwerk ein Badeparadies. Das Wasser des Alaunsees (Kamencové jezero) enthält ein Prozent Aluminiumsulfat, daneben Nitrit, Nitrat, Chlorid und Eisen. Das kristallklare Wasser lockt zum Baden und ist gesundheitsfördernd: Die therapeutische Wirkung wird mit einem mineralischen Torfbad gleichgesetzt. Durch den starken Auftrieb genießt der Badende einen Hauch Totes Meer. Weltweit gibt es nur zwei dieser Gewässer, der andere See ist in den USA zu finden. Am Seeufer befinden sich Hotel, Bungalows, Campingplatz, Wasserrutschen, Bootsverleih, Restaurant und Imbißstände.

Postleitzahl: 43028. Stadtinformation, Chelčického 99, Tel. 474 63 74 60, Fax 474 63 74 62, info@modua.cz, www.chomutov.cz.

Hotel Royal, nám. 1. máje 14, Tel. 474 65 03 59,

Fax 474 65 06 13, www.hotel-royal.cz, DZ 55 bis 60 Euro; Viersternehaus im Zentrum.
Hotel und Restaurant U svatého Václava, Vysočany 1, Tel. 474 66 83 05, Fax 474 66 83 13; 6 Kilometer südöstlich an der Hauptstraße nach Žatec, luxuriöse Apartments in einem spätbarocken Gebäude von O. Broggio, Restaurant mit Freiluftplätzen, Weinstube, Imbißstube; DZ 33 Euro.
Pension Zlatý kaštan, Blatenská 800, Tel. 474 62 38 01, www.zlaty-kastan.cz; kleine Pension nahe dem Zentrum; DZ 26 Euro.
Kreismuseum im Rathaus, nám. 1. máje; gotische Kunst, Lapidarium, historische Apotheke.
Zweigstelle des Museums im ehemaligen Jesuitengymnasium, Palackého 84; Geologie des Erzgebirges, Wechselausstellungen, Konzerte; von Di bis Fr von 9 bis 17 Uhr, Sa von 9 bis 14 Uhr.
Stadtturm, von Mai bis Oktober von Di bis So von 9 bis 17 Uhr.

Most

Das heutige Most hat mit dem alten Brüx kaum etwas gemein – von der alten deutschen Bergstadt ist nichts mehr vorhanden. 1961 wurde der Abriß beschlossen, um dem Braunkohlebergbau Platz zu machen. Von 1979 bis 1982 fiel das Altstadtzentrum, genau wie 22 andere Ortschaften, durch Sprengungen in Schutt und Asche. Südlich des Tagebaus wuchs die neue Plattenbausiedlung Most. Von den sozialistischen Städteplanern großmundig als ›modern und zukunftsweisend‹ angekündigt, entstand doch nur eine anonyme Schlafstadt. Die erste positive Ausnahme war der Bau des großen modernen Theaters. 1992 schrieben die Stadtväter einen architektonischen Wettbewerb aus: Der Marktplatz im verschwundenen Brüx sollte kopiert werden, Mitte 1997 fand die Grundsteinlegung statt. Ausdrucksvolle Dominante des neuen Platzes ist eine Pestsäule von 1680, ein Werk des flämischen Bildhauers H. P. von Toscana.

Die Zukunft ist spannend und hängt von der Finanzkraft künftiger Investoren ab. Der neu abgesteckte Platz besitzt Form und Ausmaß des historischen Vorbilds, so daß eine zeitgemäße Kopie durchaus möglich erscheint. Bis heute kündet vor allem die Kirche St. Marien noch vom alten Brüx. Die spätgotische Hallenkirche entstand von 1517 bis 1549 und trägt die Handschrift bedeutender Baumeister: Jakob Heilmann aus Schweinfurth, Benedikt Ried, Georg aus Maulbronn und Meister Peter.

In der Kirche blieben künstlerische Meisterwerke erhalten, so die farbigen Reliefs mit Motiven aus dem Alten und Neuen Testament im Stil der Renaissance

Die Stadtkirche St. Marien kündet vom alten Brüx

an der Emporenbrüstung. Sehr eindrucksvoll sind die Renaissance-Epitaphe wohlhabender Bürger aus Brüx. Der Hauptaltar mit überlebensgroßen Statuen von B. Eder und Malereien von J. Kramolín stammt aus dem 18. Jahrhundert. Das Kirchenhauptschiff fasziniert durch das prächtige Sternengewölbe mit gekreuzten Rippen. Die Kirche besitzt zwanzig Seitenkapellen, viele sind letzte Ruhestätte von Handwerkern, darunter Bäcker, Faßbinder, Kürschner, Gerber, Schneider und Tuchscherer. In den Seitenkapellen befindet sich auch die Ausstellung ›Kunst der Gotik und Renaissance Nordwestböhmens‹.

Im Jahr 1975 wurde die Kirche in einer weltweit beachteten Rettungsaktion im Fundament durchsägt, auf 53 hydraulische Wagen gehievt und um 841 Meter versetzt. Die etwa 12 000 Tonnen schwere Kirche bewegte sich mit einer Geschwindigkeit von etwa zwei Zentimetern pro Minute. Die Restaurierungsarbeiten währten bis Anfang der neunziger Jahre. Heute steht die Kirche zwischen Neustadt und rekultiviertem Tagebau. Eine Dokumentation informiert über den technisch anspruchsvollen Standortwechsel.

Auf der bewaldeten Landeswarte (Hrad Hněvín), auch als Brüxer Schloßberg bekannt, steht ein Aussichtsturm, eine Kopie des mittelalterlichen Burgturms von 1900. Das hiesige Restaurant ist täglich von 11 bis 23 Uhr geöffnet.

Blick auf die moderne Stadt Most

Postleitzahl: 43401. Touristenzentrum, Radniční 1, Tel. 476105314, info@crt-most.cz, www.crt-most.cz.

Restaurant Schloßberg, Tel. 476 10 00 20; Spezialitäten der Ritter und altböhmischen Küche.

U Svatého ducha (Zum heiligen Geist), Pražská ul. 289, Tel. 476 10 35 28; im Gebäude des Barockspitals nahe der Kirche Mariä Himmelfahrt; Mo 11 bis 22 Uhr, Di bis So 11 bis 24 Uhr.

Restaurant U rytíře, Javorová 1194, Tel. 476 10 73 54, www.rytir.com; Restaurant im Stil einer historischen Ritterschenke.

Schwejk-Restaurant, ul. ČSA, Tel. 476 70 77 61, täglich ab 11 Uhr.

Kirche St. Marien, April bis Oktober Mi bis So 9 bis 16 Uhr, Mai bis September täglich 9 bis 18 Uhr.

Bílina

Nach Bílina (Bilin) lockt vor allem der Berg Bořeň (Borschen), der als imposanter Rest einer vulkanischen Quellkuppe erhalten blieb. Die ausströmende Lava konnte wegen der anstehenden Asche nicht abfließen. Der Borschen ist der mächtigste Phonolithberg Mitteleuropas. Ein Wanderweg, grün markiert und drei Kilometer lang, führt auf den Gipfel. Für eine Rundwanderung benötigt man etwa drei Stunden.

Schon die Maler Caspar David Friedrich und Ludwig Adrian Richter waren von diesem Berg so begeistert, daß sie ihn auf Leinwand bannten. Auch die Naturforscher Alexander von Humboldt und Johann Wolfgang von Goethe studierten die Geologie des Berges, der den Nordwestrand des Böhmischen Mittelgebirges markiert. Die Felswände an der Nordseite, über 120 Meter hoch, werden von Bergsteigern geschätzt, es existieren 150 Kletterrouten.

Osek

Die Kleinstadt Osek (Ossegg) liegt etwa zehn Kilometer nordöstlich von Most. Ende des 12. Jahrhunderts wurde das Zisterzienserkloster gegründet. Es war eines jener Klöster, von dem aus die Kolonisation Böhmens begann. Die Räume und Säle blieben im Stil der Romanik und Frühgotik erhalten. Besonders eindrucksvoll wirkt der Domkapitelsaal mit kapitelgekrönten Säulen und einem steinernen Lesepult aus romanischer Zeit. Um 1240 wagten sich die Architekten der Zisterzienser erstmalig an den Bau gotischer Kreuzrippengewölbe. Die Zisterzienser aus Waldsassen hatten zuvor die frühgotische Architektur in Frankreich studiert. Bald wurde die neue Kunst auch an vielen Orten Böhmens nachgeahmt.

Kloster Osek, www.kloster-osek.org, info@kloster-osek.org, an Feiertagen 10 bis 16 Uhr, im April und Oktober Sa, So und an Feiertagen von 10 bis 16 Uhr, von Mai bis September täglich außer Mo von 10 bis 17 Uhr geöffnet.

Duchcov

Aus der nordböhmischen Kleinstadt Duchcov (Dux) stammt das begehrte Royal Dux Porzellan. 1720 entstand hier erstmals in Böhmen ein sogenannter Ehrenhof: Der Architekt verband die Seitenflügel des Schlosses durch einen Gitterzaun, auf den Säulen stehen monumentale Statuen von Matthias Bernhard Braun.

Bekannt ist der Ort aber vor allem, weil im Schloß der Familie Waldstein Giacomo Girolamo Casanova Chevalier de Sengalt, besser bekannt als Casanova, die letzten 13 Jahre seines Lebens als Bibliothekar verbrachte. Der Frauenheld war

Am Marktplatz von Duchcov

ruhig geworden, krank und oft unglücklich. Er hatte nicht viel mehr zu tun als zu lesen oder zu schreiben. Der Venezianer blickte auf ein aufregendes Leben zurück, hatte er sich doch als »Doktor beider Rechte, Weltgeistlicher, Theatergeiger, Scharlatan, Rosenkreuzer, Freimaurer, Spieler, Betrüger, Hasardeur, Beglücker alter Marquisen, Geschäftsmann und Geheimdiplomat betätigt, um seinen Wirkungskreis nur flüchtig zu skizzieren«, wie die Biographin Ruth Bombasch formulierte. Andere Autoren unterstreichen, daß viele Frauen Casanova in Gedanken an eine glückliche Liebesnacht ein Leben dankbar waren. Auch die hohe Kunst feingeistiger und einfühlsamer Gespräche beherrschte der Italiener.

Auf Schloß Dux brachte Casanova seine heute noch berühmten Memoiren ›Histoire de ma vie‹ (Die Geschichte meines Lebens) zu Papier. Vorlesen vor Publikum wollte er nicht mehr, er hatte bereits alle Zähne verloren. Um so mehr blickte er sehnsüchtig zurück: »Sollte man bisweilen finden, daß ich gewisse Liebeszenen zu sehr im einzelnen ausmale, so tadle man mich doch nicht, es sei denn, daß man mich für einen schlechten Maler befindet… Denn man darf doch meiner alten Seele keinen Vorwurf daraus machen, daß sie nur noch im Erinnern genießen kann.«

Das Museum im Schloß bewahrt das Andenken an den weltberühmten Liebhaber. Die Besucher kommen in die Bibliothek, das Arbeits-, Schlaf- und das Billardzimmer mit einem vier Meter langen Billardtisch. Als Wachsfigur sitzt er da und arbeitet an seinen Memoiren. Casanova starb im gestreiften Sessel, der hier immer noch steht. Die Zeit ist scheinbar stehen geblieben, eine Uhr zeigt die Todesstunde am 4. Juni 1798 an: 22.40 Uhr.

In den Sälen bekommt man böhmische Barockkunst von Braun, Brokoff, Brandl, Jelínek und Škréta sowie Portraits derer von Wallenstein zu sehen. Die kleine Sammlung romantischer Landschaftsmalerei umfaßt Bilder des Wiener Malers Thomas Ender. Die Sammlung war früher noch umfangreicher, aber Mitte des 18. Jahrhunderts verkaufte der Schloßherr 268 kostbare Gemälde an die Dresdner Gemäldegalerie, so Werke von Rubens, Canaletto und van Dyck.

Die benachbarte Schloßkirche brannte 1945 aus. Einzig die Waldstein-Wartenbergkapelle und Teile der Gruft, in der Nachkommen des Waldsteingeschlechts bestattet wurden, überstanden die Katastrophe (Di bis So 10 bis 18 Uhr).

Der ehemalige Stadtfriedhof am Barbarateich wurde eingeebnet. Deshalb ist die genaue Grabstelle des Italieners heute nicht bekannt. In der hiesigen St. Barbarakapelle findet man eine Casanova-Gedenktafel mit der Inschrift ›Jakob Casanova Venedig 1725 Dux 1798‹.

In der Nähe vom Barbarateich – versteckt in einem kleinen Park, zwischen der Bushaltestelle am Kino und der evangelischen Jugendstilkirche – steht ein Denkmal von Walther von der Vogelweide aus dem Jahr 1911. Lange Zeit vermutete man, daß der große deutsche Minnesänger um 1170 in Dux das Licht der Welt erblickt haben soll. Neueste Forschungen stützen diese These nicht mehr. Dennoch sitzt er hier nachdenklich auf einem Stein, angelehnt sind Schwert und Harfe.

Postleitzahl: 41901. Stadtinformation, Masarykova 71/7, Tel. 417 83 54 56.

Pension Casanova, Husova 43, Tel. 417 83 57 15. Am Barbarasee, mit Restaurant, modern eingerichtet; DZ 33 Euro.

Schloßrestaurant, täglich 10 bis 22 Uhr, leider ohne Stil.

Schloß Duchcov, April und Oktober Mi bis So 9 bis 16 Uhr, Mai bis September täglich außer Mo 9 bis 18 Uhr; nur mit Führung zugänglich, die aber nicht zu jeder Stunde stattfindet.

Teplice v Čechách

Das älteste böhmische Heilbad liegt in einer Talsenke zwischen Erzgebirge und Böhmischem Mittelgebirge. Im 19. Jahrhundert galt die Sommerresidenz der Dresdner Kurfürsten als ›Salon Europas‹. Richard Wagner etwa schwärmte: »Ach dieses Teplitz mit seiner weitesten Umgebung ist wohl das Schönste, was ich kenne.« Weil nach 1945 rundherum Industrie angesiedelt und der Kohlebergbau intensiviert wurde, geriet Teplitz in den Schatten von Karlsbad und Marienbad. Heute zeigen sich die Kurhäuser, Gärten und Parks in alter Pracht, und es läßt sich wieder herrlich kuren. Die Preise sind kulant, das Bummeln in den herausgeputzten Einkaufsmeilen der Innenstadt macht Freude.

Auf dem Schloßplatz (Zámecké nám.) steht die Pestsäule von 1718 mit meisterhaften Plastiken, ein Werk von Matthias Bernhard Braun. Im Schloß lädt das Regionalmuseum zum Besuch ein; im Schloßhof finden im Juni die Beethoven-Musikfestspiele statt. Die Schloßkirche und die St. Johanneskirche ergänzen die märchenhafte Ansicht des Platzes. Vom Schloß führen Wege in den Kurpark (Zámecká zahrada), der über 20 Hektar groß ist und gleich zwei Teiche aufweist. Am Oberen Teich sprudelt eine Wasserfontäne. Unterhalb vom Schloßplatz, an der Badegasse (Lázeňská), befindet sich der Schacht der Urquelle (Pravřídlo), aus dem das Thermalwasser geschöpft wird. Jahrhundertelang schoß es unter Eigendruck ans Tageslicht. Doch das Grubenunglück von 1879 bei Dux ließ auch die Urquelle versiegen. Hydrogeologen aus Wien fanden kurze Zeit später die Quelle in 51 Meter Tiefe wieder. Die Urquelle gehört zum Kurhaus Beethoven, einem Komplex von elf historischen Gebäuden. Neben der Quelle führt der Eingang zum einstigen Damenbad, das um 1580 entstand und damit das älteste erhaltene Badehaus in Böhmen ist – und heute eine Tagesbar.

Auf der Wiese gegenüber steht das 3,5 Meter hohe Mozartdenkmal, das Franz Metzner 1915 für das Prager Ständetheater schuf. Die Plastik kam nach Teplitz, obwohl sich Mozart nie dort aufgehalten hat. Auf dem Weg durch das Kurviertel sieht man das zwischen 1919 und 1924 errichtete Erzgebirgstheater, die gläserne Kolonnade (1986) – vom Architekten Hubaček, dem geistigen Vater des Fernsehturms auf dem Jeschken –, das prächtige Kaiserbad (Císařské Lázně), das Grab des Dichters Johann Gottfried Seume und das Kurhaus Steinbad (Kamenné Lázně). Gegenüber vom Steinbad, im Hotel Payer, erblickte 1841 der spätere Polarforscher Julius von Payer das Licht der Welt. 1873 entdeckte er das Franz-Joseph-Land.

Jüdisches Rathaus in Prag
Der Wenzelsplatz; am Eingang zur Prager Burg

P

9
10
11

Postleitzahl: 41501. Kurbadbüro, Mlýnská 253, Tel. 417 97 74 28, www.laznetep-lice.cz.

Hotel Prince de Ligne, Zámecké nám. 136, Tel. 417 53 77 33, www.princedelig-ne.cz. Vier-Sterne-Hotel am Schloß-platz, französisches Restaurant; DZ 70 bis 120 Euro.

Kurhaus Kaiserbad, Laubeho nám. 2, Tel. 417 97 72 03, www.laz-neteplice.cz. Prächtiges historisches Gebäude, eigenes Thermalbecken, Anwendungen im Haus; DZ 82 Euro ohne Kur.

Pension U kozičky, Roosevelto-va 262, Tel. 417 81 64 11, www.ukozicky.cz. Am Berghang gegen-über dem Schloßplatz; DZ 50 Euro.

Restaurant Beethoven, Lázeňská, Tel. 417 55 01 53, täglich 11.30 bis 22 Uhr. Mit einigen gemütlichen Nischen unter dem Gewölbe, an den Wänden vergoldete Blätter, Weine aus aller Welt, Sommerterrasse.

Restaurant U Švejka (Erdgeschoß, 1. Etage) sowie U Petra (luxuriös im 2. Stock), Tel. 417 53 83 37. Im Kolostuj-Türmchen an der ›Vogel-treppe‹ hinter dem Schloß.

Středoběká krčma, Dlouha 65, Tel. 417 53 05 23. Urige Schenke unterhalb vom Schloßplatz in Richtung Rathaus, viel jugendliches Publikum, süffiges Schwarzbier Kelt.

Café im Steinbad (Kamenné Lázně), 9 bis 21 Uhr, Di und Fr Tanz ab 19 Uhr.

Regionalmuseum, Zámecké nám. 14, Di bis So 10 bis 12 und 13 bis 17 Uhr.

Erzgebirgstheater, U Císařských lázní 4, www.dkteplice.cz.

Thermalbad im Kurhaus Beethoven, für die Öffent-lichkeit 14 bis 21 Uhr.

Aquacentrum, A. Jiráska 3149, Mo bis So 9 bis 22 Uhr, Familiensauna Fr bis So.

Oblatenverkauf: am Restau-rant Beethoven, Lázeňská, Mo bis Fr ab 9, Sa/So ab 10 Uhr.

Krupka

Die Bergstadt Krupka (Graupen) liegt fünf Kilometer nordöstlich von Teplice. In ihrem Stadtteil Bohosudov (Mariaschein) steht die berühmte Wallfahrtskirche der Schmerzhaften Mutter Gottes. Auch der sächsische Adel kam hierher zur Wall-fahrt, darunter Kurfürst August der Starke. In der Kirche wird eine Figur der Mut-

Am Kreuzherrenplatz in Prag; Uhrdetail am Altstädter Rathaus
Nationalfriedhof Slavin auf dem Vyšehrad

tergottes aus Ton verehrt. Der Hochaltar von Franz Tollinger aus dem Jahre 1714 mit einem kunstvoll geschnitzten Baldachin ist eine Miniaturkopie des Altars im St. Petersdom in Rom.

Hinauf zum Komáří hůrka (Mückentürmchen) verkehrt ein Sessellift. Der Gipfel nahe der sächsischen Grenze ist ein beliebtes Ausflugsziel mit Restaurants, Touristenherberge und der etwas unterhalb des Gipfels stehenden St. Wolfgangskapelle (1692–1700).

Seit jeher sind die Gäste vom schönen Rundblick begeistert. Bei idealem Wetter reicht die Sicht, wie es in einem Reiseführer von 1893 schwärmerisch beschrieben wurde, »bis zu den im Blau des Himmels sich verlierenden Gipfeln der Lausitz und des Riesengebirges.«

Informationszentrum Krupka, Mariánské nám. 641, 41742 Krupka, Tel. 417 86 14 35.

Museum Krupka, Husitská 21, Mi bis So von 9.30 bis 12 und von 13 bis 16.30 Uhr; Zinnbergbau, Natur, Kuriositäten: ein zwei Meter langer Wels aus der Elbe, eine vertrocknete Semmel von 1813.

Milešovka

Zehn Kilometer südöstlich von Teplice thront der Berg Milešovka (Milleschauer), eine malerische Dominante der Erzgebirgsvorlandes und zugleich höchster Berg des Böhmischen Mittelgebirges. Vom Gipfel bietet sich eine herrliche Rundsicht. Der Romantiker Caspar David Friedrich war mehrmals vor Ort, um den Berg auf Gemälden und Zeichnungen zu verewigen, die heute zu den besten Werken der deutschen Landschaftsmalerei zählen. Von den umliegenden Ortschaften gibt es verschiedene Aufstiegsrouten. Seit 2004 kann man auf den Turm der meteorologischen Station hinaufsteigen (Eintritt 0,70 Euro).

Lovosice

Drei Kilometer südwestlich lohnt der Berg Boreč (Boretzer Berg) einen Besuch. Die Klingsteinkuppe, 446 Meter hoch, zählt zu den geologischen Besonderheiten des Böhmischen Mittelgebirges: Der stark zerklüftete Berg hat Risse und Spalten.

Im Winter entstehen dort Luftströme mit einer Temperatur um 10 Grad Celsius, und die Wasserdämpfe bilden bei Frost prächtige Rauhreifablagerungen. Im

Sommer kühlt das Bergesinnere die warmen Luftströme derart ab, daß mitunter tropfsteinähnliche Gebilde aus Eis zu sehen sind.

Südlich vom Boretzer Berg thront auf dem Koštálov (Kostial) die wohl schönste Burgruine des Böhmischen Mittelgebirges, eben die Burg Kostial.

Třebenice

Der Ort Třebenice (Trebnitz) befindet sich an der Hauptstraße zwischen Most und Litoměřice und ist das Zentrum der böhmischen Edelsteingewinnung. Die Granate verdanken ihre blutrote Farbe dem Chromgehalt. In der einstigen Lutheranerkirche ist das Museum des Granatschmucks zu besichtigen. Hier sieht man den größten böhmischen Granat. Der kostbare Schmuck von Ulrike von Levetzow, um deren Hand Goethe anhielt, umfaßt beinahe 500 erbsengroße Granate. Der Wert läßt sich auch daran ermessen, daß man auf 50 000 Rohsteine nur einen in dieser Größe findet.

Museum der böhmischen Granate, von April bis Oktober täglich außer Mo von 10 bis 12 und von 13 bis 16, im Juli und August von 9 bis 12 und von 13 bis 17 Uhr geöffnet.

Ústí nad Labem

Die Stadt Ústí nad Labem (Aussig) liegt an beiden Seiten der Elbe und ist von der herrlichen Landschaft des Böhmischen Mittelgebirges umgeben. 1944 zerstörten alliierte Bomber die Altstadt, und das Stadtzentrum um die Geschäftsstraßen Hrnčířská und Revoluční nahe dem Hauptbahnhof erscheint heute als disharmonische Mischung aus ungepflegten Altbauten und vielen häßlichen Betonklötzen aus sozialistischer Epoche.

Rund um den ehemaligen Markt (Mírové nám.) scharen sich die wenigen Baudenkmäler. Die Kirche Mariä Himmelfahrt entstand in den Jahren 1426 bis 1530, die spätgotischen Netzgewölbe wurden nach Entwürfen von Benedikt Ried erbaut. Der Kirchenturm ist 65 Meter hoch. Nach dem Bombenhagel im Zweiten Weltkrieg neigte sich der Turm um annähernd zwei Meter und ist seitdem das zweitschiefste Bauwerk Europas. Ein Spezial-Betonkern verhindert seit 1956 den drohenden Einsturz.

Burgruine Schreckenstein in der Nähe von Ústí nad Labem

Die benachbarte Dominikanerkirche St. Adalbert wurde 1731 vollendet und ist vermutlich ein Werk des Baumeisters Octavio Broggio. Die Barockkirche mit der zweitgrößten Orgel des Landes dient jetzt als Konzert- und Ausstellungssaal. Gegenüber zeigt ein Gebäude aus den 1990er Jahren neue tschechische Bauästhetik: Es ist eine Geschäftsstelle der Tschechischen Nationalbank mit einem riesigen Pendel über dem Eingang.

Im Jahr 1909 öffneten sich die Türen des Stadttheaters in der Masarykstraße (Masarykova), einem Bauwerk, das Jugendstil mit neobarocken Elementen mischt. Außenstehende können nicht erkennen, daß das Gebäude ein Stahlbetonbau ist, für jene Zeit eine gewagte und bahnbrechende Konstruktion. Auf dem Liditzer Platz (Lidické nám.) gegenüber dem Theater steht das Stadtmuseum. Es präsentiert sächsische Renaissancekunst, gotische Plastiken sowie Landschaftsmalerei, darunter Gemälde von Ernst Gustav Dorell (1832–1877). Eine Dokumentation und Militaria erinnern an die Schlacht bei Kulm (Chlumec) im Jahre 1813.

Die Dr.-E.-Beneš-Brücke über die Elbe, heute das Wahrzeichen der Stadt, wurde 1936 eingeweiht. Flußabwärts, unterhalb des Marienfelsens, fließt der Verkehr seit 1998 über die neue Marienbrücke. Diese futuristische Hängebrücke zählt zu den schönsten der Welt.

Zwei Kilometer südöstlich des Stadtzentrums thront am rechten Elbeufer auf einem steilen Klingsteinfelsen die Burgruine Schreckenstein (Střekov). Anfang des 14. Jahrhunderts zum Überwachen des Flußtals gebaut, war Schreckenstein im 15. Jahrhundert eine prachtvolle Adelsresidenz, wurde im 17. Jahrhundert aber verlassen. Von Burgfelsen und -turm bietet sich ein weiter Blick in das Elbtal. Schon die Landschaftsmaler der Romantik waren von Schreckenstein begeistert. Das bekannteste Gemälde jener Zeit ist die ›Überfahrt über die Elbe am Schreckenstein bei Aussig‹, das Ludwig Adrian Richter 1837 schuf und das sich heute im Besitz der Dresdner Gemäldegalerie befindet. Eine Gedenktafel im Torhaus vermerkt: »Hier entwarf Richard Wagner (1813–1883) im Sommer 1842 den Plan zu seinem ›Tannhäuser‹.« Wagner war einige Tage in der Gegend, um sich neu inspirieren zu lassen. In seinen Lebenserinnerungen schreibt er: »Hierzu reizte es mich, auf dem so romantisch gelegenen Schreckenstein … Quartier zu nehmen. Tägliche Besteigung des Wostrey, der höchsten Bergspitze der Umgebung, erfrischten mich, und die phantastische Einsamkeit regte meinen Jugendmut in der Art wieder auf, dass ich eine volle Mondnacht, in das bloße Betttuch gewickelt, auf den Ruinen des Schreckensteins herumkletterte, um mir so selbst zur fehlenden Gespenstererscheinung zu werden, wobei mich der Gedanke ergötzte, von irgend jemand mit Grausen wahrgenommen zu werden. Hier setzte ich denn nun in mein Taschenbuch den ausführlichen Plan zu einer dreiaktigen Oper auf, welchem vollkommen getreu ich später die Dichtung ausführte.«

Postleitzahl: 40001. Informationszentrum Ústí nad Labem, Hradiště 9, Tel./Fax 475 22 02 33, www.usti-nad-labem.cz.

Hotel Vladimír, Masarykova třída 36, Tel. 475 23 51 11, www.hotelvladimir.cz; DZ 85 bis 105 Euro; Hochhaushotel im Zentrum, Restaurant, Aussichtscafé, Sauna, Schwimmbecken.

Bierstube Na rychtě, Klášterní 75 (gegenüber St. Adalbertkirche), Mo bis Fr ab 9:30 Uhr, Sa u. So ab 10:30 Uhr. Hübsch im Stil einer Alt-Prager Bierstube, Biergarten.

Restaurant Kovárna (Burgschmiede); am Eingang zur Burg Schrekkenstein, vorzügliche Küche und Lobkowitzer Bier, täglich 11 bis 22 Uhr.

Stadtmuseum, Masarykova 3, Di bis Fr 9 bis 17 Uhr, Sa 10 bis 18 Uhr.

Burg Střekov, April und September Di bis So 9 bis 16 Uhr, Mai bis August 9 bis 17 Uhr, November und Dezember Sa und So 9 bis 16 Uhr.

Mariä-Himmelfahrt-Kirche, Gottesdienste Mo, Di, Do, Fr und Sa um 18 Uhr, Mi und Sa um 8 Uhr, So um 9 und 10.30 Uhr. Die Kirche ist immer 30 Minuten vor Beginn des Gottesdienstes geöffnet.

Zubrnice

Das Dorf Zubrnice (Saubernitz) besitzt ein kleines Freilichtmuseum, das jüngste des Landes. Es unterscheidet sich von vielen anderen: Um die erhaltene historische Dorfmitte wurden nur kleinere Kulturdenkmäler aus dem Böhmischen Mittelgebirge umgesetzt.

Im Jahr 1890 wurde die Bahnstrecke zwischen Velké Březno und Úštěk über Zubrnice eröffnet. Die Bahnstrecke mit bis zu 40 Prozent Gefälle war bis 1978 in Betrieb. Am Bahnhof sind historische Bahnfahrzeuge ausgestellt, auf einem sechs Kilometer langen Teilstück ist die Museumsbahn gelegentlich noch unterwegs.

Krämerladen im Freilichtmuseum Zubrnice

Freilichtmuseum Zubrnice, im April und Oktober von Mi bis So von 9 bis 16 Uhr und von Mai bis September von Di bis So von 9 bis 18 Uhr.

Eisenbahnmuseum, www.zmz.cz; von April bis Oktober Sa, So und an den Feiertagen von 9 bis 18.30 Uhr.

Litoměřice

Das Städtchen Litoměřice (Leitmeritz) ist hübsch gelegen. Hier mündet die Eger in die Elbe, und Obstplantagen und Weinberge reichen bis an die Stadtgrenze am rechten Elbeufer. Auch der Ort selbst ist sehenswert. Der Markt etwa trägt den Beinamen ›Bilderbuch der Baustile‹. Im 16. Jahrhundert wurden zwei frühgotische Häuser zum Renaissancerathaus umgestaltet. Das zweistöckige Laubenhaus besitzt schöne Voluten- und bogenförmige Giebel. Im Kreismuseum sind Skulpturen und die ›Leitmeritzer Kantionale‹ ausgestellt, ein hussitisches Gesangbuch.

Das Haus Nummer 12/4 am Markt wird von einem Renaissancegiebel und prächtigen Figurensgraffitos mit biblischen Motiven geschmückt. Im Jahre 1566 logierte Kaiser Ferdinand III. in Leitmeritz: Er erklärte das Haus zu einem Rittersitz mit dem Zusatz ›Salva guarda‹. Das heißt ›Sicheres Geleit‹ und schützte die Herberge vor jeglichem Gesindel. Heute gilt das Haus als eines der ersten mittel-

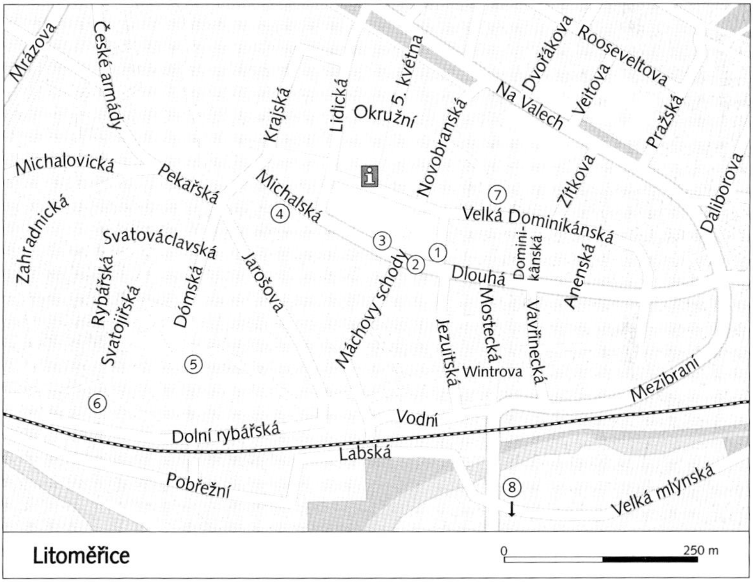

Litoměřice

Legende

1 Rathaus
2 Hotel und Restaurant ›Salva guarda‹
3 Kelchhaus
4 Galerie der Bildenden Künste
5 St. Stephansdom
6 Fischereivorstadt
7 Klosterweinkeller
8 Gedenkstätte Theresienstadt

Das Rathaus am Markt in Litoměřice

europäischen Hotels. Seit 1994 ist das schöne Haus im Besitz eines Malerehepaars und beherbergt auch ein stilvolles Restaurant und eine Galerie.

Ganz in der Nähe steht das Kelchhaus, es ist auch als Haus ›Unter der Kuppel‹ bekannt. Der riesige Kelch, damals das Symbol der Aufständischen, schmückt das Dach seit der Hussitenzeit. Heute kann man den Kelch auch als Hinweis auf den guten Leitmeritzer Wein betrachten. Das Kelchhaus ist das Wahrzeichen der Stadt, hier befindet sich die Touristeninformation.

Die Gasse Michalská (Michaelsgasse) strebt vom Markt zum Dómské nám. (Domplatz). Im Gebäude Michalská Nummer 7 präsentiert die Galerie der Bildenden Künste naive Kunst sowie Gemälde und Skulpturen aus der Gotik und Renaissance, Landschaftsgemälde von Ernst Gustav Dorell zeigen die Schönheiten des Böhmischen Mittelgebirges.

Auf dem Domhügel thront der St. Stephansdom. Das Interieur stammt fast ausnahmslos vom Ende des 17. Jahrhunderts und bildet ein harmonisches Gesamtkunstwerk. Gemälde von Karel Škréta und aus dem Schülerkreis um Lucas Cranach tragen dazu bei. Eine Arkadenbrücke verbindet Dom und Glockenturm.

Die einstige Fischereivorstadt (Rybáře) auf der Elbseite des Domhügels besitzt malerische Gassen und Winkel. Die Stufen der Máchovy schody (Mácha-Stiege) führen zum Markt, von hier zeigt sich der Domhügel in seiner ganzen Schönheit,

»Wer ist denn der, welcher nicht gern einen guten Wein trinkt?« fragte ein Leitmeritzer Schreiber bereits 1565. Im Weinkeller des ehemaligen Dominikanerklosters bewahren die Winzer die fast tausendjährige Tradition des Weinbaus um Leitmeritz.

Fünf Kilometer westlich der Stadt befindet sich die reizvolle Porta Bohemica (Böhmische Pforte). Das canonartige Elbtal zwischen den Bergen Lobosch und Dreikreuzberg verengt sich auf etwa 800 Metern und ähnelt dem Rhein dort, wo sich die Loreley befindet.

Postleitzahl: 41201. Stadtinformation Litoměřice, Mírové nám. 15/7, Tel. 416 73 24 40, Fax 416 91 62 11, info@litomerice.cz, www.litomerice.cz.

Hotel und Restaurant Salva Guarda, Mírové nám. 12, Tel. 416 73 25 06, Fax 416 73 27 98, www.salva-guarda.cz; Restaurant und Café täglich 11 bis 23 Uhr, Fr und Sa 11 bis 1 Uhr; DZ 61 Euro. Schloßhotel Hubertus, Tel. 416 79 11 35, www.schlosshotelhubertus.cz; 12 Kilometer von Litoměřice entfernt im Ort Trebušín in einem Park, Familien- und Hochzeitssuite; DZ ab 48 Euro.

Klosterweinkeller, Velká Dominikánská 1, Tel. 416 73 28 29; Mo, Mi und Fr 8 bis 14 Uhr. Verkauf von Faß- und Flaschenweinen, Weinkellerbesichtigung, Weinproben.

Kreismuseum, Mírové nám. 171/40 (im Rathaus), Di bis So 10 bis 12 und 12.30 bis 17 Uhr.
Galerie der bildenden Künste, Michalská 7, von Januar bis März und von Oktober bis Dezember von Di bis So von 9 bis 12 und 13 bis 17 Uhr, von April bis September bis 18 Uhr.
Museum und Galerie der Leitmeritzer Diözese, Mírové nám. 24/16, Di bis So 9 bis 12 und 13 bis 17 Uhr, von Juni bis September bis 18 Uhr.

Terezín

Die Festungsanlage Theresienstadt (heute: Terezín) in der gleichnamigen Kleinstadt an der Ohře (Eger) wurde 1780 unter Kaiser Josef II. zum Schutz gegen preußische Einfälle erbaut. Ihren Namen erhielt sie zu Ehren der Kaiserin Maria Theresia. Die Große Festung befindet sich am linken Ufer der Eger, die Kleine Festung am rechten. Die Kasematten der Kleinen Festung dienten schon im

19. Jahrhundert als Gefängnis. 1887 wurde die militärische Nutzung aufgegeben, die Befestigungsmauern blieben weitgehend erhalten.

Im Juni 1940 richtete die Prager Gestapo in der Kleinen Festung ein Gefängnis ein. 1942, nach der Wannsee-Konferenz – auf der die Ermordung der europäischen Juden beschlossen wurde – wurde die Große Festung in ein Durchgangs- und Sammellager für Juden verwandelt. Etwa 160 000 Juden kamen hierher. Um die Weltöffentlichkeit zu täuschen und den geplanten Völkermord zu verschleiern, entstand ab Sommer 1942 innerhalb der Großen Festung eine Musterstadt mit scheinbarer jüdischer Selbstverwaltung. Auf der einen Seite des Lagers fanden Sport-, Konzert- und Theaterveranstaltungen statt, während zu gleichen Zeit auf dem Bahnhofsgelände Judentransporte nach Auschwitz abgefertigt wurden.

Etwa 36 000 Menschen fanden im Getto durch Mißhandlungen, Krankheiten oder Unterernährung den Tod. Im Konzentrationslager innerhalb der Kleinen Festung waren bis zu 90 000 Häftlinge zusammengepfercht, 60 000 Menschen kamen ums Leben. Von den 15 000 Kindern, die nach Theresienstadt und später nach Auschwitz deportiert wurden, überlebten nur etwa 100. Auf dem Nationalfriedhof sind 29 172 jüdische Opfer beigesetzt. Der Friedhof befindet sich ganz in der Nähe der Kleinen Festung (Malé pevnosti) an der Hauptstraße Dresden–Prag.

Die Festungsanlagen von Theresienstadt sind gut erhalten und für Besucher teilweise zugänglich. Das Getto-Museum in der Stadt dokumentiert die Geschich-

Auf dem Nationalfriedhof

te des Gettos Theresienstadt zwischen 1941 und 1945. Die Gedenkstätten waren vom Elbehochwasser stark betroffen. Der Nationalfriedhof, die Museen und Archive standen teilweise eineinhalb Meter unter Wasser und wurden dadurch erheblich in Mitleidenschaft gezogen. Man begann schnell damit, die Schäden zu beheben.

Stadtinformation Terezín, nám. České armady 179, 41155 Terezín, Tel. 416 78 22 25, www.pamatnik-terezin.cz.

Kleine Festung, von Oktober bis März täglich von 8 bis 16.30 Uhr, von April bis September täglich bis 18 Uhr. Getto-Museum, Komenského 148, sowie Magdeburger Kaserne täglich von 9 bis 17.30 Uhr. Kunst, Musik, Theater und Literatur im Getto. Ehemaliges Krematorium, täglich außer Sa von 10 bis 17 Uhr.

Děčín

Děčín, die frühere Doppelstadt Tetschen-Bodenbach an beiden Elbufern, ist als nordböhmisches Tor zum Elbsandsteingebirge bekannt. Von 1628 bis 1932 war das Schloß im Besitz der Familie Thun-Hohenstein. Arg zugesetzt wurde den Mauern zwischen 1968 und 1991, als es als Garnision der sowjetischen Besatzer diente.

Jetzt ist das imposante Gebäude bereits teilweise renoviert und Besuchern wieder zugänglich. Am Unteren Tor steht die Schloßkirche zum Heiligen Kreuz, die der Peterskirche in Rom nachempfunden ist. Vom Zámecké nám. (Schloßplatz) führt die Straße Dlouhá jízda (›Lange Fahrt‹) zum Eingang. Sie ist strekkenweise in den Fels gehauen, teils mit Barockarkaden und Sandsteinplastiken verziert.

Das Schloßmuseum präsentiert eine Schau Wechselausstellungen. Im Sommer ist der Schloßgarten mit seinem terrassenförmig angelegten barocken Rosengarten, einer Gloriette mit Fechterstatuen und einer Sala terrena – einem italienischen Gartensaal –, einen Bummel wert.

Im Stadtteil Podmokly, nahe dem Hauptbahnhof, steht ein ehemaliges Jagdschloß. Heute ist darin das Stadtmuseum untergebracht. Neben gotischer Kunst wird auch die Geschichte der Elbeschiffahrt beleuchtet.

In der Žižkova steht eine pseudoorientalische Synagoge. Es ist die einzige Synagoge in Nordböhmen, die nicht von den Nazis zerstört wurde. Vom Stadtmuseum aus ist sie über die Teplická zu erreichen, dann biegt man rechts in Richtung Zoo ab.

Das Hotel Praha am Ufer der Kamnitz in Hřensko

Auf der linken Elbseite fällt das Sandsteingebirge steil zur Pastýřská stěna (Schäferwand) ab. Blickt man von Norden darauf, wird deutlich, wie die Stelle zu ihrem Namen kam: Man könnte meinen, der obere Fels wurde als Kopf eines ruhenden Schäfers herausgemeißelt. Von der Terrasse der Schäferwand bietet sich ein schöner Blick auf Děčín, das Schloß, die Elbe und die Berge. Das Bergrestaurant erscheint von außen wie eine Miniatur des Schlosses Neuschwanstein.

Postleitzahl: 40502. Touristische Anfragen sind zur Zeit nur per E-Mail möglich: turisti@decin.cz (Infostelle der Stadt Děčín).

Hotel und Restaurant Faust, U Plovárny 43, Tel. 412 51 62 35, Fax 412 59 62 35, www.hotelfaust.cz; DZ 32 bis 40 Euro; in Schloßnähe ruhig an einem Teich gelegen; Restaurant, Garage 7 Euro pro Nacht.

Pension Jana, Teplická 151, Tel. 412 54 45 71, Fax 412 52 70 30; an der Straße von Děčín nach Teplice, drei Kilometer vom Zentrum, in einem großen Garten etwa 50 Meter von der Hauptstraße, mit Restaurant; pro Person 12 Euro.

Rosengarten am Schloß, Mai bis Oktober täglich.

Museum im Schloß, Mi bis So 10 bis 12 und 13 bis 16 Uhr.

Stadtmuseum, třída České mládeže 1/31, Di bis So 9 bis 12 und 13 bis 17 Uhr.

Zoo an der Schäferwand, April bis September 8 bis 18, Oktober bis März 8 bis 16 Uhr.

Die Felsenstädte von Tisá (Tyssa)

Die skurrilen Tiské stěny (Tyssaer Wände) liegen nördlich der Gemeinde Tisá (Tyssa). Ein geologischer Lehrpfad führt die Besucher auf einem sechs Kilometer langen Rundweg sicher durch die versteinerte Märchenwelt. Die rot markierte Strecke führt über die Velké stěny (Großen Wände) zur Touristenhütte Ve Skalách, die an der Straße zwischen Tisá und Sněžník liegt.

›Pilz‹ und ›Schildkröte‹ in den Tyssaer Wänden

Hřensko

Vom S-Bahnhaltepunkt Schmilka-Hirschmühle verkehrt eine Fähre nach Hřensko. Die kleine Gemeinde Hřensko (Herrnskretschen) liegt in einem tief eingeschnittenen Elbeseitental, sie ist gleichzeitig der niedrigste Wohnort Böhmens (115 Meter). Deshalb war der Ort vom Elbehochwasser 2002 besonders stark betroffen. Die an Haupt- und Seitenstraße gelegenen, vorwiegend vietnamesischen Verkaufsstände waren im Nu wieder aufgebaut. Hier herrscht oft ein dichtes Gedränge deutscher Schnäppchenjäger.

Das Viersternehotel Praha war schon früher eine der beliebtesten Herbergen der Böhmischen Schweiz und wurde 1996 nach aufwendiger Rekonstruktion wiedereröffnet. Viele Wochenendausflügler wandern zum berühmten Prebischtor; auch dafür ist Hřensko ein geeigneter Ausgangspunkt.

Informationsdienst Hřensko, Sokolní hnízdo/Pravčicka brána, 40717 Hřensko, Tel./Fax 412 55 42 86, info@cz-tour.cz, www.pbrana.cz.

Hotel Praha, Hřensko 37, Tel. 412 55 40 06, Fax 412 55 41 62, www.hotel-hřensko.cz; am Ortsende Richtung Mezní Louka gelegen, Restaurant, Café, Weinstube, Salon; DZ 80, Apartment 107 Euro.

Pension Větrný mlýn im Dorf Růžová Nr. 286, Tel. 412 55 30 78. Das Dorf liegt an der Nebenstraße von Hřensko nach Srbská Kamenice; Urlaub in einer Windmühle, drei Zimmer, mit Kamin und Antikmöbeln ausgestattet, auch mit Hund willkommen; DZ 40 Euro.

Kahnfahrten in der Stillen Klamm, Tel./Fax 412 55 41 14, von April bis Oktober täglich 9 bis 18 Uhr.

Wanderungen bei Hřensko

Wanderung zur Edmundsklamm/Stillen Klamm (Tichá Soutěska)

Etwa einen Kilometer nördlich des Dorfs Hřensko hat die Kamnitz eine canyonartige Felsklamm mit bis zu 150 Meter hohen und zum Teil überhängenden Sandsteinwänden geschaffen. Knapp ein Kilometer der Klamm kann nur mit dem Boot befahren werden, von April bis Anfang Oktober stehen die Kapitäne mit ihren Kähnen zur Verfügung. Ähnlich geht es westlich der Stimmersdorfer Brücke (Mezní můstek) zu, hier heißt das Engtal Wilde Klamm (Divoká Soutěska). Auf 450 Metern kommt man nur mit dem Kahn weiter.

Von der ›Endhaltestelle‹ am Wasser führt ein schöner Wanderweg über Mezná (Stimmersdorf) und Mezní Louka (Rainwiese) in 90 Minuten zum Prebischtor.

Wanderung von Hřensko zum Prebischtor

In Hřensko folgt man anfangs dem Flußlauf der Kamnitz, schwenkt dann aber auf die Straße nach links ab. Nach eineinhalb Kilometern Asphalt führt der Wanderpfad links der Straße in den Fichtenwald. Auf ständig ansteigender Strecke erreicht man nach vier Kilometern das Prebischtor (Pravčická brána). Inzwischen wirbt man mit dem Spruch: ›Beeilen Sie sich, ich bleibe hier nicht ewig‹. In 10 000 Jahren könnte die Erosion soweit fortgeschritten sein, daß das Tor durch natürliche Prozesse abgetragen ist. Im Laufe der Jahrmillionen entstand das Tor durch die Erosion des Standsteins. Schon seit 1982 darf der Torbogen nicht mehr betreten werden. Das größte Sandsteintor Europas ist 21 Meter hoch und 25,5 Meter breit. Weltweit sind nur zwei ähnliche Naturgebilde in den USA etwas größer. Der schönste Blick auf das Prebischtor und seine Umgebung bietet sich von der Felsterrasse, die man über viele Stufen erreicht. Vor dem Tor wird Eintritt kassiert.

Das ehemalige Hotel Falkennest (Sokolí hnízdo) wurde 1892 erbaut und blieb beinahe unverändert erhalten. Zur Zeit wird aber nur ein Imbiß geboten.

Nach Mezní Louka verläuft der Weg fast ständig sanft bergab. Das Hotel und Ausflugsrestaurant in Mezní Louka ist an Wochenenden trotz relativ hoher Preise dicht umlagert. Wer mit dem Auto anreist, sollte auf Hotels und Restaurants im zwei Kilometer entfernten Mezná ausweichen.

Postleitzahl: 40716.
Infodienst Jetřichovice, Nr. 393, Tel. 412 55 42 86, info@jetrichovice.cz, www.jetrichovice.cz.

Hotel Bellevue, Nr. 106, Tel. 412 55 50 22; Restaurant, Weinstube, Sauna; DZ 24 Euro.
Pension Švýcarský dvůr; Übernachten im Umgebindehaus, Restaurant, Weinstube; DZ 32 Euro.
Pension Dřevák, Tel. 412 55 50 15; Familienpension im Dorf, Restaurant, Weinstube; DZ 35 Euro.
Pension Na výsluní, Jetřichovice Nr. 125, Tel. 412 55 53 36, DZ 22 Euro.
Hotel Zámeček, im Nachbarort Rynartice; ehemaliges Jagdschloß, neu rekonstruiert, luxuriöse Zimmer, Restaurant, Parkplatz, Schwimmbecken, Sauna, Türkisches Bad, Fahrradausleihe; DZ 51 Euro.
Pension Stará hospoda im Dorf Doubice, Tel. 413 38 14 32, hospoda@doubice.cz; Übernachtung im Umgebindehaus, weithin bekanntes Gasthaus, vor allem schmackhafte Wildgerichte, Mountainbikeverleih; DZ 23 Euro.

Kamenický Šenov

Das Städtchen Kamenický Šenov (Steinschönau) liegt an der Straße zwischen Kamenický Šenov, Děčín und Nový Bor (Haida) am Fuße des Lausitzer Gebirges (Lužické hory). Im östlichen Stadtteil Prácheň befindet sich der bekannte Felsen Panská skála (Herrenhausfelsen), vom Parkplatz an der Straße über einen Wiesenpfad nach etwa 200 Metern zu erreichen. Die an überdimensionale Orgelpfeifen erinnernden fünf- und sechseckigen Basaltsäulen erscheinen wie eine ›Steinerne Orgel‹, es sind die größten Europas. Der Felsen gilt auch als das schönste Beispiel für das Spaltungsvermögen des Basaltgesteins.

Europas größter Basaltaufschluß: Die Herrenhausfelsen bei Kamenický Šenov

1724 begann man in Steinschönau mit der Produktion von prunkvollem Kristallglas und der Handfertigung von Behanglüstern. Hier entstehen noch immer Lüster aus böhmischem Kristallglas, auch Unikate für Kunden in der ganzen Welt.

Infozentrum Nový Bor, T.G. Masaryka 46, Tel./ Fax 487 72 68 15.

Parkhotel, Žižkova 269, Tel. 487 72 31 63, www.parkhotel.clnet.cz, DZ 73 Euro.

Glasmuseum, Osvobození 69, November bis März Di bis So 9 bis 12 und 13 bis 16, sonst bis 17 Uhr.

Sloup

Drei Kilometer südöstlich von Nový Bor sind die Reste der Burg Bürgstein (heute Sloup) zu sehen, die im 14. Jahrhundert in einen Sandsteinblock gehauen wurde. Die Anlage befand sich am Handelsweg zwischen Meißen und Zittau. Im 15. Jahrhundert unternahm der Raubritter Pancíř von hier aus Raubzüge in die Oberlausitzer Städte. Ab 1680 zogen Einsiedler in die Felsenburg, angeblich erfand einer von ihnen die Brille. 1785 verlangte Kaiser Josef II. den Auszug der Einsiedler. An der Burgzinne seht heute eine Mönchsfigur, die mit dem Fernrohr Ausschau hält.

Rumburk

Das Städtchen Rumburk (Rumburg) besitzt die nördlichste Loretto-Kopie Europas. Das Kunstwerk entstand von 1704 bis 1707 im Areal des einstigen Kapuzinerklosters. Baumeister Hildebrandt hielt sich genau an die Ausschmückung des italienischen Originals. Allerdings mußte man hier mit Sandstein statt kanarischem Marmor vorliebnehmen. Innen befindet sich eine geschwärzte Figur der Mutter Gottes mit dem Kind. Rund um die Santa casa führt ein Kreuzgang mit 14 großen Bildern, die Motive aus dem Kreuzweg darstellen. Nahe der Stadt erhebt sich der Berg Dýmník (Rauchberg) mit Aussichtsturm und nahegelegenem gleichnamigen Gasthaus. Der Rundblick umfaßt viele Gipfel des Lausitzer Gebirges sowie der Böhmisch-Sächsischen Schweiz. Von hier sieht man auch die benachbarten Aussichtstürme auf den Bergen Jedlova (Tannenberg) und Vlčí hora (Wolfsberg), ebenfalls lohnenswerten Ausflugszielen.

Informationszentrum Loreta Rumburk, třída 9. května 149/27, 40801 Rumburk, Tel./Fax 412 33 45 36, loreta@sluknovsko.cz.

Berggasthof Dýmník, Tel. 412 33 22 10; www.dymnik-rauchberg.cz, DZ 27 bis 40 Euro.

Loretoheiligtum, im Sommer täglich von 8 bis 17 Uhr, im Winter täglich außer So von 8 bis 16 Uhr geöffnet, Gottesdienste Mo und Do um 18 Uhr, Mi um 18 Uhr.

Jiřetín pod Jedlovou

Das Bergstädtchen Jiřetín pod Jedlovou (St. Georgenthal) wurde 1998 für seine Denkmalschutzbemühungen als ›Ort des Jahres‹ ausgezeichnet. So wurde der Kreuzweg auf den Kreuzberg wunderbar restauriert. Südlich der Gemeinde ragt die Ruine der Burg Tollenstein (Tolštejn) empor. Von oben genießt man eine malerische Aussicht auf den Tannenberg und die Ortschaft Jiřetín.

Seit 1891 steht auf dem Tannenberg (Jedlová) ein steinerner Aussichtsturm mit Bergbaude. Elemente des Turms wurden den Umgebindehäusern nachempfunden, die als Markenzeichen der Oberlausitz gelten. Seit 1993 ist der rekonstruierte Turm wieder ein sehr beliebtes Ziel. Im Winter tummeln sich die Abfahrtsläufer an den Hängen des Tannenberges.

Infocentrum Tollensteiner Herrschaft, nám Jiřího 300, 40756 Jiřetín pod Jedlovou, Tel./Fax 412 37 93 36, informace@tolstejn.cz.

Chata Setuza, Jedlová 26, Tel./Fax 412 37 92 02.

Bergbaude Jedlová hora, Tel. 601 20 91 57, täglich geöffnet von 9 bis 21 Uhr.

Silberbergbaumuseum mit Besucherstollen im Tal Milířka, April, Mai, September und Oktober nur Sa/So 10–16 Uhr, Juni bis August außer Mo 9–14 Uhr.

Jablonné v Podještědí

Um 1250 wurde in Deutsch Gabel (heute: Jablonné v Podještědí) ein Dominikanerkloster gegründet. Stifter waren Zdislava von Löwenberg und ihr Mann Havel. Das mildtätige Leben der Frau brachte ihr schon zu Lebzeiten den Beinamen ›Mutter der Armen‹ ein. Sie kümmerte sich aufopferungsvoll um Kranke im benachbarten Spital. Zdislava starb 1252 und wurde in der Gruft der Hl. Laurentiuskirche bestattet. Stadt und Kloster wurden während der Hussitenkriege sowie im Dreißigjährigen Krieg verwüstet. Beim Wiederaufbau des Konvents wurde auch die Errichtung einer neuen Kirche beschlossen. Die monumentale St. Laurentiuskirche wurde zwischen 1699 und 1729 errichtet und gilt als ein Meilenstein in der Entwicklung mitteleuropäischer Barockarchitektur. Ganz offensichtlich ließ sich der Baumeister von der Hl. Laurentiuskirche in Turin inspirieren.

Die Verehrung für die ›Mutter der Armen und Patronin der Familien‹ hat sich über die Jahrhunderte erhalten. Die Pilgersaison dauert von Mai bis Oktober. Papst Pius X. sprach Zdislava 1907 selig, Papst Johannes Paul II. 1995 heilig. Gleichzeitig wurde die Kirche des Hl. Laurentius und der Hl. Zdislava zur päpstlichen Basilika minor erhoben. Seit 1990 sind im Kloster wieder Domikanermönche tätig.

Pension und Restaurant Český lev, nám. Míru 158, Tel./Fax 487 76 28 00; historisches Haus am Markt nahe der Kirche, gute Küche, täglich 10 bis 22 Uhr.

Dominikanerkloster, Tel. 487 76 21 05; Führungen Mai bis Oktober Di bis So 9, 10, 11, 14, 15 und 16 Uhr, April und Oktober nur Sa und So 13 bis 16 Uhr.

Kirche des Hl. Laurentius und der Hl. Zdislava in Jablonné v Podještědí

Das Lausitzer Gebirge

Lauschebaude (Chata Luž) unterhalb der Lausche

Der höchste Gipfel des Lausitzer Gebirges (Lužické hory) ist die Lausche (Luž).

Ab der Lauschebaude (Chata Luž) in Horní Světla (Oberlichtenau) führt der Weg anfangs auf einem breiten Fahrweg, später durch Buchenhochwald und über Serpentinen zum Gipfel. Auf dem Berg, 793 Meter hoch, verläuft die böhmisch-sächsische Grenze. Das Landschaftspanorama ist bei günstiger Witterung überwältigend. Nur Fundamentreste blieben vom einstigen Berggasthof erhalten, er fiel im Januar 1946 einem Brand zum Opfer.

Das Dorf Krompach (Krombach) ist durch einen Fußgängergrenzübergang mit dem sächsischen Kurort Oybin (Ortsteil Hain) verbunden. Neben vielen Umgebindehäusern lassen sich hier die ältesten Bäume des Landes entdecken: An der Straße zum Hochwald stehen Eiben, deren Alter auf über tausend Jahre geschätzt wird.

Auf dem Hochwald (Hvozd) steht die deutsche Hochwaldbaude. Wer sich einmietet, kann von hier prächtige Sonnenauf- und -untergänge erleben.

Lauschebaude (Chata Luž), Horní Světla, Tel. 487 75 41 44; gemütliches Gasthaus, gutes und preisgünstiges Essen, einfache Unterkunft mit Frühstück; pro Person 7 Euro.
Lužická bouda, Horní Světla 81, Tel. 487 75 41 57; in einem Umgebindehaus mit kleinem Gasthaus und rustikalen Freiluftplätzen am Wanderweg nach Waltersdorf, pro Person 12 Euro.
Hochwaldbaude in Sachsen, Tel. 03 58 44/702 32.

Doksy

Zum Gedenken an den Romantiker Karel Hynek Mácha, der die zauberhafte Landschaft südöstlich von Česká Lípa (Böhmisch Leipa) in mehreren seiner literarischen Werke bedachte, gab man ihr nach 1945 den Namen Máchův kraj (Mácha-Land).

Die meisten Touristen kommen zum Máchovo jezero (Hirschberger Großteich), einem Bade- und Segelparadies, der von grünen Hügeln und der Silhouette der Burg Bösig umrahmt ist. Das Gewässer ist knapp 300 Hektar groß und entstand schon im 14. Jahrhundert durch Anstau eines Moores. Über 40 Jahre war der See das Ferienparadies der Werktätigen. Inzwischen ist es in den beiden Urlaubszentren Doksy (Hirschberg) und dem benachbarten Staré Splavý (Thammühl) ruhiger geworden, die einstigen Betriebserholungsheime haben sich in der Zwischenzeit in Hotels verwandelt.

Zwischen Doksy und Staré Splavý verkehrt im Sommer ein Ausflugsdampfer der ›Weißen Flotte‹, die Überfahrt dauert nur zehn Minuten.

Wanderung von Doksy zur Burg Bezděz (Bösig)

Von Doksy führt der rot markierte Mácha-Weg vorwiegend durch Kiefernwald über etwa sieben Kilometer weiter zur Burg Bösig. Der Wanderweg bis an den Fuß der Burg ist mühelos, der Aufstieg über einen steinigen Pfad dagegen ziemlich schweißtreibend. Die Ringmauer besitzt noch schöne Zinnen mit Satteldächern.

Die Königsburg Bezděz stammt aus dem 13. Jahrhundert, und dank ihrer malerischen Lage und der unverfälschten Architektur nimmt sie unter den vielen böhmischen Burgen eine Sonderstellung ein. Ab 1633 diente die Anlage als Kloster, nach dessen Auflösung im Jahr 1785 wurden die Mauern verlassen. Schon seit Mitte des 19. Jahrhunderts kümmern sich Restauratoren um den Erhalt der Königsburg, weshalb sie heute ein vorzügliches Beispiel frühgotischer Architektur darstellt. Die Burgkapelle besitzt eine längliche viereckige, im Osten fünfseitig geschlossene Form. Der königliche Palast ist zweistöckig, der teilweise in den Fels eingelassene Burggrafenpalast einstöckig. Der vierzig Meter hohe Burgturm wurde jüngst umfassend saniert und ist wieder zugänglich.

Die Rückfahrt nach Doksy ist mit Bus oder Bahn möglich, der Bahnhof liegt zwei Kilometer südlich der Burg.

Informationszentrum Doksy, nám. Republiky 191, 47201 Doksy, Tel./Fax 487 87 20 67, infocentrum@doksy.com, www.doksy.com.

Bellevue, Máchova 129, Tel. 487 87 35 16, Fax 487 87 35 17, www.hotelbellevue.cz; Restaurant, Mountainbikeverleih, Reiten und Kutschfahrten; DZ 33 Euro.

Hotel Grand, Máchova 434, Tel. 487 88 30 00, www.grand-doksy.cz; neu eröffnetes Haus im Zentrum, Restaurant; DZ 38 bis 60 Euro.

Mácha-Museum, Českolípská 150, April und Oktober Sa, So von 9 bis 12 und von 14 bis 17 Uhr, von Mai bis September von Di bis So von 9 bis 12 und von 14 bis 17 Uhr.

Burg Bezděz, im April und September Sa, So von 9 bis 16 Uhr, von Mai bis August von Di bis So von 9 bis 17 Uhr.

Staré Splavy

Beinahe vor der Hoteltür lädt der Mácha-See zum Bad am breiten goldgelben Strand ein. Vom Seeufer eröffnet sich dem Betrachter ein unvergeßlicher Anblick auf das von grünen Hügeln gesäumte Wasser mit dem Panorama der Burg Bezděz. Die zwei kleinen Inseln inmitten des Sees heißen Mysí zámek (Mäuseschloß) und Kachní ostrov (Enteninsel). Die Jugend trifft sich im Strand-Restaurant zur allabendlichen Diskothek. Im Erholungsort gibt es viele Cafés, Restaurants und Bierstuben.

Pension und Gasthaus U Tomáše, Tel. 487 87 32 60. Bestes Gasthaus und Weinstube weit und breit, der Gastraum ist teilweise in den anstehenden Sandstein gehauen, man sollte unbedingt Plätze vorbestellen, täglich geöffnet ab 17 Uhr; DZ 23 Euro.

Surfer auf dem Mácha-See

Wanderung ins Kummergebirge

Neben der Roten Armee war auch das tschechische Militär auf großen Arealen unweit vom Máchasee präsent. Nördlich des Gewässers unterhielten die tschechoslowakischen Streitkräfte ein großes Sperrgebiet im Gebirge Hradčanské stěny (Kummergebirge), das aber nur in Kernzonen genutzt wurde. Jetzt lädt die beinahe unberührte Landschaft wieder zum Entdecken ein. Das Sandsteingebirge ragt direkt am Seeufer empor und wird im Norden von den malerischen Flußschleifen der Ploučnice (Polzen) begrenzt. Noch in den 1940er Jahren gab es hier ein dichtes Netz von Touristenwegen. Ein historischer Wanderführer aus dem Jahre 1892 vermerkt: »Dieses malerisch zerklüftete Gebirgsland, wo Laub- und Nadelwald mit schönen kühlen Tälern und dicht bewaldeten Bergrücken wechselt, gehört zu den lieblichsten Gegenden in Böhmen. Man kann hier 500 Jahre alte Buchen und Fichten finden. So schöne Bäume sind nur selten zu sehen.«

Vom Dorf Hradčany (Kummer) verkehrt nachmittags ein Bus zurück nach Doksy. Vorher kann man im nahegelegenen Teich noch ein Bad nehmen, die Badestelle befindet sich am Nordufer.

Zákupy

Der Ort Zákupy (Reichstadt) liegt sieben Kilometer östlich von Česká Lípa. Das gleichnamige Schloß stammt aus dem 16. Jahrhundert, später erhielt das Gebäude ein barockes Antlitz.

Im Jahr 1815 wurde der einzige legitime Sohn von Kaiser Napoleon Bonaparte – Napoleon I. – als Napoleon II. ausgerufen. 1818 erhielt er die böhmische Herrschaft Reichstadt und gleichzeitig den Titel des Herzogs von Reichstadt zuerkannt, stand aber bis zu seinem Tod unter Arrest des österreichischen Kaisers. Er starb 1832 als 21jähriger an Tuberkulose und war nie in Reichstadt gewesen.

Für den abgedankten österreichischen Kaiser Ferdinand V. wurde das Schloß zur Sommerresidenz teilweise im Neu-Rokoko umgestaltet; aus dieser Zeit stammt die wertvolle Innenausstattung im zweiten Stock. Aufmerksamkeit erregen besonders die farbenprächtigen Malereien von Josef Navrátil, Rokokodecken, Stukkaturen von J. Effenberger sowie schöne Möbel aus edlen Hölzern wie Mahagoni und Nußbaum. Am 1. Juli 1900 heiratete der Thronfolger Franz Ferdinand d' Este die Gräfin Sophie Chotek in der Schloßkapelle.

Schloß Zákupy, im April und Oktober Sa, So von 9 bis 15 Uhr, von Mai bis September von Di bis So von 9 bis 16 Uhr.

Liberec

Liberec (Reichenberg) ist ein Zentrum der Euroregion Neiße und liegt an der Lausitzer Neiße. Große Verdienste um die Stadtentwicklung erwarb sich der legendäre Herzog Albrecht von Waldstein (Wallenstein), dem Reichenberg ab 1622 gehörte. Er gründete die Neustadt, die ihren ursprünglich weitläufigen Charakter bis heute bewahrt hat. Reichenberg wuchs zur zweitgrößten Stadt Böhmens und war die größte Stadt im sudetendeutschen Siedlungsgebiet. Zwischen 1938 und 1945 war Reichenberg das administrative Zentrum des von Deutschland besetzten Sudetenlandes. Unter den 100 000 Einwohnern leben heute noch etwa 4000 Deutsche.

An der Straße vom Hauptbahnhof zum Soukenné nám. (Tuchmarkt) steht auf halber Strecke am Neißeufer das zweistöckige Umgebindehaus ›Scholzens Haus‹ (Šolc dům) aus dem Jahre 1771. Einst war es im Besitz des Tuchhändlers Friedrich Scholz, jetzt befinden sich hier die Arbeitsräume der Verwaltung des Landschaftsschutzgebietes Isergebirge.

Vom Soukenné nám. führt die schmale Pražská (Prager Straße), die beliebteste Einkaufs- und Bummelmeile, hinauf zum Altstädter Platz. Dort steht eine verkleinerte Nachbildung des Wiener Rathauses, zwischen 1888 und 1893 im Pseudorenaissancestil errichtet. Beide Projekte stammen vom Wiener Architekten Franz Ritter von Neumann. Der schlanke Hauptturm ist 65 Meter hoch und für Touristen

Das Stadttheater in Liberec

zugänglich. Die farbigen Bleiglasfenster sowie zwei Deckengemälde von Andreas Groll gehören zu den Sehenswürdigkeiten. Ein Bild in der zweiten Etage über der Treppe stellt die Tuchproduktion dar.

Das Hotel Praha im Jugendstil an der Nordwestseite und mehrere Laubenhäuser tragen zur besonderen Atmosphäre des Platzes bei. Nördlich des Rathauses

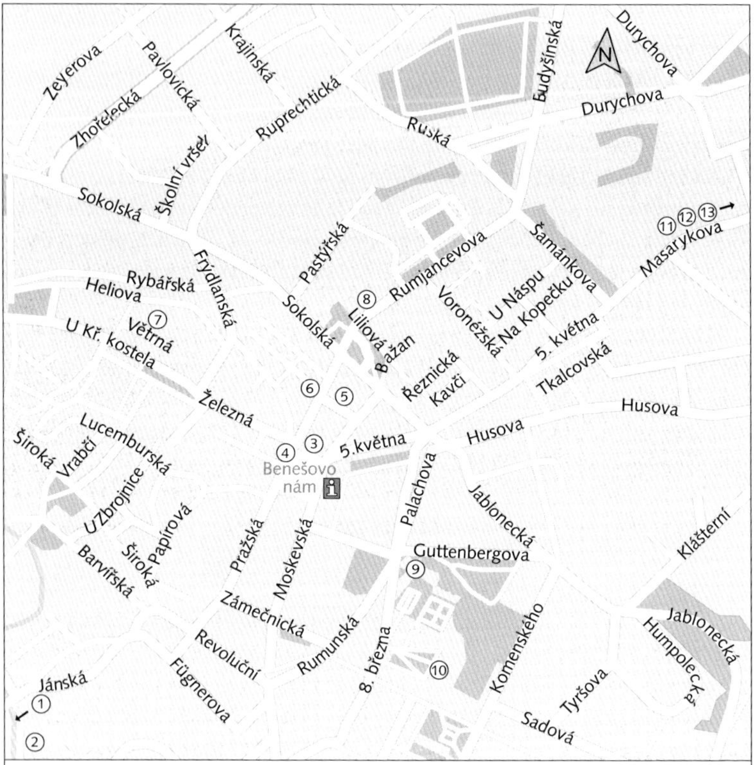

Liberec

Legende

1 Bahnhof
2 Scholzens Haus
3 Rathaus
4 Hotel Europa
5 Stadttheater
6 Café Post
7 Wallensteinhäuser
8 Wissenschaftliche Bibliothek
9 Schloß
10 Regionalgalerie
11 Nordböhmisches Museum
12 Zoo
13 Botanischer Garten

befindet sich das Theater F. X. Šalda, 1881 bis 1883 von Fellner und Helmer erbaut. Imponierend ist der üppige Fassadenschmuck aus Sandstein.

Das benachbarte Café Post (kavárna Pošta) im Stil eines Wiener Kaffeehauses erinnert mit üppigem Neorokoko, verzierten Wandfliesen, vergoldetem Stuck, zeitgenössischem Mobiliar und riesigen Spiegeln noch sehr eindrucksvoll an die einstige k.u.k.-Atmosphäre um die vorletzte Jahrhundertwende.

›Scholzens Haus‹ ist ein schönes Beispiel für den Typus des Umgebindehauses

In der westlich des Markts gelegenen Větrná ulička (Windgasse) blieben drei zweistöckige Laubenhäuser mit Fachwerk erhalten; sie sind die ältesten Architekturdenkmäler der Stadt. Die ›Wallensteinhäuser‹ (Valdštejnské domky) wurden zwischen 1678 und 1681 errichtet. Daher ist ihr Name historisch gesehen nicht exakt, denn Albrecht von Waldstein wurde bereits 1634 ermordet. In ihnen wohnten früher Handwerker und Tuchmacher.

Der moderne Neubau der Wissenschaftlichen Bibliothek nördlich vom F. X. Šalda-Theater ist eine Fundgrube für alle Sudetenland-Interessenten. Die historische Sammlung sudetendeutscher Literatur umfaßt etwa 12 000 Bücher und viele Zeitschriften (www.kvkli.cz). Die Bibliothek wurde als ›Bau der Versöhnung‹ eröffnet und steht unter der Schirmherrschaft der Präsidenten der Tschechischen Republik und der Bundesrepublik Deutschland. Im Gebäude befindet sich eine neue Synagoge. Der Andachtsraum soll dem Besucher bewußt machen, daß Menschen verschiedener Konfessionen und Kulturen schon seit Jahrhunderten hier gelebt haben, heute hier leben und die Zukunft mitgestalten werden.

Fernsehturm, Berghotel und -restaurant auf dem Jeschken

Südöstlich des Markts steht das einstige Schloß der Grafen Redern, später in den Besitz der Grafen Clam-Gallas übergegangen. Die Schloßkapelle von 1604 im Renaissancestil ist mit kunstvollen Schnitzarbeiten ausgeschmückt. Heute dient das Schloß als Ausstellungsraum für eine Glasmusterschau mit Erzeugnissen sämtlicher Glasbetriebe des Landes. Die ›Märchenwelt des Glases‹ gilt als größte Glasausstellung der Welt. Momentan ist die gläserne Pracht leider nicht für die Öffentlichkeit zugänglich. Interessenten sollten sich in der Stadtinformation nach dem aktuellen Stand erkundigen.

Die Regionalgalerie befindet sich in der einstigen Villa des Textilunternehmers Johann Liebig. Dic Sammlung umfaßt Werke niederländischer Malerei des 16. und 18. Jahrhunderts, französische Landschaftsmalerei des 19. Jahrhunderts, deutsche und österreichische Gemälde aus dem 19. Jahrhundert sowie tschechische Malerei des 20. Jahrhunderts. Daneben finden auch Sonderausstellungen statt.

Das Nordböhmische Museum wurde 1873 gegründet. In den Jahren 1897/98 im neuromanischen Stil erbaut, sind heute Sammlungen von Orient- und Bildteppichen, Glas, Porzellan und Textilien zu besichtigen. Archäologie, Historie, Naturwissenschaft, angewandte Kunst und Fotografie sind weitere Ausstellungsthemen.

Der Zoologische Garten wurde 1906 eröffnet und ist damit die älteste Anlage in Böhmen. Zu den Attraktionen gehört das einzige in Europa lebende weißbauchige Kamtschatka-Adlerpaar, weiße Tiger, Pinguine im Glasbassin, Giraffen, Nashörner und ein schöner Tropenpavillon. Gleich nebenan sind im Botanischen Garten unter 4500 Quadratmetern Glas einige Kostbarkeiten zu entdecken, so 7500 Arten von tropischen und subtropischen Pflanzen, viele Orchideenarten, der älteste europäische Bonsai, ein 200jähriger Chinesischer Wacholder und 250jährige Kamelien. In den Außenanlagen befinden sich ein Alpengarten mit nordböhmischer Flora, Rosen und weitere 1500 Pflanzenarten. Der Botanische Garten wurde 1876 eingeweiht und besitzt heute zwölf zusammenhängende Gewächshäuser.

Das Familien-, Freizeit-, Gastronomie- und Einkaufszentrum Babylon ist die neueste Errungenschaft und ein ›Städtchen in der Großstadt‹. Auf dem Gelände einer ehemaligen Textilfabrik nahe dem Hauptbahnhof entstand das größte Erlebnisbad im Lande. Der Aquapark ist überdacht und besteht aus drei zusammenhängenden Schwimmhallen mit Rutschen, Sauna, Solarien, Dampfbädern, Whirlpools und Grotten mit Unterwassermusik. Der Lunapark wurde im Stil eines altböhmischen Kirmesplatzes gestaltet. Aber das Ganze umfaßt auch ›neumodische‹ Unterhaltungen wie ein Autodrom und Laserspiele, Bowlingbahn, Diskotheken und die Spielhalle ›Las Vegas‹. Das Einkaufzentrum umfaßt sechzig Läden in kleinen Häuschen. Übernachten kann man gleich nebenan im Viersternehotel Babylon.

Jedes Jahr Anfang Februar startet im nahegelegenen Bedřichov (Friedrichswald) der 50-Kilometer-Skimarathon ›Jizerská padesátka‹ zum Gedenken an die verunglückten tschechischen Alpinisten bei der Peru-Expedition im Jahr 1970.

Ještěd

Der Fernsehturm mit Berghotel auf dem Jeschken ist das Wahrzeichen von Liberec. Der Architekt K. Hubáček wurde dafür mit dem Perret-Preis ausgezeichnet.

Mit der Straßenbahnlinie Nr. 2 fährt man bis zur Endhaltestelle Horní Hanychov. Zehn Minuten läuft man von hier bis zur Talstation der Kabinenseilbahn. Sie bringt Besucher schnell auf den 1012 Meter hohen Gipfel. Die Bahn verkehrt Di bis So jede volle Stunde von 8 bis 19 Uhr, bei großem Andrang auch häufiger, Mo nur von 14 bis 19 Uhr. Bei gutem Wetter bietet sich eine herrliche Rundsicht. Im modernen Berghotel befindet sich auch ein Restaurant

Postleitzahl: 46001. Stadtinformation, nám. Dr. E. Beneše 2/32, Tel. 485 10 17 09, Fax 485 24 35 89, mic@infolbc.cz, www.infolbc.cz.

Grandhotel Zlatý lev, Gutenbergova 3, Tel. 485 25 67 00, Fax 482 71 02 70, www.zlatylev.cz. Luxushotel von 1906, seinerzeit eines der schönsten Hotels der Habsburger Monarchie, zentral gelegen, mit Grand Restaurant Zlatý lev, 11 bis 23 Uhr, und Restaurant Anton Worf, Mo bis Fr 11 bis 14 Uhr, Café Zlatý lev, 10 bis 23 Uhr, Bierstube; DZ 66 bis 83 Euro.

Hotel Praha, Železná 2/1, Tel. 485 10 26 55, Fax 485 11 31 38. Jugendstilhaus von 1905 am Markt, mit Restaurant, Café und Casino; DZ 53 Euro.

Hotel Valdštejn, Letná 76, Tel. 485 34 01 11, Fax 482 71 04 87, www.valdstejn.cz; Restaurant, Café; DZ 45 bis 62 Euro.

Café kavárna Pošta (Zur Post), nam. Beneše 24, Mo bis Fr ab 9, Sa und So ab 10 Uhr, auch Restaurant.

Rathaus, Turm nur April bis September Sa, So 9 bis 12 und 13 bis 16 Uhr.

Regionalgalerie (Oblastní galerie), U tiskárny 1, Di bis So 10 bis 18 Uhr, www.ogl.cz.

Nordböhmisches Museum, Masarykova 11, Di bis So 9 bis 17 Uhr.

Zoo, Masarykova 1347/31, www.zooliberec.cz; täglich 8 bis 17.30, im Winter 8 bis 16.30 Uhr.

Botanischer Garten, Purkyňova ul. 3; täglich 8 bis 18 Uhr, im Winter bis 17 Uhr.

Theater F. X. Šalda, Zhořelecká 344/5, Tel. 485 10 41 84, Fax 485 10 41 81, www.saldovo-divadlo.cz.

Konzerte im Casta club, Tržní nám. 11, Tel. 485 10 58 37, www.castaclub.com.

Centrum Babylon Liberec mit Aquapark, Nitranská 1, www.babylon-lbc.cz; täglich 10 bis 22 Uhr.

Frýdlant v Čechách

Das Städtchen Frýdlant v Čechách (Friedland in Böhmen) kuschelt sich in eine hügelige Landschaft, dahinter ragt der gewaltige Wall des Isergebirges auf.

Im 16. Jahrhundert erwarb die Familie Rädern die Burg Friedland, die auf einem Basalthügel über dem Fluß Wittig aufragt, und beauftragte den Italiener Marco Spazzio di Lancio, unterhalb der Feste ein Renaissanceschloß zu errichten. 1625 kamen Burg und Schloß in den Besitz des Heerführers Albrecht von Waldstein (Wallenstein). Der österreichische Kaiser erhob Wallenstein zum Herzog von Friedland. Wegen ständiger militärischer Präsenz war Wallenstein in neun

Hoch über der Stadt thront Burg Frýdlant

Jahren aber nur viermal auf der Feste anwesend. Nach dem Attentat mit tödlichem Ausgang im Jahre 1634 zogen die Grafen Gallas ein, ab 1759 und bis 1945 ihre Nachkommen, die Familie Clam-Gallas.

Die Besichtigung ist nur mit Führung möglich. Besucher schreiten über die Zugbrücke und durch die Barbakane in den großen Schloßhof. Anläßlich des 300. Jahrestages der Ermordung Wallensteins wurde hier ein Denkmal mit seinem Abbild aufgestellt. Heute erinnern die alljährlich zu Pfingsten stattfindenden Wallenstein-Festtage an den Herzog.

Im Jahr 1801 wurde in der oberen Feste das erste Burgmuseum Mitteleuropas eröffnet. Neben der Waffensammlung im Räderschen Zeughaus sind hier auch die Ahnengalerie und 200 Tabakspfeifen zu sehen. Die Schloßbesichtigung beginnt im Dachgeschoß, die ehemaligen Gästezimmer sind erst seit 2001 zugänglich. Damen-, Herren- und Empfangssalons gefallen wegen ihrer üppigen Pracht und Originalität. Im Kinderzimmer ist entzückendes Spielzeug zu bestaunen, in der Schloßküche viel blitzblank geputztes Kupfergeschirr. Die kleine Gemäldegalerie besitzt Werke von Peter Brandl, W. L. Reiner und Karel Škréta.

Am Markt mit stattlichem Neorenaissance-Rathaus stehen Giebelhäuser aus dem 16. und 17. Jahrhundert. Das Trotzhaus an der Mitte der südlichen Marktbegrenzung, heute eine Filiale der Komercní banka, wurde auf Anweisung der eigensinnigen Katharina von Rädern in Abweichung der eigentlichen Häuserflucht drei Meter weiter in den Markt hinein errichtet.

In einem Umgebindehaus in der Nähe der Hauptpost am Parkplatz befindet sich eine mechanische Weihnachtskrippe (betlém). Gustav Simon (1873–1953) war 60 Jahre mit dem Bau dieses Wunderwerks beschäftigt.

Postleitzahl: 46401. Stadtinformation, nám. T.G. Masaryka 99, Tel. 482 31 25 52, mic.frydlant@seznam.cz.

Hotel Zámeček, Fučíkova 500, Tel. 482 31 90 64, DZ 25 Euro; im drei Kilometer entfernten Nachbarort Raspenava an der Hauptstraße in einem Herrenhaus mit schönem Park und Swimmingpool, sehr gute Küche, Freiluftplätze, leider dürftiges Frühstück.

Schloßgasthaus Kaplanka; am Eingang zum Schloß Friedland.

Schloß Friedland, ein Rundgang dauert 90 bis 120 Minuten, der andere Rundgang führt in die neue Rüstkammer und dauert 60 Minuten; April und Oktober Di bis So 9 bis 15.30 Uhr, Mai, Juni und September Di bis So 9 bis 16 Uhr, Juli und August Di bis So 9 bis 16.30 Uhr.
Weihnachtskrippe; Di bis Sa 10 bis 16, So 10 bis 14 Uhr.

Hejnice und Lázně Libverda

Vor dem steil aufragenden Isergebirge steht in Hejnice (Haindorf) die barocke Wallfahrtskirche Maria Heimsuchung. Das Gotteshaus entstand nach Plänen von Johann Bernhard Fischer von Erlach zwischen 1722 und 1729 auf den Grundmauern eines Kirchleins aus dem 13. Jahrhundert. Die Pilger streben zur wundertätigen

Das berühmte Riesenfaß in Lázně Libverda

Holzmadonna Maria Formosa (anmutige Maria), die in einem Strahlenkranz vor dem Hauptaltar steht. Der Altar ist nicht echt, sondern eine illusionistische Freske. Nach dem Tod ihres Mannes spendete Wallensteins Frau einen Feldflügelaltar aus dem 15. Jahrhundert, der links neben dem Hauptaltar hinter einem Gitter zu sehen ist. Von 1902 bis 1906 schuf der Wiener Professor Andreas Groll die herrlichen Deckengemälde. Unter der Kirche befindet sich die Gruft der Grafen Clam-Gallas, ehemals die hiesigen Grundbesitzer.

Um die Kirche führt ein frisch rekonstruierter Kreuzgang, teilweise sind die bunten Keramikbilder mit Kreuzwegstationen erhalten geblieben. Im ehemaligen Kloster neben dem Dom befindet sich heute das Internationale Zentrum geistlicher Erneuerung mit Unterkünften für Pilger und Touristen.

Im benachbarten Kurort Lázně Libverda (Bad Liebwerda) blieben Quellpavillons im Rokokostil erhalten. Der ›Liebwerdaer Sauerbrunnen‹ ist wegen seines hohen Kieselsäuregehalts besonders heilkräftig. Im Pavillon des Christianbrunnens kann man kostenlos seine Schnabeltasse oder Trinkflasche auffüllen. Kurgäste und Touristen wandern gern zum Riesenfaß (Obří sud) mit Restaurant, das 1931 oberhalb des Kurortes auf einer Bergwiese erbaut wurde.

Von Liebwerda führt ein Wanderweg – rot markiert – zur Tafelfichte (Smrk), mit 1124 Metern der höchste Gipfel des böhmischen Isergebirges. 2003 wurde dort ein neuer Aussichtsturm eröffnet. Dieser 20 Meter hohe Turm ist frei zugänglich. Von der Tafelfichte geht man noch etwa eineinhalb Stunden bis zum Wittighaus (Smědava). Von April bis September fährt vom Gasthaus Smědava samstags und sonntags um 17 Uhr ein Bus über Hejnice nach Frýdlant. Der Paßübergang ab Smědava nach Souš ist für PKWs nur zwischen 1. Mai und 15. Oktober geöffnet.

Internationales Zentrum geistlicher Erneuerung Hejnice, Tel. 482 36 02 11, neben der Wallfahrtskirche; DZ mit Frühstück 43 Euro.

Restaurant Obří sud, Di bis Sa 9 bis 21, So 9 bis 19 Uhr.

Wallfahrtskirche, täglich 9 bis 16 Uhr; Hauptwallfahrten: 8. Mai, 1. Juli und 2. Juli.

Jizerka

Jizerka (Klein-Iser) ist der höchstgelegene Wohnplatz im Isergebirge (830 bis 1018 Meter). Reisende mit dem Auto kommen aus Richtung Kořenov und Horní Polubný herauf und parken vor dem Verbotsschild am Ortseingang Jizerka.

Im 15. Jahrhundert siedelten sich böhmische Vogelsteller und Köhler an. Später suchten hier Glücksritter aus ganz Europa, in der Mehrzahl Italiener, Gold und Edelsteine. Sie fanden Goldplättchen, blaue Saphire, Rubine und die schwarzen Iserine, die nach ihrem Fundort in der Kleinen Iser (Jizerka) benannt wurden.

Von 1828 bis 1911 florierte in Klein-Iser die Glaserzeugung. Die neuere Glashütte (1866) war bis 1911 in Betrieb und wurde anschließend zur Jugendherberge umgebaut, heute ist hier die Pension ›Sklárna‹ zu finden. Von der älteren Glashütte blieben nur die Grundmauern.

Hochebene bei Jizerka

Im Jahr 1828 wurde für den Hüttenmeister das Herrenhaus errichtet. Das nationale Kulturdenkmal war vom Verfall bedroht, wurde aber inzwischen liebevoll rekonstruiert und dient seit 2003 als Hotel ›Panský Dům‹. Das Gasthaus ›Pyramide‹ bleibt dagegen wegen Umbau bis voraussichtlich Januar 2006 geschlossen. Hinter dem Herrenhaus, in der Alten Schule, wurde ein kleines Heimatmuseum eröffnet. Die Betreuer sprechen deutsch.

Heute wohnen nur wenige ständige Einwohner in Jizerka. Unter ihnen lebte Gustav Ginzel, Weltenbummler und Fotograf, im weltberühmten Misthaus. Das legendäre Haus ist 1995 abgebrannt. Freunde und Sympathisanten spendeten Geld für den originalgetreuen Wiederaufbau. Leider erkrankte Ginzel bald darauf, seither ist das Misthaus geschlossen. Ginzel, ein Sudetendeutscher, lebte seit 1964 in Klein-Iser. Als das Haus in seinen Besitz überging, war es voller Kuhmist - so kam es zu seinem Namen. Freunde des Besitzers nannten das Misthaus liebevoll die ›schönste Rumpelkammer der Welt‹. Ginzel zeigte hier Erinnerungsstücke von seinen Weltreisen.

Hotel Panský Dům (Herrenhaus), Jizerka 20, Tel. 483 38 49 85 (hier auch Auskünfte zur Pension Pyramide), www.dudovi.cz; DZ 40 bis 57 Euro, ab 9 Euro pro Person im 8-Bettzimmer; stilvoll, Sauna mit Whirlpool, Fahrrad-, Ski- und Schneeschuhverleih.
Horská chata Smědava (Wittighaus), Bílý Potok, Tel. 482 32 22 62, smedava@atlas.cz; einfache Übernachtung pro Person 6,50 Euro, Gasthaus täglich 11 bis 19 Uhr, Lage am Paß der Straße Hejnice-Souš/Desná, von Jizerka auf landschaftlich schönem Weg durch die Kleine Iserwiese in etwa 90 Minuten zu Fuß erreichbar.

Heimatmuseum Jizerka (hinter dem Hotel Panský Dům), Sa, So und Feiertage 9 bis 12 und 13 bis 16 Uhr, im Winter bis 15 Uhr.

Jablonec nad Nisou

In der Stadt Jablonec nad Nisou (Gablonz) finden sich einige schöne Bauten im Jugendstil, darunter Wohnhäuser und die altkatholische Kirche zur Hl. Kreuzerhöhung, die von 1900 bis 1902 an der Gebirgsstraße (Podhorská) in Richtung Harrachov erbaut wurde. Im Umfeld der Kirche wurde ein ganzes Wohnviertel im Jugendstil errichtet. Die Podhorská ist die Hauptgeschäftsstraße. Hier ließen sich alle bedeutenden Exportfirmen nieder, viele Gebäude sind noch heute prächtige Beispiele für die Architektur der zwanziger und dreißiger Jahre. Das Neue Rathaus wurde im Stil des Funktionalismus zwischen 1931 und 1933 errichtet. Im Juli und August ist der Rathausturm im Rahmen von Führungen zugänglich.

Seit 1830 werden in Gablonz Glasperlen hergestellt. Man produziert seitdem künstliche Edelsteine, Ohrringe, Arm- und Halsbänder, Perlen und Knöpfe. Bis zur Mitte des 19. Jahrhunderts beherrschte Gablonz den Weltmarkt. Einblicke in die Historie und Gegenwart der Produktion gewährt das Glas- und Bijouterie-Museum. Hier befindet sich auch die mit 220 Metern längste Glasperlenkette der Welt, die von Gablonzer Kunststudenten angefertigt wurde. Das Museum, ein herrliches Gebäude, präsentiert sich ebenfalls im Jugendstil und sieht eher wie ein Schloß aus. Es wurde bis 2003 umfassend rekonstruiert.

Auf den Neudorfer Wiesen am Nordfuß des Černá studnice (Schwarzbrunnkoppe) entspringt die Lausitzer Neiße. Hier beginnt der Oder-Neiße-Radweg, der über Liberec weiter nach Sachsen, Brandenburg und Mecklenburg-Vorpommern bis ans Stettiner Haff führt.

Postleitzahl:46751. Stadtinformation Jablonec nad Nisou, Mírové nám. 19, Jablonec nad Nisou, Tel. 483 35 73 35, Fax 483 31 13 70, www.jablonec.cz.

Hotel Zlatý lev, Kostelní 19, Tel. 483 33 30 00, Fax 483 33 30 13, www.zlatylevjbc.cz. Klassizistisches Gebäude, frisch rekonstruiert, im Stadtzentrum gelegen, mit Restaurant und einem Gartenlokal, luxuriöse und geschmackvoll ausgestatte Zimmer.
Club Hotel Břízky, Průběžná 22, Tel. 483 31 66 62, www.brizky.cz, DZ 55 bis 62 Euro; neues, geschmackvoll eingerichtetes Viersternehaus an der Talsperre.

Glas- und Bijouterie-Museum, Jiráskova 4, von Di bis So von 10 bis 17 Uhr.

Schwimmareal (Plavecký areál), ul. Sv. Čecha 4204 (nahe der Talsperre, an der Straße nach Harrachov); 25 Meter-Becken, Strömungskanal, Rutschen, Sauna; täglich bis 21.30 Uhr, Mo ab 13 Uhr, Di bis Fr ab 6 Uhr, Sa und So ab 10 Uhr.

Malá Skála

Der kleine idyllische Ort Malá Skála (Kleinskal) liegt zwischen den Städten Železný Brod und Turnov am linken Ufer der Iser. Im Umgebindehaus U boučků an der Iserbrücke befinden sich das Informationszentrum, eine Ausstellung zur Geschichte der Region, die Galerie bildender Kunst und eine Weihnachtskrippe. Im rustikalen Wirtshaus scheint die Zeit stehen geblieben zu sein.

Die Felsen Suché skály (Dürren Felsen) über dem Isertal erscheinen wie Mini-Dolomiten. Ursprünglich eine waagerechte Sandsteinplatte, wurde sie beim Heben des Isergebirges von den Naturkräften aufgerichtet. Heute sind die zerklüfteten Felsen ein Kletterparadies. Wer darin keine Übung hat, nimmt den Wanderweg um die Felsen herum. Hier unternahm auch der Turnauer Josef Rakoncaj seine ersten Klettergänge, später wurde er als Bezwinger von 14 Achttausendern im Himalaya weltbekannt.

Von Malá Skála führt ein Wanderweg zum Wranower Kamm. Hoch über der Iser hat man vom Ausichtspunkt Zahrádka (›Gärtchen‹) einen herrlichen Blick zu den Dürren Felsen. Der Weg führt dann zur sogenannten Gletschermühle (Ledovcový mlýn). Zu Urzeiten stürzte die Iser als mächtiger Wasserfall hinab und modellierte das Flußbett.

Burg Wranow (Hrad Vranov) entstand Anfang des 15. Jahrhunderts zum Schutz vor den Hussiten. Anfang des 19. Jahrhunderts kaufte der Fabrikant Römisch die Ruine und errichtete ein romantisches Pantheon. Der Heldensaal enthält die Büsten von drei Kaisern. Leider wurde in den letzten Jahren die Anlage stark vernachlässigt, zum Teil auch beschädigt.

Als nächstes Ziel lockt die Burg Friedstein (Frýdštejn), im 14. Jahrhundert zum Teil auf einem schwer zugänglichen Sandsteinfelsen errichtet. Dominierend wirkt noch immer der 15 Meter hohe Hauptturm; aber auch Teile der Mauern und Reste der in den Fels getriebenen Räume blieben erhalten. Der Verwalter des Schlosses wohnt im unterhalb gelegenen Dorf Frýdštejn. Bei mehreren Besuchern kommt er auch außerhalb der Saison gern mit zur Burg hinauf und öffnet die Türen.

Der Aussichtsturm auf dem Berg Kopanina (Kopain) wurde im Jahr 1894 erbaut, 1936 aufgestockt und mit einer Glasgalerie versehen.

Turnov

Die Stadt Turnov (Turnau an der Iser) ist für ihre Schmuckerzeugung aus böhmischem Granat bekannt. Das Muzeum Českého ráje (Museum des Böhmischen Paradieses) umfaßt Sammlungen der Mineralogie, Geologie, Stadtgeschichte und der Entwicklung der Granatschmuckherstellung. Mikoláš Aleš malte das mit 85 Quadratmetern größte Gemälde Mitteleuropas, eine fiktive Schlacht: ›Niedermachen der Sachsen unter Großskal‹. Am nördlichen Stadtrand steht das Schloß Hrubý Rohozec (Groß Rohosetz). Auf harmonische Weise vereint es unterschiedliche Baustile von Gotik, Renaissance, Barock bis Empire. Einer der vielen Besitzer war Albrecht von Waldstein (Wallenstein). Hier blieben viele originale Einrichtungsgegenstände der letzten Schloßbesitzer erhalten, darunter Möbel-, Glas-, Porzellan- und Gemäldesammlungen, aber auch Waffen.

Drei Kilometer nordöstlich vom Stadtzentrum liegt am Ufer der Iser die Gemeinde Dolánky mit Bahnstation. Das prächtige Schulzengehöft, das Dlask-Gut (Dlaskův statek), stammt aus dem Jahre 1716. Der Landwirt und Volkskundler Josef Dlask (1782–1853) verbrachte hier sein ganzes Leben.

Postleitzahl: 46822. Informationszentrum, Boučkův statek, Tel. 483 39 20 45, Fax 483 39 21 12, www.mala-skala.cz.

Hotel Kavka, Malá Skála 159, Tel. 483 39 24 88, Fax 483 39 25 13, www.hotel-kavka.cz; DZ von 10 bis 30 Euro.
Hotel Skála, Malá Skála 69, Tel. 483 39 22 99, Fax 483 39 23 00, www.hotelskala.cz. Modernes Haus, Restaurant; DZ 25 bis 42 Euro.
Apartments N, Malá Skála 54, Tel./Fax 483 39 20 78, www.neco.iol.cz; pro Person 6 bis 8 Euro.
Autocamp Málá Skála, www.camp-ostrov.info.

Boučkův statek, von Mai bis September von Di bis Fr von 11 bis 17 Uhr, Sa, So von 10 bis 18 Uhr.
Burg Vranov und Burg Frýdštejn, im April und Oktober Sa, So von 9 bis 16 Uhr, von Mai bis September von Di bis So von 9 bis 18 Uhr.

Sychrov

Fünf Kilometer nordwestlich von Turnov lohnt ein Besuch des Schlosses Sychrov, das im 19. Jahrhundert im Stil der romantischen Gotik umgebaut wurde. Besitzer war die Familie Rohan, Emigranten aus Frankreich. Das Schloß ist kostbar ausgestattet, und mit 240 Bildnissen ist hier die größte Portraitsammlung außerhalb Frankreichs zu besichtigen.

Der knapp dreißig Hektar große englische Park mit vielen Gehölzen aus aller Welt wurde im Jahr 1830 angelegt. Das Schloßrestaurant bietet den Besuchern ein angenehmes Ambiente.

Hrubá Skála

Der ›Goldene Pfad des Böhmischen Paradieses‹ (Zlatá stezka Českého ráje) führt vom Marktplatz Turnov in südöstliche Richtung, er ist rot markiert. Nach vier Kilometern erreicht man die Burgruine Waldstein (Valdštejn), die im 13. Jahrhundert auf drei Sandsteinfelsen errichtet wurde. Die Baumeister verstanden es ausgezeichnet, das von der Natur vorgegebene Terrain für ihre Zwecke auszunutzen. Von 1634 bis 1821 war die Burg im Besitz der Grafen Waldstein, die Feste gilt als eine der Wiegen des Adelsgeschlechtes, dem auch Albrecht von Waldstein (Wallenstein) angehörte. Auch der Familienname Waldstein scheint von der Lage dieser Burg abgeleitet: Gewaltige Sandsteinfelsen stehen inmitten schöner Wälder. Innerhalb der Mauern steht die kleine St. Nepomukkirche, 1722 im Barock-

Wildromantische Landschaft: die Felsenstadt Hrubá Skála

stil errichtet. Sehenswert ist die Schloßbrücke, die mit prächtigen Barockplastiken von Josef Jelínek geschmückt ist.

Malerische Sandsteine sind bei Hrubá Skála (Groß-Skal) eine wildromantische Kulisse für eine sogenannte Felsenstadt. Die schmalen Pfade zwischen den steil aufragenden Felsen erinnern tatsächlich an die Gassen einer mittelalterlichen Stadt.

Das ehemals Aehrenthalsche Schloß (Zámek Hrubá Skála) aus dem 19. Jahrhundert wurde viele Jahre als Gewerkschaftserholungsheim genutzt. Heute steht es als Schloßhotel mit Restaurant und Aussichtsturm wieder für alle offen.

Den Weg vom Parkplatz ins Myší díra (Mäuseloch) sollte man nicht versäumen, er führt durch eng beieinander stehende Felsen zu den ›Felsen-Stadtteilen‹ Dračí skály/Zámecká rokle (Drachenfelsen mit Schloßschlucht), zum Kapelník (Kapellmeister), Maják (Leuchtturm) und Údolíčka (Tälchen). Insgesamt zählt das Gebiet um Hrubá Skála etwa vierhundert Sandsteintürme.

Unterhalb der Mariánská vyhlídka (Marienaussicht) findet sich ein Ort stillen Gedenkens. Der symbolische Bergsteigerfriedhof erinnert an tschechoslowakische Opfer in den Gebirgen der Welt, darunter sind die Namen der sechzehnköpfigen Peru-Expedition, die bei einem Erdbeben 1970 ums Leben kam. Nach der Einweihung des Bergsteigerfriedhofs, unmittelbar nach dem Trauergottesdienst für die Verunglückten in der Schloßkapelle am Parkplatz, entgingen auch die Trauergäste nur haarscharf einem Unglück: Die Druckwelle eines Düsenjägers im Tiefflug brachte das Kapellendach zum Einsturz.

Das Arboretum Bukovice ist frei zugänglich, hier wachsen seit fast 150 Jahren urige Fichten, Tannen und ein imposanter Tulpenbaum. Vom nahegelegenen Ort Sedmihorky fahren Busse und Züge wieder zurück nach Turnov. Man kann auch auf roter Markierung weiter bis zur Burgruine Trosky wandern, von Hrubá Skála sind das fünfeinhalb Kilometer.

Trosky

Im Herzen des Böhmischen Paradieses steht die Burgruine Trosky. Da die beiden Basalttürme fast von überall her sichtbar sind, gilt die Feste auch als Wahrzeichen

Die Burgruine Trosky ist das Wahrzeichen des Böhmischen Paradieses

des Böhmischen Paradieses. Von dem vor über 50 Millionen Jahren aktiven Vulkan blieben zwei mächtige Vulkanschlotfüllungen übrig. Es soll der einzige Ort auf der Welt sein, an dem zwei so dicht beieinander stehen. Im 14. Jahrhundert ließ der Herr von Wartenberg auf den Felstürmen eine Burg errichten, spätere Besitzer waren auch die Waldsteiner.

Die scharfsinnige Ausnutzung der natürlichen Gegebenheiten forderte keine Brücken, Gräben, nicht einmal Schanzen. Zwischen den zwei Basalttürmen wurde die eigentliche Burg errichtet. Südlich war sie durch einen Steilhang gesichert, vom Norden durch die Vorburg. Die Flanken waren durch die Felsen geschützt. Im Dreißigjährigen Krieg wurde die Burg geplündert, danach verfielen die Mauern. Der romantischen Kulisse tat dies aber keinen Abruch. Der linke Turm heißt im Volksmund Alte, weil er kleiner und dicker, der rechte Jungfrau, weil er größer und schlanker ist. Alexander von Humboldt und Goethe waren von Trosky genauso begeistert wie heutige Reisende, Humboldt schwärmte von der Burg Trosky gar als dem Achten Weltwunder. 1828 wurde im Geist der Romantik auf dem Jungfraufelsen eine Aussichtsplattform erbaut. Der Großmutterfelsen ist seit Juni 2000 zugänglich.

Jičín, Turnov, die Burg Kost und weite Gebiete des Böhmischen Paradieses sind von den Felsen aus fast immer gut zu sehen. Alljährlich werden an der Burg historische Ritterspiele auf- und alte Handwerkskünste vorgeführt. Bei schönem Wetter oder festlichen Anlässen wird die Burg nachts angestrahlt.

Postleitzahl: 51101.
Stadtinformation Turnov, nám. Českého ráje 26, Tel. 481 36 62 55, Fax 481 36 62 56, info@turnov.cz, www.turnov.cz.

Hotel Korunní Princ, nám. Českého ráje 137, Tel. 481 32 42 12, Fax 481 31 35 22, www.korunniprinc.cz; zentral am Markt mit gutem Restaurant; DZ 42 Euro.

Hotel Karel IV., Žižkova 501, Tel./ Fax 481 32 38 55, www.hotel-kareliv.cz; DZ 23 bis 28 Euro.

Hotel Cleopatra, 5. května, Tel. 481 32 24 17, Fax 481 32 54 59; mit Restaurant; DZ 33 Euro.

Hotel Zámek Hrubá Skála, Tel. 481 38 96 81, Fax 481 38 94 28, www.hrubaskala.cz; DZ 27 bis 72 Euro. Restaurant, Weinstube, Salon, Terrasse; DZ 27 bis 72 Euro.

Hotel und Restaurant Štekl, Tel. 481 38 96 84, Fax 481 38 94 10. Schönes Restaurant im ehemaligen Gästehaus des Schlosses, schöne Aussicht von den Zimmern der oberen Etage; DZ 31 bis 41 Euro.

Pension Harmonie, Hrubá Skála/ Doubravice 83, Tel. 481 38 91 37, www.pensionharmonie.cz; in einer schönen kleinen Villa unterhalb des Schlosses; DZ 27 Euro.

Hotel Trosky, Troskovice, Rovensko pod Troskami, Tel. 481 38 22 90; www.trosky.cz/hotel; pro Person 16 Euro mit Halbpension. Unterhalb der Burg, mit Restaurant und Sommerterrasse.
Pension Trosky, Trosky 10, Rovensko pod Troskami, Tel./Fax 481 38 13 78, penzion@trosky.cz; am Südfuß der Burg Trosky.
Museum des Böhmischen Paradieses, Skálova ul. 71; von Di bis So von 9 bis 12 und von 13 bis 16 Uhr.
Schloß Rohosetz, im April und Oktober Sa und So von 9 bis 16 Uhr, im Mai, Juni und September von Di bis So von 9 bis 17 Uhr, im Juli und August bis 18 Uhr.
Dlasek-Gut in Dolánky, im April, Mai und September von Di bis So von 9 bis 12 und von 13 bis 16 Uhr, von Juni bis August bis 17 Uhr.
Schloß Sychrov, von Mai bis August von 9 bis 12 und von 13 bis 16.30 Uhr, im April, September und Oktober bis 15.30 Uhr.
Burg Valdštejn, im April und Oktober Sa, So von 9 bis 16 Uhr, von Mai bis Mitte September von Di bis So von 9 bis 16.30 Uhr.
Schloßturm Hrubá Skála, Juni und August, Di bis So von 9 bis 15 Uhr, September So von 9 bis 15 Uhr.
Burgruine Trosky, im April und Oktober Sa, So und Feiertage von 9 bis 12 und 12.30 bis 16 Uhr, Mai bis August Di bis So von 9 bis 17 Uhr, im September 9 bis 16 Uhr.

Kost

Etwa drei Kilometer nordwestlich von Sobotka steht die gotische Burg Kost. Sie stammt aus dem 14. Jahrhundert, die Mauern befinden sich in einem erstaunlich guten Zustand.

Kost bedeutet Knochen und verweist auf die Unverwundbarkeit der Burganlage. Um die Feste entstanden drei Teiche. Bei Angriffen konnte man durch das Ziehen der Wehre das gesamte Tal unter Wasser setzen. Für Feinde war Kost dann unerreichbar. Von einer bestimmten Stelle der unterhalb verlaufenden Straße sieht man alle vier Ecken des trapezförmigen Hauptturmes, man muß diese Stelle aber suchen. In den drei Burgpalästen werden gotische Kunstwerke, Malerei, Plastik und Waffen ausgestellt. Auch die alte Schloßküche im Renaissancestil ist zu sehen.

Burg Kost, im April und Oktober Sa, So von 9 bis 11.30 und von 13 bis 15.30 Uhr, von Mai bis September von Di bis So von 9 bis 11.30 und von 13 bis 16.30 Uhr.

Jičín

Die Stadt Jičín (Gitschin) wurde Anfang des 14. Jahrhunderts von König Wenzel II. gegründet und erhielt den Namen seiner Frau Judith (Jitka). Nach der Niederlage der böhmischen Städte bei der Schlacht am Weißen Berg (1620) geriet die Stadt unter Einfluß des kaiserlichen Heerführers Albrecht von Waldstein. Unter Herrschaft des Herzogs von Friedland war Gitschin von 1620 bis 1634 Hauptstadt des ›Wallensteinlandes‹ mit Residenzschloß und Münze. Nach seinem Tod fiel die Stadt wieder in einen Dornröschenschlaf.

Jičín besitzt einen malerischen Marktplatz mit Laubenhäusern im Renaissance- und Barockstil. Er ist mit dem Krönungsbrunnen geschmückt, der 1836 als Kopie eines antiken Tempels erbaut wurde, dem Amphitrite-Brunnen von 1835 und der barocken Pestsäule von 1702.

Das Schloß wurde um 1608 im Renaissancestil umgebaut und 1620 durch eine Schießpulverexplosion fast völlig zerstört. Albrecht von Waldstein (Wallenstein) ließ das Schloß als Residenz von 1624 bis 1633 im Barockstil wieder aufbauen. Dabei entstanden drei Innenhöfe, auf der Marktseite herrliche Arkaden. Heute befinden sich hier das Kreismuseum mit Gemäldegalerie und eine kleine Galerie mit Werken des Malers Radek Pilař, dem geistigen Vater des sympathischen Räuberhauptmanns Rumcajs.

Für Kinder wird im Schloß gegenwärtig ein Museum des Spielens gestaltet. In den anderen Ausstellungen sieht man Heimatkundliches, historische Schießscheiben und die Exposition ›Wallenstein und Jesuiten‹. 1813 wurde im Dreikaisersaal die ›Heilige Allianz‹ gegen Napoleon beschlossen, zugegen waren König Friedrich Wilhelm III., Kaiser Franz I. und Zar Alexander I.

Die St. Jakobskirche und das Schloß sind durch einen überdachten Gang verbunden. Der Herzog konnte so ungesehen schnell zum Gottesdienst eilen. Im Durchgang gelangt man in das adelige Oratorium mit der Ausstellung ›Die komponierte Barocklandschaft im Gitschiner Gebiet‹. Die Kirche blieb durch Wallensteins frühen Tod unvollendet, sie besitzt keinen Turm. Die Altarbilder und das Kuppelgemälde sind das Werk von Josef Kramolín.

Als Teil der ehemaligen Stadtbefestigung blieb das Walditzer Tor erhalten, heute wird es als Aussichtsturm und Galerie genutzt.

Nordöstlich vom Stadtzentrum steht der Libosad-Ehrenhof mit Loggia. Dorthin führt eine zwei Kilometer lange vierreihige Lindenallee, die von Wallensteins Soldaten angelegt wurde. Weiter im Nordosten, in Walditz (Valdice), hat Wallenstein ein Kartäuserkloster gestiftet. In der Kirche Mariä Himmelfahrt, die zum Kloster gehörte, war Albrecht von Waldstein in den Jahren 1636 bis 1785 bestattet. Nach Auflösung des Klosters wurden seine Gebeine nach Münchengrätz umgebettet; die Klostermauern dienten bis 1989 als Gefängnis.

Das Waldlitzer Tor in Jičín

Die malerische Basaltkuppe Zebín am nordöstlichen Stadtrand wird von der Kapelle der Hl. Magdalena gekrönt. Vom Gipfel genießt man einen herrlichen Blick auf Jičín.

Alljährlich Anfang September verwandelt sich das historische Zentrum für mehrere Tage zum Austragungsort der Märchenstadt-Festspiele.

In den Prachower Felsen

Prachovské skály

Nordwestlich von Jičín breitet sich auf knapp 200 Hektarn die Felslandschaft Prachovské skály (Prachower Felsen) aus. Markierte Wanderwege leiten die Besucher zu den schönsten Punkten des Gebietes, auch zu einem Freibad mit märchenhafter Felskulisse (koupaliště U Pelíška).

Der Stadtbus aus Jičín fährt bis zur Turistická chata (Touristenhütte). Von hier ist man schnell in der eindrucksvollen Císařská chodba (Kaiserschlucht), Sie ist nach Kaiser Franz I. benannt, der sie 1813 besuchte und von dem Anblick sehr beeindruckt gewesen sein soll. Weiter oben schaut man vom Aussichtspunkt vyhlídka Českého ráje (Böhmisches Paradies) über Felsen und Wälder zur Burg Trosky.

Nur wenige hundert Meter vom Felsengebiet entfernt bietet das Parkhotel Skalní Město gutes Essen und ruhige Übernachtung.

Postleitzahl: 50601. Stadtinformation Jičín, Valdštejnovo nám. 1, Tel./Fax 493 53 43 90, www.jicin.org.

Hotel Jičín, Havlíčkova 21, Tel. 493 54 42 50, www.hoteljicin.cz, DZ 44 Euro; gemütliches Minihotel mit Weinkeller. Im gleichnamigen Garni Hotel kostet das DZ 33 Euro.
Hotel Bohemia, ul. Markova 303, Tel. 493 53 53 08, www.bohemia-jicin.cz; DZ 46 Euro; nahe am Zentrum mit gemütlichem Gasthaus.
Pension U České koruny, Valdštejnovo nám. 77, Tel./Fax 493 53 12 41.
Hotel Pod Šikmou věží, Jičín, Horní Lochov 32, Tel./Fax 493 53 32 45; acht Kilometer von Jičín Richtung Sobotka; Restaurant und Freiluftplätze; DZ 29 Euro.
Hotel Zámeček, Jičín, Rybníček 28, Tel./Fax 493 53 49 12. Neuerbautes Hotel fünf Kilometer von Jičín in Richtung Turnov im Ort Brada; Restaurant, Weinstube, Sauna; DZ 42 Euro.
Parkhotel Skální Město, Pařezská Lhota 34, Tel. 493 52 50 11, Fax 493 52 50 14, parkhotel@iol.cz, www.stalnimesto.cz. Nahe der Prachower Felsen, etwa sechs Kilometer von Jičín, mit Restaurant; DZ 40 bis 47 Euro.

Kreismuseum, Galerie Jičín und Museum des Spieles, Valdštejnovo nám.1, Di bis So 9 bis 17 Uhr, Juli und August auch Mo.
Aussichtsflüge: 5 Flugrouten, 15 Minuten bis 1 Stunde, April bis September täglich 9 bis 17 Uhr.
Bergsteigen: Prachower Felsen (ca. 200 Wege), Hruboskalsko (ca. 700 Wege in sehr weichem Sandstein), in der Umgebung des Basaltbergs Mužský und bei Příhraz (fester und brüchiger Sandstein). Klettern ist nur registrierten Bergsteigern erlaubt.

Mittelböhmen umgibt Prag wie ein grüner Rahmen. Das meist hügelige und bewaldete Umland ist ein bevorzugtes Naherholungsgebiet der Hauptstädter. Kleine hübsche Altstädte, Burgen und Schlösser bieten viel zum Entdecken, und beinahe jede Sehenswürdigkeit ist von der Hauptstadt schnell erreichbar.

Mittelböhmen

Křivoklát

Die Burg Pürglitz (Křivoklát) liegt dreißig Kilometer westlich von Prag. Kaiser Karl IV. und sein Sohn Wenzel IV. fanden an der Feste und den wildreichen Wäldern Gefallen. Im 15. und 16. Jahrhundert ausgebaut, folgte der Niedergang nach einem Feuer im Jahr 1633. Bei den Wiederaufbauarbeiten Mitte des 19. Jahrhunderts wurden die Mauern, dem damaligen Geschmack folgend, in gotischer Gestalt wieder hergestellt. Von der romanischen Pfalz blieben nur Fragmente, die spätgotische Burgkapelle hingegen blieb in ihrer ursprünglichen Form weitgehend erhalten.

Burg Křivoklát; im März, November und Dezember Di bis So von 9 bis 15 Uhr, im April, Mai, September und Oktober täglich außer Mo von 9 bis 16 Uhr, im Juni bis 17 Uhr, im Juli und August Mo bis So von 9 bis 17 Uhr; www.krivoklat.cz.

Koněpruské jeskyně

Fünf Kilometer südlich von Beroun liegt das ausgedehnte Grottensystem bei Koněprusy. Die Höhlen inmitten des Böhmischen Karstes wurden in den 1950er Jahren bei Sprengarbeiten entdeckt. Sie umfassen zwei Kilometer lange, dreigeschossige Gänge, die in eine Tiefe von bis zu 70 Metern reichen. Etwa 600 Meter Tropfsteinhöhlengang können in der Saison besichtigt werden. Hauptsehenswürdigkeit ist der ›Prošek-Dom‹ mit märchenhaften Tropfsteingebilden im unteren Teil des Höhlensystems. Hier sind auch die Reste des größten Stalagmiten ›Mohyla‹ (Hügelgrab) zu sehen. Besonders schön sind die ›Koněprusy-Rosen‹ an der Höhlendecke, deren Form und Größe an echte Rosen erinnern.

Im 15. Jahrhundert haben sich Falschmünzer in der Höhle versteckt, die Werkstatt blieb erhalten. Hier wurden hussitische Heller gefälscht. Vier Heller waren einen Prager Groschen wert, für einen Groschen konnte man zu jener Zeit ein Schaf kaufen.

In den oberen Gängen fanden die Archäologen Skelette prähistorischer Menschen, den sogenannten Homo sapiens fossilis, die hier bereits vor etwa 70 000 Jahren Unterschlupf fanden.

Koněpruské jeskyně, April bis Oktober täglich 8 bis 16 Uhr, im Juli und August bis 17 Uhr.

Karlštejn

Karlstein (Karlštejn) gilt als die böhmische Burg schlechthin. Sie wurde von 1348 bis 1365 für Kaiser Karl IV. auf einem Kalksteinfelsen vom französischen Dombaumeister M. von Arras erbaut. Militärische Überlegungen standen nicht im Vordergrund; der Kaiser wünschte vielmehr einen bequemen Ort zum Ausspannen und zur sicheren Aufbewahrung der Krönungskleinodien, der Kaiserkrone, wertvoller Reliquien und Urkunden.

Die Burg entstand stufenartig auf fünf Terrassen. Vom Parkplatz gelangt der Besucher in einer Viertelstunde in die Vorburg, in den Burggrafenhof und anschließend in den Burghof. Hier steht der Kaiserpalast, von dessen früherer Herrlichkeit nur das kaiserliche Arbeitszimmer erhalten blieb. Im Marienturm befindet sich die Kapitelkirche der Hl. Jungfrau Maria mit einem Apokalypsenzyklus und einem ersten lebensnahen Bildnis Karls IV. Die Wände der Katharinenkapelle – sie war der private Andachtsort des Kaisers – sind mit Halbedelsteinen geschmückt. Im zweiten Stock des Großen Turms versteckt sich die Heiligkreuzkapelle. Zu Beginn der Hussitenkriege kamen die Krönungskleinodien nach Karlstein und waren hier bis auf kurze Pausen fast 200 Jahre verwahrt. Der Tresor für die einstige Aufbewahrung der Schätze befindet sich in der Altarwand der Heiligkreuzkapelle. 1619

Burg Karlštejn ist ein Touristenmagnet

brachte man den Kronschatz auf die Wiener Hofburg, die böhmischen Krönungsinsignien sind seitdem in der Schatzkammer des St. Veitsdom verwahrt. Im vergoldeten Gewölbe der Heiligkreuzkapelle glitzern venezianische Glassterne und 4000 Halbedelsteine. Meister Theodorich und seine Mitarbeiter fertigten einen Zyklus von 129 lebensechten Tafelbildern mit Heiligen, Engeln und Propheten. Er gilt heute als die weltgrößte Sammlung von Tafelgemälden. Die Heiligkreuzkapelle wurde über ein Jahrzehnt lang rekonstruiert und ist angemeldeten Besuchern seit dem Jahr 2000 von Juli bis Mitte November zugänglich.

Die Burg änderte mehrmals ihr Aussehen. Beim neogotischen Umbau Ende des 19. Jahrhunderts waren die prominenten Architekten Josef Schmidt und Josef Mocker am Werk. Wegen Stilverfälschungen verweigerte die UNESCO die Aufnahme der Burg Karlstein auf die Liste des Weltkulturerbes.

Es werden zwei verschiedene Besichtigungsrunden angeboten: Der erste Rundgang führt durch den kaiserlichen Palast und die unteren Etagen des Marienturmes mit Höflingssaal, Rittersaal, St. Nikolauskapelle, königlichem Schlafzimmer, Audienzsaal, Saal der Vorfahren, Speisesaal, Schatzkammer und dem einstigen Burggefängnis. Die zweite Tour ist für jeden Besucher reservierungspflichtig: Sie führt durch den Marienturm und den Großen Turm. Die Besucher sehen Marienkirche, Katharinenkapelle, ehemalige Sakristei, gehen über die hölzerne Hängebrücke zwischen beiden Türmen, besichtigen Burglapidarium, Gemäldesammlung und die Bibliothek mit einer Ausstellung über den Umbau der Burg Ende des 19. Jahrhunderts. Höhepunkt der Besichtigungstour stellt zweifellos die Heiligkreuzkapelle dar. In der Vorburg befinden sich ein Wachsfigurenkabinett und das Museum böhmischer Weihnachtskrippen.

Hotel Koruna, Nr. 13, Tel. 311 68 14 65, Fax 311 68 13 41, korunakarlstejn@seznam.cz; Hotel unterhalb der Burg, mit Restaurant; DZ 33 Euro. Romantikhotel Mlýn, Klučický mlýn 101, Tel. 311 74 44 11, Fax 311 74 44 44, www.hotelmlyn-karlstejn.cz. In einer ehemaligen Mühle an der Beraun; DZ 103 Euro.

Burg Karlštejn, www.hrad-karlstejn.cz; Januar bis März und November und Dezember 9 bis 15 Uhr, April und Oktober 9 bis 16 Uhr, Mai, Juni und September 9 bis 17 Uhr, Juli und August 9 bis 18 Uhr, Mittagspause 12 bis 13 Uhr; Burgführung mit Besichtigung der Heiligkreuzkapelle von Juli bis Mitte November nach Reservierung; Tel. 274 00 81 54, Fax 274 00 81 52, rezervace@-stu.npu.cz.

Im September Weinfest auf der Burg.

Wachsmuseum Karlštejn, U Karla IV., Nr. 174 (Vorburg), täglich 9 bis 18 Uhr.

Příbram

Die einstige Bergbaustadt Priebraus, heute an der Hauptstraße zwischen Prag und Strakonice gelegen, wurde durch den Silberabbau berühmt. 1875 reichte der Adalbertschacht bis in eine Tiefe von tausend Metern – damals ein Weltrekord.

Am nordöstlichen Stadtrand ragt der Heilige Berg empor. Der Hügel war einst der berühmteste Wallfahrtsort in Böhmen. Von 1658 bis 1709 entstand dort die Mariä-Himmelfahrts-Kirche mit einem Kapellenkranz.

An den Arkadenhof schließt sich die einstige Residenz des Jesuitenordens an. Auf dem Kirchenaltar steht die wundertätige Marienfigur mit Jesuskind aus dem 14. Jahrhundert. Die Statuette besteht aus farbig bemaltem Birnbaumholz. Der Altar ist aus heimischen Silber gefertigt und in der Weltkulturerbeliste der UNESCO verzeichnet. Am 22. Juni 1723 wurde die Marienfigur gekrönt. Noch immer wird dieses Datum alljährlich ausgiebig gefeiert.

Aus der Stadt führt eine überdachte Wallfahrtsstiege mit 353 Stufen hinauf zur Wallfahrtsstätte. Die Treppe ist 400 Meter lang und überwindet einen Höhenunterschied von 80 Metern, die Gläubigen benutzten die Treppe einst auf Knien.

Im Ortsteil Březové Hory existiert ein Bergbaumuseum mit historischen Schächten und Grubenturm.

Stadtinformation in der Bibliothek, nám. T.G. Masaryka 156, 26180 Příbram, Tel. 318 62 23 84, Fax 318 62 81 79, www.pribram-city.cz.

Bergbaumuseum (Hornické muzeum/Okresní muzeum Příbram), Březové Hory, nám. Hynka Kličky 293, April bis Oktober Di bis So 9 bis 17, sonst bis 16 Uhr.

Benešov

Das Städtchen Benešov (Beneschau) liegt etwa vierzig Kilometer südöstlich von Prag. Besucher zieht es vor allem zum Schloß Konopischt (Konopiště). Der umgebende Park ist über 200 Hektar groß und besitzt einen schönen Rosengarten mit italienischen Skulpturen. 1887 erwarb der spätere österreichische Thronfolger das Anwesen und ließ es zu einer prachtvollen Sommerresidenz im Stil der Romantik ausbauen. Viele Innenräume besitzen kostbare Schnitzereien. 1914 fielen Franz Ferdinand d'Este und seine Frau in Sarajevo einem Attentat zum Opfer, das den Ersten Weltkrieg auslöste. Der Erzherzog brachte Jagdtrophäen, historische Waffen und Rüstungen, Porzellan und Gemälde ins Schloß. Vieles stammte aus dem Erbe kunstsinniger italienischer Verwandter. 13 Zimmer des österreichischen Thronfolgers sind zu besichtigen. Die Unterwäsche Ferdinands, die er am Tag des Attentats trug, wird nur gegen Zusatzgebühr gezeigt.

Ferdinand d'Este sammelte auch Gegenstände, die mit der Person des Hl. Georg, dem Drachentöter, im Zusammenhang standen. Sie sind in der ehemaligen Orangerie ausgestellt. Auch Ferdinands Schießhalle mit beweglichen Zielscheiben ist zu besichtigen. Im Schloßhof befinden sich das Café d'Este und ein Bistro, im Rosengarten wartet ein weiteres kleines Café auf Besucher.

Infozentrum Benešov, Malé nám., Tel/Fax 317 72 60 04.

Hotel Pošta, Tyršova 162, Tel. 317 72 10 71, Fax 317 72 23 55; im Zentrum, Restaurant, Café, Weinstube; DZ 20 Euro.

Motel Konopiště, Tel. 317 72 27 32.

Restaurace Stará Myslivna, Tel. 317 72 11 48; Wildspezialitäten.

Schloß Konopiště, April bis Oktober täglich außer Mo 9 bis 16 Uhr, Mai bis August Mo bis Fr 9 bis 17, Sa, So und Feiertage bis 18 Uhr, November 9 bis 15 Uhr.

Průhonice

Am südöstlichen Stadtrand von Prag befindet sich ein ausgedehnter Park. Er wurde 1885 von Graf Silva-Taronca gegründet. Im Verlauf von dreißig Jahren entstand hier eine wundervolle künstliche Landschaft mit 1200 Baum- und Straucharten sowie 6000 Rhododendren in 150 Arten. Durch das über 200 Hektar große Gebiet führen Wanderwege. Im Renaissanceschloß befindet sich eine der größten Herbariensammlungen der Welt, sie ist bisher allerdings nicht öffentlich zugänglich.

Kutná Hora

Die alte Bergbaustadt Kuttenberg (Kutná Hora) liegt in einem großen Talkessel und breitet sich terrassenförmig bis auf sanfte Hügel aus. Neben Prag und Olomouc ist Kutná Hora die kulturhistorisch reichste Fundgrube in Tschechien. Nicht nur die St. Barbarakirche, die als Architekturjuwel 1995 in die Weltkulturerbeliste der UNESCO aufgenommen wurde, ist sehenswert. Für eine Besichtigung sollte man mindestens zwei Tage einplanen.

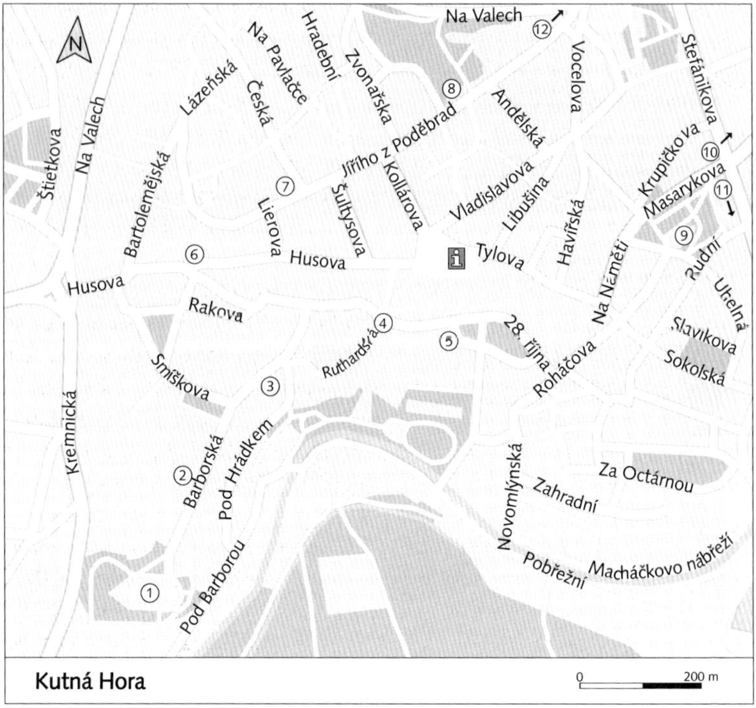

Kutná Hora

Legende

1 St. Barbarakirche
2 Jesuitenkolleg
3 Kastel
4 St. Jakobkirche
5 Welscher Hof
6 Steinerner Brunnen
7 Steinernes Haus
8 Ursulinenkloster
9 Kirche der Muttergottes
10 Zisterzienserkloster
11 Bahnhof
12 Busbahnhof

Der Legende nach fand Mönch Anton im 13. Jahrhundert auf einer Wiese das erste Silber. Um die Stelle wiederzufinden, legte er seine Kutte auf die Erzader, daher der Name Kuttenberg. Die Stadt besitzt noch heute einen sehr unregelmäßigen Grundriß, denn nach den ersten Silberfunden verlief die Besiedlung ungeordnet. Deutsche Bergleute kamen in Scharen; planlos entstanden Holzhütten, daneben eröffneten Badestuben, Bäcker- und Metzgerläden und dazwischen rußten Schmelzöfen oder führten Eingänge in die Stollen. Zu dieser Zeit wetteiferte Kuttenberg mit Prag um die Macht im Lande. Steingewordener Beweis für den Reichtum jener Jahre ist die Kirche Vom Kehren. Ihr Bau wurde angeblich nur von zusammengekehrten Silberresten in den Straßen und kleinen Handwerksstuben finanziert. Nachweislich förderte man in den Jahren 1290 bis 1620 um Kuttenberg 2500 Tonnen reines Silber. Der in Kuttenberg geprägte ›Prager Groschen‹ galt wegen seines hohen Silbergehaltes als das stabilste Zahlungsmittel in Europa.

Anfang des 14. Jahrhunderts wurde Kuttenberg in den Strudel der Hussitenkriege gerissen. Die meist deutschen Bürger katholischen Glaubens und die Hussiten lieferten sich mörderische Schlachten. Tausende Glaubensbrüder von Hus wurden in Bergbaustollen geworfen, die Hussiten rächten sich mit Plünderungen und legten Brände. Nach den Hussitenkriegen entstanden in Kuttenberg viele prächtige gotische Gebäude im Stil des bis heute erhaltenen ›Steinernen Hauses‹. Doch ab Mitte des 17. Jahrhunderts ging es wirtschaftlich stetig abwärts. In Südamerika waren Silberlagerstätten entdeckt worden, die wesentlich profitabler arbeiteten.

Die St. Barbarakirche blieb zwar unvollendet, ist aber dennoch ein Prachtbau zur Huldigung der Schutzpatronin der Bergleute. Die Zechenbesitzer waren so ehrgeizig, daß sogar der Prager St. Veitsdom in den Schatten gestellt werden sollte. Deshalb verpflichteten sie zuerst Johann Parler, den Sohn des berühmten Baumeister Peter Parler, für ihr Vorhaben. Der Bau verzögerte sich. Nach Parler waren Meister Hans (1482–1489), Matthias Rejsek (ab 1489) sowie Benedikt Ried (1512–1532) maßgeblich am Dombau beteiligt. Bis 1555 konnten jedoch nur Teile des ursprünglichen Planes umgesetzt werden. So fehlten immer noch die Kirchtürme. Die drei Zeltdächer wurden 1558 aufgesetzt und sollen drei Flammen darstellen. Erst von 1866 bis 1905 wurde der Dom vollendet, und tatsächlich ist er dem Veitsdom in einem Punkt voraus: Jener besitzt nur drei Schiffe, dieser fünf.

Von der einstigen Innenausstattung blieben die Steinmetzarbeiten und Reste der wundervollen Wandmalereien erhalten. Dargestellt wurden Szenen aus dem Leben der Bergleute und Münzschläger sowie biblische Motive. Der Chor ist der älteste Teil des Doms (1391 geweiht). Der Altar ist neugotisch (1905) und entstand nach einer Kopie von 1502. Hauptmotiv ist das letzte Abendmahl, an den Seiten sind jeweils vier Heilige zu sehen, darunter die Hl. Barbara. Das Deckengewölbe im Mittelschiff ist das Meisterwerk von Benedikt Ried. Es scheint zu schweben. Beeindruckend ist auch die kunstvolle Schleifensternform, die in der Mitte von bunten Wappen verziert wird. Benedikt Ried gestaltete die Kirche in eine Hallenkirche um. Die Münzerkapelle war das Eigentum der Münzprägerzunft vom Welschen Hof. Die restaurierten Fresken zeigen unter anderem einen Münzer beim Prägen der Prager Groschen. Mit einbrechender Dunkelheit wird der Dom effektvoll angestrahlt.

Zu Ehren des Kaisers Ferdinand II. baute man das Jesuitenkolleg in Nachbarschaft vom Barbaradom im Grundriß eines spiegelverkehrten ›F‹. Die Jesuiten gaben dem aufgeschütteten Platz vor dem Kolleg den Namen Brücke: Beeindruckt

Der Barbaradom ragt in der an Denkmalen reichen Stadt heraus

von der Prager Karlsbrücke, ließen sie hier dreizehn Statuengruppen aufstellen. Weiter auf der Barborská (Barbaragasse) kommt man zum Hrádek (Kastell). Diese kleine Burg verstärkte einst die Stadtbefestigung, später wurde sie zum prächtigen Herrensitz mit schönen gotischen Erkern umgebaut. In der St. Wenzelskapelle blieben die originalen Wandmalereien erhalten. Seit den 1960er Jahren ist hier das Böhmische Silbermuseum, in dem historische Werkzeuge und Dokumente ausgestellt sind. Im Garten des Kastells steht ein überdachter Göpel: Hier liefen die Pferde im Kreis und trieben so eine Seilwinde an. Damit wurden die silberhaltigen Erze in Eimern oder Grundwasser in Ledersäcken nach oben befördert. Am Kastell trifft man sich zur Besichtigung des mittelalterlichen Stollens, dessen Eingang sich nahe dem Jesuitenkolleg befindet. Die Besucher werden zuvor mit Mantel, Helm und Lampe ausgestattet. Die Besichtigung führt bis in fünfzig Meter Tiefe.

Durch die Ruthardská ul. kommt man zur St. Jakobkirche, der ersten zwischen 1330 und 1420 errichteten Kirche aus Stein. Am Aufbau war die Prager Dombauhütte beteiligt, Gemälde und Altarbilder stammen von P. Brandl und K. Škréta.

Der Welsche Hof (Vlašský dvůr) wurde im 13. Jahrhundert gegründet. Er bekam seinen Namen nach den ersten Münzschlägern. Sie stammten aus Florenz und prägten hier die begehrten Prager Groschen. Über Jahrhunderte war der Welsche Hof mit Münzmeisterhof und dem Königspalast das wirtschaftliche Herz der Staatsmacht.

Anfang des 13. Jahrhunderts führte König Wenzel II. eine Münzreform durch, wobei die anderen Prägestätten des Landes nach Kuttenberg verlegt wurden. So sollte die Währung vereinheitlicht werden. Mit der Prägung des Prager Groschens waren anfangs Fachleute aus Florenz betraut. Im Südflügel sind die in den Hof geöffneten Münzwerkstätten zu erkennen. Hier arbeiteten die sechs florentinischen Münzpräger und ihre Nachfolger. Einen ersten Umbau übernahm die Parlersche Bauhütte. 1578 wurden auch die sogenannten Schmieden vermauert und um ein Stockwerk erhöht.

An die Münzstätte lehnt sich der königliche Palast. Über dem Portal der königlichen Schatzkammer steht geschrieben: ›Noli me tangere‹ (Berühre mich nicht). Das sollte damals jeden Besucher warnen, der mit böser Absicht die Räume betrat. Die Münzausstellung im früheren Königspalast umfaßt die Zeit von 1310 bis 1740. Zusammen mit den Portraits der jeweiligen Herrscher werden auch die Münzen der jeweiligen Regierungszeit ausgestellt.

Die eigentliche Schatzkammer liegt vom Haupteingang auf der linken Seite. Über dem Portal ist die Jahreszahl 1518 eingemeißelt, ein bekröntes L steht für König Ludwig den Jagellonen. In der Schatzkammer trägt eine Mittelsäule das schöne Netzgewölbe, an den Wänden sind die Originalwappen der Münzstätten zu sehen, die Wappen über den Schmieden im Innenhof sind nur Kopien. Man sieht eine Preisübersicht der damaligen Zeit und den Arbeitsplatz eines Münzprägers.

Ein Faksimile der ältesten Handschrift ›Ius regale montanorum‹ zeigt eines der ältesten erhalten Berggesetzbücher der Welt. Es stammt vom Anfang des 14. Jahrhunderts. Am Ende der Treppe in dem königlichen Audienzsaal befindet sich eine Kopie der weltberühmten Ratsherrentafel: ›Wenn du als Mitglied der Gemeinde in deiner Amtspflicht durch diese Tür eintrittst, leg all deine Leidenschaften ab: Haß, Feindseligkeit, Gewalt, Freundschaft, Heuchelei, ordne deine eigenen Sorgen denen der Gemeinde unter ...‹ Das erschien den Volksvertretern so aktuell, daß der gleiche Text auch im UNO-Hauptquartier in New York, im Palais der Nationen in Genf und in der Prager Nationalversammlung zu finden ist. Das Original von 1595 wird im Bergbaumuseum Hrádek aufbewahrt.

Im königlichen Audienzsaal mit schöner Holzbalkendecke sind bedeutende Ereignisse des 15. Jahrhunderts in Kuttenberg auf Gemälden dargestellt, so die Königswahl von Władysław Jagiełło im Jahr 1471 und die Bekanntgabe des Kuttenberger Dekrets von 1409. Hier steht auch die legendäre Ratsherrenbank aus dem Alten Rathaus, das 1770 vollständig abbrannte. Sie ähnelt einer Truhe und besitzt Klapplehnen. Wenn die Ratsherren nicht mit dem Bürgermeister einer Meinung waren, drehten sie die Lehne um und saßen dann mit dem Rücken zum Stadtoberhaupt.

Die königliche Kapelle, auch als Wenzelskapelle bekannt, war einst die private Andachtsstätte der Regenten und wurde 1386 geweiht. Das Netzrippengewölbe ruht auf einem schlanken Mittelpfeiler. Auf dem Hauptaltar sind der Hl. Wenzel und der Hl. Ladislaus zu sehen, der böhmische und der ungarische Schutzpatron. Die anderen Altäre sind ein Sammelsurium und stammen aus verschiedenen größeren Altären des 15. Jahrhunderts. Die Wände sind im Jugendstil ausgemalt, auch die bunten Glasfenster sind im Jugendstil gehalten.

Der spätgotische ›Steinerne Brunnen‹ ist ein sehr seltenes Bauwerk in Form eines Zwölfecks. Durch die Grundwasserabsenkung des Bergbaus gab es in Kuttenberg Probleme mit der Trinkwasserversorgung. Deshalb mußte das Wasser von weit her durch hölzerne Rohre in die Stadt geleitet werden. Das Wasser ergoß sich in Vorratsbehälter. Einer dieser Behälter wurde im 15. Jahrhundert mit gotischem Maßwerk und Fialen kunstvoll verziert.

Das Steinerne Haus ist mit Schmuckgiebel und gotischem Erker das schönste weltliche Gebäude in der Stadt. Es wurde im 15. Jahrhundert vom Breslauer Baumeister Brikcius erbaut. Die Fassade zeigt ganz oben einen Apfelbaum, darunter Maria mit Jesuskind, daneben links Adam, rechts Eva. Am unteren Teil des Erkers sind Szenen mit Bergleuten festgehalten. Im Haus befindet sich das Kunstgewerbemuseum. Die Ausstellung dokumentiert das regionale Zunftwesen, so das Schneider- und Lebensmittelhandwerk. Die rußgeschwärzte Küche mit offenem Feuer ist noch wie im Mittelalter ausgestattet. Ein barocker Bürgersalon zeigt das Wohnmilieu um 1680.

Der steinerne Brunnen ist in seiner gotischen Form ungewöhnlich

Die Jiřího z Poděbrad (Podiebradstraße) führt weiter zum Ursulinenkloster (klášter voršilek). Baumeister K. I. Dientzenhofer hatte Großes vor, doch dann wurde das Geld knapp. Statt vier Flügeln wurden es nur zwei, statt einer Kirche konnte später nur eine Kapelle errichtet werden. Heute werden im Kloster Kunsthandwerk und historisches Spielzeug ausgestellt.

Über den Annaplatz erreicht man die Kirche der Muttergottes (Na náměti) an der gleichnamigen Straße. Ein halbes Jahrtausend nach der Fertigstellung zeigt sich das Gotteshaus im Inneren nahezu unverändert, der Hauptaltar wurde nach Motivvorlagen Albrecht Dürers gestaltet. In der Kirche ist der berühmte böhmische Barockmaler Peter Brandl beerdigt.

Anfang des 18. Jahrhunderts gründeten bayerische Mönche im nördlichen Stadtteil Sedletz (Sedlec) das Zisterzienserkloster Mariä Himmelfahrt. Die fünfschiffige Marienkirche schmückt sich auch mit Gemälden von Peter Brandl. Das Schild ›Kostnice Sedlec‹ führt zu einem unscheinbaren Kirchlein. 1870 gestaltete der Kunsthistoriker Franz Rint in deren Gewölbe ein Beinhaus mit den Skeletten von 40 000 Verstorbenen. Selbst Kronleuchter und Altar-Monstranz wurden aus Knochen gefertigt. An Nachschub bestand nie Mangel: Seitdem im 12. Jahrhundert der Friedhof mit heiliger Erde bestreut wurde, wünschten viele böhmische Adlige hier ihre letzte Ruhe zu finden. Im ehemaligen Kloster von Sedletz befindet sich heute ein Tabakmuseum: Seit der Säkularisation diente es als Tabakfabrik.

Postleitzahl: 28401. Infozentrum Kutná Hora, Palackého 377, Kutná Hora, Tel./Fax 327 51 23 78, infocentrum@kh.cz, www.kutnohorsko.cz.

Hotel Zlatá stoupa, Tylova 426, Tel. 327 51 15 40, Fax 327 51 38 08, zlatastoupa@iol.cz. Bestes Hotel der Stadt, Restaurant, Weinstube; DZ 65 Euro.
Hotel Garni Na Havlíčku, Havlíčkovo nám. 513, Tel. 327 51 57 73, www.vlasskydvur.cz. Hübsches Barockhaus mit kleinem Café nahe vom Welschen Hof, Café täglich 10 bis 22 Uhr; DZ 47 Euro.
Hotel U Hrnčíře, Barborská 24, Tel. 327 51 21 13. Verwinkeltes Haus nahe der kleinen Festung, kleines Restaurant, Freiluftplätze im idyllischen Garten mit Blick auf die St. Jakobskirche; DZ 40 Euro.
Hotel U Zvonu, Zvonařská 286, Tel. 327 51 15 18; DZ 40 Euro.
Pension U rytířů, Rejskovo nám. 123, Tel./Fax 327 51 22 56; DZ 13 Euro.
Pension Centrum Pospíšilová, Jakubská 57, Tel. 327 51 42 18, www.sweb.cz/penzion_centrum. An der Jakobskirche mit Cafébar, Freiluftplätze; DZ 28 bis 42 Euro.

Gasthaus Dačický, Rakova 8, Tel. 327 51 22 48, www.dacicky.com. Zwischen Komenského nám. und Steinernem Brunnen (Seitengasse links), urige altböhmische Bierstube, große Auswahl an Speisen und Happen zum Bier, Budweiser, Lorec und Kuttenberger Dačický vom Faß, Biergarten, oft Livemusik, nettes Personal, täglich 11 bis 23 Uhr.
Restaurant Katakomby, Šultysova 164, Tel. 327 51 55 64; im unterirdischen mittelalterlichen Gewölbe; Di bis Do 11 bis 23, Fr und Sa 11 bis 24, So 11 bis 23 Uhr.

Welscher Hof, November bis Februar täglich 10 bis 16 Uhr, März und Oktober bis 17, April bis September 9 bis 18 Uhr.
St. Barbarakirche, täglich außer Mo, November bis März 9 bis 12 und 14 bis 15.30 Uhr, April und Oktober 9 bis 12 und 13 bis 16.30 Uhr, Mai bis September 9 bis 18 Uhr.
Silbermuseum in der Kleinen Festung (Hrádek), Barborská 28; April und Oktober täglich außer Mo 9 bis 17, Mai, Juni und September bis 18 Uhr, Juli und August 10 bis 18 Uhr; drei Rundgänge: ›Die Welt des Silber-Adels‹, ›Mittelalterliches Bergmannsdorf‹, ›Silberbergwerk‹; Museum und Bergwerk kosten 3,60 Euro Eintritt, eine deutschsprachige Führung 13 Euro.
Steinernes Haus, April und Oktober täglich außer Mo 9 bis 17, Mai bis September bis 18 Uhr.
Friedhofskirche Allerheiligen mit Beinhaus Sedlec, November bis März täglich 9 bis 12 und 13 bis 16 Uhr, April bis September 8 bis 18 Uhr, Oktober 9 bis 12 und 13 bis 17 Uhr.

Kladruby nad Labem

Der Ort an der Elbe ist für seine Pferdezucht berühmt. 1579 brachte Rudolf II. die ersten Pferde aus Spanien mit und begründete damit das Gestüt ›Seiner kaiserlichen Gnade Pferdegehege in Kladrub an der Elbe‹. Die Kladruber waren bald die bevorzugten Gespannpferde der kaiserlichen Kutschen in Wien. Der Altkladruber läßt sich heute über 13 Generationen – etwa 200 Jahre – lückenlos zurück verfolgen. Es ist der Stammbaum für das älteste Gestüt der Welt.

Der sprichwörtlichen böhmischen Provinz ist es wohl zu danken, daß dieses Gestüt alle Stürme der Neuzeit unbeschadet überstanden hat. Das Altkladruber Gestüt wurde sogar zum nationalen Kulturdenkmal erklärt, etwa 400 Schimmel und 300 Rappen sind anerkannte Kunstwerke, die wohl einzig lebendigen auf der Welt. Der Verkauf ins Ausland gestaltet sich überaus kompliziert, da gleich zwei Ministerien ihre Zustimmung geben müssen. Die Kladruber sind eine überaus sanfte Pferderasse.

Přerov nad Labem

Im Städtchen Přerov nad Labem (Prerau an der Elbe) steht ein kleines Schloß, das mit Sgraffito geschmückt ist. Daneben, an der Straße nach Lysá nad Labem, befindet sich das Freilichtmuseum des Elbtals mit Bauernhäusern, Speichern, gemauerten Torbögen, Taubenhäusern und Brunnen. Etwa zweihundert Meter vom Freilichtmuseum entfernt, an der Straße gegenüber der Schule, gibt es eine kleine Eisbar mit leckerem Eis nach italienischer Art. Historische Fahrzeuge sind im Motor & Velo Museum (Nr. 27) zu sehen.

Freilichtmuseum sowie Motor & Velo Museum, April bis Oktober täglich außer Mo 9 bis 17 Uhr.

Nymburk

Am Ufer der Elbe steht eine filmreife Kulisse. Von 1905 bis 1909 rekonstruierte Ludwig Lábler einen Teil der einstigen Stadtbefestigung Neuenburgs im romantischen Stil mit mehreren Türmen. Angelegt wurde sie um 1275, später ließen sie König Wenzel II. und König Johann von Luxemburg weiter verstärken. Die sieben bis acht Meter hohe Backsteinmauer war einst mit fünfzig Türmen bestückt. Während des Dreißigjährigen Krieges wurde die Mauer stark beschädigt, die Bürger nutzten sie danach als Baumaterial für den Wiederaufbau ihrer Häuser. Viele Radler sind zwischen Nymburk (Neuenburg) und Poděbrady am Elbufer unterwegs. Acht Kilometer guter Asphaltbelag und flußaufwärts ab Poděbrady nochmals etwa fünf Kilometer sind tadellos befahrbar. Sonst ist der Elberadweg in Tschechien noch Stückwerk, er besteht häufig aus schlecht befahrbaren Feld- oder Schotterwegen.

Poděbrady

Der junge Kurort Poděbrady (Podiebrad) liegt in der Elbeniederung, etwa 50 Kilometer nordöstlich von Prag. Im Jahre 1420 erblickte der spätere böhmische König Georg von Podiebrad im hiesigen Schloß das Licht der Welt. Er war der erste böhmische Wahlkönig und gleichzeitig der letzte Tscheche auf dem böhmischen Thron. Bevor man Podiebrad zum König krönte, wurde ihm das Versprechen abverlangt, die Hussiten zu bekämpfen. Doch kaum hatte er die Krone aufgesetzt, unterstützte er seine Landsleute. 1464 bemühte sich Podiebrad als erster Politiker um eine europäische Friedensunion gegen drohende Türkenüberfälle. Sie kam aber nicht zustande, da die Mächtigen untereinander tief zerstritten waren. 1466 wurde König Podiebrad von den römisch-katholischen Mächten als Ketzer gebrandmarkt, zwei Jahre später krönten seine Widersacher den Schwiegersohn Podiebrads, Matthias I. Corvinus, zum rechtmäßigen böhmischen König. Podiebrad starb 1471. Seine Thronzeit wird heute als Höhepunkt der böhmischen Selbständigkeit gewürdigt. Ein Reiterstandbild vor dem Schloß erinnert an den König. Das Denkmal zählt zu den Meisterwerken tschechischer Monumentalplastik.

Die Wasserfestung verwandelte sich durch mehrere Umbauten in ein Jagdschloß. Mitte des 18. Jahrhunderts fand Kaiserin Maria Theresia gefallen am Städtchen. Auf ihren Wunsch wurde der Adelstreffpunkt von 1752 bis 1757 zu einem komfortablen Wohnsitz für die Kaiserin, ihren Gatten und den Hofstaat ausgebaut.

Ein imposantes Eingangsportal, Brücke und Renaissancetor führen in den großen Innenhof. Zur Zeit sind im Schloß nur wenige Räume zugänglich, so die mittelalterliche Burgkapelle und der königliche Familiensaal nebenan. Die Kapelle schmücken spätgotische Wandmalereien. Die Entdeckung des heilkräftigen Wassers ist einem Zufall zu danken. 1905 war K. Bülow von Botkamp zu Besuch. Zu jener Zeit herrschte in der Stadt akuter Wassermangel. Der Deutsche, ein anerkannter Wünschelrutengänger, fand im Schloßhof eine starke Quelle. Die Probebohrung stieß in einer Tiefe von 97 Metern auf eine Mineralquelle. Bereits 1908 konnten die ersten Kurgäste empfangen werden, seit 1926 hat das Kurstädtchen durch die erfolgreiche Behandlung von Herz- und Kreislaufstörungen einen guten Ruf. Die Mineralquelle ›Poděbradka‹ mit hohem Kohlensäureanteil ist noch heute

Hauptheilmittel. Es ist neben dem Karlsbader Mattoni das beliebteste Mineralwasser im Lande.

Vom nám. Jiřího (Georgsplatz) läuft man Richtung Bahnhof durch die Divadelní (Theatergasse) und kommt in den Kurpark mit Kolonnade. Nahe der Blumenuhr steht das Kurhotel Bellevue Tlapák im Stil der 1920er Jahre. Nahe dem Bahnhof, an der Straße Richtung Penny-Markt, befindet sich am Rande der Grünanlage ganz unscheinbar die Mineralquelle Trnka. Die Einheimischen füllen sich hier das wohlschmeckende Wasser in große Kanister und Plastikflaschen ab.

Postleitzahl: 29001. Stadtinformation, nám. Jiřího 41, Tel./Fax 325 61 57 20, mestska@knihovna-pdy.cz.

Hotel Bellevue-Tlapák, nám. T. G. Masaryka 654/III, Tel. 325 61 64 83, Fax 325 61 45 84, www.bellevue.cz. Restaurant, Café, Weinstube; DZ 66 bis 86 Euro.

Hotel Retro P., nám.T. G. Masaryka 573, Tel. 736 67 98 30, Fax 325 61 50 02, www.retro-p.cz; DZ ab 50 Euro.

Restaurant Kovárna, nám. Jiřího 1. Links vor dem Schloßeingang die Treppe hinunter gehen; täglich 10 bis 24 Uhr. Schönes Gewölbe, sehr gutes Essen zu günstigen Preisen.

Schloßrestaurant Klub Netopýr. Im Schloßhof, täglich ab 11.30 Uhr, mit Freiluftplätzen und Ausblick zur Elbe, hier auch Infos zur Pension im zweiten Schloßhof.

Restaurant Parkhotel Golf. Hübsches Ausflugsrestaurant im Grünen, der Weg vom Schloß die Elbe flußaufwärts ist ein beliebter Spazierweg, am Wochenende viel Betrieb, leckere Sachertorte und Kaffee von Segafredo.

Museum der Elbniederung (Polabské muzeum), Palackého 68, Di bis So 9 bis 17 Uhr.

Gedenkstätte für König Podiebrad im Schloß, Di bis So 9 bis 17 Uhr.

Heilbad Poděbrady (Lázně Poděbrady), Hakenova 464, Tel. 325 60 65 22, Fax 325 61 27 63, www.lazne-podebrady.cz.

Mladá Boleslav

Die Industriestadt Mladá Boleslav (Jungbunzlau) liegt 50 Kilometer nördlich von Prag an der Iser. Sehenswert sind die Bürgerhäuser mit Arkadengängen, das Alte Rathaus, die Marienkirche und das Renaissancebethaus der Böhmischen Brüder, das heute ein Museum ist.

Weltbekannt wurde der Name der Stadt durch die Autoschmiede Škoda. 1895 begannen die Herren Klement und Laurin mit der Montage von Fahrrädern der Marke Slavia. Vier Jahre später werkelten sie bereits an Motorrädern und waren damit die ersten in der Habsburger Monarchie, 1905 wurde auf diesen sogar eine Weltmeisterschaft gewonnen. Ab 1905 entstanden die ersten Automobile. Schnell sprach sich die Zuverlässigkeit der Motoren herum, L & K belieferte Kunden in ganz Europa. Mit dem Verkauf von Lizenzen waren die Jungbunzlauer maßgeblich an der Weiterentwicklung der europäischen Autoindustrie beteiligt. 1925 läutete die Zusammenlegung mit dem Škoda-Werk in Pilsen die Massenproduktion ein. Auch die Weltwirtschaftskrise und der Zweite Weltkrieg konnten die soliden Fundamente des Betriebes nicht erschüttern. 1991 übernahm VW die Škoda-Werke und setzt die Tradition erfolgreich fort. Škoda ist das größte Unternehmen im Lande, das seine Autos in 74 Länder exportiert. Wie in den neuen Bundesländern der Trabant, so ist auch in Tschechien der Škoda 1000 MB aus Vorwendezeiten noch immer auf den Straßen präsent. Der neue Octavia RS feierte auf der IAA im September 2005 seine Weltpremiere. Škoda stellte die sportliche Variante des beliebten Mittelklassemodells vor. Einen guten Überblick über die Produktpalette des Autowerkes seit seiner Gründung erhalten Besucher im gläsernen Ausstellungspavillon im Stadtzentrum.

Vor den westlichen Toren der Stadt liegt der Ort Hradiště nad Jizerou (Kloster Haber). Die Klosterbrauerei hat sich der Wahrung der traditionellen Bierherstellung verschrieben: unpasteurisiert, geschmackvoll und süffig. Die Klosterbierstube befindet sich in einem ausgedehnten Felsmassiv, in einer ausgehauenen Höhle. Besucher können ihr Bier selbst zapfen.

Regionales Informationszentrum, Železná 107, Tel./Fax 326 32 21 73, info@is.mb-net.cz.

Hotel La Romantica, Na Vinici 1343, Tel. 326 73 40 54, www.hotellaromantica.cz; östlich der Altstadt, mit Restaurant und Sauna; DZ 77 Euro.

Hotel Galatea, Pod koupalištěm-Kosmonosy 881, Tel. 326 72 19 31, Fax 326 72 19 20, www.galatea.cz. Modernes Kurhotel an einem Hang mit herrlichem Stadtblick, Restaurant mit Freiluftplätzen, Weinstube, Sauna, Schwimmbad in der Nähe; DZ 87 bis 93 Euro.

Höhlenbierstube der Brauerei Klášter, Hradiště nad Jizerou, täglich geöffnet von 11 bis 24 Uhr.

Škoda-Auto-Museum, třída V. Klementa 294, Mo bis Sa 9 bis 17 Uhr, organisiert auch Betriebsbesichtigungen im Škodawerk.

Mnichovo Hradiště

Im Barockschloß Münchengrätz (Mnichovo Hradiště) am Rande des Böhmischen Paradieses können Besucher auf den Spuren von Casanova wandeln. Hier befindet sich heute die Waldsteinsche Bibliothek mit 22 000 Bänden, die der ergraute Frauenheld einst in Dux verwaltete. Im Schloß sind ein weißer Alabasterkamin im Musiksalon zu besichtigen, asiatisches Porzellan, im Speisesaal Sammlungen von Delfter Fayence, eine Waffenkammer, dessen einzigartige Flinte mit Radschloß weltweit ohne Beispiel blieb, und die Bibliothek.

Der Schloßherr war in der Regierungszeit Kaiser Rudolfs II. einer der führenden Politiker. Als Rädelsführer beim Ständeaufstand wurde er 1621 zum Tode verurteilt. Der Besitz fiel in die Hände des Albrecht von Waldstein (Wallenstein), der das stattliche Anwesen einem Schwager vermachte. Im 18. Jahrhundert ließ Ernst Josef von Waldstein das Schloß im Barockstil umbauen. Auf dem Gelände des benachbarten Kapuzinerklosters steht die barocke St. Annakapelle, die Waldstein-Familiengruft. Hier sind auch die sterblichen Überreste des 1634 in Eger ermordeten Heerführers und seiner Frau Lucretia beigesetzt. Im Lapidarium des ehemaligen Klosters sind schöne Barockstatuen zu sehen. Eine Sala terrena ziert den Park im englischen Stil.

Information, Masarykovo nám. 1, 29521 Mnichovo Hradiště, Tel. 326 77 22 03, Fax 326 77 22 09, info@mnhradiste.cz.

Schloß, April und Oktober Sa/So 9 bis 15 Uhr, Mai bis September Di bis So 9 bis 12 und 13 bis 16 Uhr.

Mělník

Kaiser Karl IV. ließ während seiner Regierungszeit auf Melniker Hügeln neue Rebsorten aus Burgund anbauen, und er bestimmte die Stadt am Zusammenfluß von Moldau und Elbe auch zum Witwensitz der böhmischen Königinnen.

Nach der Samtenen Revolution kehrten die adeligen Besitzer zurück. Heute pflegen Prinz Georg von Lobkowitz und seine Frau Bettina das Erbe ihrer Vorfahren. Dank ihres Engagements ist der Wein Ludmilla inzwischen wieder von guter Qualität.

Das Schloß im Renaissancestil besitzt einen großen Innenhof mit Sgraffitofassaden und Arkaden. Karten für Schloßrundgang und Weinkellerbesuch sind im Lobkowitzer Weingeschäft erhältlich, links vom Haupteingang. Der Rundgang

Am Markt in Mělník

beginnt am Treppenturm im zweiten Stock. Durch den Rosa Salon kommt man in das Schlafzimmer von Georg Christian Lobkowitz, einem berühmten Rennfahrer der Vorkriegszeit. Bei einem Rennen fand er 1932 auf der Berliner Avus, erst 25jährig, den Tod. Im Großen und Kleinen Vedutensaal sind europäische Stadtansichten aus dem 17. und 18. Jahrhundert ausgestellt. Der Konzertsaal besitzt eine schön bemalte Holzdecke sowie eine ursprüngliche Sgraffito-Wandverzierung. In den Weinkellern sind große Weinfässer mit Schnitzereien erhalten, hier werden Weinproben bei Kerzenschein angeboten. Auch im Schloßrestaurant, von dem man einen schönen Blick auf die Elbe hat, können die vielen regionalen Weinsorten verkostet werden.

Nahe dem Schloß steht die gotische Peter- und Paulskirche mit ihrem 60 Meter hohen Turm. Innen gefällt das buntbemalte Sternennetzgewölbe. Die Krypta unter dem Priesterraum war als Königinnengruft vorgesehen, doch seit der Friedhof ab 1530 wegen der Pestepidemien an seine Grenzen stieß, nutzte man den Raum bis 1787 als Beinhaus. Im Melniker Karner liegen die Schädel und Knochen von etwa 15 000 Menschen - eine wertvolle Quelle, um die Bevölkerungsstruktur vergangener Jahrhunderte und die Verbreitung von Krankheiten erforschen zu können. Manche Schädel und Gebeine wurden so angeordnet, daß sie einen Anker, ein Kreuz und ein Herz bilden: Symbole der Hoffnung, des Glaubens und der Liebe.

Hinter einem Zaun sind auffällige Schädel und Knochen mit Hieb- und Schußverletzungen oder pathologischen Veränderungen gelagert.

Vom Schloßberg, der hier steil abfällt und mit Weinreben bepflanzt ist, bietet sich eine prächtige Aussicht: Moldau und ein Schiffskanal münden in die Elbe.

Das Gartenrestaurant Alte Schule (Zahradní restaurace Stará škola) versteckt sich hinter Mauern. Vom Aussichtspunkt vor der Kirche geht man links, der Eingang zum Lokal befindet sich unter einem Lebensbaum. Die romantischen Freiluftplätze unter einem alten Birnenbaum sind bei Einheimischen sehr beliebt.

Auf dem Markplatz steht der Weinlesebrunnen. Rathaus und Bürgerhäuser verbindet ein langer Laubengang. Das Regionalmuseum neben dem Rathaus beleuchtet den Weinanbau und die Wohnkultur des 19. Jahrhunderts. Sehenswert sind die historischen Kinderwagen. Das Museumscafé lohnt besonders in der warmen Jahreszeit einen Besuch, dann kann man im schönen Innenhof sitzen.

Touristeninformation, nám. Míru 11, Mělník, Tel. und Fax 315 62 75 03, infocentrum@-melnik.cz.

Hotel Dům U rytířů, Svatováclavská 17, Tel. 315 62 14 40, Fax 315 62 14 39, www.urytiru.cz. Nahe dem Schloß, Apartments mit Küche; Luxusrestaurant und Schloßbierstube, Freiluftplätze; DZ ab 63 Euro.

Hotel und Restaurant U Cinků, Českolipská 1166, Tel. 315 67 04 01; DZ 43 Euro.

Restaurant Stará škola, Na Vyhlídce 159, täglich von 11 bis 23 Uhr (Frühjahr bis Herbst).

Restaurant Sv. Václav, Svatováclavská 22, täglich 11 bis 23 Uhr, Gasthaus am Schloß.

Schloß Mělník, März bis Oktober, täglich 10 bis 17 Uhr, November und Dezember nur nach Absprache, www.lobkowicz-melnik.cz. Schloßweinladen im Sommer 10 bis 16 Uhr, sonst bis 15 Uhr.

Kreismuseum (Okresní muzeum), nám. Míru 54, täglich außer Mo 9 bis 12 und 13 bis 17 Uhr.

Prager Tor, Aussichtsturm und Café, Di bis So 14 bis 20 Uhr.

Alljährlich Ende September Winzerfest.

Kokořín

Nördlich von Mělník liegt das idyllische Korkoschiner Tal (Kokořínský důl). Größte Attraktion ist hier die Burg Kokořín. Vom Parkplatz läuft man 20 Minuten dorthin; weiter oben gibt es keinen Parkplatz.

Eine weitere malerische Kulisse: Burg Kokořín

Hussiten zerstörten die Feste, 1894 erwarb ein böhmischer Emporkömmling den Adelstitel und die verfallenen Mauern dazu. Die Rekonstruktion im Stil der Gotik gelang perfekt. Im Burgmuseum werden Möbel und Waffen gezeigt.

In den winzigen Dörfern sind noch viele Holzhäuser mit Verzierungen erhalten, so in Hlučov, Vojtěchov, Střezivojice und Olešno. Im Wald stehen ›echte‹ Steinpilze, hier als pokličky (Deckel) bezeichnet: Die Riesenpilze aus Sandstein entstanden durch Korrosion. Der obere Sandsteinsatz des Kreidezeitalters ist mit Eisen inkrustiert und kam auf die weichere, mit Aluminium inkrustierte Schicht zu liegen, unter der wiederum die widerstandsfähigere mit Silizium inkrustierte Schicht liegt. Ein Ausgangspunkt dorthin ist der Parkplatz an der Talstraße am Wegweiser ›Pokličky rozc‹. Die ersten Pilze sind 500 Meter von dort zu bestaunen.

Eine zweieinhalbstündige Rundwanderung beginnt am Restaurant Vráj im Ort Ráj. Der Pfad führt durch Sandsteinfelsen bergauf und bergab. Am Dorf Romanov biegen wir links ab und erreichen bald den Schwedischen Wal (Švédský val): Die Bodenerhebung ähnelt einem dieser Meeressäuger. 1643 lagerten hier schwedische Truppen, daher der Name. In der Nähe stehen die Sandsteingebilde Riesenhaupt (Obříhlava), der Frosch (žaba) und bald darauf die Deckelsteine (pokličky). Vor der Straße nach rechts führt der Pfad, rot markiert, parallel der Straße nach Vojtěchov, von wo noch zwei Kilometer auf der wenig befahrenen Straße nach Ráj zu absolvieren sind.

Pension und Restaurant V Ráji, Mšeno u Mělníka, Ráj 07, Tel./Fax 315 69 38 66, hanauer@volny.cz. Bauernhof von 1840 inmitten des Kokorschiner Tals, Sauna, Restaurant etwa 200 Meter gegenüber; DZ 30 bis 32 Euro.
Pension Malba, Kokořínský důl 38, Tel. 603 46 17 23, malba@kokorin.cz. Ruhig gelegen, schönes Gasthaus, junges und freundliches Personal, neu renoviert, ungefähr 300 Meter vom Parkplatz der Burg Kokořín entfernt; DZ 26 Euro, bei nur einer Übernachtung 33 Euro.
Restaurant U Králů, Kokořínský důl 26, Mo bis Fr von 11 bis 18 Uhr, Sa und So bis 22 Uhr. Gemütlich, gutes Speisenangebot, günstige Preise.

Burg Kokořín, im April und Oktober Sa, So und an Feiertagen 9 bis 15 Uhr, Mai bis September täglich außer Mo 9 bis 16 Uhr geöffnet.

Říp

Etwa 15 Kilometer nordwestlich von Mělník und fünf Kilometer südlich von Roudnice nad Labem erhebt sich der Georgsberg. Der Legende nach beschloß hier im Jahr 644 Čech, der mythologische Urvater des slawischen Stammes der Tschechen, das Land zu besiedeln.

In schweren wie in guten Zeiten pilgerte das Volk auf den Hügel. Alljährlich Ende April, am Sankt-Georgs-Tag, findet heute eine Wallfahrt mit Friedensgottesdienst statt. Auf dem kleinen Plateau steht die romanische St. Georgs-Rotunde aus dem Jahre 1126.

Vom Georgsberg bietet sich noch immer eine herrliche Aussicht auf die Elbe-Ebene und das Böhmische Mittelgebirge. Ein bequemer Aufstieg ist vom Dorf Rovné aus möglich, am nördlichen Fuß des Berges befindet sich ein Parkplatz.

Nelahozeves

Im Moldaustädtchen Nelahozeves (Mühlhausen) wurde 1841 der Musiker Antonín Dvořák geboren. Das gelb getünchte Eckhaus gegenüber der Kirche ist sein Geburtshaus, dort befindet sich ein Dvořák-Museum. In der gotischen St. Andreaskirche spielte Dvořák häufig auf der Orgel. Im Gotteshaus steht auch dessen Taufstein.

Das Renaissanceschloß thront auf einem Plateau. Während des Dreißigjährigen Krieges wurde es geplündert. Die Nordfassade schmücken prächtige Sgraffitos. Im Nordflügel sind Adelsportraits, Landschaftsgemälde und eine Sammlung seltener Hunde- und Pferdebilder zu sehen. In der zweiten Etage wird die kostbare Raudnitzer Gemäldegalerie der Familie Lobkowitz mit Werken von Breughel, Cranach, Canaletto, Rubens und Velázquez präsentiert. Die Galerie spanischer Portraitdarstellungen ist die größte außerhalb Spaniens. Der Rittersaal mit einem Deckengemälde ist im Schloß der schönste erhaltene Raum im Renaissancestil.

Schloß Nelahozeves, täglich geöffnet außer Mo von 9 bis 17 Uhr.
Antonín Dvořák-Gedenkstätte, Nr. 12, von Di bis Do von 9 bis 12 und 14 bis 17 Uhr, Fr von 9 bis 12 Uhr geöffnet.

Lidice

Sechs Kilometer östlich der Stadt Kladno liegt der kleine Ort Lidice. Sein Name steht für den Terror, den die deutschen Besatzer zwischen 1938 und 1945 gegen die Tschechen richteten. Im Frühsommer 1942 war der stellvertretende Reichsprotektor Heydrich in einem Vorort von Prag einem Attentat zum Opfer gefallen. Heydrich war der Cheforganisator der Judenvernichtung, er leitete auch die berüchtigte Wannseekonferenz.

Nur durch einen Zufall geriet Lidice ins Blickfeld der Gestapo, ein Prager Fabrikant öffnete den Brief einer seiner Angestellten und spielte diesen den Deut-

Skulpturengruppe zum Andenken an das von den Nazis ausgelöschte Dorf

schen zu – bei den Verhören fiel auch der Name Lidice. Am 9. und 10. Juni 1942 nahmen SS-Einheiten grausame Rache: Alle 192 Männer des Dorfes Lidice wurden sofort erschossen, die Frauen in die Konzentrationslager verschleppt und einige Kinder zur ›Germanisierung‹ nach Deutschland deportiert. Lidice wurde dem Erdboden gleichgemacht. Zwar wurden während der Besetzung durch die Deutschen viele Tschechen verhaftet und mehr als tausend Tschechen hingerichtet, zwar litt das ganze Land unter der Despotie der Besatzer, die völlig grundlose und totale Auslöschung eines Dorfes aber ging als einmalig grausame Tat in die Geschichte ein. Zum Gedenken daran trägt in Mexiko eine Zweimillionenstadt diesen Namen ebenso wie Städte in Brasilien, Venezuela, Israel und Südafrika.

Ein großer Rosengarten, den Spenden aus allen Teilen der Welt ermöglichten, ein großes Kreuz und eine bronzene Kindergruppe, die nach Fotografien der Kinder gefertigt wurde, bilden die schlichte Gedenkstätte für die Opfer. Alljährlich am 10. Juni wird hier eine nationale Trauerfeier abgehalten.

www.lidice-memorial.cz. Januar bis März und Oktober bis Dezember täglich 9 bis 16, sonst bis 18 Uhr. Von der Metrostation der Linie A Prag-Dejvická etwa 20 Minuten Busfahrt nach Lidice, 17 Kilometer.

Prag

Prag ist zweifellos eine der schönsten Städte Europas, und über die Jahrhunderte haben sich Besucher immer wieder schwärmerisch über sie geäußert. Der Begriff ›Goldene Stadt‹ ist dabei immer wieder zitiert worden – zu Recht. Seit den Zeiten Karls IV., als hier eine der ersten Universitäten Europas eingerichtet wurde, war sie ein Zentrum der Kunst und Kultur, und seit dieser Zeit haben auch Generationen von Herrschern und Baumeistern an ihrer Gestaltung mitgewirkt. Heute präsentiert sie sich als ein einzigartiges Gesamtensemble, in dem sich die Bauten mehrerer Jahrhunderte zu einem harmonischen Ganzen vereinen.

Die Sehenswürdigkeiten, die teils kulissenhaften Charakter haben, erstrecken sich zu beiden Seiten der Moldau, die über 16 Brücken miteinander verbunden sind. Hradschin, Kleinseite, Josefstadt – das ehemalige Judenviertel –, Altstadt und Neustadt waren einmal unabhängige Städte. Heute bilden sie das Zentrum einer Stadt, deren moderne Vororte sich weit um sie herum ausdehnen.

Die Vielfalt der Sehenswürdigkeiten ist riesengroß. Wer Prag einmal besucht hat, kommt wohl immer wieder gern hierher. Für die Beliebtheit spricht auch die Statistik: Über 30 Millionen ausländischer Touristen kommen Jahr für Jahr an die Moldau, ein Drittel davon allein aus Deutschland. Sie zieht es zu den Sehenswürdigkeiten, sie nutzen aber auch die Vielfalt und die große Anzahl an kulturellen Angeboten, die Prag ebenfalls auszeichnen. Im Rahmen dieses Reiseführers können nur einige wichtige Sehenswürdigkeiten vorgestellt und nur ein kleiner Ein-

Legende

1 Hauptbahnhof
2 Repräsentationshaus
3 Pulverturm
4 Kirche des Hl. Jakob
5 Ungelt (Týn)
4 Teinkirche
7 Goltz-Kinsky-Palast
8 Altstädter Rathaus
9 St. Nikolauskirche
10 Clam-Callas-Palais
11 Clementium
12 Altstädter Brückenturm
13 Statue des Hl. Nepomuk
14 Kleinseitner Brückentürme
15 St. Nikolauskirche
16 Waldsteinpalais und -garten
17 Burggärten
18 Prager Burg
19 Goldenes Gäßchen
20 Sternbergpalais
21 Loreto-Wallfahrtskirche
22 Strahovkloster
23 Laurenziberg
24 Josephstadt
25 Nationalmuseum
26 ›Tanzendes Haus‹
27 Gasthaus U Fleků

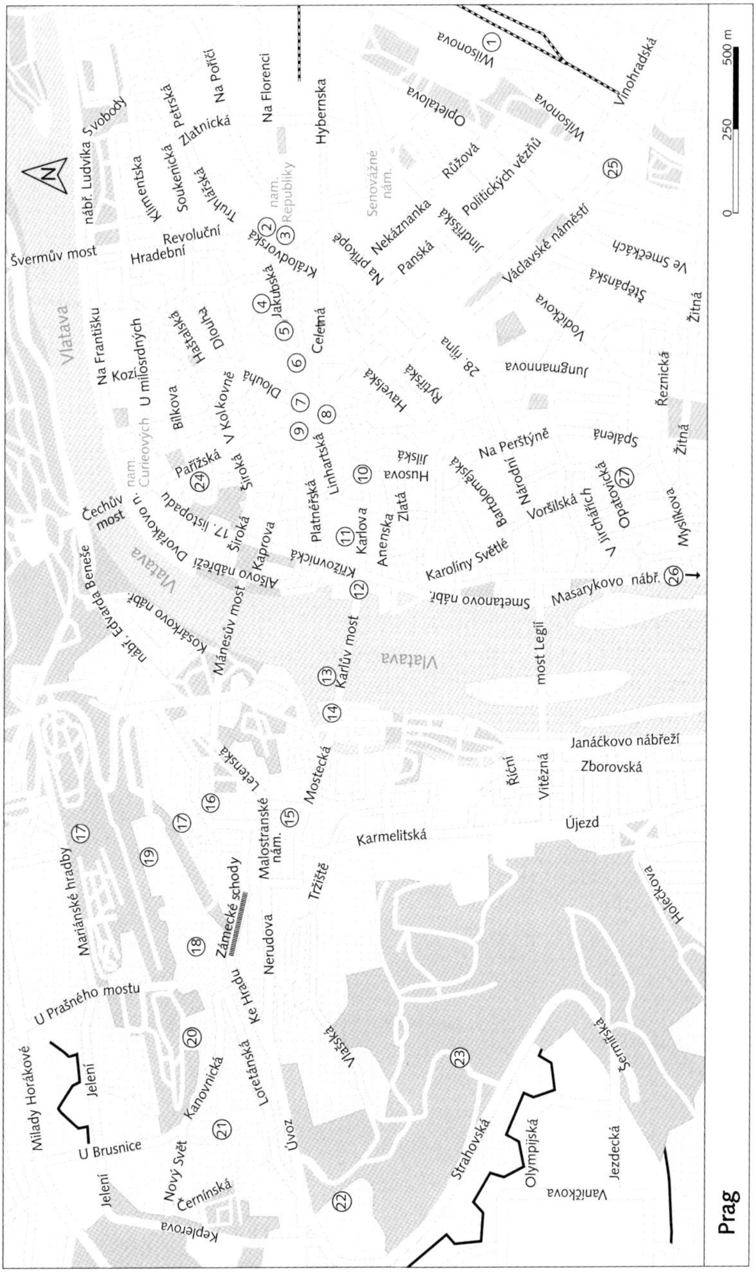
Prag
0
250
500 m
Vltava
Švermův most
nábř. Ludvíka Svobody
Klimentská
Soukenická
Petrská
Zlatnická
Na Poříčí
Truhlářská
Revoluční
Hradební
nám. Republiky
Na Florenci
Hybernská
Králodvorská
Jakubská
Celetná
Na Františku
Kozí
U milosrdných
Haštalská
Dlouhá
Bílkova
V Kolkovně
nám. Curieových
Pařížská
Široká
Čechův most
Dvořákovo n.
17. listopadu
Alšovo nábřeží
Kaprova
Křižovnická
Platnéřská
Linhartská
Karlova
Anenská
Zlatá
Husova
Jilská
Havelská
Rytířská
28. října
Na příkopě
Nekázanka
Senovážné nám.
Panská
Jindřišská
Růžová
Politických vězňů
Opletalova
Wilsonova
Vinohradská
Václavské náměstí
Ve Smečkách
Štěpánská
Vodičkova
Jungmannova
Žitná
Řeznická
Spálená
Na Perštýně
Národní
Bartolomějská
Voršilská
V Jirchářích
Opatovická
Myslíkova
Karolíny Světlé
Smetanovo nábř.
Masarykovo nábř.
nábř. Edvarda Beneše
Kosárkovo nábř.
Mánesův most
Karlův most
Most Legií
Janáčkovo nábřeží
Zborovská
Říční
Vítězná
Újezd
Karmelitská
Mostecká
Letenská
Malostranské nám.
Tržiště
Nerudova
Zámecké schody
Mariánské hradby
U Prašného mostu
Ke Hradu
Milady Horákové
Jelení
U Brusnice
Kanovnická
Loretánská
Nový Svět
Černínská
Keplerova
Úvoz
Vlašská
Strahovská
Olympijská
Vaníčkova
Jezdecká
Šermířská
Holečkova

Eine von vielen Möglichkeiten, Prag zu erkunden

blick in Architektur und bildende Kunst, Theater, Musik und andere kulturelle Angebote gegeben werden. Ebenso ist es nicht möglich, alle guten Restaurants und Cafés zu würdigen – ihre Anzahl ist überwältigend.

Wer für mehr als nur ein verlängertes Wochenende oder einen Kurzurlaub in der Stadt bleiben möchte, sollte daher zusätzlich einen aktuellen Städteführer Prag mitnehmen – auch davon gibt es eine große Auswahl. Unterhaltsame Hintergrundgeschichten liefert das Insider-Lexikon ›Prag‹ (Beck'sche Reihe 1050) von Christoph Bartmann.

Der Königsweg

Königsweg heißt die Strecke, auf der einst die neuen Regenten anläßlich der Krönungsfeierlichkeiten vom einstigen Königshof zum Hradschin gelangten. Der erste auf diesem Weg war 1311 König Johann von Luxemburg. Sein Sohn, Karl IV., tat es dem Vater gleich. 1347 wurde ihm im St. Veitsdom die Königskrone aufgesetzt.

Die wichtigsten Straßen und Plätze auf dem Königsweg sind: Zeltnergasse (Celetná), Altstädter Ring (Staroměstská nám.), Kleiner Ring (Malé nám.), Karlsgasse (Karlova), Karlsbrücke (Karlův most), Brückengasse (Mostecká), Kleinseitner Ring (Malostranská nám.), Nerudagasse (Nerudova), Burgrampe (Ke Hradu), Burgplatz (Hradčanské nám.) und Hradschin (Hradčany).

Folgt man dem Königsweg, sieht man die wichtigsten Sehenswürdigkeiten der Altstadt. Allerdings ist die Route zwischen Pulverturm und Hradschin auch die klassische Touristenmeile und daher oft überlaufen.

1903 begannen am Platz der Republik (nám. Republiky) umfangreiche Bauarbeiten: Dort wo sich von 1380 bis 1484 der Königshof befunden hatte, stand zuletzt eine Kaserne mit Kadettenschule. Nun entstand das Repräsentationshaus (Obecní dům) im prächtigen Jugendstil. Künstler wie Alfons Mucha und J. V. Myslbek waren daran beteiligt. Am 28. Oktober 1918 wurde hier die Erste Tschechoslowakische Republik ausgerufen. Mehrere Restaurants und ein Café laden heute zum Besuch ein. Der wunderschöne Smetanasaal im ersten Stock bietet 1500 Gästen Platz. Hier findet alljährlich das Auftaktkonzert zum dreiwöchigen Musikfestival ›Prager Frühling‹ statt.

Der Pulverturm (Prašná brána) gegenüber ist eines der Wahrzeichen Prags und stammt aus dem Jahr 1475. Hier befand sich früher die Stadtmauer, die die Grenze zwischen Alt- und Neustadt markierte. Eine Zeit lang wurde der Turm als Pulvermagazin genutzt, daher sein Name. Der Torturm ist 65 Meter hoch, 186 Stufen führen zur Aussichtsgalerie.

Bereits im 11. und 12. Jahrhundert waren die Hochwässer der Moldau ein Sicherheitsrisiko: Nach verheerenden Schäden wurde der Baugrund der Altstadt unter anderem mit dem Schutt zerstörter Häuser um etwa sechs Meter angehoben. In der Altstadt bewegt man sich daher mehrere Meter über dem eigentlichen Straßenniveau.

Hoch erheben sich die Türme der Teynkirche über den Altstädter Ring

Die Zeltnergasse (Celetná ulice) verbindet Pulverturm und Altstädter Ring, sie ist Fußgängern vorbehalten. Das Neue Münzhaus in dieser Straße war Teil des Königshofs, von 1539 bis 1784 wurden hier Münzen geprägt. 1911/12 entstand nach Plänen von Josef Gočár das Haus U Černé matky Boží (›Zur schwarzen Mutter Gottes‹) im Stil des Kubismus. An den mittelalterlichen Vorgängerbau erinnert nur noch die alte Hauszeichenstatue der schwarzen Mutter Gottes. Mit reichhaltigen Sammlungen war das Haus schon immer ein Treffpunkt von Liebhabern dieser Kunstrichtung. Das Kubismusmuseum wurde im März 2003 wieder eröffnet. Ein paar Straßenzüge weiter südlich, am Jungmannplatz (Jungmannovo nám.), steht die einzige Straßenlaterne der Welt im Stil des Kubismus. Entworfen hat sie der Architekt Emil Králiček (1877–1930).

Am Theater in der Zeltnergasse (divadlo v Celetné) lohnt ein Gang nach rechts durch die Gasse Šturpartská zur Kirche des Hl. Jakob. Die Kirche des ehemaligen Minoritenklosters fließt über vor barocken Pilastern, Stukkaturen, Fresken und Plastiken: 21 Altäre, die Madonna aus dem 14. Jahrhundert, das Gemälde auf dem Hauptaltar von W. L. Reiner, ein Altargemälde von Peter Brandl und eine Orgel aus dem 18. Jahrhundert zählen zu den Kostbarkeiten. Ein Gemeinschaftswerk der Bildhauer F. M. Brokoff und J. B. Fischer von Erlach kann man im linken Seitenschiff bewundern: Das Grabdenkmal für den Grafen Mitrovice ist das wohl schönste Prager Barockgrabmal. Die St. Jakobskirche ist nicht nur nach dem St. Veitsdom die längste Kirche der Moldaustadt, sie besitzt auch eine ausgezeichnete Akustik.

Am Týn (Ungelt) blieb noch ein Hauch Romantik erhalten: Auf dem Fürstenhof mit zwei Toren zwischen Teingässchen und der St. Jakobskirche mußten auswärtige Händler ihre Waren verzollen und den Prager Händlern anbieten. Bis zum Ende des 16. Jahrhunderts wurde hier gestapelt, gefeilscht, verkauft, geflucht und verzollt. Nach der Prozedur standen die Fremden aber unter dem Schutz der jeweiligen Herrschaft.

Das Granachhaus (Granovský dům) ist ein palastartiger Renaissancebau mit offener Loggia, heute Domizil für eine Kunstgalerie. An schönen Tagen kann man auf Freiluftplätzen der Restaurants und Cafés verweilen. Schmale Gassen führen von Ungelt vorbei am Galeriehaus U zlatého prstenu (Zum Goldenen Ring) zur Teynkirche. In der Teyngasse gab es einen berühmten Trödelladen: Das Eisenwarengeschäft von Karel Čapek fehlte bis Mitte der 1990er Jahre in keinem Bildband oder Reiseführer. Seit Anfang des 20. Jahrhunderts im Besitz der Familie, blieb es auch während des Sozialismus als einziger Laden der Stadt in Privathand. Der Besitzer ist verstorben, heute ist hier das Hotel Černý slon (Schwarzer Elefant).

Die Teynkirche wurde zwischen 1365 und 1511 auf den Fundamenten einer romanischen Kirche erbaut. Ab 1380 arbeitete die Dombauhütte von Peter Parler an der Kirche. Der dreischiffige Bau besitzt zwei 80 Meter hohe Türme. Die Teynkirche war die Hauptkirche der Ultraquisten, der gemäßigten Hussiten. Sie vollzogen die Kommunion mit Brot und Wein, ihr Symbol war der Kelch. Ein großer goldener Kelch zierte einst den Giebel zwischen den Türmen der Teynkirche, doch während der Gegenreformation wurde er eingeschmolzen. Daraus entstand ein Strahlenkranz für Maria, der noch heute die Kirche ziert. Seither ist die Kirche in den Händen der römisch-katholischen Gläubigen. Bemerkenswert ist das Grabmal des dänischen Astronomen Tycho Brahe. 1599 kam er auf Wunsch von Kaiser Rudolf II. in die Stadt und wurde Hofastronom. Bis zu seinem Tod 1601 hat er zusammen mit Johannes Kepler gearbeitet. Brahe soll sehr temperamentvoll gewesen sein und hatte oft Streit mit seinen Nachbarn. Bei einem handfesten Geplänkel verlor er seine Nase und trug fortan eine künstliche goldene Nase.

Der Altstädter Ring (Staroměstské nám.) ist neben dem Hradschin der bedeutendste Platz in Prag und der Fixpunkt in der Altstadt schlechthin. Besucher werden auf ihren Streifzügen immer wieder auf ihn stoßen. 1915 gedachten die Prager hier des 500. Todestages von Jan Hus und weihten ein großes Denkmal im Jugendstil ein, ein Werk von Ladislav Šaloun mit der Aufschrift: ›Die Wahrheit wird siegen‹. Es beherrscht seitdem den Platz.

Die Teynschule steht an der Ostseite des Altstädter Rings vor der Teynkirche. Die Stirnseite des Gebäudes wird von einem Giebel im Stil der venezianischen Renaissance verschönert. Daneben gefällt das Haus U bílého jednorožce (Zum weißen Einhorn) mit frühklassizistischer Fassade. Im Keller blieb ein romanischer Saal vom Ende des 11. Jahrhunderts erhalten, im Erdgeschoß ein gotischer Laubengang mit Kreuzrippengewölbe. Das Haus U zlatého jednorožce (Zum goldenen Einhorn) an der Südostecke mit der Hausnummer 20 besitzt eine schöne Barockfassade mit kleinem Balkon. 1848 gründete B. Smetana hier eine Musikschule. In der Herberge logierten unter anderem Ludwig van Beethoven und Albert Einstein. Berta Fantová war die Besitzerin des hiesigen Clubs der deutschen Dichter, in dem sich auch Kafka des öfteren aufhielt (Gedenktafel).

Zum Ende des 19. Jahrhunderts entdeckten Restauratoren am Haus Zur Steinernen Glocke unter barockem Putz die gotische Originalfassade. Von 1980 bis 1987 wurde das Haus restauriert, die gotischen Elemente neu zusammengestellt und wieder verwendet. Jetzt ist es das einzige Prager Haus, das innen und außen im gotischen Stil erhalten blieb. An der rechten Ecke ist eine Glocke als Hauszeichen eingelassen, im Gebäude finden Ausstellungen und Konzerte statt. Das Haus gehörte einst Eliška, Mutter des späteren Kaisers Karl IV. Deshalb vermutet man, daß es auch das Geburtshaus des späteren Regenten war.

Der Goltz-Kinsky-Palast (palác Kinských) ist der schönste Rokokobau der Hauptstadt. Die Pläne dafür lieferte K. I. Dientzenhofer, weil er aber kurz darauf

Die astronomische Uhr am Altstädter Rathaus

verstarb, vollendete A. Lurago von 1755 bis 1765 diesen Prachtbau. Seit 1768 war er die Winterresidenz der Familie Kinsky, ab dem 19. Jahrhundert beheimatete er das deutsche Gymnasium. Franz Kafka ging hier ab 1893 zur Schule und legte 1901 das Abitur ab. Schon seit 1949 wird hier grafische Kunst aus ganz Europa präsentiert, heute finden im Prachtbau Wechselausstellungen der Nationalgalerie statt. Im kleinen Eckladen im Erdgeschoß befand sich die Kurzwarenhandlung von Hermann Kafka, Vater des berühmten Dichters. Heute gibt es hier eine kleine Buchhandlung (Kafkovo kníhkupectví).

Zuschauermagnet am Platz ist das Altstädter Rathaus (Staroměstská radnice). Zu jeder vollen Stunde versammeln sich die Touristen in Scharen und folgen gebannt dem Schauspiel, das sich – seit 1410 – an der großen astronomischen Rathausuhr darbietet. Zuerst läutet das Gerippe, Symbol des Todes, die Glocke und nickt dabei dem Türken, dem Geizkragen und der Figur mit Handspiegel zu, die die Eitelkeit repräsentiert. Aber die anderen nicken zurück und zeigen so, daß sie noch nicht bereit sind zu sterben. Wenn die Uhr zwölf schlägt, öffnen sich zwei Fenster weiter oben, zwischen denen die zwölf Apostel hin- und hergehen. Die Vorstellung wird von einem krähenden Hahn begleitet.

Das Rathausgebäude ist ein Zusammenschluß von vier Gebäuden, die zwischen dem 14. und dem 19. Jahrhundert entstanden. Als Grundstock wurde das Steinsche Eckhaus ausgewählt und daran ein Turm angefügt. In der Folgezeit kaufte die Stadt vier weitere Gebäude dazu, die mit dem Rathaus verbunden wurden. Vom Turm, auf den auch ein Aufzug führt, genießt man einen herrlichen Blick. Neben der Kapelle befand sich der Hauptflügel, der im Mai 1945 in Trümmer fiel. Der schöne Alte Ratssaal von 1470 war davon nicht betroffen. Inzwischen ließen die Stadtväter Pläne zum vollständigen Wiederaufbau des Ost- und Nordgiebels fallen; die Grünanlage soll wie der freie Blick erhalten bleiben. An den Rathauskomplex angeschlossen ist das Haus Nummer 3, ›Zur Minute‹, ein schöner Renaissancebau. Anfang des 17. Jahrhunderts verzierte man die Fassade mit Sgraffitos biblischer und antiker Motive. Das Hauszeichen, eine Löwenplastik, erinnert an die Zeit, als sich hier die Apotheke Zum weißen Löwen befand. In diesem Haus wohnte die Familie Kafka sieben Jahre.

Die St. Nikolauskirche an der Nordseite des Altstädter Rings wurde nach Entwürfen von K. I. Dientzenhofer von 1732 bis 1735 im Barockstil erbaut. Sie gehört der hussitischen Kirche, einer tschechischen Glaubensrichtung. Bei zahlreichen Konzerten kommt die Atmosphäre im Gotteshaus besonders gut zur Geltung.

Vom ursprünglichen Gebäude der Klosterprälatur der slawischen Benediktiner zu St. Nikolaus blieb nur das Barockportal erhalten. Der Neobarockbau U radnice 5 ist heute eine Pilgerstätte für Kafka-Fans, denn der erblickte hier am 3. Juli 1883 das Licht der Welt. Eine kleine Gedenkstätte und eine Gedenktafel (1966) sind zu besichtigen.

Im Vordergrund die Karlsbrücke, dahinter Kleinseite und Hradschin

Der Kleine Ring (Malé nám.) entstand, als der Neubau des Rathausflügels und einige Bürgerhäuser den Ring teilten. Von hier aus führt die Karlova ulice (Karlsgasse) zum Křížovnické nám. (Kreuzherrenplatz). In der Bierstube U zlatého tygra (Zum goldenen Tiger), Husova 17, ist die Zeit stehengeblieben. Ab drei Uhr nachmittags treffen sich in der ältesten Kneipe der Altstadt noch immer vor allem die Prager. Václav Havel war einst Stammgast, zusammen mit Bill Clinton trank er hier Pilsner Urquell. Biergläser, Rauchschwaden und viele Männergesichter bestimmen die Atmosphäre – es ist eine der authentischsten der rund 1300 Prager Kneipen.

Wo sich Hus- und Karlsgasse kreuzen, steht das Clam-Gallas-Palais. Es war die prachtvolle Residenz für den Marschall Graf Gallas, der auch als Vizekönig von Neapel in Erscheinung trat. Er beauftragte nur Baumeister und Künstler der Extraklasse, so J. B. Fischer von Erlach und Matthias Braun. Am Eingangsportal ist rechts eine Hochwassermarke zu sehen: 29. März 1845. Im Barockbau sind die Prager Archive untergebracht. Auf Portal, Attika und im Treppenhaus sind ausdrucksstarke Skulpturen von Matthias Braun zu sehen.

Am Křížovnické nám. (Kreuzherrenplatz) stehen die St. Franziskuskirche, auch als Kreuzherrenkirche bekannt, und die frühbarocke St. Salvatorkirche. Um das Denkmal Kaiser Karls IV. stehen vier Figuren, sie symbolisieren die vier Fakultäten der Karlsuniversität. Das Clementinum ist der zweitgrößte Gebäudekomplex der Stadt und füllt einen ganzen Block zwischen Karlsgasse, Seminářská (Seminargasse), Platnéřská (Plattnergasse) und Křížovnická (Kreuzherrengasse). Ab 1232 errichteten die Dominikaner ein Kloster, das später von den Jesuiten übernommen wurde. Das Clementinum war ein Zentrum der Gegenreformation. Heute befinden sich hier Staatsbibliothek, Slawische Bibliothek und Universitätsbibliothek. Im Spiegelsaal erklingen öfters Konzerte. Den Astronomieturm kann man besteigen (Mo bis Fr 14 bis 18 Uhr, Sa und So 11 bis 18 Uhr). Auf der Kreuzherrengasse wurden im August 2002 mobile Flutwände aufgestellt. Damit konnte die Altstadt vor dem Hochwasser gerettet werden.

Der Altstädter Brückenturm, unmittelbar am Moldauufer gelegen, wurde nach Entwürfen von Peter Parler auch als Teil der Befestigungsanlage der Altstadt fertiggestellt. Von der Aussichtsgalerie bietet sich eine Postkartenansicht auf Karlsbrücke, Moldau, Kleinseite und Prager Burg.

Die Karlsbrücke zählt zu den berühmtesten Bauwerken der Welt. Sie ist genau 516 Meter lang und 10 Meter breit und erhielt ihren Namen nach dem Auftraggeber, Karl IV. Der Legende zufolge sollte die Karlsbrücke die stabilste Brücke der Welt werden. Deshalb wollten die Erbauer den Mörtel mit Eiern und Wein anmischen. Weil es in Prag selbst nicht genug Eier gab, wurde allen Städten Böhmens befohlen, Eier beizusteuern. Doch die Bürger von Velvary, die nicht ganz verstanden hatten, worum es ging, hatten Angst, daß die Eier zerbrechen könnten: Sie lieferten hartgekochte Eier. Die Bürger von Unhost wollten noch mehr helfen, daher schickten sie auch Quark und Käse.

Die Karlsbrücke war bis 1841 die einzige Brücke über die Moldau. Zwischen dem 17. und dem 19. Jahrhundert kamen als barocker Zierat zahlreiche Sandsteinskulpturen hinzu. Etwa auf der Mitte steht die Statue des Hl. Johann von Nepomuk (1683), die einzige Statue aus Metall. Der Nationalheilige wurde im 14. Jahrhundert unter dem Namen Johannes Pomuk im heutigen Dorf Nepomuk geboren. Er studierte Jura in Padua, war Bischof bei König Wenzel IV. und Beichtvater der Königin Sophia. Weil er keine Beichtgeheimnisse preisgeben wollte, wurde er in der Moldau ertränkt. Es ist nur mündlich überliefert, daß sich Nepomuk und der König nicht verstanden, es gibt keinerlei Dokumente zu den Vorkommnissen. Seinen Namen erhielt er, weil er unter der Folter nur ›nein‹ sagte, tschechisch ›ne‹.

Auf zwei Bronzetafeln unter der Statue sind zwei Szenen dargestellt: Links ist Nepomuk im Gespräch mit Königin Sophia, rechts wird Nepomuk von Soldaten in die Moldau gestürzt. An der Stelle, wo der Gepeinigte in die Moldau fiel, spiegelten sich fünf Sterne auf dem Wasser. Das war als Voraussage zu verstehen, daß Nepomuk heilig gesprochen würde. Tatsächlich geschah dies 1729. Neben Maria und Christus ist Nepomuk der Einzige, der einen Heiligenschein trägt. Das Abbild Nepomuks glänzt, denn es wird täglich von Tausenden angefaßt. Wer sich Glück, Liebe, Gesundheit und Frieden erwünscht, berührt Nepomuk mit der linken Hand – weil das Herz auf der linken Seite schlägt – und denkt in diesem Augenblick an seinen Wunsch. Alljährlich am 16. Mai, dem Namenstag von Nepomuk, werfen viele Menschen Blumen in die Moldau.

Etwa 200 000 Menschen überqueren täglich die Karlsbrücke. Zwischen 5 und 6 Uhr in der Frühe herrscht hier eine zauberhafte Atmosphäre, mitunter steigen Nebel aus der Moldau auf, und es sind nur wenige Leute unterwegs. Tagsüber ist die Karlsbrücke ein langer Verkaufsstand. Händler haben Gemälde, Zeichnungen, Portraits, Schmuck und allerlei Tand im Angebot. Für eine gewisse Ordnung sorgt eine neue Vorschrift: Auf der Brücke dürfen sich nur noch Verkäufer und Straßenmusikanten mit amtlicher Genehmigung aufhalten.

Malá Strana (Kleinseite)

Die Kleinseitner Brückentürme sowie das Kleinseitner Stadttor stehen am linken Moldauufer. Dieses gotische Stadttor von 1410 verbindet beide Türme. Darauf ist das Wappen der Prager Altstadt abgebildet. Nachdem man das Stadttor durchschritten hat, ist die Kleinseite (Malá Strana) erreicht. Der Stadtteil unter der Burg entstand als Vorort der Adligen – sie wollten nahe beim Burgherrn wohnen.

Blick vom Ledebourgarten auf Kleinseite und Waldsteinpalais

Über die Brückengasse (Mostecká ul.) ist der Kleinseitner Ring (Malostranské nám.) schnell erreicht. In der Mitte des Kleinseitner Rings thront die St. Nikolauskirche, ein großartiger Kuppelbau der Dientzenhofers, von Vater Christoph und Sohn Kilian Ignaz. Von A. Lurago stammt der Glockenturm (1755). Der Bau sollte die neue Macht der Kirche nach dem Sieg des Katholizismus symbolisieren. Ein monumentales Deckenfresko stellt das Leben des Hl. Nikolaus dar. Mit etwa 1500 Quadratmetern ist es das größte Deckengemälde in Europa. J. L. Kracker hat daran fast zehn Jahre gearbeitet.

Etwas abseits vom ›Königsweg‹ ließ sich der legendäre Feldherr Albrecht von Waldstein (Wallenstein) einen mächtigen Palast mitsamt eindrucksvollem Garten erbauen. Das Waldsteinpalais ist heute Sitz des Senats und des Parlaments. Der Hauptsaal, in dem der Senat zusammentrifft, ist fast 11 Meter hoch. Stuck, zum Teil vergoldet, und ein Deckengemälde künden von Waldsteins erlesenem Geschmack. Der Rittersaal ist mit kostbaren Stofftapeten verkleidet. Viel Freude hatte der Herzog von Friedland allerdings nicht an seinem Besitz, schon vier Jahre nach dem Abschluß der Bauarbeiten fiel er in Eger einem Attentat zum Opfer. Im Waldsteingarten öffnet sich die Sala terrena. Die Malereien zeigen Motive aus

Im Garten des Waldsteinpalais'

dem Trojanischen Krieg. Der Holländer A. de Vries fertigte lebendgroße Skulpturen. Zum Ende des Dreißigjährigen Krieges nahmen die Schweden die Statuen mit in den Norden, wo sie noch heute im Schloßpark Drottningholm bei Stockholm zu bewundern sind. Am Originalplatz stehen nur – wenn auch schöne – Kopien. Im Barockgarten mit Wasserspielen befindet sich auch eine riesige Mauer mit künstlichen Tropfsteinen (Räumlichkeiten am Wochenende 10 bis 17 Uhr, Garten April bis Oktober täglich 10 bis 18 Uhr geöffnet).

Eine Attraktion sind die zum Teil erst im Jahr 2000 wieder eröffneten Gärten unterhalb der Prager Burg auf der Südseite des Prager Burghügels, nur ein paar Schritte vom Waldsteinpalast entfernt. Anstelle einer Befestigungsmauer entstanden seit Ende des 17. Jahrhunderts fünf prächtige Gärten: Ledebour- und Kleiner Palffygarten, Großer Palffygarten, Kolowratscher Garten und Kleiner Fürstenbergscher Garten. Zusammen besitzen sie etwa 30 kleine Gartenterrassen, die über 22 Treppen zugänglich sind. Jede Terrasse besitzt einen anderen Grundriß, eine andere Bepflanzung und bietet einen anderen schönen Ausblick. Herausragend ist die Sala terrana mit ihrer Ausschmückung im Ledebourgarten. Hier kann man im Sommer oft musikalischen Proben aus den offenen Fenstern des Prager Konservatoriums lauschen. Vom Treppenturm des Kleinen Fürstenbergschen Gartens gelangt man seit kurzem auch in das Areal der Prager Burg.

Nach dem tschechischen Dichter Jan Neruda wurde die Nerudastraße (Nerudova) benannt, als eine der schönsten Prager Straßen verbindet sie den Kleinseitner Ring mit der Burg. Die Straße wird gern als Kulisse für historische Filme genutzt, so auch für den Hollywoodfilm ›Amadeus‹. Hier sind noch viele der alten Prager Hauszeichen zu finden, aus Stein, Metall, Holz oder aber auf Putz oder Blech gemalt. Im Haus U dvou slunci (Zu den zwei Sonnen) wohnte Jan Neruda von 1845 bis 1859. Das Gebäude im Barockstil stammt von 1673. In der Neruda-Straße steht auch der 1714 nach Entwürfen von G. Santini erbaute Morzin-Palast. Die Skulpturen wurden von der Prager Brokoff-Werkstatt gefertigt.

Hradčany (Hradschin) und Umgebung

Von der Nerudova gehen viele Besucher über die Burgrampe (Ke Hradu) hinauf zum Hradčany (Hradschin) und genießen zuerst die prächtige Aussicht über die goldene Stadt.

Auf dem Hradčany nám. (Hradschiner Platz) steht das Erzbischöfliche Palais, noch heute die Residenz des Erzbischofs. Auf der Westseite des Platzes steht nahe dem Toskanischen Palast ein Wohnhaus mit hellrosa Fassade und einem Nepomukbildnis über der Eingangspforte. Hier wohnte der Sohn des Jugendstilmalers Alfons Mucha. Im Kinofilm ›Amadeus‹ war dieses Gebäude das Wohnhaus der Musikerfamilie. Der Kleine Schwarzenberger Palast war lange Zeit Botschaftssitz der Schweiz. Jetzt steht er leer, seine Zukunft ist ungewiß. Im oberen Bereich sind Einschußlöcher zu sehen. Die Salven wurden von sowjetischen Soldaten 1968 bei der Niederschlagung des Prager Frühlings abgefeuert. Daneben steht ein zweites Palais der Schwarzenberger mit herrlichem Sgraffitoschmuck.

Bei Staatsbesuchen rollen schwarze Limousinen bis auf den Hradschiner Platz. Am Eingangstor mit kunstvollem Eisengitter stehen riesige Plastiken. Diese kämpfenden Giganten sind Allegorien für Krieg und Frieden. Die Burgwache ist am Eingang mit jeweils zwei Posten präsent. Für diese Aufgabe werden nur Männer gleicher Größe ausgewählt. Sie müssen jeweils sechs mal täglich eine Stunde lang Wache schieben und nach jeder Wache noch für zwei Stunden Dienst im Burggelände leisten.

Blick vom Hradschin auf das Prager Häusermeer

Wachablösung auf der Prager Burg

Die Burg ist täglich von fünf Uhr bis Mitternacht geöffnet. Der Erste Burghof ist das ›Empfangszimmer‹. Rechts oben auf dem Dach weht die Standarte des Präsidenten, wenn er sich auf der Burg aufhält. Darauf steht geschrieben: ›Pravda vitezí‹ (Die Wahrheit siegt). Im Ersten Burghof sind rechts die Gästezimmer der Regierung zu sehen. Hier wohnten unter anderem Prinzessin Diana und Prinz Charles sowie Königin Elisabeth, aber auch der ehemalige Bundespräsident von Weizsäcker. Links im Erdgeschoß befindet sich die Wachstube der Soldaten. Stündlich ist auf dem Hradschiner Platz eine Wachablösung zu erleben, doch nur um 12 Uhr mit feierlichem Parademarsch.

Durch das Matthiastor gelangt der Besucher in den Zweiten Burghof. Rechts im Durchgang führte der Treppenaufgang zu den einstigen Gemächern des Königs. Die nicht zugänglichen Säle und Zimmer werden nur am Staatsfeiertag (28. Oktober) für die Öffentlichkeit aufgeschlossen. Der Präsident arbeitet im Zweiten Burghof, der Zugang zu den Diensträumen liegt rechts in der Ecke. In den ehemaligen Marställen an der Nordfront befindet sich heute die Gemäldegalerie mit Werken von Tizian, Rubens, Tintoretto und Veronese. Die Heilig-Kreuz-Kapelle von 1753 schmücken Gemälde von Kandler und Navrátil.

Auf dem Dritten Burghof strebt die Kathedrale des Hl. Veit, des Hl. Wenzel und des Hl. Adalbert in den Himmel. Die Hauptkirche des Landes wird meist nur als St. Veitsdom bezeichnet. Ab 1344 ließ Kaiser Karl IV. auf den Grundmauern einer Rotunde eine gotische Kathedrale errichten. Sechshundert Jahre währten die Bauarbeiten, erst 1929 war der Dom vollendet. Der Raumeindruck mit 28 Pfeilern, 21 Kapellen und fünf Schiffen ist gewaltig. Der Dom ist 124 Meter lang, das Querschiff 60 Meter breit, die Höhe erreicht 38 Meter. Über den Pfeilerarkaden verläuft rundherum das Triforium: Eine Galerie mit 21 Büsten, darunter die Königsfamilie Karl IV., Dombaumeister und Erzbischöfe. Sie wurde zwischen 1374 und 1385 geschaffen. Im 20. Jahrhundert wurden auch die Büsten von Persönlichkeiten hinzugefügt, die sich um den Abschluß der Bauarbeiten verdient gemacht hatten.

Matthias von Arras leitete den Aufbau bis 1352. Ihm folgten Peter Parler und seine Söhne Wenzel und Johann. Parlers Kunst ist vor allem am Presbyterium zu bewundern. Hier befinden sich die Gräber einiger Přemysliden. Das Kaisergrabmal Ferdinands I. von Habsburg und seiner Frau, in der Mitte des Chores, ist aus weißem Marmor gefertigt. Unter einem roten Baldachin, der von Kaiserin Maria Theresia gestiftet wurde, ruht der Hl. Johannes von Nepomuk. Fischer von Erlach lieferte die Entwürfe für das mit zahlreichen Figuren verzierte Hochgrab. Zwei Tonnen Silber wurden dafür verwendet. Ein Engel hält eine Schale mit einem roten Kristall – Nepomuks Zunge als Symbol der Verschwiegenheit.

Die Wände des Chores zieren Wappen all der Besitzungen, die unter Kaiser Karl IV. im 14. Jahrhundert zum Reich gehörten. Vorn sieht man drei neue Wappen der historischen Kronländer, die heute zu Tschechien gehören: Böhmen, Mähren und Schlesien.

In der Heiligkreuzkapelle befindet sich der Zugang zur Krypta mit dem Königsmausoleum. Die Gruft wurde von 1928 bis 1935 neu gestaltet. Hier stehen die Sarkophage Kaiser Karls IV. – er ist mit zwei Kronen verziert –, seiner Kinder und vier Ehefrauen. Die vierte Frau war 18 Jahre jünger als ihr Ehemann. Hier fanden auch König Georg von Podiebrad und Kaiser Rudolf II. ihre letzte Ruhe. Vor dem Verlassen der Gruft kommt der Besucher an den Mauerresten der romanischen Rotunde vorüber.

Im Südbereich des Querschiffes ist die St. Wenzelskapelle eingelassen. Peter Parler hat sie an Stelle einer romanischen Grabstelle des Hl. Wenzel erbaut. Unter rotem Samt ist der Reliquienschrein mit den sterblichen Überbleibseln des 929 ermordeten Herzog Wenzels verborgen. Der Hl. Wenzel ist Schutzpatron von Böhmen. In dieser Kapelle wurden die böhmischen Könige gekrönt. Auch die Wahl Václav Havels zum Präsidenten wurde hier von Kardinal Tomašek mit einem Danklied zelebriert. An den unteren Wänden der Kapelle sind 2300 böhmische Halbedelsteine in Blattgold eingefaßt. Darüber sind Gemälde mit dem Passionszyklus und der Wenzelslegende zu sehen. In einer Ecke befindet sich der Eingang zur Kronkammer. Hinter sieben Schlössern und Riegeln werden die Krönungsinsignien aufbewahrt. Der Präsident und der Erzbischof sowie fünf

Gedenktafel für Franz Kafka am gleichnamigen Platz

Behörden besitzen je einen Schlüssel, der Schatz ist nur allen gemeinsam zugänglich. Zu den wertvollsten Stücken zählen Wenzelskrone, Reichsapfel und Zepter. Die zweieinhalb Kilogramm schwere St. Wenzelskrone fertigte ein Prager Goldschmied um 1346 aus Gold. Sie ist mit 96 Edelsteinen besetzt: Saphire, Spinelle, Smaragde und Rubelit. Auftraggeber von Reichsapfel und Zepter war wahrscheinlich Kaiser Ferdinand I., ab 1526 böhmischer König und ab 1556 Römisch-Deutscher Kaiser. Auch sie, wahrscheinlich Kunstwerke süddeutscher Meister, sind aus Gold, teilweise emailliert und üppig mit Edelsteinen und Perlen besetzt. Die Halbkugel des Apfels zeigt im oberen Bereich die Salbung Davids sowie Davids Sieg über Goliath. Darunter sind drei Szenen der Schöpfungsgeschichte festgehalten: Adam kniet vor dem Schöpfer, Adam wird ins Paradies geleitet, Adam und Eva werden vom Gottesvater vor dem Baum der Erkenntnis gewarnt. Die Schätze der Kronkammer werden nur zu besonderen Anlässen gezeigt. Das letzte Mal präsentierte man sie kurz nach der Samtenen Revolution 1990.

In der Neuen Erzbischöflichen Kapelle im nördlichen Langhaus ist ein prächtiges Glasfenster des Jugendstilmalers Alfons Mucha aus dem Jahre 1920 zu sehen. Es zeigt, wie die Slawen das Christentum annehmen. Mucha wurde erst durch die Auftragsarbeit für einen französischen Keksfabrikanten berühmt, dem er Entwürfe für Dosendekorationen lieferte.

Im Hauptturm auf der Südseite verbirgt sich die Sigismundglocke hinter einem filigran vergoldeten Gitter. Sie ist die größte Glocke des Landes und wiegt 16 Ton-

Eingang zum Spiegellabyrinth auf dem Laurenziberg

nen. Über das Radio erklingt das sonntägliche Mittagsgeläut im ganzen Land. Die Prager sind abergläubisch: Immer wenn die Glocke Schaden erlitt, folgte ein Unglück, so auch 2002. Im Juni zerbrach der Klöppel, im August überflutete die Moldau ganze Stadtteile. Genau 287 Stufen führen auf den Turmumgang, geöffnet von 9 bis 17 Uhr, letzter Einlaß 16.15 Uhr.

In den 1920er Jahren wurde der dritte Burghof vom slowenischen Architekten J. Plečnik umgestaltet. Seit 1926 steht hier ein Obelisk zum Gedenken an die Opfer des Ersten Weltkrieges.

Der Alte Königspalast war bis ins 16. Jahrhundert Sitz der böhmischen Regenten. Hier befindet sich auch der große Rittersaal, als Huldigungs- und Vladislavsaal bekannt. Der größte Rittersaal Europas ist 62 Meter lang, 16 Meter breit und 13 Meter hoch. Das herrliche Kreuzrippengewölbe ist ein Werk von Benedikt Ried. Auf einer breiten Reitertreppe mit Rippengewölbe gelangten die Reiter hoch zu Roß in den Rittersaal. Neben prunkvollen Turnieren fanden hier auch Landtagssitzungen und die Wahl des Königs statt. Heute wählen die Abgeordneten an Ort und Stelle den Präsidenten, hier wird der Öffentlichkeit bekannt gegeben, wer die Wahl gewonnen hat. Vom Vladislavsaal kommt man in den Ludwigspalast, ebenfalls nach einem Entwurf von Benedikt Ried erbaut. Die Böhmische Kanzlei in der ersten Etage war über 200 Jahre lang Sitz der böhmischen Statthalter. Am 23. Mai 1618 warfen aufgebrachte Untertanen den Reichsstatthalter und seinen Schreiber aus dem Fenster in den Wallgarten. Der Zweite Prager Fenstersturz war Auslöser des Dreißigjährigen Krieges, obwohl die Unglücklichen sanft auf einem Misthaufen landeten.

Die dreischiffige St. Georgsbasilika an der Ostseite des Georgsplatzes gehört zu den ältesten Gebäuden der Prager Burg. Sie stammt aus dem Jahre 920 und wurde nach Bränden mehrmals umgestaltet. Zum Wertvollsten zählt die St. Ludmillakapelle. Peter Parler schuf das Grabmal für die Landesheilige um 1380. Die äußere Barockfassade stammt aus dem Jahre 1670.

Durch die Jiřská ul. (Georgsgasse) schlendern die meisten Burgbesucher hinunter zur weltbekannten Zlatá ulička (Goldenes Gäßchen). Der Andrang war bis vor kurzem riesengroß, neuerdings muß Eintritt bezahlt werden, und man hofft, daß sich so einige Touristen von einem Bummel abhalten lassen. Zuerst war das Goldene Gäßchen Wohnort für die Burgsoldaten und ihre Familien. Kaiser Rudolf II. holte Alchimisten auf die Burg, die hier Gold erzeugen sollten. Auch wünschte sich der eitle Regent einen Jungbrunnen gegen das Alter. Angeblich hat der Kaiser tapfer viele Mixturen ausprobiert, geholfen hat keine. Der Traum vom künstlichen Gold blieb genauso unerfüllt. Die Gasse war einst nur anderthalb Meter breit, Anfang des 19. Jahrhunderts wurde die rechte Häuserzeile abgerissen, um mehr Platz zu schaffen. Die nördliche Burgmauer steht noch mitsamt zugänglichem hölzernen Wehrgang. Nummer 19 ist der Winzling unter den kleinen Häuschen, viele Besucher zieht es zur Nummer 22 mit hellblauer Fassade, da hier Franz Kafka im Jahr 1916 wohnte und arbeitete. Bis 1955 war das Goldene Gäßchen eine Arme-Leute-Gegend. Die hygienischen Bedingungen waren katastrophal, so gab es für alle Wohnungen nur eine einzige Toilette. Heute sind die Häuser herausgeputzt und beherbergen kleine Geschäfte und Souvenirläden.

Der Ausgang erfolgt durch den Hof des ehemaligen Burggrafenamtes. Das Gebäude ist heute ein Paradies für Kinder, da es ein Spielzeugmuseum beherbergt. Im Innenhof lädt ein Café mit Freiluftplätzen unter einem Wallnußbaum ein. Wo heute der Baum steht, befand sich einst der Hinrichtungsplatz der Burg. Seit einigen Jahren bildet der Hof in den Monaten Juli und August eine stimmungsvolle Kulisse für ein freies Theater unterm Sternenhimmel: Täglich außer sonntags werden bei schönem Wetter ab 20.30 Uhr Shakespearestücke geboten, so König Lear oder Romeo und Julia.

Ganz in der Nähe, im Lobkowitzpalast neben dem Schwarzen Turm in der Georgsgasse, können Freunde klassischer Musik täglich ein etwa einstündiges Konzert genießen (Beginn 13 Uhr). Damit es keine Orientierungsprobleme gibt: Der Schwarze Turm bekam aus unerfindlichen Gründen eine weiße Fassadenfarbe verpaßt.

Hinter dem Erzbischöflichen Palast liegt das Sternbergpalais mit den Sammlungen der Nationalgalerie. Der Fundus ist riesig: 14 000 Gemälde, 400 000 Grafiken, 6000 Plastiken und 8000 orientalische Kunstwerke. Unter all den Kostbarkeiten ragen besonders deutsche und holländische Malerei des 15. und 16. Jahrhunderts, holländische und flämische Gemälde des 16. und 17. Jahrhunderts sowie französische Werke des 19. und 20. Jahrhunderts hervor.

Vom Hradschiner Platz führt die Loretanská (Loretogasse) zur Wallfahrtskirche Loreto. K. I. Dientzenhofer und G. D. Orsi waren mit dem Bau von 1626 bis 1750 beschäftigt. Als Vorbild diente die Santa Casa im italienischen Städtchen Loreto. Nach dem Sieg der Habsburger über die böhmischen Stände 1620, also der Katholiken über die Protestanten, sollte mit Kirchen dieses Typs die Gegenrevolution symbolisiert werden. Als erstes entstand die Santa Casa, um die die ganze Anlage errichtet wurde. Der Legende nach war es das kleine Haus von Nazareth, in dem der Erzengel Gabriel der Jungfrau Maria erschienen sein soll, um die baldige Geburt Jesu zu verkündigen. Nach 1661 entstand um die Santa Casa ein Kreuzgang. In der Schatzkammer wird der Loretoschatz aufbewahrt, darunter die Diamantenmonstranz ›Prager Sonne‹, zwölf Kilogramm schwer und mit über 6000 Diamanten besetzt. Vom Kirchturm erklingt noch immer das 1694 in Amsterdam hergestellte Glockenspiel, stündlich tönt die wehmütige Weise ›Maria, wir grüßen Dich tausendmal‹.

Der imposante Czerninpalast am Loretoplatz ist heute Sitz des Außenministeriums. Der Dreißigjährige Krieg, insbesondere seine Geschäfte mit Albrecht von

Waldstein, hatte Graf Czernin viel Geld eingebracht. Die Baukosten für seinen Palast sprengten dennoch die Familienkasse. 1851 verkauften seine Nachkommen die Residenz an die Habsburger Monarchie.

Die Gasse Pohořelec erweitert sich weiter oberhalb zum gleichnamigen Platz. Von hier führen Stufen weiter hinauf zum Strahovkloster. Nach mehreren Bränden erhielt das Kloster im 17. Jahrhundert von G. D. Orsi eine pompöse Innengestaltung, so den Theologischen Saal der Bibliothek mit bibliophilen Kostbarkeiten sowie Erd- und Sternengloben. Die in Stuck gefaßten Deckenmalereien verherrlichen das Studium und die Literatur. Im 18. Jahrhundert wurde die Bibliothek um den zweistöckigen Philosophischen Saal erweitert. Die Bücherschränke und -regale sind aus Nußholz und standen ursprünglich im Kloster Louka (Brück) in Südmähren. Die wundervollen Deckengemälde schuf F. A. Maulbertsch. Insgesamt bewahrt das Kloster 130 000 Bücher, 1500 Erstdrucke, 2500 Handschriften und mehrere Tausend grafische Blätter auf. Die sechs Millionen Archivalien umfassen auch den Nachlaß von 1200 tschechischen Schriftstellern und Wissenschaftlern.

Die Gemäldegalerie in Strahov zählt zu den bedeutendsten Klostersammlungen Europas, darunter befinden sich die Strahover Madonna und die Strahover Heilige Barbara sowie Gemälde von K. Škréta, P. Brandl und W. L. Reiner. Im Klosterhof steht die Kirche Mariä Himmelfahrt (1743–1752). Vor dem Kloster laden eine gemütliche Minibrauereigaststätte sowie ein Gartenrestaurant mit herrlichem Blick zum Hradschin und über die Kleinseite ein.

Vom Kloster Strahov führt ein Spazierweg auf den Petřín (Laurenziberg). Auf dem Plateau steht ein Eiffelturm im Miniformat. Der Aussichtsturm wurde 1891 anläßlich einer Landesjubiläumsausstellung eröffnet. Die Stahlkonstruktion ist 60 Meter hoch und 175 Tonnen schwer. Von der Aussichtsgalerie sind 112 dominante Stadtpunkte zu sehen. Zwischen 1952 und 1992 diente der Turm als Fernsehsender. 1979 wurde er für die Öffentlichkeit geschlossen, seit 1991 ist er wieder zugänglich; von 2000 bis 2001 wurde der Turm nach historischem Vorbild rekonstruiert.

Nebenan steht das Spiegellabyrinth in einer hölzernen Festung mit Zinnen, Türmchen und Zugbrücke. Hier ist auch das Diorama ›Kampf der Prager mit den Schweden auf der Karlsbrücke im Jahr 1648‹ auf 85 Quadratmeter Fläche zu sehen. Von der Kleinseite verkehrt eine Standseilbahn auf den Laurenziberg.

Josefov (Josefstadt)

Das ehemalige Judenviertel Josefov (Josephstadt) ist bequem zu Fuß erreichbar. Viele Besucher kommen vom Altstädter Platz über die Verlängerung der Pařížská (Pariser Straße) hierher. Sie wurde ab 1891 im Rahmen einer großangelegten

Altneusynagoge und Jüdisches Rathaus in der Josefstadt

Stadterneuerung angelegt. Etwa 300 Häuser wurden dafür abgerissen. Prag erhielt eine Prachtstraße im Jugendstil, vom historischen Judenviertel ist seitdem jedoch nicht mehr viel erhalten. Heute gilt die Pariser Straße als begehrte Adresse und teuerste Einkaufsmeile der Hauptstadt. Auch renommierte Firmen müssen hier oft jahrelang auf eine frei werdende Immobilie warten. Seit über 1000 Jahren lebten Juden an der Moldau. Über die Jahrhunderte war die jüdische Bevölkerung immer wieder Repressalien ausgesetzt, die in Pogromen gipfelten. Ab März 1939 brachte die deutsche Okkupation für die Mehrzahl der Prager Juden den Tod. Die Nazis zerstörten die nach dem Stadtumbau erhalten gebliebenen jüdischen Denkmäler nicht, denn sie hatten vor, das Gelände der Josephstadt zu einem ›Museum einer ausgestorbenen Rasse‹ umzugestalten. So blieben sechs Synagogen erhalten, daneben der Alte Friedhof und das Rathaus. Heute bekennen sich in ganz Tschechien noch etwa 2000 Bürger zum Judentum.

Die Altneusynagoge ist das älteste funktionierende Gebetshaus der Juden in Europa, erbaut um 1270. Der älteste Teil ist das Bethaus; angeblich wurden hier

Dorfkirche Mařenice im Lausitzer Gebirge
Detail am Rathauserker von Olomouc; Sgraffitos am Markt in Mikulov

1898-9

auch Steine vom Tempel in Jerusalem eingefügt. Die beiden Backsteingiebel entstanden erst im 14. Jahrhundert. Weil der Betraum für Frauen tabu war, entstand im 18. Jahhrhundert ein Seitenschiff mit kleinen Sehschlitzen, damit auch die Frauen der Gemeinde das Geschehen verfolgen konnten. In der Decke der Synagoge soll der Golem begraben sein. Rabbi Löw schuf der Legende nach die mächtige Gestalt aus Lehm. Er erweckte den Golem zum Leben, damit er fortan die Juden beschütze. Eine Statue von Rabbi Löw und dem Golem befindet sich am Neuen Rathaus (Mariánské nám.). Durch die Moldauflut im Jahr 2002 stieg das Grundwasser an und überschwemmte den tief gelegenen Gebetsraum. Eine Hochwassermarke kündet von der Katastrophe. Glücklicherweise konnten die hölzernen Einbauten rechtzeitig in Sicherheit gebracht werden, so daß alles original erhalten blieb – wie schon so oft in der über 700jährigen Geschichte. Die Synagoge wurde nie vernichtet. In den Altarraum, ein frühgotisches Doppelschiff, dringt nur wenig Tageslicht durch kleine Rundfenster. In der Mitte steht die Predigerbühne (Almemor) mit Thorapult und einem schmiedeeisernen Gitter. Im Thoraschrein werden die Pergamentrollen mit den fünf Büchern Mose aufbewahrt. Samstags finden in der Altneusynagoge noch heute Gottesdienste statt. Für ihren merkwürdigen Namen verweist man auf zwei Erklärungen: Entweder wurde sie auf älteren Fundamenten erbaut, oder nach dem Bau weiterer Synagogen war die ›Neue‹ plötzlich auch die ›Alte‹.

Die Hohe Synagoge aus dem 16. Jahrhundert ist nicht zugänglich. Daneben steht das Jüdische Rathaus mit zwei Zeitmessern. Die Zeiger der hebräischen Uhr drehen sich entgegen dem Uhrzeigersinn nach links.

Die Pinkassynagoge ist heute Gedenkstätte für die 77 297 Prager Opfer des Holocaust. Hier finden sich Namensschriftzüge und Kinderzeichnungen aus dem Konzentrationslager Theresienstadt. Hier liegt der einzige Eingang zum Alten Jüdischen Friedhof, dem ältesten und größten jüdischen Friedhof Europas. Mitte des 15. Jahrhunderts erwarb die jüdische Gemeinde dieses Stück Land. Beerdigungen fanden von 1439 bis 1787 statt, etwa 12 000 Grabsteine künden davon. Die meisten liegen unter dem Erdreich, zwölf Schichten Gräber wurden aus Platzmangel nacheinander oder vielmehr übereinander angelegt. Noch immer legen Besucher kleine Steine zu Ehren der Toten auf die Grabstätten. Die berühmteste Grabstätte ist die des Rabbi Löw (gest. 1609). Der Sage nach schuf er den Golem, den künstlichen Menschen. Die Ausstellung in der nahegelegen Klausensynagoge ermöglicht Einblicke in das jüdische Alltagsleben und informiert über einige Traditionen.

Schloß Eisgrub; Prächtige Holzarchitektur in Pustevny
Mühlbrunnkolonnade in Karlovy Vary

Über die Maislgasse (Maislova) kommt man zur Maislsynagoge aus dem 16. Jahrhundert mit einer Sammlung jüdischer Kultgegenstände, zumeist aufwendige Silberschmiedeerzeugnisse böhmischer, österreichischer und deutscher Handwerker.

›Jüdische Sitten und Bräuche – Lauf des Lebens‹ heißt die Ausstellung im Zeremoniensaal. Eine Dokumentation in der Spanischen Synagoge zeigt die Geschichte der Juden, ul. Vězeňská 1.

Besucher müssen im Jüdischen Museum tief in die Tasche greifen, die Eintrittspreise entsprechen westeuropäischem Niveau. Für alle Objekte, außer der Altneusynagoge, gibt es eine Sammeleintrittskarte zu kaufen.

Im Jahr 2003 schuf Jaroslav Róna ein neues Kafka-Denkmal, das seit kurzem an der Spanischen Synagoge steht. Es zeigt symbolisch die gespaltene Persönlichkeit des Literaten: Auf einem großen Mann ohne Kopf und Arme sitzt ein kleiner Knabe.

Nové Město (Neustadt)

In der Neustadt (Nové Město) bildet der Wenzelsplatz (Václavské nám.) zusammen mit den Straßen Na příkopě (Am Graben), 28. rijna/Národní třída (Straße des 28. Oktober und Nationalstraße) das sogenannte ›Goldene Kreuz‹.

Die Gründung des Wenzelsplatzes geht auf Kaiser Karl IV. zurück. Wer hier damals ein Steinhaus erbaute, war 18 Jahre lang steuerfrei. Bis Ende des 19. Jahrhunderts gab es Weinanbau. Seit der Staatsgründung von 1918 ist dieser Ort Schauplatz aller wichtigen nationalen Ereignisse. Hier wählte auch am 16. Januar 1969 der Philosophiestudent Jan Palach den Freitod, um die Welt auf das Unrecht des ČSSR-Regimes und die militärische Niederschlagung des ›Prager Frühlings‹ aufmerksam zu machen. Er entzündete sich mit Benzin und starb drei Tages später an seinen Verletzungen. Als ›lebende Fackel für die Freiheit‹ wurde Palach ein Symbol des Widerstandes gegen die Unterdrückung. Sein Begräbnis war die letzte große Massenkundgebung bis zur Wende im November 1989. Palachs Grab auf dem Zentralfriedhof Olschan (Olšanské hřbitovy) wurde später eingeebnet, jetzt erinnert eine kleine Gedenkstätte unterhalb der St. Wenzels-Statue an den aufrechten Patrioten. Auch die ›samtene Revolution‹ nahm am Wenzelsplatz ihren Anfang.

Mit vielen Geschäften, Restaurants, Cafés und Hotels ist er heute ein riesiges Geschäftszentrum. Vor dem monumentalen Nationalmuseum (1885–1890) mit seinen 230 Räumen steht ein Reiterstandbild des Hl. Wenzel (1912/13), das Statuen der böhmischen Landespatrone umsäumen.

Am neueröffneten Hotel Rokoko befindet sich ein Eingang zur Jugendstilpassage Lucerna mit Café Rokoko, dem berühmten Café Lucerna, Geschäften, Licht-

Detail an einer Jugendstilfassade in der Josephstadt

Auf der Terrasse des Grand Hotel Europa

höfen, Großem Saal und einem Kino. Investoren und Besitzer sind Verwandte des ehemaligen Präsidenten Václav Havel. Noch kann man das Architekturensemble in ursprünglicher Form besichtigen, da es bislang nicht renoviert und im heutigen Zeitgeschmack herausgeputzt wurde. Der Künstler David Černý, der auch den Trabant auf vier Füßen im Garten der Deutschen Botschaft in Prag schuf, hat die ungewöhnliche Plastik des Hl. Wenzel modelliert, die in der Passage ihren Standort gefunden hat. Der Nationalheilige sitzt auf einem toten Pferd und scheint dennoch erfreut: Sinnbild für das heutige gestörte Verhältnis von Politikern und dem Volk.

Verläßt man die Passage über den Ausgang ul. Vodičkova und geht schräg gegenüber wieder in einen Durchgang, gelangt man in den herrlichen Franziskanergarten (Františkánská zahrada), eine ruhige Oase inmitten der hektischen Großstadt mit vielen Sitzbänken. Unübersehbar erhebt sich hier die Kirche Maria Schnee. Kaiser Karl IV. hatte sie einst als Krönungs- und Klosterkirche in Auftrag gegeben. In Größe und Pracht sollte das Gotteshaus den St. Veitsdom auf dem Hradschin übertreffen, doch es wurde nur ein Drittel des Plans verwirklicht. Die Kirche blieb unvollendet und besitzt keinen Turm, dafür aber den größten barocken Hochaltar in Prag. Er ist 250 Jahre jünger als die gotischen Mauern rundherum.

Im Prager Künstlercafé Slavia, nahe der Moldau, gaben sich seit der Eröffnung im Jahr 1881 viele Prominente ein Stelldichein, zu den Dauergästen zählten in den 1920er Jahren die Literaten Rainer Maria Rilke und Karel Čapek. Ab den sechziger Jahren war auch Václav Havel ein häufiger Besucher.

Am Moldauufer, an der Ecke Rašínovo nám./Jiráskovo nám., steht das Tanzende Haus (Tančící dům), ein Werk des US-Architekten Frank Gehry und Eva Jiřičná, einer Londoner Architektin mit tschechischen Vorfahren. Zwei Türme verkörpern das weltbekannte Tanzduo Ginger Rogers und Fred Astaire.

Seit 1499 wird ›Beim Fleck‹ (U Fleků) in der Neustadt (Nové město) ein dunkles 13gradiges Bier gebraut und auch nur hier ausgeschenkt. Nahe dem Eingang, in der Křemencova 11, zeigt die große Flecksche Uhr die Zeit an, die Ziffern sind jedoch durch die Aufschrift ›Pivovar U Fleků‹ (Brauerei Beim Fleck) ersetzt. U Fleků ist heute nicht nur eine der berühmtesten Gasthäuser des Landes, sondern auch ein ›lebendiges‹ Brauereimuseum. Auf dem Brauereihof ist schöner Fassadenschmuck zu sehen, darunter die ›Gefolgschaft des Königs Ječmínek‹ – der Regent ist ein Schutzpatron der böhmischen Brauer. Vom Hof gelangt man in die Bierfüllkammer und in die einstige Faßwäscherei. Die Altböhmische Stube war früher ein Herrenlokal, hier ist das Gemälde ›Das letzte Bier‹ zu besichtigen. Der Maler stellte durstige und traurige Menschen dar. Darüber schrieb er: »Wenn uns das letzte Bierchen versiegen würde, müssten die Waisen hier um dich weinen ...« Am zentralen Ausschanktisch vorbei gelangt man in den berühmtesten Raum, die

Akademie. Hier ist nur Platz für etwa 30 Personen, an den Wänden sieht man Portraits von ehemaligen Stammgästen sowie verzierte und mit Bierweisheiten versehene hölzerne Sitzbänke. Der Rittersaal ist ein prächtiger Raum im Stil der Neogotik. Hier befindet sich das Gemälde ›Der lobgepriesene Brauer, der beim Fleck das erste Bier braute – 1499‹. Die Stuhllehnen zieren Wappen böhmischer Städte, die eine Brauerei besitzen. Das Altprager Kabarett tritt häufig im Hopfengarten (Chmelnice) auf. Es ist der größte Saal mit etwa 200 Sitzplätzen. Die Wände schmücken Abbilder tschechischer Burgen. Bei schönem Wetter sitzen viele Gäste auf Holzbänken unter schattigen Bäumen im großen Biergarten. ›Beim Fleck‹ können bis zu 1200 Besucher auf einmal bewirtet werden.

Vyšehrad

Der Vyšehrad befindet sich südlich der Prager Neustadt auf einem Felsplateau über der Moldau. Die legendäre Wahrsagerin Libussa soll von hier oben die künftige Blüte Prags vorausgesehen haben. Die ersten Přemyslidenfürsten weilten im 11. Jahrhundert lieber auf dem Vyšehrad als auf dem Hradschin. Heute ist der Vyšehrad mit seinen weitläufigen Grünanlagen, einem Restaurant und einer Kneipe mit Freiluftplätzen ein bevorzugtes Ausflugsziel der Prager. Um dort hinzukommen, fährt man bis zur U-Bahnstation Vyšehrad, läuft am Kulturpalast vorbei und weiter entlang der Befestigungsmauer. Das Tabortor war ein Vorposten der 1866 aufgegebenen Festungsanlage.

Die eigentliche Festung beginnt mit dem Leopoldstor. Dahinter befindet sich die St. Martins-Rotunde. Die Kapelle wurde um 1270 errichtet. Geht man bei der Rotunde Richtung Südwesten, kommt man zum ehemaligen Kanonikerhaus mit einer Dauerausstellung zur Geschichte des Vyšehrad. Die Türme der Kirche St. Peter und Paul wurden erst 1902 fertiggestellt, der romanische Bau aus der Zeit Vratislavs I. wurde unter Karl IV. in eine gotische Basilika umgebaut. Im Innern befindet sich in der ersten Kapelle des südlichen Seitenschiffs ein romanischer Sarkophag eines Přemyslidenfürsten.

Nahe der Kirche befindet sich der Nationalfriedhof Slavín, durch einen Arkadengang nach drei Seiten eingefaßt, der an den Campo Santo in Pisa erinnert. Über fünfzig tschechische Künstler, Wissenschaftler und Politiker sind in einer großen gemeinsamen Gruft (Slavín) beigesetzt. Auf dem Friedhof ruhen weitere 500 Persönlichkeiten, unter ihnen die Komponisten Antonín Dvořák und Bedřich Smetana, die Literaten Jan Neruda und Karel Čapek, die Schriftstellerin Božena Němcová, der Dichter Karel Hynek Mácha, der Geiger Jan Kubelík, der Jugendstilmaler Alfons Mucha, die Bildhauer Josef Myslbek, Bohumil Kafka und Ladislav Šaloun.

Auf einer Grünfläche südlich der Kirche gestaltete Josef Myslbek eine Statuengruppe mit Motiven aus der böhmischen Sagenwelt. Dargestellt sind unter anderem Libussa und ihr Gemahl Přemysl als Pflüger.

Prager Informationsdienst (Pražská informační služba). Postanschrift: Betlémské nám. 2, 11698 Praha 1, Tel. 124 44, tourinfo@pis.cz, www.pis.cz.
Weitere Zweigstellen sind unter derselben Telefon- und Faxnummer sowie E-Mail-Adresse zu erreichen: Informationszentrum, Na příkopě 20.
Informationszentrum, im Hauptbahnhof (Hlavní nádraží).
Informationszentrum, Kleinseitner Brückenturm (Malostranská mostecká věž).
Informationszentrum auf der Prager Burg, III. Burghof, Tel. 224 37 33 68, 224 37 24 34, Fax 224 37 32 38, www.hrad.cz.
Tourist Information Centre, Celetná 14, Tel./Fax 224 49 17 64, www.aroundprague.cz.
Infos zum Öffentlichen Personennahverkehr: www.dp-praha.cz.
Die günstigste Möglichkeit für eine Stadtrundfahrt bietet sich mit der Straßenbahnlinie Nr. 22. Sie verkehrt zwischen Bílá Hora und Bahnhof (nádraží) Hostivař. Eine Haltestelle befindet sich nahe der Karlsbrücke auf der Kleinseite am Malostranské nám., die Straßenbahn fährt auch hinauf zum Hradschin.

▸ Stadtrundgänge und Stadtrundfahrten
Prague Sightseeing Tours, Klimentská 52, Tel. 222 31 46 61, Fax 222 31 80 17, www.pstours.cz.
Martin Tour, Štěpánská 61, Tel. 224 21 24 73, www.martintour.cz. Stadtrundfahrten, Ausflugsfahrten in die Umgebung, Schiffsfahrten, Rundflüge.
Daily walks of Prague, Na Florenci 20, Tel. 281 91 76 42, www.walks.cz. Acht verschiedene Stadtrouten, mit deutschsprachigem Führer.
City Walks, Tel. 775 36 91 21 (in englischer Sprache), www.praguewalkingtours.com, Treffpunkt für eine deutschsprachige Führung (ca. vier Std.) vom 1. Juni bis 31. Oktober täglich 10.15 Uhr am Wenzelsplatz an der Reiterstatue.

EVD, Landungsplatz Čechův most, Tel. 224 81 00 30, Fax 224 81 00 03, www.evd.cz.

Fluglinien aus der ganzen Welt fliegen den Flughafen Prag-Ruzyně an (siehe Reisetips von A bis Z).

Es existieren viele Zug- und Busbahnhöfe, so daß Sie sich gut informieren sollten, wo Sie ankommen oder abfahren. Hauptbahnhof ist der Hlavní nádraží (auf der Metrolinie C). Internationale Züge aus Osteuropa – auch aus Berlin – halten auch auf dem Bahnhof Praha-Holešovice (Endhaltestelle Metrolinie C/Holešovické nádraží).

Hauptbusbahnhof ist Praha-Florenc (Metrolinie B oder C).

Wenn Sie Prag mit dem Auto erreichen wollen, sollten Sie es auf einem Parkplatz an einer Metrostation abstellen und die Stadt mit der Metro erkunden. Das spart Zeit, Geld und die nervige Parkplatzsuche. Mit der Metro gelangen Sie bequem zu allen Hauptsehenswürdigkeiten.

M Das Stadtzentrum Prags ist mit einem engmaschigen Liniennetz von Metro, Stadtbus und Straßenbahn überzogen. Wer sich einmal mit den öffentlichen Verkehrsmitteln vertraut gemacht hat, wird ausgezeichnet damit zurechtkommen.

Ein Einzelfahrschein für 8 Kč ist ab dem Zeitpunkt der Entwertung am Automaten 15 Minuten gültig, man darf aber nicht umsteigen. Für 12 Kč ist Umsteigen möglich, die Fahrtzeit beträgt maximal 60 Minuten. Der 90-Minuten-Tarif (18 Kč) ist Mo bis Fr ab 20 Uhr bis 5 Uhr des Folgetages sowie ganztags am Sa und So gültig. Kinder von 6 bis 15 Jahren zahlen 50 Prozent, für Vielfahrer gibt es preiswerte Tageskarten: Ein Tag 70, drei Tage 200, sieben Tage 250 Kč.

Rechnet man alle Übernachtungsmöglichkeiten (Hotels, Herbergen, Privatzimmer, Campingplätze) zusammen, dann dürfte die Stadt über ausreichende Kapazitäten verfügen. Der Bau neuer Hotels und Pensionen wird zudem immer weiter forciert. Das Problem besteht für die meisten Besucher eher darin, eine preiswerte Bleibe zu finden, denn meist kosten Einzel- und Doppelzimmer weit über 100 Euro. Eine gute Adresse ist der Hotel-Finder unter www.phl.cz.

▸ Empfehlungen

Hotel Fortuna Luna, Děčínská 1, Praha 8-Střížkov, Tel. 284 02 51 11, Fax 286 88 49 40, www.fortunahotels.cz. Modernes großes Hotel mit Restaurant, Weinstube und Salon; DZ 53 bis 80 Euro.

Hotel Henrietta, Ke Stirce 42, Praha 8, Tel. 284 69 01 06, www.henrietta.cz. Modernes Mittelklassehotel mit 64 Betten, Restaurant und Kaffeehaus; DZ 55 bis 110 Euro.

Hotel Orlík, Pod Kopcem 31/3, 14700 Praha 4, Tel./ Fax 241 77 12 07, www.hotelorlik.cz. Ruhiges und gemütliches kleines Hotel im Südwesten der Stadt nahe der Moldau, mit Restaurant, mit dem ÖPNV in 15 Minuten im Stadtzentrum; DZ 40 bis 60 Euro.

Hotel Sanssouci, V podhájí 12, Prag 4, Tel. 244 46 12 25, Fax 244 46 19 50, www.hotelsanssouci.cz. Schnell, bequem und ohne Umsteigen mit Straßenbahn Nr. 17 in die Altstadt, zur Karlsbrücke und zur Kleinseite, 6 Haltestellen bzw. 10 Minuten, Straßenbahn- und Bushaltestelle nahe dem Hotel heißt Dvorce; DZ 55 bis 90 Euro.

Hotel Slavia, Vladivostocká 1460/10, Prag 10-Vrsovice, Tel. 267 31 24 71, Fax 272 73 52 01, www.htlslavia.cz. Modernes Mittelklassehotel, gute ÖPNV-Verbindungen ins Stadtzentrum, in der Nähe das Sportareal Slavia mit Schwimmbad und Sauna; DZ 73 bis 80 Euro.

Hotel Lysiny, Pod Lysinami 1/474, Prag 4, Tel. 241 77 13 01, Fax 241 77 13 04, www.lysiny.cz. Kleines Hotel ruhig im Villenviertel gelegen, bewachter Parkplatz, schnelle ÖPNV-Verbindung ins Stadtzentrum, Restaurant mit Bar und Sommerterrasse, Weinstube, Hunde möglich; DZ 80 Euro.

Pension U lilie, Liliová 15, Tel. 222 22 06 32, Fax 222 22 06 41, www.pensionulilie.cz. Kleines Haus in einer ruhigen Seitengasse in der Altstadt mit hübschen Garten; DZ 87 bis 160 Euro.

Pension Bonaparte, Radlická 38, Prag 5, Tel./Fax 251 56 22 82, www.pensionbonaparte.cz. Komfortable Unterkunft in einem frisch renovierten Haus, nur 10 Minuten vom Wenzelsplatz entfernt, U-Bahnhaltestelle Anděl befindet sich 100 Meter von der Pension entfernt, Parkplatz am Haus; DZ 53 bis 80 Euro.

Pension Flip, Pod stadiony 6, Prag 5, Tel. 257 22 45 66, www.pensionfilip.cz. Ruhig, in der Nähe der Prager Burg gelegen; DZ 47 bis 80 Euro.

Pension Museum, Mezibranská 15, Tel. 296 32 51 86, Fax 296 32 51 88, www.pension-museum.cz. Schöne große und bequeme Wohnungen mit Wohn- und Schlafzimmer, Kinderbetten vorhanden; DZ 60 bis 100 Euro.

Pension Větrný mlýn, Ruzyňská 3/96, Prag 6-Ruzyně, Tel./Fax 235 30 16 86, www.pension-mlyn.cz. Gemütliche Pension in einem ruhigen Gartenviertel, sechs Kilometer von der Prager Burg entfernt, schnelle Busverbindung ins Stadtzentrum; DZ 55 Euro.

Penzion Mašek, S. K. Neumanna 32, Prag 8, Kobylisy, Tel. 284 69 03 07, Fax 284 69 14 79, www.masnek.cz. Familienpension; pro Person 30 Euro.

Hostel Junior, Prag 1, Senovážné nám. 21 Tel. 222 24 80 57, Fax 224 22 15 79, junior@euro-agentur.cz. In der Altstadt; DZ 30 bis 43 Euro.

Ritchies Hostel, Karlova 9, Prag 1, Tel. 222 22 12 29, Fax 602 20 67 11, www.ritchieshostel.cz. Denkmalgeschütztes und saniertes Haus am Königsweg; DZ 48 bis 55 Euro, im 9-Bett-Zimmer pro Person 13 Euro.

Triocamp Praha, Ústecká ul., Dolní Chabry, Tel./

Fax 283 85 07 93, www.triocamp.cz.
Sunny camp, Smíchovská 1989, Tel./Fax 251 62 57 74, www.sunny-camp.cz.
Camping Sokol Dolní Počernice, Národních hrdinů 290, Tel./Fax 281 93 11 12, www.campingsokol.cz.
www.praguecamping.cz.

Im Prager Zentrum werden zum Teil astronomische Preise verlangt, die Einheimische von einem Besuch abschrecken. Lassen Sie sich auf jeden Fall die deutsche Speisekarte geben, damit Sie einen groben Preisüberschlag machen können. Trotzdem sollte man Prag auch unter kulinarischen Gesichtspunkten durchstreifen. Die Atmosphäre vieler traditioneller Restaurants und Cafés ist oft ein Erlebnis für sich. Wer seinen Geldbeutel nicht all zu sehr strapazieren möchte, sollte auf Gaststätten in Außenbezirken und Nebenstraßen ausweichen.

▸ Oberer Preisbereich

Französisches Restaurant im Gesellschaftshaus (Francouzská restaurace v Obecním domě), nám. Republiky 5, Tel. 222 00 27 70, www.obecnidum.cz. Wundervolle Jugendstilatmosphäre.
La Perle de Prague, Rašínovo nábřeží 80, Tel. 221 98 41 60; täglich außer So 12 bis 14 und 19 bis 22.30 Uhr. Im ›Tanzenden Haus‹ mit Blick auf Moldau und Prager Burg.
U Malířů (Zum Maler), Maltézské nám. 11, Tel. 257 53 00 00; täglich 11.30 bis 23 Uhr. Traditionsreiches Haus auf der Kleinseite, auch hervorragende Fischgerichte.
Fischrestaurant Rybí trh, Týn 5/Týnský dvůr, Tel. 224 89 54 49, www.flambee.cz; täglich 11 bis 24 Uhr. Die New York Times schrieb: ›Absolutely the freshest fish in Central Europe‹.

▸ Mittlerer Preisbereich

Pilsner Restaurant im Gesellschaftshaus (Plzeňská restaurace v Obecním domě), Tel. 222 00 27 80.
King Salomon (Glatt Kosher), Široká 8, Tel. 224 81 87 52, www.kosher.cz; So bis Do 12 bis 23 Uhr, Fr und Sa nur nach Reservierung. Jüdische und tschechische Küche, leckere Wildgerichte, exklusive Weine.
U modré kachničky, Nebovidská 6, Tel. 257 32 03 08, www.umodrekachnicky.cz; täglich 12 bis 15 und 18 bis 23.30 Uhr. Stilvolles Dinieren bei Kerzenlicht und Pianoklängen.
Kinski Palace Restaurant, Týnská ulička 606/3, Tel. 224 81 07 50, www.palac-kinskych.cz; Mo bis Fr 12 bis 15 und 18 bis 23 Uhr, Sa und So 18 bis 23 Uhr.
Jalta Sushi Bar im Hotel Jalta, Václavské nám. 45, Tel. 222 82 21 11, täglich 12 bis 23 Uhr.
Don Giovanni, Karolíny Světlé 34, Tel. 222 22 20 60, www.dongiovanni.cz; täglich 11 bis 24 Uhr.

Hervorragende italienische Küche.
Restaurant U Kolowrata, Valdštejnská 20, Tel. 257 53 07 29; täglich 11 bis 23 Uhr. Stilvolles Haus auf der Kleinseite neben dem Waldsteinpalast, hervorragende Fisch- und Wildgerichte, mährische und französische Weine, Pilsner Urquell.

▶ Kategorie gut und günstig
U Pinkasů, Jungmannovo nám. 16, Tel. 221 11 11 50; Kneipe mit Stil und Tradition, bestes böhmisches Bier, schmackhafte Küche.
Švejk Restaurant U Kalicha (Zum Kelch), Na bojišti 12, Tel. 296 18 96 00, www.ukalicha.cz; täglich 11 bis 15 und 17 bis 23 Uhr. Einstige Stammkneipe von Jaroslav Hasek, dem geistigen Vater des weltbekannten Romanhelden Schwejk, typisches Prager Ambiente, böhmische Küche und Radegaster Bier.
Kolkovna, V Kolkovně 8, Tel. 224 81 97 01; sehr gute böhmische Küche.
U sedmi Švábů, Jánský vršek 14, Tel. 257 53 14 55; Gasthaus im Stil einer mittelalterlichen Schenke, schmackhafte böhmische Küche, neben Bier und Wein auch Met, nette Bedienung, unterhalb vom Hradschin an der Nerudova gelegen. Fr ab 19.30 Uhr Mittelalterprogramm und Festmahl, ein Dutzend Gerichte, Bier und Wein soviel man trinken mag, drei Stunden, Eintritt 35 Euro. Reservierung ist erforderlich.
U Básníkam pánve, Mánesova 62, täglich 11 bis 24 Uhr. Internationale Küche, besonders gut ›Schwedische Krone mit Überraschung‹ sowie ›Teller des Überflusses für Burgherren‹.
U třech modrých koulí (Zu den drei blauen Kugeln), Havelská 8, Tel. 224 23 81 30, Restaurant@trikoule.cz, www.trikoule.cz; täglich 11.50 bis 16 und 17.45 bis 24 Uhr. Gotischer Keller, regionale und südländische Küche, hervorragender Prager Schinken, leckere Salate, günstige Preise.
U bílé krávy, Rubešova 10, Tel. 224 23 95 70; Spezialität: Steaks aus Biofleisch.
Obyčejný svět, Korunní 96, Tel. 224 25 71 61, Mo bis Fr 12 bis 1 Uhr, Sa und So 13 bis 1 Uhr. Tschechische und internationale Küche, leckere Fleisch- und Geflügelgerichte.
Tiger Tiger, Anny Letenské 5, Tel. 22 25 12 0 48; schmackhafte originale thailändische Spezialitäten.
Ovocné lahůdky Hájek, Václavské nám. 52, 1. Stock; von Mo bis Sa von 9.30 bis 21.30 Uhr, So von 12 bis 21 Uhr geöffnet. Milchbar, Früchtebecher, frischgepreßte Säfte, Obstkuchen.
Tatry, Dlouhá 18, Tel. 227 19 51 95; Slowakische Küche, täglich 11 bis 1 Uhr.
Pivnice U sv. Tomáše (Bierstube Zum Hl. Thomas), Letenská 12, Tel. 257 53 18 35; täglich 11.30 bis

24 Uhr. Die älteste Gaststätte (seit 1358), hier wird das weltbekannte Schwarzbier der Brauerei Braník ausgeschenkt. Spezialitäten der böhmischen Küche, Blasmusik live, dreigeteilter Bierkeller, Freiluftplätze im Garten.
Universal, V jirchářích 6, Tel. 224 91 81 82; täglich 11.30 bis 1 Uhr. Schmackhafte Salate, leckere Fleischgerichte und Nachspeisen.
Brauereigaststätte, Biermuseum und Gartenrestaurant U Fleků (Zum Fleck), Křemencova 11, Tel. 224 93 40 19, www.ufleku.cz; täglich 9 bis 23 Uhr.
Klosterrestaurant und Brauerei Strahov, Strahovské nádvoří 302, www.klasterni-pivovar.cz. Brauerei wurde erstmals Ende des 13. Jahrhunderts erwähnt, 2001 rekonstruiert, hier fließt das hauseigene dunkle 14° Bier ›St. Norbert‹ – benannt nach dem Gründer des Prämonstratenserklosters – aus dem Zapfhahn, Freiluftplätze, jeden Abend Blasmusik und Tanz.
Tower Restaurant und Café (im Fernsehturm), Mahlerovy sady 1, www.tower.cz; täglich 11 bis 23.30 Uhr. Metro A, Station J. z Poděbrad.
Neustädter Brauerei (Novoměstský pivovar), Vodičkova 20, Tel./Fax 222 23 24 48, www.npivovar.cz; Mo bis Fr 8 bis 23.30, Sa 11.30 bis 23.30, So 12 bis 22 Uhr. Stilvolle Brauhausatmosphäre in zehn Räumen, beim Bierbrauen kann man zuschauen, auch Hefeweizenbier, im Sommer Biergarten.
Radost FX, Bělehradská 120, Tel. 2242 54 47 76; schmackhafte vegetarische Küche bis spät in die Nacht in einem angesagten Club.

Café Slavia, Národní třída 1, täglich 8 bis 22 Uhr, schöner Blick auf die Altstadt, wenn man einen Fensterplatz ergattert.
Café Evropa (Europa), Václavské nám. 29 (im Hotel Europa); täglich 7 bis 23 Uhr. Wundervolle Jugendstilatmosphäre.
U zlatého hada (Zur goldenen Schlange), Karlova 18; täglich von 11 bis 23 Uhr. Ältestes Prager Caféhaus, 1714 vom Armenier Damasceu ins Leben gerufen. Heute werden an die 20 Kaffeesorten geboten.
Café Le Patio, Národní 22, Tel. 224 91 80 72,www.patium.com; Mo bis Sa 8 bis 23 Uhr, So 11 bis 23 Uhr. Im Gebäude eines luxuriösen Einrichtungshauses, im Stil nordafrikanischer Kaffeehäuser aus der französischen Kolonialzeit, leckere Kuchen.
Internet-Café cafe.com, Na poříčí 36, Tel. 224819435, www.cafecom.cz.
Dobrá čajovna, Václavské nám. 14 sowie Staré Město, Růžová 8.

Im Folgenden eine Auswahl aus der überreichen Anzahl an Museen, Galerien und weiteren Sehenswürdigkeiten.

Beliebter Ankunftsort und Treffpunkt für Bahnfahrer:
Die Fantova Kavárna im Hauptbahnhof (Hlavní nádraží)

▸ Im Stadtteil Josefov
Altneusynagoge (Staronová synagóga), Červená ul., April bis Oktober täglich außer Sa und jüdischen Feiertagen 9.30 bis 18, Fr bis 17 Uhr, November bis März täglich außer Sa und jüdischen Feiertagen 9.30 bis 16.30, Fr bis 14 Uhr.
Das Jüdische Museum in Prag (Židovské muzeum v Praze) umfaßt alle anderen zugänglichen Synagogen, den Alten Jüdischen Friedhof sowie die Galerie Robert Guttmann, (Galerie Roberta Guttmanna), U Staré školy 3.
Tel. 224 81 94 56, Fax 224 81 94 58, www.jewishmuseum.cz. Alle Objekte sind von April bis Oktober täglich außer Sa und jüdischen Feiertagen von 9 bis 18 Uhr, von November bis März täglich außer Sa und jüdischen Feiertagen 9 bis 16.30 Uhr geöffnet.
Alter Jüdischer Friedhof (Starý židovský hřbitov) mit Eingang durch die Pinkassynagoge (Pinkasová synagóga), Široká ul.

Maislsynagoge (Maislova synagóga), Maislova 10.
Klausensynagoge (Klausova synagóga), U Starého hřbitova 3a.
Zeremonienhalle (Obřadní síň), U Starého hřbitova 3a.
Spanische Synagoge (Španělska synagóga), Vězeňská 1.

▶ Im Stadtteil Staré Město
Alfons-Mucha-Museum, Panská 7; täglich von 10 bis 18 Uhr. Leben und Werk des Jugendstilmalers.
Antonín-Dvořák-Museum/ Museum der tschechischen Musik (Muzeum české hudby), Ke Karlovu 20; täglich außer Mo von 10 bis 17 Uhr. Ständige Ausstellung zum Leben und Wirken des Komponisten Antonín Dvořák.
Kunstgewerbemuseum (Uměleckoprůmyslové muzeum), ul. 17. listopadu 2 (Metro A, Haltestelle Staroměstská); täglich außer Mo von 10 bis 18 Uhr. Unter anderem bekannte europäische Glassammlung, Möbel, Keramik, Mode, Uhren, Buchbinderei.
Franz-Kafka-Ausstellung, U radnice 5; täglich außer Mo von 10 bis 18 Uhr.
Náprstek-Museum (Náprstkovo muzeum), Betlémské nám. 1; täglich außer Mo von 9 bis 12 und 12.45 bis 17.30. Ethnografische Sammlungen der afrikanischen, asiatischen und amerikanischen Kultur.
Wax Museum Prag, Mostecká 18, Melantrichova 5 und ul. Října 13, www.waxmuseumprague.cz; täglich von 9 bis 20 Uhr. Weltberühmte Persönlichkeiten.
Museum of Communism, Na příkopě 10, www.muzeumkomunismu.cz; täglich 9 bis 21 Uhr. Geschichte des Kommunismus von 1921 bis 1989, darunter in der ČSSR und Prag in vielen Details mit Fotos, Video und 3-D-Installationen.
Museum des tschechischen Kubismus, Celetná 34, täglich 10 bis 18 Uhr.

▶ Im Stadtteil Nové Město
Museum der Hauptstadt Prag (Muzeum hlavního města Prahy), Na Poříčí 52 (Metro B und C, Station Florenc); täglich außer Mo von 9 bis 18 Uhr. Prager Geschichte vom 9. bis zum 20. Jahrhundert, darunter ein sehenswertes historisches Stadtmodell aus Papier auf 20 Quadratmeter Fläche.
Nationalmuseum (Národní muzeum), Václavské nám. 68 (Wenzelsplatz), von Mai bis September täglich von 10 bis 18 Uhr, von Oktober bis April täglich von 9 bis 17 Uhr. Achtung: Jeden ersten Dienstag im Monat geschlossen! Drei Hauptteile: Historie Böhmens und Mährens, Naturwissenschaftliche Abteilung, böhmische Bibliothek.
Postmuseum (Poštovní muzeum), Nové mlýny 2; täglich außer Mo von 9 bis 17 Uhr. Europäische Briefmarkensammlungen und die

Geschichte des tschechischen Postwesens.

▶ Im Stadtteil Hradčany
Loreto-Museum (Loreta), Loretánské nám. 7; täglich außer Mo von 9 bis 17 Uhr. Loretoschatz sowie Goldschmiedeerzeugnisse aus dem 16. bis 19. Jahrhundert.
Militärhistorisches Museum (Schwarzenberský palác), Hradčanské nám. 2 (Metro A, Haltestelle Hradčanská); täglich außer Mo von 10 bis 18 Uhr. Entwicklung der tschechischen Militärtechnik von den Anfängen des böhmischen Staates bis zum Zerfall der Habsburger Monarchie 1918. Unter anderem prunkvolle Ritterrüstungen und historische Uniformen.

▶ Im Stadtteil Smíchov
Mozartmuseum (Villa Bertramka), Mozartova 169 (Metro B, Haltestelle Anděl); täglich 9.30 bis 18 Uhr. Erinnert an die Aufenthalte Mozarts in Prag während der Jahre 1787 bis 1791, Konzerte von April bis Oktober, Weihnachten und Neujahr, Termine unter www.bertramka.cz.

▶ Im Stadtteil Holešovice
Nationales Technisches Museum (Národní technické muzeum), Kostelní 42 (Metro A, Haltestelle Hradčanská und weiter mit Straßenbahnlinien 1, 8, 25 oder 26, Haltestelle Letenské nám.); täglich außer Mo 9 bis 17 Uhr, Führung im Bergbaustollen um 11, 13 und 15 Uhr, www.ntm.cz. Ursprünglich 1908 als technisches Museum des Königreiches Böhmen gegründet. Auf über 6000 Quadratmetern werden alle Arten von Verkehrsmitteln sowie die Entwicklung verschiedenster Industriezweige gezeigt. In einem 600 Meter langen unterirdischen Gang sind historische Fördermaschinen (Kohlen- und Erzgrubenbau) ausgestellt. Beachtenswert ist auch eine umfangreiche Fotografie-Technik-Abteilung.
Nationalgalerie in Prag (Národní galerie), www.ngprague.cz; alle Ausstellungen sind täglich außer Mo von 10 bis 18 Uhr geöffnet. Zweigstellen:
Sternberg-Palais (Šternberský palác), Hradčanské nám. 15 (Metro A, Haltestelle Hradčanská). Historische europäische und französische Kunst.
Kinskipalast (palác Kinských), Staroměstské nám. 12. Grafiken.
Waldstein-Reitschule (Valdštejnská jízdárna), Valdštejnská. Moderne tschechische Kunst.
Messepalast (Veletržní palác), Dukelských hrdinů 47; Di bis 21 Uhr geöffnet. Moderne und zeitgenössische Kunst.
St. Georgskloster (Jiřský klášter), Jiřské nám. 33 (auf der Prager Burg). Historische böhmische Kunst.
Kloster der Hl. Agnes (Anežský klášter), U milosrdných 17 (Metrolinie A, Haltestelle Staroměstská).

Böhmische Malerei und Bildhauerei des 19. und 20. Jahrhunderts.

In Prag wird eine Menge geboten. Die meisten Veranstaltungen erlebt man zum ›Prager Frühling‹, aber eigentlich gibt es das ganze Jahr über kulturelle Höhepunkte. Über das aktuelle Veranstaltungsprogramm informieren die Tages- und Wochenzeitungen (z. B. Prager Volkszeitung), Eintrittskarten für Theater und Konzerte erhält man beim Prager Informationsdienst (PIS). In vielen historischen Gebäuden Prags existieren wundervolle Konzertsäle, so im Schwarzenberg- und Lobkowitzpalast, im Schloß Troja und im Strahovkloster. Lassen Sie sich in einem Touristenbüro beraten oder wählen Sie im aktuellen Veranstaltungsprogramm aus. Auch in Kirchen wie dem St. Veits-Dom, der Allerheiligenkirche oder der St. Nikolauskirche finden häufig Konzerte statt, zumeist auf der Orgel.

▸ Theater

Laterna Magica, Národní 4, Tel. 224 93 14 82, www.laterna.cz. Synthese von Musik, Theater und Tanz; eines der berühmtesten Theater Prags.
Staatsoper Prag (Státní opera Praha), Wilsonova 4, Tel. 224 22 72 66, www.opera.cz. Oper und Ballett.
Nationaltheater (Národní divadlo), Národní třída 2, Tel. 224 90 14 48, www.narodni-divadlo.cz. Oper, Ballett, Schauspiel.
Theater am Geländer (Divadlo na zábradlí), Anenské nám. 5, Tel. 222 86 88 68. Pantomime.
Nationales Marionettentheater (Národní divadlo marionet), Zatecká 1, Tel. 224 81 93 22.
Don Giovanni, Karlova 12, Tel. 222 22 09 28, täglich um 17 und 20 Uhr. Marionettentheater.
Ta Fantastika, Karlova 8, Tel. 222 22 13 66, www.tafantastika.cz. Black-light-Theater.
Jiří Großmann Theater, Václavské nám. 43, www.wow-show.com. Dreidimensionale Bühnenschau, Black-light-Theater.
Spejbl- und Hurvínektheater (Divadlo Spejbla a Hurvínka), Dejvická 38, Tel. 224 31 67 84.

▸ Konzertsäle

Repräsentationshaus (Obecní dům), nám. Republiky 5, www.obecnidum.cz.
Rudolfinum, nám. Jana Palacha.
Haus zur steinernen Glocke (Dům U kamenného zvonu), Staroměstské nám. 13.
Jazz Art Club, Vinohradská 40.
Reduta, Národní 20, www.redutajazzclub.cz. Jazz, hier musizierten 1998 die beiden Präsidenten Havel und Clinton, hier kann man die CD ›Two Presidents Jam-Session‹ kaufen. Live-Jazz täglich ab 21 Uhr.
Agharta Jazz Centrum, Železná 16, www.agharta.cz; täglich von 19 bis 1 Uhr.

Jazzboat, EVD-Terminal Pier Nr. 5, unter der Čechův-Brücke, Tel. 603 55 16 80, www.jazzboat.cz; täglich ab 20.30 Uhr.

Palác Akropolis, Kubelíkova 27 (Žižkov), Tel. 296 33 09 13; www.palacakropolis.cz. Zählt zu den angesagtesten Clubs der Stadt.

Ungelt Jazz & Blues Club, Týnská ulička 2, Tel. 224 89 57 48, www.jazzblues.cz; Live-Jazz täglich ab 21 Uhr.

▸ Diskotheken

Roxy, Dlouhá 33, Tel. 224 82 62 96, www.roxy.cz.

Radost FX, Bělehradská 120, www.radostfx.cz; täglich 23 bis 5 Uhr.

Malostranská beseda, Malostranské nám. 21, Tel. 257 53 20 92, www.mb.muzikus.cz.

Lucerna Music Bar, Vodičkova 36, Tel. 224 21 71 08, www.musicbar.cz; täglich 18 bis 3 Uhr.

Vagon Club, Národní 25, Tel. 221 08 55 99, www.vagon.cz.

▸ Kartenvorverkauf für Konzerte, Oper und Theater

Ticketpro, Rytířská 12, Tel. 296 32 99 99, www.ticketpro.cz; täglich 9 bis 20 Uhr.

Bohemia Ticket International, Malé nám. 13, Tel. 224 22 78 32, www.ticketsbti.cz; Mo bis Fr 9 bis 17, Sa 9 bis 13 Uhr.

Ticketstream, Koubkova 8, Tel. 224 26 30 49, www.tiketstream.cz; von Mo bis Sa 9 bis 18 Uhr.

Darex, Václavské nám. 11, Mo bis Fr 10 bis 20, Sa 10 bis 18, So 12 bis 18 Uhr. Mode, Schmuck und Parfüm.

Koruna Palace, Václavské nám. 1, Mo bis Sa 9 bis 20, So 10 bis 20 Uhr. Music-Megastore.

Vinohradský Pavilon, Vinohradská 50, Mo bis Sa 9.30 bis 21, So 12 bis 18 Uhr. Supermarkt, Designer- und Modeläden.

Shopping Center Černá růže, Na příkopě 12, Mo bis Fr 9 bis 20, Sa und So 9 bis 19 Uhr. Sportbekleidung, Moser-Glas, Markenmode.

Art Deco Galerie, Michalská 21, Mo bis Fr 14 bis 19 Uhr. Einkaufen wie zu Uromas Zeiten bei Frau Vávrova. Krimskrams und Krempel, Schmuck, Kleider und Hüte aus dem vergangenen Jahrhundert; vor allem junge Mädchen und Frauen werden begeistert sein.

Im Mittelpunkt des touristischen Interesses steht der Nationalpark Riesengebirge. Der Ansturm auf Rübezahls Bergwelt hat sich in den letzten Jahren wieder verstärkt. Einsamkeit findet man dagegen weiter ostwärts, in den Braunauer Wänden oder im Adlergebirge.

Größere Städte wie Hradec Králové, Pardubice oder Náchod bieten auch kunsthistorisch Interessierten eine Menge.

Ostböhmen

Harrachov

Das Berg- und Wintersportzentrum Harrachov (Harrachsdorf) liegt im westlichen Teil des Riesengebirges. Graf Harrach ließ im Ortsteil Neuwelt (Nový Svět) eine Glashütte erbauen, nach ihm, dem damaligen Besitzer, benannte man Anfang des 18. Jahrhunderts den gesamten Ort. Anfang des 20. Jahrhunderts erhielt Harrachsdorf eine Eisenbahnverbindung nach Tannwald. Die Bahnfahrt bietet noch heute schöne Aussichten sowie mehrere Tunnel und Viadukte.

Die Skiflugschanze, 1978/79 erbaut, war 1983 und 1992 Austragungsort der Skiflugweltmeisterschaft. Das umliegende Skigelände bietet auf verschiedenen Pisten alle Schwierigkeitsgrade. Zwei Sessellifts mit Sitzplatz für jeweils vier Personen stehen zur Verfügung.

Rund um Harrachov werden in den Wintermonaten Langlaufloipen gespurt, der längste Rundkurs umfaßt 27 Kilometer. In Harrachov beginnt auch der neue Skiwanderweg Krkonošská cesta, der im Auf und Ab das Riesengebirge bis ins östliche Žácléř erschließt.

Die Harrachsdorfer Glasfabrik ist die zweitälteste noch betriebene Produktionsstätte in Böhmen. Das Dekorationsglas, luxuriöse Trinkgläser sowie Glaslüster werden unter dem Markennamen ›Bohemia crystal‹ in alle Welt geliefert. Die Lüster erhalten in der Schleiferei ihren herrlichen Glanz. Seit über hundert Jahren blieb sie beinahe im Originalzustand erhalten und ist damit in Europa einzigartig. Bei einem Betriebsrundgang kann man sich selbst ein Bild von der Arbeit der Glasbläser und -schleifer machen.

Im ehemaligen Herrenhaus des Glashüttenbesitzers wurden ein Glasmuseum und das Restaurant V panském domě (›Im Herrenhaus‹) eröffnet. Seit 2002 lädt vor der Glashütte auch eine Minibrauerei ein.

Gleich neben dem Herrenhaus steht die kleine St. Elisabethkapelle aus dem Jahre 1901 mit einer seltenen Turmglocke aus Harrachsdorfer Glas. Der Altar besitzt Glasspiegel aus Venezianischem Glas. Einzigartige Erzeugnisse der Har-

Eine der zahlreichen Pensionen in Harrachov

rachschen Glashütte schmücken auch die Empire-Kirche im Ortszentrum. So bestehen Teile des Altars aus Glas, ein imposanter Kronleuchter von 1828 spendet festliches Licht.

Harrachov mit seiner Umgebung präsentiert sich während der Fahrt mit dem Sessellift auf den Teufelsberg (Čertova hora) besonders reizvoll.

Wanderung von Harrachov zur Elbquelle

Diese Tagestour kann gleichzeitig Auftakt einer drei- bis viertägigen Durchquerung des Riesengebirges auf dem Hauptkamm sein. Die Strecke von Harrachov zur Elbquelle (pramen Labe) und zurück beträgt 22 Kilometer.

Am Park- und Busplatz beginnt die Tour auf blau-roter Markierung zum Mummelfall (etwa 15 Minuten Gehzeit). Hier lädt die Mummelfallbaude zum

An der Elbquelle

Verweilen ein. Der Mummelfall ist nur neun Meter hoch, gilt aber als wasserreichster auf der böhmischen Seite des Gebirges. Anfangs verläuft der Weg, eine schmale Asphaltstraße, nur mäßig bergan, erst an der Abzweigung zur Vosecká bouda (Wosseckerbaude) – rot markiert– führt der nun schmale Pfad nach oben. Wir verbleiben auf blau, die Wosseckerbaude besuchen wir auf der Rücktour.

An der Wegkreuzung U čtyř pánů (Bei den vier Herren) sind neun Kilometer bewältigt. Noch einen Kilometer von hier geht es auf gelber Route den Česká cesta (Böhmischen Weg) entlang, dann ist die Elbquelle erreicht. Dort sind mehr als zwei

Dutzend Stadtwappen zu sehen. Durch diese Städte fließt die Elbe auf ihrem 1154 Kilometer langen Lauf vom Riesengebirge bis zur Mündung in die Nordsee.

Etwa 500 Meter nördlich der Quelle verläuft der böhmisch-schlesische Grenzkamm. Auf diesem durchweg rot markierten Panoramaweg kann man den gesamten Hauptkamm bis zu den Grenzbauden (Pomezní Boudy) wandern.

Wenn man der blauen Markierung folgt, ist bald die Labská bouda (Elbfallbaude) zu sehen. Seit kurzem können Besucher wieder in einem Selbstbedienungsrestaurant und einem gemütlichen Restaurant einkehren, es gibt auch Übernachtungsmöglichkeiten (www.labskabouda.cz).

Zurück nach Harrachov geht man auf dem rot gekennzeichneten Weg nach Westen, Richtung Wosseckerbaude, vorbei an den Quargsteinen (Tvarožník). In der Wosseckerbaude kann man rasten, auch übernachten. Von hier bis nach Harrachov geht es acht Kilometer nur noch bergab auf roter Markierung.

Touristinformation Harrachov, Nr. 150, 51246 Harrachov, Tel. 481 52 96 00, www.harrachov.cz. Hier auch Fahrplaninfos zum Fahrradbus, der zwischen Harrachov und Pomezní boudy (113 Kilometer) von Ende Mai bis Ende September verkehrt.

Hotel Karolína, Nr. 101, Tel. 481 52 81 00, Fax 481 52 96 34. Nahe dem Glasmuseum, mit Restaurant, nachgestalteter Baudenstube und Relaxzentrum; DZ 39 bis 100 Euro.

RiWo Hotel Skicentrum, Nr. 225, Tel. 481 52 81 56, Fax 481 52 94 84. Im Sportareal unterhalb der Skiflugschanze; DZ 13 bis 113 Euro.

Hotel Bílý horec, Nr. 178, Tel. 481 52 81 20, Fax 481 54 82 22. Restaurant, Café, Weinstube, historisches Gebäude im Zentrum; DZ 73 bis 110 Euro.

Hotel Diana, Sachrův kopec 43, Tel. 481 52 90 04. Restaurant von 8 bis 22 Uhr geöffnet, ruhig an der Straße zum Bahnhof gelegen; ab 8,50 Euro pro Person.

Pension Schäfer, Tel. 481 52 98 30 Fax 481 52 94 11, info@schafer.cz. Schön gelegen im Annatal, 400 Meter vom Lift auf den Teufelsberg; DZ 27 bis 60 Euro pro Person.

Campingplatz Jiskra (an der E 65 Richtung Polen), ganzjährig, auch Bungalows zu vermieten, Tel./Fax 481 52 95 36.

Nationalparkzentrum Harrachov, Nr. 442, Tel. 481 52 91 88.

Glasmuseum, Mo bis Fr 9 bis 17, Sa, So 9 bis 13 Uhr.

Glashüttenbesichtigung Mo bis Fr 9 bis 15 Uhr.

Skimuseum, an der Straße vom Glasmuseum ins Zentrum, Di bis So 9 bis 16 Uhr.

Minibrauerei (Pivovar Novosad), Mo bis Fr 10 bis 23 Uhr, Sa, So 11 bis 23 Uhr.

Rokytnice nad Jizerou

Der langgestreckte Ort Rokytnice nad Jizerou (Rochlitz an der Iser) liegt malerisch im Tal des Hüttenwassers (Hut'ský potok) mit parallel verlaufenden Siedlungsreihen auf den Berghängen. Heute besitzt Rochlitz große Bedeutung als Sommerfrische und Wintersportort. Angenehme Bergwanderungen führen über den Teufelsberg nach Harrachov, über die Hofbauden (Dvoračky) zur Elbquelle oder vom Ortsteil Dolní Rokytnice am westlichen Flußufer der Iser entlang durch dunkle Fichtenwälder Richtung Kořenov. Das Wintersportzentrum mit Sessel- und Schleppliften befindet sich an den Hängen des Kahlen Berges (Lysá hora).

Informationszentrum, Dolní nám. 449, 51245 Rokytnice nad Jizerou, Tel. 481 52 27 77, Fax 481 52 29 95, book@rvclub.cz, www.rvclub.cz.

Viele Privatunterkünfte sind nachgewiesen und buchbar unter www.rokytnice.com.

Hotel Krkonoš, Náměstí 309, Tel. 481 52 24 66, Fax 481 52 23 89, www.rokytnice.com/krakonos. Restaurant, Bierstube, Freiluftplätze, am Markt; DZ von 32 bis 70 Euro.

Hotel Modra hvězda, Horní 62, Tel./Fax 481 52 23 57, www.rokytnice.com/modrahvezda.

Hotel Starý Mlýn, Rokytno 17, Tel. 481 52 23 40, Fax 481 52 28 83, www.rokytnice.com/hotel-starymlyn. Am Wanderweg zum Hüttenwasserfall; DZ 26 bis 60 Euro.

Hotel Rokyta, Horní 237, Tel./Fax 481 52 24 57, www.rokytnice.com/rokyta; DZ ab 30 Euro.

Pension Horalka, Horní 206, Tel./Fax 481 52 36 74, www.rokytnice.com/horalka; DZ ab 21 Euro.

Horská chata Dvoračky, Horní Domky 2, Tel. 481 52 23 64, Fax 481 52 23 79, www.rokytnice.com/dvoracky. Berghütte am Hang der Kesselkoppe, etwa zwei Stunden Fußweg vom Ortszentrum Rokytnice n. J.; Gasthaus täglich von 9 bis 24 Uhr, 12 Euro pro Person.

Špindlerův Mlýn

Neben Harrachov ist Špindlerův Mlýn (Spindlermühle) das bekannteste Touristenzentrum des böhmischen Riesengebirges. Der Luftkurort liegt in landschaftlich reizvoller Lage im oberen Elbtal. Das Wintersportparadies besitzt sechs Abfahrtspisten, Langläufer finden gepflegte Loipen und Winterwanderwege.

Der Heilige Nepomuk scheint das Hotel Hubertus zu bewachen

Die zentrale Lage im Riesengebirge ermöglicht herrliche Bergtouren zu vielen Naturschönheiten. Zwei Sessellifts erleichtern dabei den Aufstieg in die Bergwelt. Vom Ortsteil Svatý Petr (St. Peter) befördert ein Lift die Besucher auf die Přední Planina (Planur). Am rechten Elbufer befindet sich die Talstation der Sesselliftanlage auf den Medvědín (Schüsselberg), von dort sind Wanderungen auf den Krkonoš (Goldhöhe) oder zur Elbquelle möglich. Vom Parkplatz verkehrt ein Bus stündlich auf den Spindlerpaß.

Wanderung von Špindlerův Mlýn zu Geiergucke und Wiesenbaude, Abstieg am Ziegenrücken

Diese Rundwanderung umfaßt 17 Kilometer und dauert etwa fünf Stunden. Die Tour beginnt im Ortsteil Svatý Petr. Mit dem Sessellift geht die Fahrt hinauf zur Planur. Von der Bergstation führt der blau markierte Weg zur Bouda na Pláni (Planurbaude). Ab dort an ist der Weg grün markiert. Bald geht es bergan, geradewegs auf die Klínovy boudy (Keilbauden) zu. An der Weggabelung weiter oben hält man sich rechts, an der nächsten Gabelung links, um auf die rot-blaue Markierung Richtung Výrovka und Luční bouda abzubiegen. Das Berghotel Výrovka (Geiergucke) ist schon bald zu sehen, bei klarem Wetter ragt rechts die Schneekoppe empor. Das schmale Asphaltband zwischen Luční hora (Hochwiesenberg) und Studniční hora (Brunnberg) führt scheinbar direkt in den Himmel. Schneefelder bleiben hier oft bis in den Frühsommer erhalten. Berühmt ist das winterliche Relikt ›Karte der Republik‹ am Südwesthang des Brunnberges: Das Schneefeld ähnelt in seinem Umriß der früheren ČSSR. Manchmal liegt hier der Schnee bis zu 15 Metern hoch.

Am Sattel zwischen Hochwiesen- und Brunnberg mit einer Bergopferkapelle bietet sich eine herrliche Aussicht. Der Schnee bleibt in der Regel ein halbes Jahr liegen, so wie in den subpolaren Landschaften Schwedens und Norwegens.

Die Wiesenbaude ist eine der ältesten Riesengebirgsherbergen. Leider werden ausländische Gäste im Restaurant häufig bewußt übervorteilt; deshalb die offizielle Speisekarte verlangen und nur diese Preise zahlen! (Übernachtungsanfragen: Tel. 499 73 61 44, www.lucnibouda.cz).

Von der Wiesenbaude führt der rot markierte Alte Bucharweg (Stará Bucharova cesta) leicht bergan zum Ziegenrücken (Kozí hřbety). Der steile Abstieg an dessen Südflanke erfordert Aufmerksamkeit und Trittsicherheit. Nahe Svatý Petr (St. Peter) verbreitert sich der Pfad zum Fahrweg, und das Ortszentrum von Špindlerův Mlýn ist schnell erreicht.

Auf dem Freundschaftsweg am Spindlerpaß

Postleitzahl: 54351.
Touristeninformation, Svatopetrská 297, Tel. 499 43 34 07, Fax 499 43 35 37, infoc@spindl.com, www.spindl.com.
Infozentrum des Nationalparks Riesengebirge, Pod Medvědinem; Tel./Fax 499 43 32 28, www.krnap.cz. Beim Campingplatz an der Mautstraße zum Spindlerpaß.

Von Berlin fährt sonntags um 8 Uhr ein Bus ab ZOB über Dresden, Liberec, Jičín, Jilemnice und Vrchlabí nach Špindlerův Mlýn, Ankunft ca. 17.30 Uhr, Rückfahrt samstags um 8 Uhr. Ingtours Berlin, Tel. 030/238 48 08, Fax 238 48 38.

Hotel Horal, Svatopetrská 280, Tel. 499 43 33 51, Fax 499 43 33 56, hotel.horal@orea.cz, www.orea.cz; riesiges Berghotel mit allem Komfort im Ortsteil Svatý Petr; DZ 46 bis 110 Euro; Abendbrunch für auswärtige Gäste, pro Person 12 Euro.
Hotel Sněžka, Okružní 155, Tel. 499 43 33 60, Fax 499 43 33 06, www.felicity.cz; DZ 42 bis 77 Euro; neuerbautes Berghotel nahe der Kirche mit herrlichem Blick auf den Schüsselberg; Restaurant, Salon, Bar, Café, Sauna, Whirlpool.
Hotel Praha, Okružní 118, Tel. 499 52 35 16, hotel.praha@spmlyn.com; DZ 47 bis 88 Euro; gegenüber der Kirche, im Stil der zwanziger Jahre; Restaurant, Terrasse, Sauna.
Špindl Aqua park, Tel. 499 52 30 40, www.aquaparkspindl.cz. Schicke neue Hotelanlage gegenüber Skiareal Medvědín mit Restaurant, Sauna, Pool, Badeteich, täglich 11 bis 22 Uhr, 1 Stunde 4 Euro, Tageskarte 10 Euro.
Pension Seidl, Okružní 192, Tel. 499 52 34 67, Fax 499 52 20 78, pension.seidl@tiscali.cz, www.pensionseidl.cz; DZ 23 bis 64 Euro; typisches Riesengebirgspensionat, renoviert, Gaststube, ruhig an der Ringstraße hinter der Kirche, schöne Aussicht auf Špindlerův Mlýn.
Pension Silva, Nr. 242, Tel. 606 71 54 56, www.pensionsilva.cz; DZ 30 bis 70 Euro; nahe der Kirche am Waldrand, herrlicher Ausblick, Appartements und VIP-Appartements, Sauna.
Pension Slunečnice, Svatý Petr 67, Tel. 499 43 33 29, www.slunecnice.svpetr.cz; DZ 30 bis 61 Euro; neu erbautes Haus im Riesengebirgsstil, ruhig am Südhang nahe dem Hotel Horal gelegen, Restaurant täglich 11 bis 23 Uhr.
Berghotel Hromovka, Tel. 499 42 42 55, Fax 499 42 17 01, hotel.hromovka@spmlyn.com; DZ 23 bis 43 Euro; 1500 Meter südlich vom Zentrum, ruhig am Berghang oberhalb der Talsperre, schöner Ausblick, Restaurant im Bergbaudenstil, 500 Getränkesorten, Sauna und Solarium.
Josefsbaude (Josefova bouda), Tel./Fax 499 52 34 22, www.josefovabouda.cz; DZ 20 bis 25 Euro;

gegenüber der Erlebachbaude an der Paßstraße, Familienatmosphäre, Restaurant.

Peterbaude (Petrova bouda/ Petrovka), Tel. 499 52 32 66, mobil 603 33 15 14, www.petrova-bouda.cz; 8 bis 12 Euro pro Person mit Frühstück, etwa eine Stunde Fußweg oberhalb von Spindlermühle am Hauptkamm gelegen.

Martinsbaude (Martinova bouda/ Martinovka), Tel. 499 42 22 35, www.martinovka.wz.cz; 15 bis 17 Euro pro Person mit Frühstück; Sauna, Whirlpool.

Altböhmisches Gasthaus Špindlerovská hospoda; im Zentrum, gegenüber der Post, hier gibt es eine exzellente Riesengebirgssauerteigsuppe im Brotleib.

Restaurant Švejk, im Kurheim Vojenská zotavovna Bedřichov, unterhalb des Hotels Harmony, im 3. Stock, Gambrinus, Pilsner Urquell und Kozel (Schwarzbier) vom Faß, Terrasse mit herrlichem Ausblick, günstige Preise, täglich ab 11 Uhr.

Restaurant U Čenků, Nr.12; am Weg von der Post zur Kirche, sehr gute Küche.

Café und Restaurant Pavilon, im Zentrum an der Elbbrücke, leckere Cremeschnitte (Žloutkový řez), täglich 10 bis 22 Uhr.

Autocamping Špindlerův Mlýn, Tel. 499 52 35 34, Fax 499 43 33 69.

Sportzentrum (Sportovně rehabilitační centrum) mit Schwimmbad und Sauna, am Kurheim Vojenská zotavovna Bedřichov, Mo 13 bis 21 Uhr, Di bis Sa 9 bis 21 Uhr, So 9 bis 18 Uhr.

Pec pod Sněžkou

Pec pod Sněžkou (Petzer) ist das Zentrum der Gebirgstouristik im östlichen Teil des böhmischen Riesengebirges. Seine Entstehung verdankt der Ort dem regen Erzbergbau ab 1534. Vor allem im Riesengrund wurde eifrig geschürft.

Viele Besucher kommen nach Pec pod Sněžkou, um von hier aus die Schneekoppe (Sněžka) zu erobern. Die bequemste Möglichkeit besteht darin, sich zur Sesselifttalstation zu begeben. Hier schwebt man per Doppelsitzer hinauf. Auf dem Růžová hora (Rosenberg) befindet sich eine Umsteigestation.

Nahe dem Busbahnhof entstand das neue Informationszentrum Veselý výlet (›Lustiger Ausflug‹), das aus Riesengebirgsfichten in Blockbauweise errichtet wurde. In das Infozentrum locken ein Laden mit hübschem Schmuck- und Keramikwaren, Designermode sowie eine Galerie in der ersten Etage mit Wechselausstellungen. Am Eingang zum Riesengrund befindet sich die Nationalparkverwaltung mit einem ökologischen Museum.

Wanderung von Pec pod Sněžkou durch den Riesengrund auf die Schneekoppe

Die Tour umfaßt acht Kilometer und dauert etwa drei Stunden. Sie beginnt am Wegweiser in der Nähe des Gasthauses Hospoda Na Peci. Die Route ist bis zum Koppenplan (sedlo nad Obřím dolem) blau markiert. Am Weg lädt das Nationalparkinformationszentrum mit ökologischer Dauerausstellung zum Besuch ein. Am Gasthaus Bouda v Obřím dole (Zum Riesengrund) kann man rasten. Über den Waldwiesen eröffnen sich herrliche Ausblicke, auch zur felsigen Flanke der Schneekoppe (Sněžka). In der Nähe der Großmannbaude (Bouda pod Sněžkou) steht die Riesengrund-Gedenkkapelle. In der Nacht vom 29. zum 30. Juli 1897 war es hier zu einer Katastrophe gekommen: Nachdem es 14 Tage hintereinander geregnet hatte, lösten sich gewaltige Erdlawinen, die sieben Bewohnern in zwei Häusern den Tod brachten. 1962 fegte eine Schneelawine das Dach der Kapelle hinweg, die an jenes Ereignis erinnert. In der Gedenkkapelle informiert eine Fotodokumentation mit deutschen Texten über die tragischen Ereignisse.

Auf steinigem Untergrund geht es steil bergauf. Vom Pfad am südwestlichen Hang der Schneekoppe bieten sich immer wieder herrliche Blicke in den Gletscherkar der Aupagrube. Der einstige Gletscher war bis zu hundert Meter mächtig und knapp fünf Kilometer lang.

Vom Schlesierhaus (Dom Śląski) auf dem Koppenplan (sedlo na Obřím dolem) führt anfangs eine Pflasterstraße Richtung Schneekoppengipfel, ab hier rot mar-

In Pec pod Sněžkou

Auf dem Weg zur Schneekoppe

kiert. Bald teilt sich der Weg in den bequemen Jubiläumsweg und den steinigen und anstrengenderen Zickzackweg. Die meisten Gipfelstürmer wählen den anspruchsvolleren Zickzackweg.

Die Schneekoppe (Sněžka) ist mit 1602 Metern der höchste Berg des Riesengebirges und der Sudeten überhaupt. Die St. Laurentius-Kapelle auf dem Gipfel stammt von 1655. 1976 eröffnete die neue Polská bouda (Polnische Baude), ein modernes und eigenwilliges Gebäude. Hier befindet sich ein Selbstbedienungsrestaurant (täglich von 9 bis 17 Uhr) sowie ein Observatorium mit zugänglicher Aussichtsterrasse und sehr lohnendem Rundblick. Die historische Böhmische Baude wurde in den 1990er Jahren baufällig und daher Ende 2004 komplett abgetragen.

Die Rundsicht von der Schneekoppe gehört noch immer zu den großartigsten Erlebnissen eines Riesengebirgsurlaubs. Bei idealem Wetter liegen dem Betrachter Böhmen und Schlesien wie aus der Vogelperspektive zu Füßen.

Gemütlich sitzt man im höchstgelegenen und winzigen Postamt Tschechiens bei einer Tasse Tee. Kartengrüße werden hier oben mit einem postalischen Sonderstempel auf die Reise geschickt. Vom Postamt sind es nur ein paar Stufen hinunter zur Bergstation des Sessellifts. Nach dem Umsteigen am Růžová hora (Rosenberg) ist Pec schnell wieder erreicht.

Der Sessellift verkehrt täglich zwischen 8 und 19 Uhr, bei starkem Wind wird der Betrieb eingestellt.

Infozentrum Veselý výlet, Nr. 196, Tel. 499 73 61 30, Fax 499 73 61 31, täglich 8.30 bis 18 Uhr.

Hotel Horizont, Malá pláň 141, Tel. 499 86 11 11, www.hotelhorizont.cz. Hochhaushotel mit gutem Komfort, Restaurant, Café, Weinstube, Schwimmbecken, Nachtbar; DZ 48 bis 120 Euro.

Hotel Horec, Nr. 195, Tel. 499 73 64 23, Fax 499 73 64 24. Im Zentrum, Restaurant, Café; DZ 37 Euro.

Romantik Hotel Nebozizek, Malá pláň 164, Tel. 499 73 61 54. Ruhig am Waldrand gelegen, neu rekonstruiert; DZ 37 bis 43 Euro.

Hotel Krokus, Nr. 189, Tel. 499 89 69 61, Fax 499 89 69 62. Kleines Haus im Zentrum, Restaurant, Café; DZ 31 bis 35 Euro.

Baude Mama, Nr. 124, Tel. und Fax 499 89 62 73, www.boudamama.cz. Unterkunft und Restaurant mit Terrasse am Weg zur Sessellift-Talstation zur Schneekoppe.

Pension Nikola, Nr. 170, Tel. 499 73 61 51, Fax 499 73 62 51; DZ 30 Euro.

Pension Lesní pramen, Nr. 156, Tel./Fax 499 73 62 48. Ruhig am oberen Waldrand gelegen, herrlicher Blick auf Pec, Restaurant mit Freiluftplätzen, Weinstube; DZ 27 bis 37 Euro.

Bouda v Obřím dole (Baude Im Riesengrund), Tel. 499 89 62 70.

Růzohorky (Leischnerbaude), Tel. 499 89 51 12.

Bouda Na Pláni (Planurbaude), Tel. 499 73 62 93.

Bouda Zvonička, Tel. 499 89 12 76. An den Bohnwiesbauden (Lučiny), neu eröffnet.

Kolínska bouda, Tel. 499 73 62 01. An den Bohnwiesbauden (Lučiny), neu eröffnet.

Ökologisches Museum, von Di bis So von 8 bis 12 und von 13 bis 15 Uhr.

Sessellift zur Schneekoppe, täglich 8 bis 19 Uhr, www.snezkalanovka.cz..

Vrchlabí

Das Städtchen Vrchlabí (Hohenelbe) erstreckt sich am Fuße des Riesengebirges an beiden Elbufern. Neben dem Rathaus entstand ein modernes Einkaufszentrum, das dem Stadtbild angepaßt ist. Drei zusammengekuschelte Laubenhäuser gegenüber der St. Laurentiuskirche bilden das Informations- und Ausstellungszentrum des Riesengebirgs-Nationalparks. Im kleinen Museum sind Glaserzeugnisse und Volkskunst zu besichtigen. In der Riesengebirgsstube steht der Webstuhl von Matthias Pochop, dem letzten seiner Zunft im Gebirge.

Konvent und Klosterkirche des Augustinerklosters wurden von 1705 bis 1725 von A. M. Auer erbaut. In den ehrwürdigen Mauern ist das Riesengebirgsmuseum mit einer eindrucksvollen audiovisuellen Ausstellung ›Stein und Leben‹ (Kámen a život) untergebracht. Das Renaissanceschloß im sächsisch-schlesischen Stil ist heute Sitz der Riesengebirgs-Nationalparkverwaltung. Im zugänglichen Eingangsvestibül zeigen Gemälde den letzten Bären des Riesengebirges.

Laubenhaus in Vrchlabí

Postleitzahl: 54301. Stadtinformation Vrchlabí, Krkonošská 8, Tel. 499 42 21 36, Fax 499 42 11 21, vrchlabi@nextra.cz. Infozentrum Nationalpark Riesengebirge, nám. Míru 223, Tel. 499 42 14 74.

Hotel Gendorf, Krkonošská 153, Tel. 499 42 96 29, Fax 499 42 96 32, www.gen-

dorf.cz. Neues Hotel im Zentrum, Restaurant; DZ von 45 bis 66 Euro.
Hotel Labut', Krkonošská 188, Tel. 499 42 19 64, Fax 499 42 17 00, www.hotellabut.cz. Im Zentrum, Restaurant; DZ von 35 bis 65 Euro.
Hotel und Eurocamping Liščí farma, Dolní Branná 350, Tel. 499 42 14 73, Fax 499 42 16 56, www.liscifarma.cz. 1000 Meter vom Stadtzentrum; Mittelklassehotel; DZ von 27 bis 40 Euro. Campingplatz ganzjährig, Vier-Bett-Hütten pro Nacht von 14 bis 20 Euro.
Hotel und Minibrauerei Pivovarská bašta, Horská 198, Tel. 499 42 12 72, Fax 499 42 13 59. Im Ortsteil Hořejší Vrchlabí an der Straße nach Špindlerův Mlýn, täglich geöffnet von 8 bis 23 Uhr.

Restaurant und Café Fiedlerů, Krkonošská 20. Leckere Kuchen und Eisbecher, Nichtraucherzimmer, täglich ab 10 Uhr.

Riesengebirgsmuseum, nám. Míru 223, von 9 bis 12 und von 13 bis 16 Uhr, von Juni bis Oktober bis 16.30 Uhr.
Augustinerkloster mit Exposition ›Stein und Leben‹, Husova 213, von Di bis So von 8 bis 17 Uhr, letzter Einlaß 16 Uhr.

Rundflüge vom Flugplatz Vrchlabí (an der Straße nach Trutnov) in einer Cessna 172 sowie mit dem Doppeldecker AN-2 (max. 11 Pers.), täglich von 9 bis 17.30 Uhr, Tel. 499 42 12 92.

Janské Lázně

Das Kur- und Erholungszentrum Janské Lázně (Johannisbad) schmiegt sich an den Südhang des Černá hora (Schwarzer Berg). Das hiesige Quellwasser ähnelt in seiner Zusammensetzung jenem im Kurort Warm Springs in den USA. Seit Mitte der 1930er Jahre behandelt man hier Kinderlähmung mithilfe des Wassers aus den dreißig radioaktiven Quellen, außerdem Nerven-, Herz-, Blut- und Stoffwechselkrankheiten. Gegenwärtig wird ein neues Thermalbadezentrum errichtet. Hier dürfen sich dann auch Gesunde ins Wasser begeben.

Neben der Jugendstilkolonnade aus dem Jahre 1893 steht eine steinerne Rübezahlstatue aus der Horschitzer Fachschule für Steinmetze.

Am großen Parkplatz am Stadtrand ist die Talstation der Kabinenseilbahn auf den Černá hora zu finden. Am langgestreckten Gipfel stehen Sokolbaude, die neu erbaute Černá bouda (Schwarzschlagbaude) sowie ein kleiner Fernsehturm. Ein Mast der alten Bergbahn aus dem Jahr 1928 wurde oberhalb der neuen Bergstation zum Aussichtsturm umgebaut.

Vom Černá hora bieten sich Wanderungen zu Geiergucke und Wiesenbaude oder durch das Schwarzenbergmoor nach Pec pod Sněžkou an.

Stadtinformation Janské Lázně, Černohorská 265, 54225 Janské Lázně, Tel. 499 87 51 86, Fax 499 87 50 08, www.janske-lazne.cz.

Hotel Vyhlídka, Nr. 151, Tel. 499 87 51 82, 100 Meter vom Parkplatz entfernt. Schöne alte Villa mit italienischem Restaurant.
Hotel Zátiší, Nr. 180, Tel. 499 87 54 09, zatisi@volny.cz. In der Nähe der Talstation der Kabinenbahn.
Hotel Lesní dům, Nr. 208, Tel. 499 87 51 67, hotel@lesni-dum.cz; DZ 33 Euro.
Apartments Bobas, Lesní 297, Tel. 499 87 53 78, http://bobas.kvalitne.cz; pro Person 7 bis 12 Euro.
Pension Villa, Obchodní 79, Tel. 499 87 52 18, Fax 499 87 52 18; pro Person 10 bis 13 Euro.
Hoffmanova bouda, Tel. 499 87 52 13, Fax 499 81 65 04, http://hoffmanka.zde.cz. An der Straße nach Černý Důl. Riesengebirgsblockhaus: pro Person 6,50 Euro.
Pension U slunce, Nr. 239, Tel. 499 87 51 06. Ruhig am Waldrand.
Černá bouda, Tel. 499 87 51 93.

Adršpach

Die Adersbacher und Wekelsdorfer Felsen (Adršpašsko-Teplické skály) bilden mit etwa 20 Quadratkilometern die größte Felsenlandschaft Böhmens. Vor Millionen Jahren war das Gebiet von einem flachen Meer überflutet, auf dessen Grund sich verschiedene Schichten Sand ablagerten. Später wurden die verfestigten Sedimente durch Bewegungen im Inneren der Erdkruste emporgehoben. Das entstandene niveaugleiche Sandsteinplateau besaß Risse, die sich allmählich zu engen Schluchten aufweiteten. Wasser, Wind, Sonne und Frost taten ein übriges, um die heute sichtbaren Felsformationen zu bilden. Der Ähnlichkeit des Terrains mit einer mittelalterlichen Siedlung verdankt das Gebiet den Beinamen Felsenstadt.

Während der Saison von Mai bis September wird am Eingang Eintrittsgeld kassiert, und deutschsprachige Führer bieten ihre Dienste an. Für eine Besichtigung sollte man sich mindestens zwei Stunden Zeit nehmen. Ein grün markierter Rundweg leitet den Besucher durch die Felsenstadt.

Etwa auf der Hälfte der Strecke gelangt man zum ›Großen Marktplatz‹. An einer Felswand erinnern eine Gedenktafel und eine Bronzebüste Goethes daran, daß er hier 1790 naturwissenschaftliche Forschungen betrieb. Nebenan führt ein schmaler Weg in den Felsendom zum zwölf Meter hohen Mettaufall. Oberhalb vom ›Marktplatz‹ führen Stufen zum Adersbacher See. Hier besteht die Gelegen-

Der ›Bürgermeister und seine Frau‹ in der Adersbacher Felsenstadt

heit zu einer Kahnfahrt. Am gegenüberliegenden Ufer kann man aussteigen und die benachbarten Felsen von Teplice (Wekelsdorf) erkunden.

Wer den weiten Rundweg in Adršpach (Adersbach) wählt, sieht auch die schönsten Sandsteingebilde, so das Liebespaar (Milenci) sowie den Bürgermeister mit seiner Frau (Starosta a Starostavá). Der Rundweg führt vorbei an Rübezahls Klavier (Krakonošovo piano) und zurück nach Adersbach.

Informationszentrum Adršpach, Dolní Adršpach 26, 54957 Adršpach, Tel. 491 58 60 12, Fax 491 58 61 86, adrspach.info@c-box.cz, www.skalyadrspach.cz.

Hotel Lesní zátíši, Dolní Adršpach 121, Tel. 491 58 62 02, Fax 491 58 60 18. Am Eingang zur Felsenstadt, Restaurant; DZ 47 Euro.
Hotel Skalní mlýn, Dolní Adršpach 1, Tel. 491 58 69 61, Fax 491 58 69 64, www.skalni-mlyn.cz.
Pension Adršpach, Dolní Adršpach 24; Tel. 491 58 61 02, Fax 491 58 61 06. 200 Meter vom Eingang in die Felsenstadt, Restaurant, Sommerterrasse; DZ 37 Euro.
Privatzimmer Márinka a Vladimír Meierovi, Dolní Adršpach 25, Tel. 491 58 60 32; pro Person 8 Euro.

Campingplatz Bučnice, an der Felsenstadt Teplice nad Metují. Mai bis September, mit Bungalows.

Alptrend Centrum, Tel. 602 12 53 33, www.alptrend.cz. Kletterkurse, Führungen und MTB-Touren.

Teplice nad Metují

Während der Saison von Mai bis September wird vor dem Betreten des Felsengebietes Eintrittsgeld kassiert. Erst 1824 wurde die Adersbach-Wekelsdorfer Felsenstadt nach einem großen Waldbrand entdeckt. Die Felsen erreichen hier eine Höhe von bis zu 70 Metern, insgesamt zählt man etwa 1500 Felstürme. Fünfhundert Meter hinter dem Eingangstor kann man auf die ehemalige Burg Střmen klettern. Wie sie einmal aussah, zeigt die Abbildung auf einer Schautafel.

Ohne zusätzliches Reiseticket kann man weiter oberhalb ›Groß- und Kleinsibirien‹ einen Besuch abstatten. Das sind besonders kühle Felsschluchten, in die kein Sonnenstrahl dringt. Oft findet man hier bis in den Juni hinein Schnee. Einige hundert Meter weiter werden Sie schon in ›Italien‹ sein, einem lokalklimatisch viel wärmeren Ort. Obwohl die Gipfel höchstens 700 Meter erreichen, gilt das Gebiet als schneesicher. Teplice nad Metují besitzt einen Abfahrtshang mit Skilift, der abends beleuchtet ist.

Hotel Orlík, Střmenské podhradi 181, Tel. 491 58 10 25. Am Eingang zur Felsenstadt, Restaurant; DZ 37 Euro.
Pension Dita, Bučnice 203, Tel. 491 58 61 55, pensiondita@volny.cz; DZ 17 bis 27 Euro.
Pension Skály, Střmenské podhradi 132, Tel. 491 58 11 74, Fax 491 58 13 34, machacek@cbox.cz. Nahe der Felsenstadt, Restaurant; DZ 37 Euro.
Pension Na Výsluní, Palackého 102, Tel. 491 58 12 66; DZ 20 bis 23 Euro.
Pension Na Kopečku, Bučnice 222, Tel./Fax 491 58 61 56. Ein Kilometer vom Eingang zur Felsenstadt, Frühstück möglich, Küche vorhanden, Mountainbikeausleihe; pro Person 8 bis 10 Euro.
Ökofarm Anna Tumova, Dedov 78, Tel. 491 58 13 27; DZ 10 Euro.

Broumov

Die Stadt Broumov (Braunau) liegt in einem Zipfel nahe der polnischen Grenze. Um 1320 ließen sich Benediktinermönche in Braunau nieder und gründeten ein Kloster. Nach Entwürfen von Martin Allio wurden in Braunau Ende des 17. Jahrhunderts alle Kirchen erneuert. Die Klosterkirche des Hl. Adalbertus stammt aus dem 14. Jahrhundert. Beim Umbau im 17. Jahrhundert wurde die Kirche mit wunderbaren Stukkaturen und Fresken ausgeschmückt. Die Figuren sind das Werk von M. W. Jäckel und K. Hiernle. Die sechs Altargemälde in den Seitenkapellen stammen von W. L. Reiner.

Im Jahr 1710 wurde der Architekt Christoph Dientzenhofer zum Baumeister des Klosters Braunau berufen. Er kam mit seinen Brüdern aus Bayern und war

Die Friedhofskirche in Broumov ist die älteste Holzkirche Tschechiens

zuvor schon drei Jahrzehnte in Prag tätig gewesen. Er arbeitete in Braunau bis zu seinem Tod, leitete den Aufbau des Stiftsgymnasiums, der Stiftsapotheke und der Terrasse. Sein Sohn Kilian Ignaz wurde sein Nachfolger. Seine Bauten zeigen für die damalige Zeit bahnbrechende neue Raumlösungen. Zugleich besaß er ein feines Gefühl für ein harmonisches Zusammenspiel zwischen Architektur und Landschaft. Er entwarf die Baupläne für neun Dorfkirchen der Braunauer Umgebung. Die schönsten unter ihnen stehen in Heřmánkovice und Šonov.

Im Jahr 1999 wurde in der Klosterkirche eine Replik des Tuches von Torino entdeckt. Im ersten Stock der Klosterprälatur ist das Museum des Braunauer Ländchens zu besichtigen. Regionale Kunst aus sieben Jahrhunderten ist hier zu sehen.

Das Städtchen Braunau ging in die Weltgeschichte ein: 1610 durften die Braunauer Protestanten die evangelische Kirche des Hl. Wenzel auf katholischem Grund und Boden errichten. 1617 wollte sie der Abt des Klosters schließen und niederreißen lassen. Dieser Vorgang war eine der Hauptbeschwerden der böhmischen Stände in Prag, die letztendlich am 23. Mai 1618 im Prager Fenstersturz gipfelten, der wiederum den Dreißigjährigen Krieg auslöste.

Am südlichen Stadtrand befindet sich ein hübsches Holzkirchlein, die Friedhofskirche der Jungfrau Maria. Sie ist die älteste Holzkirche in Tschechien, 1171 erbaut und 1449 erweitert. In dem Rundgang der Kirche stehen Grabsteine im Stil der Renaissance und des Empire.

Stadtinformation Broumov, Mírové nám. 56, 55001 Broumov, Tel./Fax 491 52 41 68, www.broumov.net

Hotel Veba, Šalounova 127, Tel. 491 58 02 11, Fax 491 58 02 10. Schöne Villa vom Anfang des 20. Jahrhunderts mit Speisesaal, Café, Salon und Sommerterrasse in einem kleinen Park, Tennisplatz, Solarium; DZ 37 bis 47 Euro.

Hotel, Pension und Restaurant Winterswijk, Pivovarská 25, Tel./Fax 491 52 14 80. Liegt im Stadtzentrum; DZ im Hotel von 51 bis 56, in der Pension 27 Euro.

Hotel Praha, Mírové nám. 49, Tel. 491 52 37 86, www.hotel-praha.cz. Renoviertes Haus am Markt, Restaurant, Café, Weinstube; DZ 37 Euro.

Benediktinerkloster, Klášterní 1, April bis Oktober Di bis Sa Führungen 9, 10, 11, 13, 14, 15, 16 Uhr, So um 10, 11, 14, 15 und 16 Uhr.

Museum des Braunauer Landes, Klášter 1, Tel. 491 52 21 85, von Mai bis September von Di bis So von 8 bis 12 und von 13 bis 17 Uhr.

Náchod

Die Kreisstadt Náchod (Nachod) liegt an der Metuje (Mettau) nahe der Grenze zu Polen. Über den Grenzübergang an der Europastraße 67 ist das benachbarte Land gut zu erreichen.

Auf einem Hügel hoch über dem Markt thront das Schloß. Von 1566 bis 1614 wurde die Burg zum Renaissanceschloß umgebaut. 1634 schenkte Kaiser Ferdinand II. den Besitz an den italienischen General Octavio I. Piccolomini, der hier einen Familiensitz gründete und das Schloß umbauen ließ. Die Arbeiten leitete Carlo Lurago. Von 1842 bis 1945 gehörte das Schloß der Familie Schaumburg-Lippe.

Im Schloß sind viele prächtige Räume zu besichtigen, so der Piccolomini-, der Spanische und der Kaisersaal. Im Spanischen Saal sind schöne Wandmalereien aus der Epoche des Frühbarock und üppiger Stuck im Rokokostil erhalten. An vielen Wänden hängen wertvolle Brüsseler Gobelins aus dem 17. Jahrhundert. In der Schloßkapelle sind wundervolle Stukkaturen zu sehen. Eine Schloßführung nimmt etwa eine Stunde in Anspruch. Nach einem Rundgang bietet sich das Schloßrestaurant für eine Pause an. Der Aufstieg zum Schloß lohnt sich ganzjährig wegen des schönen Blickes auf die Stadt und die benachbarten Höhenzüge, aber auch weil im Schloßgraben wieder Bären gehalten werden.

Auf dem Hauptmarkt steht die gotische St. Laurentiuskirche aus dem 14. Jahrhundert. Die beiden holzschindelgedeckten Zwiebeltürme werden im Volksmund Adam und Eva genannt. Hübsch ist auch das benachbarte Jugendstilhotel U Beránka (›Zum Lamm‹). Weithin bekannt ist das Primátor, das vorzügliche Bier aus Náchod. Für Interessenten bietet die Brauerei Besichtigungen mit anschließender Verkostung in einem historischen Eisenbahnwaggon aus den 1930er Jahren an, der sich im Hof der Brauerei befindet.

Stadtinformation Náchod, Kamenice 144, 54701 Náchod, Tel./Fax 491 42 04 20, www.icnachod.cz.

Hotel U Beránka, nám. T. G. Masaryka 74, Tel. 491 43 31 18, Fax 491 43 31 19. Zentral am Markt, Jugendstilgebäude, Restaurant; DZ 43 Euro.
Hotel Výhlídka, Pod výhlídkou 283, Tel. 491 42 66 20; DZ 23 Euro.
Hotel Bonato, Lázeňská 102, Tel. 491 42 45 40, info@bonato.cz; DZ 27 Euro.
Pension Komfort, Purkyňova 1217, Tel. 491 42 65 84; DZ 20 Euro.

Schloß Náchod, April und Oktober Sa, So und Feiertage 9 bis 12 und 12.30 bis 15 Uhr, Mai bis September Di bis So von 9 bis 12 und von 12.30 bis 16 Uhr.

Brauerei Náchod (Pivovar Náchod), Dobrošovká 130, Tel. 491 40 72 26, Fax 491 40 71 11. Führungen sind Mo bis Fr 14 bis 17 Uhr möglich.

Ratibořice

Das Babiččino údolí (Großmuttertal) liegt sechs Kilometer westlich von Náchod. Das Flußtal der Úpa (Aupa) erhielt seinen Namen nach dem weltbekannten Roman ›Die Großmutter‹ von Božena Němcová. Die Schriftstellerin verlebte hier ihre Kindheit. Mehrere Generationen lebten unter dem Dach der Alten Bleiche (Staré bělidlo) zusammen; im Roman wird davon erzählt.

Im nahen Ort Ratibořice (Ratiborschitz) steht ein Empireschloß der Fürstin von Sagan inmitten eines kleinen Schloßparks. Am Weg zwischen dem Schloß und der Alten Bleiche steht ein anrührendes Denkmal von Otto Gutfreund, die ›Die Großmutter mit ihren Enkeln‹.

Kuks

Die großartigen Baudenkmäler in Kuks (Kukus) sind dem Kunstsinn von Franz Anton Graf Sporck zu verdanken, die er zwischen 1695 und 1717 bauen ließ. Am linken Elbufer standen einst das Schloß und ein luxuriöses Bad. Nach einem Hochwasser im Jahr 1740 versiegte die Heilquelle, das Schloß wurde beschädigt und verfiel. Erhalten blieb das Barockhospital, das Sporck für die bedürftigen Untertanen seiner Herrschaft errichten ließ, sowie die barocke Kirche der Allerheiligsten Dreifaltigkeit.

Hauptsehenswürdigkeit sind die von Matthias Bernhard Braun geschaffenen Barockstatuen, in zwei Reihen an der Kirche aufgestellt. Sinnbildlich verkörpern sie Tugenden und Laster der Menschheit. Es sind allesamt Kopien, die Originale befinden sich im Lapidarium der ehemaligen Klosterkapelle. Die Steinmetzarbeiten sind die wohl schönsten Barockplastiken in Böhmen.

Im Spital blieb die Barockapotheke ›Zum Granatapfel‹ erhalten, die zweitälteste Europas. Die Ausstattung stammt aus der Mitte des 17. Jahrhunderts. Unter der Kirchenkrypta befindet sich die Familiengrabstätte der Familie Sporck.

Barockapotheke Kuks; im April, September und Oktober Sa, So von 9 bis 12 und von 13 bis 16 Uhr, von Mai bis August Di bis So von 9 bis 12 und von 13 bis 17 Uhr.

Dvůr Králové nad Labem

Die Stadt Königinhof, heute Dvůr Králové, liegt an der Elbe und war eine sogenannte Leibgedingenstadt der böhmischen Königinnen: Das waren Witwensitze, für die die Untertanen aufzukommen hatten. Die Frauen waren materiell nur selten abgesichert.

Im Safaripark Dvůr Králové

Am westlichen Stadtrand befindet sich einer der großen Safariparks in Europa. Auf etwa hundert Hektar Freigehege fühlen sich unter anderem afrikanische Huftiere wie Zebras und Antilopen wohl. Den Grundstock des Zoos legte Direktor Josef Wagner in den 1960er Jahren. Von mehreren Expeditionen in Afrika brachte er Antilopen, Elefanten, Giraffen, Nashörner und Raubkatzen mit. Fast alle heute in Zoos lebenden Nashörner kamen in Dvůr Králové auf die Welt. Eine besondere Attraktion sind die Autobus-Safaris durch dieses Klein-Afrika, die von Mai bis September angeboten werden. Aber nicht nur afrikanische und europäische Fauna ist hier zu erleben, auch Tiere aus Amerika, Asien und Australien sind zu beobachten: etwa 850 Großsäuger, 600 Vögel und 400 Reptilien. In einem Tropenhaus fliegen Vögel frei herum, in Meeresaquarien sind lebende Korallen zu bestaunen.

Stadtinformation, nám. T. G. Masaryka 2, 54417 Dvůr Králové nad Labem, Tel. 499 32 17 42, info@mudk.cz.

Hotel Safari, Štefanikova 1029, Tel. 499 62 82 55, Fax 499 62 93 93. Neues Hotel am Zoo; DZ 60 Euro.

Pension Za vodu, Poděbradova 2014, Tel. 499 62 09 04, Fax 499 62 12 56. Familienpension, ruhig gelegen, fünf Minuten zu Fuß vom Stadtzentrum, zehn Minuten vom Zoo; DZ 28 bis 40 Euro.

Zoo Dvůr Králové nad Labem, täglich von 9 bis 18 Uhr, im Winter bis 15 Uhr, Abend-Safaris im Juli und August zwischen 19.30 und 21.30 Uhr, ›Weihnachten im Zoo‹ im Dezember und Januar, Raubtierfütterung um 9.30 Uhr, Elefantendressur um 12.30 Uhr, Affenvorstellung um 13.30 Uhr, www.zoodk.cz.

Nové Město nad Metují

Das reizende Städtchen Nové Město nad Metují (Neustadt an der Mettau) liegt am westlichen Fuße des Adlergebirges, sieben Kilometer südlich von Náchod. Der zinnenbekrönte Gebäudekomplex auf der westlichen Marktseite wirkt sehr einheitlich. Im 16. Jahrhundert wurde die Mauer mit Laubengängen erbaut und abschnittsweise an Bürger verkauft, die dahinter ihre Häuser errichten konnten. Auch bei Regen läßt es sich unter den weiß getünchten Laubengängen auf den anderen drei Seiten des Platzes angenehm wandeln.

In der Nähe des Markts steht ein schönes Schloß im Jugendstil, erbaut im 16. Jahrhundert und später barock verändert. 1908 erwarb es der in Neustadt ansässige Textilunternehmer C. Bartoň von Dobenín in halb verfallenem Zustand. Von 1909 bis 1915 ließ es der neue Besitzer vom slowakischen Architekten Dušan Jurkovič mit hohen Kosten im Jugendstil rekonstruieren und zum Familiensitz umgestalten. In Anerkennung der Rettung des Bauwerks gestatteten auch die sozialistischen Machthaber dem Schloßherrn ein Wohnrecht auf Lebenszeit. Heute ist es wieder im Besitz der Familie Bartoň.

Vom Schloßturm bietet sich ein schöner Blick auf die Stadt und ihre Umgebung. Sehenswert ist auch die Schloßterrasse mit Zwergen aus der Werkstatt von M. B. Braun sowie eine mit Holzschindeln überdachte Brücke über den einstigen Schloßgraben auf der Südseite des Schlosses. Vom Markt führt ein Wanderweg flußaufwärts fünf Kilometer an der Mettau entlang zum Gasthaus Hölle (Peklo). Das zauberghafte Blockhaus ist mit zahlreichen Malereien geschmückt und zeigt viele Elemente der slowakischen Volksarchitektur.

Stadtinformation Nové Město nad Metují, U Závorky 1210, 54901 Nové Město nad Metují, Tel. 491 47 03 31, Fax 491 47 02 61, www.novemestonm.cz.

Hotel U Broučka, Husovo nám. 1243, Tel. 491 47 25 71. Liegt am Markt neben dem Schloß, gemütliches Restaurant.

Hotel Rambousek, Komenského 60, Tel. 491 47 04 03, Fax 491 47 04 19, www.rambousekhotel.cz. Modernes kleines Hotel; DZ 23 Euro.

Pension Pelikan, Třešňová 767, Tel. 491 47 00 50, jpelikan@wo.cz.

Pension und Restaurant U Pechanzů, Třešňová 733, Tel. 491 47 33 70, pechanz@pensiontschechei.de.

Pension Na Výsluní, Československé armády 911, Tel. 491 47 23 74, penzion.navysluni@wo.cz.

Schloß Nové Město nad Metují, April und Oktober Sa, So 9 bis 16 Uhr, Mai bis September Di bis So von 8 bis 17 Uhr.

Das Schloß Nové Město nad Metují wurde mehrmals umgebaut

Hradec Králové

Die größte Stadt Ostböhmens ist Hradec Králové (Königgrätz). Ab dem 14. Jahrhundert war Königgrätz eine Leibgedingenstadt der böhmischen Königinnen. So entstand der tschechische Stadtname, der Burg der Königinnen bedeutet.

Von 1766 bis 1789 wurden mächtige Befestigungsanlagen um die Stadt gebaut, die um die vorletzte Jahrhundertwende fast völlig geschleift wurden. Die städtebauliche Neuorientierung bis in die dreißiger Jahre trägt die Handschrift der tschechischen Architekten Jan Kotěra (1871–1923) und Josef Gočár (1880–1945).

Die Westseite des Marktplatzes (Velké nám.) wird von sechs Türmen beherrscht: doppeltürmige Kathedrale, Weißer Turm, Turm der Kapelle des heiligen Klemens und Altes Rathaus mit zwei Türmen. Der Bau der Heilig-Geist-Kathedrale begann 1307. An den Weißen Turm lehnt sich die 1716 fertiggestellte barocke Kapelle St. Klemens an. Auf deren Dachkuppel sieht man eine Kopie der vergoldeten Papstkrone und zwei große Schlüssel. Von 1574 bis 1589 wurde der Weiße Turm als Wach- und Glockenturm aus Sandstein erbaut. Seine Glocke ›Augustin‹ wiegt fast zehn Tonnen. Das Alte Rathaus aus dem 16. Jahrhundert wurde 1850 im Empirestil umgebaut, das Bischöfliche Palais aus dem 18. Jahrhundert schmückt ein prächtiges Portal von Giovanni Santini. Das benachbarte Haus U Špuláků (›Beim Spulak‹) trägt ein Barockgewand. Im einem Jugendstilgebäude schräg gegenüber befindet sich die Galerie der modernen Künste mit Malerei und Bildhauerwerken der böhmischen Avantgarde des 20. Jahrhunderts. Die 20 Meter hohe Pestsäule in der Mitte des Marktplatzes ließen Bürger 1717 aus Dankbarkeit errichten, da die Stadt von einer Pestepidemie verschont geblieben war.

Von 1909 bis 1912 wuchs am Elbufer nach Plänen von Jan Kotěra das Ostböhmische Museum. 1995 wurde das Juwel im Jugendstil zum Nationalen Kulturdenkmal erklärt. Zwei steinerne Damen, die über dem Haupteingang sitzen, symbolisieren Gewerbe und Kunst. Vortrags- und Kinosaal im Erdgeschoß, Jugendstilfenster und Ausstellungshalle mit zeitgenössischen Möbeln im ersten Stock, Vestibül mit Kuppel, Lichthof und Glasmosaiken an der Kuppelwand im zweiten Stock sowie die gesamte Innengestaltung im Jugendstil wirken noch heute sehr modern.

Im Jirásek-Park nahe der Sporthalle steht ein Holzkirchlein, das ursprünglich von 1502 bis 1510 in der Ostslowakei erbaut und 1935 hierher umgesetzt wurde. Den Zusammenfluß von Elbe und Adler am Jirásek-Park symbolisiert ein bronzenes Liebespaar, ein Werk von Jan Škoda aus dem Jahr 1934.

Von 1900 bis in die dreißiger Jahre schufen Professor Jan Kotěra, sein Meisterschüler Josef Gočár und andere Architekten viele eigenwillige Neubauten und mehrere Grünanlagen, die Stadt wurde zum ›Salon der Republik‹. Zu den bemerkenswerten Gebäuden zählen das Wasserkraftwerk an der Elbe, das benachbarte Tyl-Gymnasium, der Masaryk- und der Ulrichplatz, das Grandhotel Bystrica (zur Zeit Ruine) sowie ein Parkhaus (Palace Garage) aus den Jahren 1932/33.

Die sogenannte Gočársche Treppe führt von der Mariä-Himmelfahrt-Kirche am Velké nám. hinab zur Komenského-Straße. Die Brücke wurde 1909 bis 1910 erbaut und weist avantgardistische Architekturelemente auf, wie sie erst 90 Jahre später, zum Beispiel im Berliner Regierungsviertel, weiterentwickelt wurden.

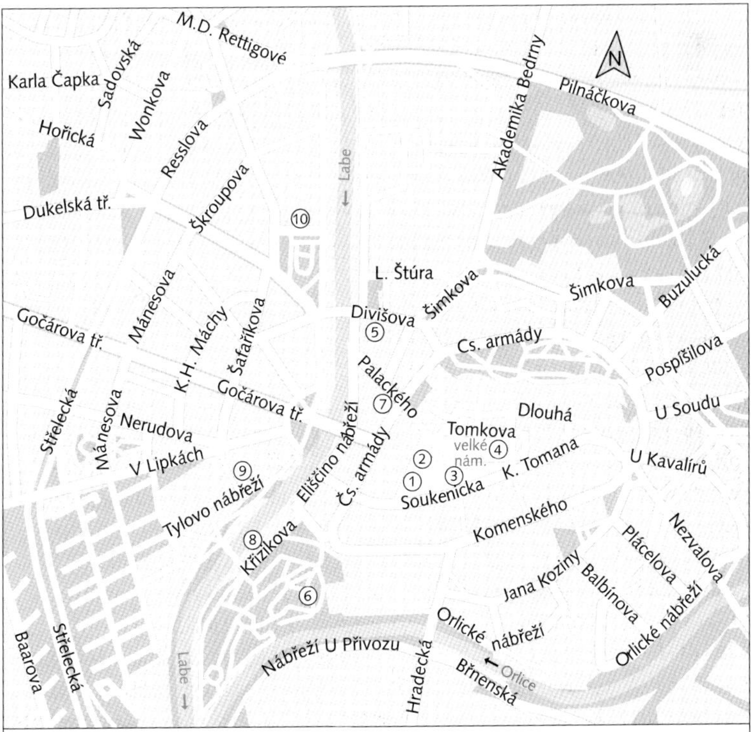

Hradec Králové

Legende

1 Heilig-Geist-Kathedrale
2 Weißer Turm
3 Bischöfliches Palais
4 Galerie der Modernen Künste
5 Ostböhmisches Museum
6 Holzkirche
7 Ehemaliges Hotel Bystrice
8 Wasserkraftwerk
9 Tyl-Gymnasium
10 Parkhaus von 1932

Die Schlacht bei Königgrätz

Am 3. Juli 1866 fand zehn Kilometer nordwestlich von Königgrätz, im Hügelland zwischen Elbe und Bistritz (Bystřice), die Entscheidungsschlacht des preußisch-österreichischen Krieges statt. Etwa 180 000 Österreicher und 20 000 verbündete Sachsen kämpften gegen 220 000 Preußen. 42 000 Soldaten starben oder wurden verwundet. Preußen entschied die Schlacht für sich, Österreich schied aus dem Deutschen Bund aus und erkannte den von Preußen begründeten und dominierten Norddeutschen Bund an. Der österreichische Dichter Franz Grillparzer formulierte, an die Adresse Preußens gerichtet: »Ihr glaubt, ihr habt ein Reich gewonnen und habt doch nur ein Volk zerstört!«

Von Hradec Králové fährt man Richtung Jičín und biegt am Wegweiser ›Chlum 1 km‹ rechts ab. An der Kirche in Chlum folgt man links dem Wegweiser ›Ossarium‹. Hier erreicht man den preußischen Militärfriedhof sowie das Beinhaus und kommt zur Gedenkstätte aus dem Jahre 1936. Vom 60 Meter hohen Aussichtsturm bietet sich ein Überblick auf das einstige Kampfgebiet. Das Museum der Schlacht von Königgrätz in Chlum ist von April bis Oktober Di bis So 9 bis 12 und 13 bis 17 Uhr geöffnet.

Zum Jahrestag der Schlacht werden auf Originalschauplätzen Kampfszenen in historischen Kostümen nachgestellt.

Postleitzahl: 50002. Informationszentrum Hradec Králové, Gočárova 1225 und Velké nám. 139, Tel./Fax 495 53 44 82, www.ic-hk.cz.

Hotel U královny Elišky, Malé nám. 117, Tel. 495 51 80 52, www.hfc-hk.cz; DZ 90 Euro; Restaurant, Weinstube, Café, Sauna.

Hotel Stadion, Komenského 1214, Tel. 495 51 46 64; DZ 28 Euro; am Jirásek-Park, neu renoviert.

Pension Nové Adalbertinum, Velké nám. 32, Tel. 495 06 31 11, Fax 495 06 34 05; DZ 40 Euro; Übernachtung im Gebäude in Besitz des Erzbischofs, Restaurant.

Restaurant U Radnice, Velké nám. 39, Tel. 495 51 38 00; am Marktplatz, intime Atmosphäre, Gourmetküche, gehobene Preise, täglich 11.30 bis 23 Uhr.

Restaurant Bei den Rittern (U rytíře), Velké nám. 144, Tel. 603 46 43 89; historisches Gewölbe am Marktplatz, Mo bis Fr 8.30 bis 23 Uhr, Sa ab 10, So ab 12 Uhr.

Budvar Bar Adalbertinum, třída ČSA 300, gegenüber dem Hotel Bystrica, Brauhausatmosphäre, laut und verräuchert, Freiluftplätze, Budweiser Faßbier, täglich ab 10.30 Uhr.

Ostböhmisches Museum, Eliščino nábřeží 465, Di bis So 9 bis 12 und 13 bis 17 Uhr.

Třebechovice pod Orebem

Dreizehn Kilometer östlich von Hradec Králové ist im Städtchen Třebechovice pod Orebem (Hohenbruck) die Probostkrippe das bekannteste Ausstellungsstück des Weihnachtskrippenmuseums (Muzeum Betlémů). Bauer Josef Probost werkelte vier Jahrzehnte am sieben Meter langen, drei Meter breiten und zwei Meter hohen Kunstwerk. In der Krippe befinden sich 2000 geschnitzte Teile. Etwa 50 Figuren sind beweglich, weitere 120 können ihren Standort ändern. Die Krippe zeigt neben biblischen Motiven auch das böhmische Landleben des 19. Jahrhunderts. Das Museum besitzt insgesamt 300 Weihnachtskrippen.

Weihnachtskrippenmuseum, Masarykovo nám. 24; im Oktober und von Dezember bis April von Di bis So von 9 bis 11.30 und von 13 bis 16 Uhr, von Mai bis September bis 17 Uhr geöffnet, www.betlem.cz. Motorradmuseum, Markt Nr. 9, von Di bis So von 9 bis 16 Uhr.

Pardubice

Pardubice (Pardubitz) ist wegen seiner Lebkuchen bekannt. Wahrzeichen der Stadt ist das Grüne Tor (Zelená brána) aus dem 16. Jahrhundert. Im Sommer ist sein Turm zugänglich. Durch das Tor gelangt man auf den Pernsteinplatz (Pernstýnské nám.). Hier gefallen die schönen Bürgerhäuser; vier Baustile blieben erhalten: Spätgotik mit Fensterrahmen aus rohem Stein und Fassadennischenmalereien, Renaissance mit Fensterrahmen aus Terrakotta und schönen Giebeln, Spätbarock mit herrlichem Stuck, Klassizismus mit markanten Giebeln.

Das schönste Gebäude am Platz heißt ›Zum Jonas‹. Das Haus wurde 1507 erbaut und 1797 mit einem plastischen Relief des Propheten Jonas im Walfischmaul geschmückt. Im Gebäude hat eine Galerie tschechischer Kunst des 20. Jahrhunderts eine Heimstatt gefunden. Das Rathaus zieren Sgraffitos von Mikolaš Aleš; die Pestsäule umgibt eine Rokokobalustrade aus dem Jahre 1777.

In der Pernsteinergasse (Pernšýnská), Haus Nummer 11, sind prächtige Fensterrahmen aus Terrakotta und bemalte Fassaden-Nischen zu sehen. Leider ist das Haus mit niedrigem Torbogen und Durchgang zum Restaurant Bazalka noch nicht renoviert.

Durch die Vorburg kommt der Besucher ins Pardubitzer Schloß, das ursprünglich als Wasserburg errichtet wurde. Ab 1519 entstand daraus das Schloß mit mächtigen Befestigungswällen, Burgmauer und Graben. Das Bauwerk stellt eine sehr seltene Mischform zwischen Burg und Schloß dar. Die hiesigen Ausstellungen des Ostböhmischen Museums umfassen die Rittersäle, den Kankasaal sowie Ansichtskarten-, Glas- und Waffensammlung. Die Ostböhmische Galerie mit tschechischer Kunst des 20. Jahrhunderts ist in einem Nebengebäude untergebracht. Auf dem ehemaligen Befestigungswall kann man das Schloß auf einem Spazierweg umrunden.

In der Nähe des Grünen Tores stehen das Ostböhmische Theater in herrlichem Jugendstil und die St. Bartholomäuskirche. Das barocke Altargemälde von Michael Willmann und der kunstvolle Marmorsarkophag des Wilhelm von Pernstein (1534) sind nur während des Gottesdienstes zu bewundern.

Seit 1874 wird alljährlich am zweiten Sonntag im Oktober die ›Große Pardubitzer Steeplechase‹ ausgetragen, das schwerste Pferderennen in Europa.

Postleitzahl: 53001.
Stadtinformation Pardubice, třída Míru 60, Tel./Fax 466 61 24 74, www.pardub.cz.

Hotel 100, Kostelní 100, Tel. 466 51 11 79; DZ 32 Euro; nahe dem Markt, ruhig gelegen.
Hotel U sv. Anděla, Zámecká 25, Tel. 466 51 10 28; DZ 40 Euro; historisches Haus am Weg zum Schloß.
Pension und Restaurant U Kohoutka, Husova 157, Tel. 466 26 50 59; DZ 20 Euro; am östlichen Stadtrand, einfache Ausstattung, störender Straßenlärm, gutes Gasthaus.

Restaurant Bazalka, Pernštýnská 15, Tel. 466 51 31 00; nahe dem Markt, über die Pernsteingasse Nr. 11 (Torbogen) zugänglich, stilvolle Einrichtung, schattige und ruhige Freiluftplätze, sehr gute Küche und viele leckere Salate; Mo bis So 11 bis 23 Uhr.
Restaurant Plzeňka (Original Pilsner Urquell Restaurant), Smilova 386, Tel. 466 61 23 51; täglich wechselnde Speisekarte, Mo bis Sa ab 11 Uhr, So ab 16 Uhr.
Brauereigasthaus Pivovarka mit Gartenrestaurant, Palackého 250; am Busbahnhof, Pernsteiner Bier, täglich 10 bis 22 Uhr.
Kavarna Evropa, Pernštýnské nám; viele Kaffeespezialitäten, Törtchen und Mehlspeisen.
Cafe Bajer, třída Míru 763; nostalgisch eingerichtetes Kaffeehaus, Mo bis Fr 9 bis 22 Uhr, Sa 10 bis 13 und 16 bis 22 Uhr, So 16 bis 22 Uhr.

Schloßmuseum und Ostböhmische Galerie, Di bis So 9 bis 18 Uhr.

Pardubitzer Pfefferkuchenladen (Pardubický perník), třída Míru 4, Mo bis Fr 8 bis 18 Uhr, Sa 8 bis 12 Uhr, So 13 bis 17 Uhr.

Chrudim

Das Städtchen Chrudim liegt zehn Kilometer südlich von Pardubice. Das Marionettenmuseum befindet sich in einem Renaissancehaus oberhalb des Marktes. Matěj Mydlář ließ es von 1573 bis 1577 errichten, später kam ein Turm in Minarettgestalt dazu. Im Museum befinden sich 70 000 Ausstellungsstücke aus 70 Ländern, darunter auch Hurvínek und Spejbl.

Postleitzahl: 53701. Stadtinformation Chrudim, Resselovo nám. 1, Tel./Fax 469 62 29 59, info@chrudim-city.cz.

Europension V Tejnecku 535, Tel. 607 96 07 88, DZ 45 Euro.

Pension Žižka, Žižkovo nám. 106, Tel. 777 21 01 56, DZ 30 bis 33 Euro.

Restaurant Dalibor, Filištínská 30; zwei kleine Räume und ein idyllischer Sommergarten mit Blick aufs Stadtmuseum, täglich ab 11 Uhr.

Marionettenmuseum, Břetislavova 74, www.puppets.cz; täglich 9 bis 12 und 13 bis 17 Uhr, im Juli und August bis 18 Uhr.

Stadtmuseum, Široká ul. 86, mit Plakaten vom Jugendstilmaler Alfons Mucha, Di bis So 9 bis 12 und 13 bis 17 Uhr.

Litomyšl

Am 2. März 1824 wurde im Städtchen Litomyšl (Leitomischl) Bedřich Smetana als elftes Kind des Grafbraumeisters František Smetana geboren. Als Komponist, Dirigent und Klaviervirtuose brachte er es zu Weltruhm. Die Wohnung der Familie Smetana gegenüber vom Schloß in der ehemaligen Schloßbrauerei ist heute ein kleines Museum. Im Juni und Juli findet im Schloßhof das Internationale Opernfestival ›Smetanas Litomyšl‹ statt.

Das Schloß Leitomischl steht auf der Weltkulturerbeliste der UNESCO. Die Ehefrau des Vratislav von Pernstein war eine Spanierin, der es in Böhmen nicht so recht gefiel. Aus Liebe zu seiner Frau ließ er von 1568 bis 1581 das herrliche Renaissanceschloß errichten. Etwa 8000 Sgraffitobriefchen schmücken die Schloßmauern, kein Motiv ist doppelt zu finden. Der Lüster im Audienzsaal wurde Anfang der achtziger Jahre für den Hollywoodfilm ›Amadeus‹ hergestellt. Regisseur Miloš Forman stiftete das kostbare Stück nach Ende der Dreharbeiten zur Ausschmückung des Saales. Viele Porzellanteller im Speisesaal sind mit Moti-

Schloß Leitomischl schmücken 8000 Sgrafittobriefchen

ven verziert, die menschliche Eigenschaften darstellen. Für Besucher wurden Teller mit der jeweils für den Gast typischen Eigenschaft ausgewählt. Wenn der Gast aufgegessen hatte, war seine Überraschung groß. Im Schloßtheater blieben originale Bühnendekorationen aus dem 18. Jahrhundert erhalten.

Die Grünanlage zwischen Piaristenkirche und Probstdom ziert ein Musikbrunnen. Die vier badenden Frauen und der Mann auf der Wiese sind das Werk des Künstlers Olbram Zoubek.

Das Portmoneum zeigt im kleinen Wohnhaus des Herrn Josef Portman zwei merkwürdig ausgeschmückte Räume. Der damals völlig unbekannte Künstler Jozef Váchal malte in den 1920er Jahren Teufel, Geister, Puttchen, eine Kreuzigungsszene und verewigte Zitate aus hinduistischen Gedichten. Váchal selbst hat sich als Rattenfänger verewigt. Er gestaltete auch mehrere Möbelstücke, die an indianische Schnitzereien erinnern. Doch sein Gesamtwerk entzieht sich jeglicher Kategorisierung.

Am langgestreckten schmalen Markt, dem Smetanovo nám., stehen viele schöne Renaissance- und Barocklaubenhäuser.

Postleitzahl: 57001. Stadtinformation Litomyšl, Smetanovo nám. 72, Tel. 461 61 21 61, www.litomysl.cz. Pension Petra, B. Němcové 166, Tel. 461 61 30 61,

Fax 461 61 30 51, www.pension-petra.cz; DZ 26 bis 39 Euro; stilvoll, historisches Gebäude, nahe dem Markt.
Pension Pod klášterem, B. Němcové, Tel. 461 61 59 01, www.pod-klasterem.cz; DZ 26 Euro; neue kleine Zimmer im ruhigen Innenhof des gleichnamigen Restaurants nahe dem Markt.
Restaurant Malý svět, Mariánská 1097, Tel. 777 29 32 03, am Aufgang von der Hauptpost am Markt zum Schloß; täglich ab 11 Uhr, Gourmetküche, gehobene Preisklasse.
Gasthaus Slunce, Smetanovo nám. 4, am Smetana-Denkmal am Markt; täglich ab 11 Uhr, gute Küche zum kleinen Preis, Rytář-Faßbier, einheimisches Publikum.
Klosterkeller (Klášterní sklípek), Jiráskova 133, täglich ab 10 Uhr (im Sommer), 9 bis 19 Uhr (im Winter), auch Freiluftplätze.
Teestube am Museum (Čajovna v muzeum), Jiráskova 9, Mo bis Fr 11 bis 23 Uhr, Sa und So 14 bis 23 Uhr, 150 Teesorten, idyllische Freiluftplätze.
Schloßmuseum und Smetana-Geburtshaus in der ehemaligen Schloßbrauerei, April und Oktober Sa, So 9 bis 12 und 13 bis 17 Uhr, Mai bis September Di bis So 9 bis 12 und 13 bis 17 Uhr.
Museum der antiken Bildhauerei, Jiráskova 133, Mai bis Oktober Di bis So 9 bis 12 und 13 bis 17 Uhr.
Privat-Museum Portmoneum, T. Novákové 75, Mai bis September Di bis Fr 9 bis 12 und 13 bis 17 Uhr.

Vysočina

Statt des langen Namens Böhmisch-Mährische Höhe (Českomoravská vrchovina) sprechen die Tschechen kurz von der Vysočina (Hochland).

An der Hauptstraße zwischen Chrudim und Hlinsko, kurz hinter Trhová Kamenice, führt ein Abzweig nach Svobodné Hamry/Veselý Kopec. Hier wurde schon vor 30 Jahren damit begonnen, wertvolle Volksarchitektur zu einem Freilichtmuseum zusammenzufassen.

Svobodné Hamry ist ein winziges Dorf mit einem historischen Gasthaus. Die urige Spelunke heißt Hamerská hospoda und stammt aus dem Jahre 1794. Es werden nur Getränke ausgeschenkt. Ein Schmiedepochwerk mit Wasserantrieb steht gegenüber dem Gasthaus.

Weitere eineinhalb Kilometer sind bis zum Freilichtmuseum am Lustigen Hügel (Veselý Kopec) zurückzulegen. Direkt am Parkplatz befindet sich das Blockhausgehöft ›U kovaře Matěje‹ mit Gasthaus. Zwischen Holzhäuschen sind eine Mühle mit Pflaumenmusküche und Graupenstampfe, Gerbemühle, Ölpresse, Sägewerk, Flachs- und Obstdarre, Bienenstöcke, Hegerhaus und Glockenturm zu sehen. Hinter dem Kassengebäude lädt das historische Gasthaus Hospoda Na Vejměnku aus dem 19. Jahrhundert ein. Es gibt Bier vom Faß der regionalen Marke Rychtář, bei schönem Wetter kann man draußen sitzen.

Hamerská hospoda, Svobodné Hamry, Mo, Do und Fr von 9 bis 13 und 16 bis 22 Uhr, Sa von 11 bis 13 und von 18 bis 22 Uhr, So von 11 bis 13 Uhr.

Freilichtmuseum Veselý Kopec, täglich außer Mo, von Mai bis August von 10 bis 16 Uhr, April, September und Oktober 10 bis 15 Uhr.

Hlinsko v Čechách

Das Museumsdorf Hlinsko-Betlém und die Stadt Hlinsko liegen eng beieinander, so daß der Besucher anfangs kaum den Museumscharakter bemerkt.

Von der Kirche fährt man Richtung Svratka, rechts hinter der Brücke ist ein kleiner Parkplatz. Am Ufer des Flüßchens Chrudimka steht ein gutes Dutzend Blockhäuser, größtenteils mit Holzschindeln gedeckt. Einige Gebäude werden

Freilichtmuseum ›Auf dem lustigen Hügel‹ bei Hlinsko

als Galerie, Museum, Gasthaus oder Teestube genutzt. Das Gasthaus Hospoda u Sv. Huberta ist nach historischem Vorbild neu erbaut. Hier gibt es freitags und samstags frische Forellen, auf zehn verschiedene Arten zubereitet.

Stadtinformation Hlinsko, Husova 41, 53901 Hlinsko, Tel./Fax 469 31 23 49, ic.hlinsko@worldonline.cz.

Pension Hospoda u Sv. Huberta, Tel. 469 31 17 70, Fax 469 31 34 05. Täglich ab 11 Uhr geöffnet.

Teestube Čajovná u modré chaloupce, Nr. 361, von Di bis So von 14 bis 22 Uhr geöffnet.

Museum Betlém, von Januar bis März, von Di bis Fr von 9 bis 12 und von 13 bis 16 Uhr, Sa von 9 bis 12 Uhr, im April und von Oktober bis Dezember von 9 bis 12 und von 13 bis 16 Uhr, von Mai bis September von Di bis So von 8 bis 12 und von 13 bis 17 Uhr.

Polička

Das Städtchen Polička, zehn Kilometer südlich von Litomyšl gelegen, besitzt eine sehr gut erhaltene Stadtbefestigung. Sie ist 1220 Meter lang und mit 19 Basteien verstärkt. Die Pestsäule am Markt gehört zu den schönsten ihrer Art in Böhmen, und im barocken Rathaus ist eine Kunstgalerie zu besichtigen.

Stadtinformation Polička, Palackého nám. 160, Tel. 461 72 38 00, www.policka-mesto.cz.

Pension, Gasthaus und Café Šenk nožíře Dobroty, Na Bídě 15, Tel. 461 72 44 17, senk.dobrota@seznam.cz; in drei kleinen Häuschen direkt an der Stadtmauer, zusammen mit den Türmen der Basteien die schönste Ansicht von Polička, Gasthaus täglich ab 11 Uhr.

Pension U Purkmistra, Riegrova 48, Tel. 461 72 23 10, www.upurkmistra.penzion.com; DZ 33 Euro; im ehemaligen historischen Wohnhaus des Bürgermeisters, neu rekonstruiert, schöner Innenhof, Pizzeria, Gartencafé.

Gasthaus Herešova krčma, Palackého nám. 56, Tel. 461 72 51 45, am Markt hinter dem Rathaus; verwinkeltes Gewölbe im Stil alter Ritterschenken, Kerzen spenden mattes Licht, Pilsner Urquell vom Faß, täglich ab 11 Uhr.

Die Gegend um Ostrau wuchs seit Mitte des 19. Jahrhunderts zu einem mährischen Ruhrgebiet und blieb es lange Zeit. Heute durchlebt die Region einen Strukturwandel.
Ins nördliche Mähren locken paradiesische Landschaften, so das Altvatergebirge und die Mährisch-Schlesischen Beskiden. In Städten wie Olomouc und Nový Jičín blieben die historischen Zentren bis heute bewahrt.

Nordmähren

Helfštýn

Burg Helfenstein (Hrad Helfštýn) ist die größte Burgruine Mährens. Einst besaß sie 40 Türme, Basteien, Rondelle und 15 Tore. Ihre sogenannte Dickwand ist angeblich das robusteste vollwandige Festungswerk, das jemals gebaut wurde.

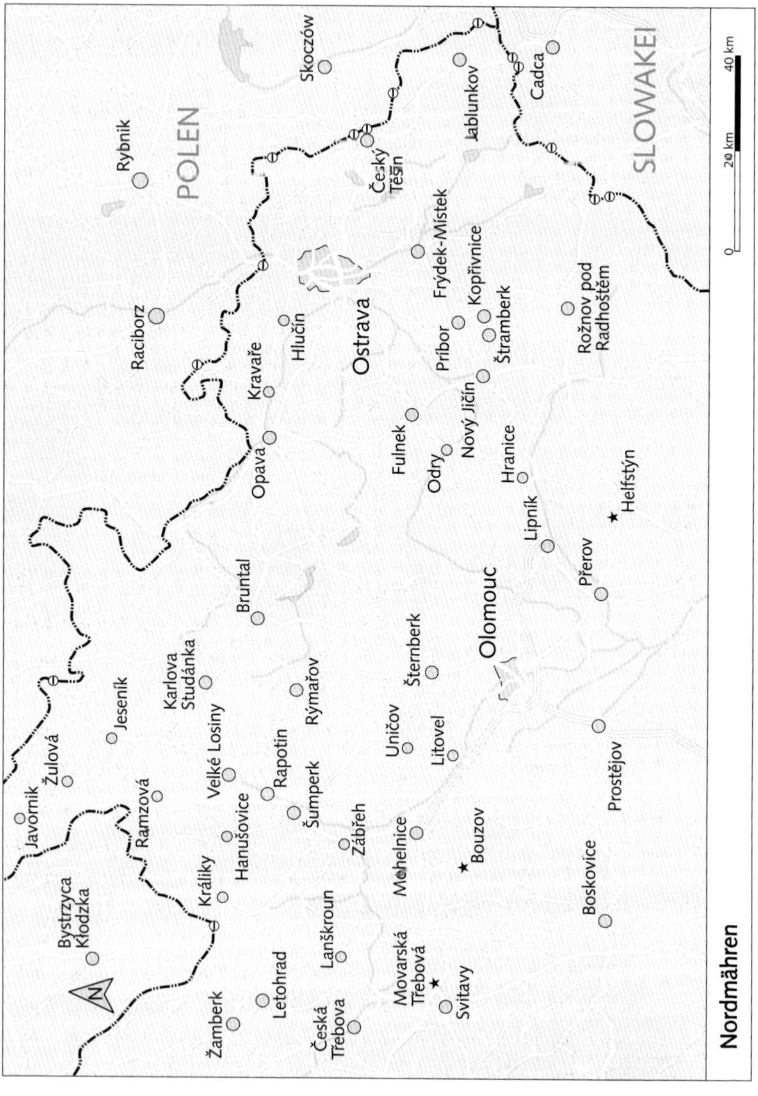

Als militärischer Stützpunkt für Aufständische war sie den Habsburgern ein Dorn im Auge, und 1656 veranlaßte die Wiener Militärverwaltung die teilweise Zerstörung. Die Mauern blieben jedoch fast vollständig erhalten.

Die Pferdeställe auf dem zweiten Burghof wurden zum Gasthof umgebaut. Im Sommer erleben die Besucher historische Fechtvorführungen, Theatervorstellungen und das traditionelle Schmiedetreffen ›Hefaiston‹.

Auf der Wiese vor der Burg wurde eine der größten mittelalterlichen Belagerungsmaschinen rekonstruiert, eine Steinschleuder. Sie ist 17,5 Meter hoch und kann Wurfgeschosse mit einem Gewicht von 80 bis 100 Kilogramm bis zu 200 Meter weit schleudern. Diese Geräte waren in Europa seit Ende des 13. Jahrhunderts weit verbreitet, bis sie von der Artillerie ersetzt wurden.

Die Burgruine liegt etwa 25 Kilometer östlich von Olomouc, nahe der Ortschaft Týn nad Bečvou und der Hauptstraße von Přerov nach Hranice.

Helfštýn, im März und November nur Sa, So und an Feiertagen von 9 bis 16 Uhr, im April und Oktober täglich außer Mo von 9 bis 16, im September bis 17, von Mai bis August bis 18 Uhr.

Olomouc

Als Bischofssitz wuchs Olmütz, das heutige Olomouc, zu einer herrlichen Stadt. Gleich nach Prag besitzt die Stadt an der March die meisten Baudenkmäler des Landes. Über die Grenzen des Landes hinaus sind die Olmützer Quargel berühmt. Quargel ist ein natürlich reifender Sauerkäse mit pappiger Oberschicht. Die Tradition ihrer Herstellung ist schon 600 Jahre alt.

Von 1187 bis 1642 war Olmütz die Hauptstadt Mährens, im 18. Jahrhundert wurden viele imposante Barockpaläste erbaut. 1886 begann der Abriß der Festungsanlagen, die sich als Hemmnis der Stadtentwicklung erwiesen hatten. Das gotische Rathaus auf dem Horní nám. (Oberring) war ursprünglich ein Kauf- und Stapelhof. Ein 75 Meter hoher Turm krönt das Gebäude. Im Inneren befinden sich die Hieronymus-Kapelle aus dem 16. Jahrhundert und der gotische Rittersaal. Besichtigung und Turmbesteigung sind im Rahmen von Führungen möglich, die in der Touristeninformation im Rathaus starten. Außen gefällt die große astronomische Uhr. Die erste Uhr aus dem 15. Jahrhundert wurde im Mai 1945 zerstört. Das jetzige Erscheinungsbild im Stil des sozialistischen Realismus stammt aus dem Jahre 1955. Die gelbe Farbe symbolisiert den Reichtum der

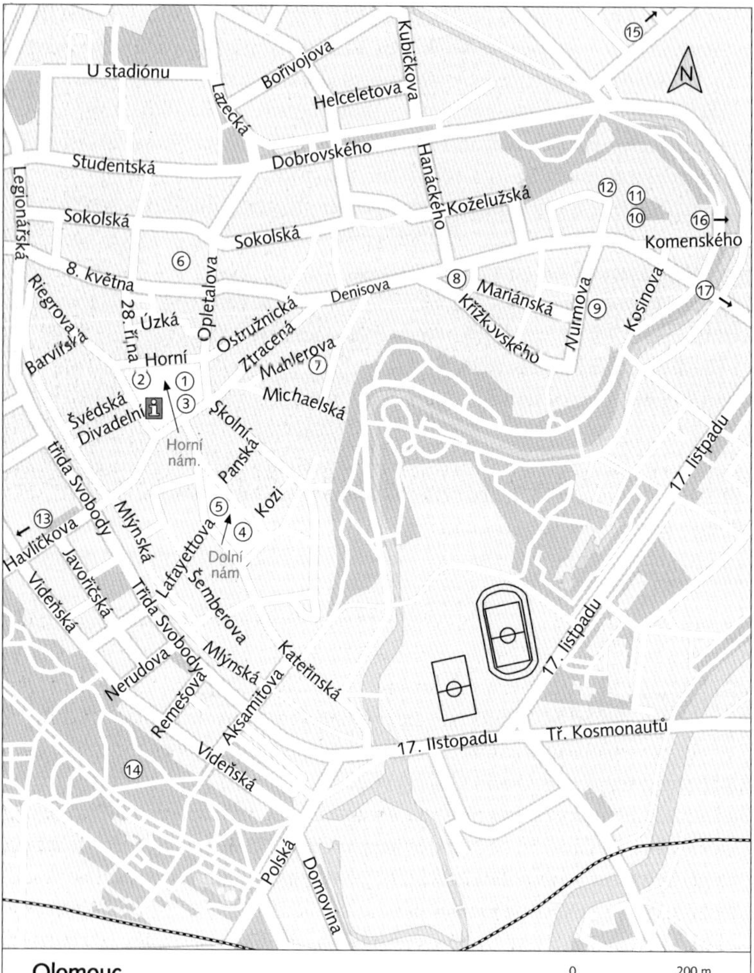

Olomouc

Legende

1 Rathaus
2 Dreifaltigkeitssäule
3 Arionbrunnen
4 Niederring
5 Hauenschildhaus
6 St. Moritzkirche
7 St. Sarkanderkapelle
8 Platz der Republik
9 Erzbischöfliches Palais
10 St. Wenzelsdom
11 Relikte des Bichofspalastes
12 Domkapiteldechanei
13 Tschechischer Park
14 Smetana-Park

Modern präsentiert sich der Arion-Brunnen

fruchtbaren Hannaebene. Zwölf kleine Figuren stellen die zwölf Monate, zwei Mosaikwandbilder, ein Schlosser und ein Chemiker die handwerkliche und die intellektuelle Arbeit dar. Einmal am Tag, um 12 Uhr mittags klingt aus dem Uhrwerk eine mährische Volksweise, dazu dreht sich die Arbeiterklasse im Kreis. Das Glockenspiel endet mit dem Erscheinen eines Hahns – doch Flügelschlagen und Krähen wirken kläglich.

Die Dreifaltigkeitssäule auf dem Oberring nimmt eine besondere Stellung in der europäischen Bildhauerei und Architektur des Barockstils in der ersten Hälfte des 18. Jahrhunderts ein. Der Olmützer Steinmetz Wenzel Render entwarf dieses architektonische Juwel. 1716 begann er mit der Arbeit und opferte für sein Werk sogar sein Privatvermögen. Mit 34 Metern Höhe ist die Säule die größte ihrer Art in Mitteleuropa. Das Monumentalwerk wurde als eine großartige Bildhauergalerie mit vielen Sandsteinplastiken angelegt. In der Säule befindet sich eine Kapelle.

An der Spitze prangt die vergoldete Plastik der Dreifaltigkeit. Im Jahre 2001 wurde die Säule in die Weltkulturerbeliste der UNESCO aufgenommen.

Zur Barockausschmückung der Stadt gehören auch die sechs Brunnen. Ein siebter wurde erst 2002 erbaut, obwohl er bereits im 18. und 19. Jahrhundert

15 Weg zum Kloster Hradisch
16 Heiliger Berg
17 Hauptbahnhof

Die Dreifaltigkeitssäule ist ein Meisterwerk

geplant war. Der Arion-Brunnen auf dem Oberring sollte einst als Gleichnis für den Aufschwung der Stadt Olmütz nach dem Dreißigjährigen Krieg gelten: In der antiken Sage wird der griechische Dichter Arion bei der Heimreise über See von Piraten überfallen. Um dem sicheren Tod zu entgehen, springt er ins Meer und wird auf wundersame Weise von einem Delphin gerettet. Die moderne Ausführung des Arion-Brunnens (Arionova kašna) übernahm der gebürtige Olmützer Ivan Theimer. Der Künstler lebt heute in Paris und hat unter anderem auch einen Obelisk für den Elyseé-Palast entworfen. Sein Charakteristikum ist die Schildkröte, die gleichsam zum neuen Brunnenelement wurde. Auch der rettende Delphin ist in vielerlei Abwandlungen zu sehen. Gleichzeitig als Wasserspielplatz konzipiert, ist der neue Brunnen ein Lieblingsplatz für Kinder und deren Eltern. Herkulesbrunnen und Cäsarbrunnen am Oberring stammen aus dem 17. Jahrhundert.

Südöstlich vom Rathaus liegt der Dolní nám. (Niederring). Hier stehen Neptun- und Jupiterbrunnen sowie eine Mariensäule. Die schönste Hausfassade besitzt das Hauenschildhaus mit einem prächtigen Erker und üppig verziertem Renaissanceportal (Nummer 27/38).

In Rathausnähe steht die von außen völlig schmucklose St. Moritzkirche. Ihr Inneres ist barock gestaltet und beeindruckt mit dem Klang einer der weltgrößten Barockorgeln. Sie besitzt 10 400 Pfeifen, zwei Organisten können gleichzeitig darauf spielen. Alljährlich Ende August/Anfang September werden hier Orgelkonzerte veranstaltet. Der Kirchturm ist zugänglich.

Ein noch relativ neuer Sakralbau ist die St. Sarkanderkapelle in der Straße Malerova (Mahlerstraße). Sie wurde von 1909 bis 1912 am Standort des abgerissenen Stadtgefängnisses errichtet, in dem die Protestanten den katholischen Pfarrer Johann Sarkander zu Tode gefoltert (1576–1620) hatten. 1995 wurde er von Papst Johannes Paul II. heilig gesprochen, seitdem ist er neben Kyrillos und Methodius der dritte Heilige Mährens.

Auf dem nám. Republiky (Platz der Republik) ist im einstigen Klarissinnenkloster das Städtische Museum beheimatet. Es zeigt ethnografische und archäologische Sammlungen. Daneben steht das Kunstmuseum mit Sammlungen italienischer Malerei vom 14. bis 18. Jahrhundert und niederländischer Malerei des 16. bis 18. Jahrhunderts, die jeweils im Wechsel gezeigt werden. Auf dem Platz plätschert das Wasser im Tritonen-Brunnen aus dem Jahre 1708. Den südwestlichen Teil beherrscht die barocke Maria-Schnee-Kirche (1712–1719) mit ausgezeichneter Akustik im Inneren. Im Sommer werden samstags öfters Orgelkonzerte geboten.

Am Biskupské nám. (Bischofsplatz) mit der angrenzenden Straße Wurmova (Wurmgasse) stehen drei Paläste. Der Gebäudekomplex mit großem Innenhof diente einst als Theresianisches Zeughaus und ist ein Musterbeispiel für rein militärische Architektur. Heute sind hier unter anderem das Informationszentrum der Palackého-Universität und das Restaurant Zbrojnice untergebracht. Das Erz-

Im Smetana-Park

bischöfliche Konsistorium (Arcibiskupství Olomoucké) besitzt die schönste Fassade der Stadt. Hier arbeitet die Verwaltungsbehörde des Bistums. Das Erzbischöfliche Palais (Arcibiskupský palác) wurde zwischen 1664 und 1674 erbaut, die Hauptfassade mit Türmchen, Uhr und Statue des Hl. Wenzel 1906 neu gestaltet. Im Treppenaufgang steht ein Gipsmodell der Heiligen Kyrillos und Methodius. Der Erzbischof wollte damit zeigen, das sich die Olmützer Bischöfe als Nachfolger der Nationalheiligen begreifen. Erstmals sind auf diesem Modell wahrheitsgetreu Kyrillos als Mönch und Methodius als Bischof dargestellt – zuvor waren sie beide als Bischöfe gezeigt und verehrt worden. Im Thronsaal verzichtete 1848 der österreichische Kaiser Ferdinand V. der Gütige zu Gunsten seines Neffen, des 18jährigen Franz Joseph I., auf den Thron. Der rote Empfangssaal wurde im Stil des Rokoko eingerichtet, hier steht auch der geschichtsträchtige Thron.

Am Vaclavské nám. (Wenzelsplatz), auf einem Hügel über der March, steht der St.-Wenzels-Dom. Gebaut 1131, war er ursprünglich eine romanische Basilika, heute präsentiert er sich neugotisch. Der höchste der drei Türme ist 100 Meter hoch. Das Innen ist durch die bunten Bleiglasfenster und das prächtig verzierte Chorgestühl geprägt. Im Dom ruhen auch die sterblichen Überreste von Johann Sarkander. Das Reliquiar befindet sich unter seinem Abbild, einer Holzstatue.

Der Eingang zum romanischen Bischofspalast auf der ehemaligen Přemyslidenburg befindet sich links vom Domeingang an der St. Annakapelle. Die Architekturrelikte aus der zweiten Hälfte des 11. Jahrhunderts zählen zu den wichtigsten hochromanischen Wohnbauten in Mitteleuropa. Die Kostbarkeiten waren lange verborgen, denn bereits im 14. Jahrhundert wurde der romanische Kreuzgang abgerissen und an seiner Stelle ein gotischer Kreuzgang gebaut. Durch diesen Umbau wurde der romanische Palast größtenteils zerstört, nur Nord- und Westwand blieben erhalten, wurden aber den Blicken entzogen. 1867 kam der Zufall zu Hilfe. Das Dach war undicht, und bei der Reparatur entdeckte man neun romanische Rundbogenfenster mit herrlich verzierten Säulenkapitellen. Die romanische Kunst ist heute im ersten Stock zu bewundern.

Dem gotischen Kreuzgang wurden St. Annakapelle und die Kapelle des Hl. Johannes des Täufers angebaut. In letzterer befindet sich heute die Sammlung von romanischen Fragmenten aus dem St. Wenzels-Dom und dem Palast. Ursprünglich diente die Kapelle als Domkapitelbibliothek, woran einige Inschriften erinnern. Im 16. Jahrhundert wurde sie mit Wandgemälden ausgeschmückt, wovon nur noch Fragmente erhalten blieben.

An der Nordseite des Wenzelsplatzes stand einst eine Fürstenburg, in der im Jahr 1303 der letzte Přemyslide, König Wenzel III., ermordet wurde. Auf deren Mauern wurde die Domkapiteldechanei errichtet. Vom Oktober bis Dezember 1767 war hier die Familie Mozart zu Gast, und der erst 11jährige Wolfgang Amadeus komponierte die 6. Sinfonie in F-Dur. Eine Mozart-Gedenktafel befindet sich an der Mauer gegenüber vom Domeingang. Gegenwärtig werden die Gebäude rekonstruiert. Man plant, hier ein neues künstlerisches Zentrum zu eröffnen, mit einer Ausstellung der Kunstschätze des Erzbistums, Kino und Kulturzentrum.

Im Westen, Süden und Osten werden Alt- und Neustadt von ausgedehnten Parks abgegrenzt, mit deren Anlage nach dem Schleifen der Festungsanlagen begonnen wurde. Dazu gehören Čechovy sady (Tschechischer Park) und Smetanovy sady (Smetana-Park) mit mehreren Ausstellungshallen und Tropenhaus aus dem Jahre 1927. Olomouc ist alle zwei Jahre im August (gerade Jahre) Austragungsort der Blumenausstellung Flora Olomouc. Im Smetana-Park wurden die Baumkronen einer über 700 Meter langen Allee mit Kastanien und Linden so verschnitten, daß sie wie eine riesige Hecke wirken.

Nordöstlich der Altstadt, nahe dem Marchufer, strahlt die weiße Barockfassade des ehemaligen Prämonstratenserklosters Hradisch (Hradisko), einst das größte Europas. Heute dient es als Militärkrankenhaus. Der Innenhof darf besichtigt werden. Die Doppeltürme der Wallfahrtskirche Mariä Heimsuchung stehen auf dem Svatý Kopeček (Heiliger Berg) und sind weithin zu sehen. Während seines Besuches 1995 erklärte Papst Johannes Paul II. die Kirche zur Basilika Minor.

Postleitzahl: 77127. Informationszentrum der Stadt Olomouc, Horní nám., im Rathaus, Tel. 585 51 33 85, Fax 585 22 08 43, infocentrum@olomouc-tourism.cz, www.olomouc-tourism.cz. Hier verkauft man auch die ›Olomouc Card‹, die zahlreiche Rabatte ermöglicht, so freie Nutzung der Öffentlichen Verkehrsmittel, Museumseintritt, Ermäßigung in Hotels und Restaurants.

Hotel Gemo, Pavelčákova 22, Tel. 585 22 21 15, Fax 585 23 17 30. Restaurant, Café und Weinstube in einem historischen Gebäude nahe des Oberrings; DZ 92 bis 111 Euro.
Hotel Arigone, Univerzitní 20, Tel. 585 23 23 51, Fax 585 23 23 50, http://arigone.web.tiscali.cz. Kleines hübsches Hotel nahe der Sarkanderkapelle, wenige Gehminuten vom Oberring entfernt, alle Zimmer sind gemütlich mit Stilmöbeln eingerichtet; DZ 65 Euro.
Hotel Lafayette, Alšova 8, Tel. 585 54 364 07, Fax 5855 43 66 00. Familienhotel, fünf Fußminuten von der Altstadt entfernt, stilvolles Restaurant; DZ 77 bis 83 Euro.
Hotel U dómu, Domská 4, Tel. 585 22 05 02, Fax 585 22 05 01. Kleines Hotel nahe dem Dom; DZ 60 Euro.
Hostel Betánie, Wurmova 5, Tel. 58 55 50 03 30. Jugendherberge in der Altstadt nahe des Erzbischöflichen Palais, mit Café; pro Person 10 Euro.
Hotel und Restaurant Prachárna,

Křelovská 90, Tel. 585 41 12 71, Fax 585 41 12 81, www.hotel-pracharna.cz. Am Stadtrand an der Straße Richtung Litovel, Sauna, Tennisplätze, Mountainbikeverleih, Restaurant steht separat an der Straße; DZ 50 bis 77 Euro.

Hotel Hanácký Dvůr, Selské nám. 56, Tel. und Fax 585 31 40 65. Ruhiges Familienhotel am Svatý Kopeček (Heiliger Berg), etwa 10 km von der Altstadt entfernt; DZ 50 Euro.

Moravská restaurace, Horní nám. 23. Am Oberring, mit Freiluftplätzen, rustikale Einrichtung, mährische Spezialitäten zu gehobenen Preisen, Pilsner Urquell vom Faß, Do ab 18 Uhr Livemusik, von Mo bis So von 11.30 bis 23 Uhr, die Weinstube nebenan von Mo bis Fr von 18 bis 2 Uhr.

Krčma Pod limpou, Dolní nám. 43. In einem originalen gotischen Keller, gute Küche, nettes Personal, Faßbier Bernhard, von Mo bis Sa von 11 bis 1, So von 11 bis 24 Uhr.

Restaurant Podkova, Ecke ul. Pekární/ul. Koželužská. In den Befestigungsanlagen, mit Galerie und Sommerterrasse, täglich von 11 bis 23 Uhr.

Café Mahler, Horní nám. 11. Traditionsreiches Haus im Stil der 1920er Jahre, Blick auf Cäsarbrunnen und Rathaus, Freiluftplätze, Kaffeespezialität ist der ›Kaffee Mahler‹, von Mo bis Sa von 8 bis 22 Uhr, So von 10 bis 21 Uhr.

Kavárna Kráska dne, Panská 8. Das Café ist ein Treff junger Leute, berühmt ist die heiße Schokolade, Mosaike schlängeln sich auf dem Fußboden, täglich von 9.30 bis 20 Uhr.

Přemyslidenpalast, von Mai bis September von Di bis So von 9 bis 12 und von 13 bis 17 Uhr.

Kunstmuseum, Denisova 47, von Di bis So von 10 bis 18 Uhr, Mi Eintritt frei.

Landeskundemuseum, nám. Republiky 5, von Mai bis September von Di bis So von 9 bis 18 Uhr, von Oktober bis April von Mi bis So von 10 bis 17 Uhr.

Rathausturm, Führungen von Mo bis So um 11, 12.30, 15 und 17 Uhr.

Kirchturm der St. Moritz-Kirche, Mo bis Sa von 9.15 bis 11.45 Uhr und von 12.30 bis 16 Uhr.

Ausstellungsgelände Flora, Wolkerova 17, von April bis September Di bis So von 9.30 bis 18 Uhr, von Oktober bis März von Di bis So von 9 bis 16 Uhr, www.flora-ol.cz.

Tierpark Svatý Kopeček, von Mai bis September täglich von 8 bis 19 Uhr, im April und Oktober von 8 bis 17 Uhr, von November bis März nur Sa, So von 8 bis 16 Uhr.

Jazz Tibet Club, Sokolská 48, täglich von 14 bis 2 Uhr. Livemusik, im ehemaligen Salzkontor.

Crack-Iris-Pub, Mlýnská 2, Mo bis Mi von 11 bis 1, Fr von 11 bis 2, Sa von 16 bis 2, So von 16 bis 1 Uhr. In der ehemaligen Befestigungsanlage.

Bouzov

Die Burg Bouzov (Busau) liegt abseits der modernen Verkehrwege inmitten einer bewaldeten Hügellandschaft, etwa 25 Kilometer nordwestlich von Olomouc.

Schon seit Anfang des 17. Jahrhunderts verlor sie ihre Verteidigungsfunktion und diente nurmehr als Residenz. 1696 erwarb sie der Deutsche Ritterorden einschließlich weiterer Gebiete Nordmährens. Von 1895 bis 1919 wurde die Burg als Zeremonien- und Residenzschloß sowie Museum des Deutschen Ritterordens umgebaut. Der Großmeister des Ordens, Erzherzog Eugen von Habsburg, scheute keine Kosten, um die historische Glaubwürdigkeit zu erhalten; zudem sollten die Mauern auch ein bequemes Wohnen ermöglichen. Als Architekt für den großzügigen Umbau gewann der Orden einen Stararchitekten seiner Zeit, Ritter Georg von Hauberrisser. Zu seinen Hauptwerken zählt das Neue Rathaus in München. Er verstand es ausgezeichnet, Gotik- und Renaissancestil, Altes und Neues auf behutsame und harmonische Art miteinander zu verbinden. Die Burg Busau wandelte sich zur idealen mittelalterlichen Feste.

Im Jahr 1939 enteigneten die Nationalsozialisten den Orden. Adolf Hitler schenkte das Domizil Heinrich Himmler, der es zu einem Stützpunkt der SS einrichtete. Die Mauern wurden weder zerstört noch nach dem Krieg geplündert, so daß beinahe alles erhalten blieb.

Es werden fünf verschiedene Besichtigungstrassen angeboten, die Führung auf der klassischen Route dauert 60 Minuten. Hinter mittelalterlicher Fassade fand beim Umbau moderner Komfort Platz: Elektrischer Aufzug für die Speisen aus der Burgküche mit einem Sprachrohr sowie zeitgemäße Wasserklosetts. In den Räumen des Hochmeisters ist die Gemäldesammlung des Hochmeisters Eugen zu besichtigen.

Im Rittersaal fand die Zeremonie des Ritterschlagens statt. An einer Wand prangen die Wappen aller ehemaligen Burgbesitzer. Die gewölbte Holzdecke symbolisiert den Tag- und Nachthimmel, in der Mitte sieht man die Sonne, die einzelnen Nägel stellen die Sterne dar. Im Kapitel- und Sitzungssaal ist die Holzdecke fast einen Meter tief, hier hängt auch der größte Lüster der Burg mit 48 Kerzen und einer kleinen Statue des Hl. Georg mit dem Drachen. Unter dem kunstvoll geschnitzten Baldachin saß einst der Hochmeister.

In der Burgkapelle der Hl. Elisabeth steht ein kleiner gotischer Flügelaltar aus dem 15. Jahrhundert. Vier Grabsteine von Ordenshochmeistern an den Wänden stammen aus den Jahren 1395 bis 1515 und wurden aus der Ordensburg Horneck am Neckar hierher gebracht.

In der Waffenkammer im Gotischen Saal sind Kreuzschilder aus dem 13. bis 15. Jahrhundert, Hinrichtungsschwert, Hellebarden und Schießscheiben zu sehen. Der Burgbrunnen mit kunstvollem Schmiedeeisengitter wurde erst 1904 erbaut.

Im Burgturm befinden sich Gefängnis und Hungerkammer, Gerichtszimmer, Bierstube, das heutige Gips- und Kachelmuseum sowie eine Turmwächterstube. Turm, Grafikkabinett und Burgküche werden nur auf dem großen Rundgang besichtigt.

Ein Dienerkämmerchen auf Burg Bouzov

Residenz und Museum des Deutschen Ritterordens: Burg Bouzov

Hotel U Cimbury, Nám., Tel. 585 34 64 91, Fax 585 34 62 82. Kleines Hotel unterhalb der Burg Busau mit Gasthaus; Freiluftplätze, Faßbier Litovel; DZ 20 Euro.

Burg, geöffnet im Januar und März nur Sa, So von 10 bis 14 Uhr, im April Sa, So und an Feiertagen von 9 bis 15 Uhr, von Mai bis September täglich außer Mo von 9 bis 16 Uhr, Oktober Sa, So und an Feiertagen von 9 bis 16 Uhr, im November und Dezember Sa, So und Feiertagen von 10 bis 14 Uhr, www.hrad-bouzov.cz.

Svitavy

Die Stadt Svitavy (Zwittau) liegt auf der Böhmisch-Mährischen Höhe und wurde erst Mitte der 1990er Jahre durch den Steven-Spielberg-Kinofilm ›Schindlers Liste‹ bekannter. Denn Oskar Schindler wurde 1908 in Zwittau geboren, und sein ungewöhnliches Leben ist eng mit dem Ort verbunden.

Schindler war ein Lebemann, Mitglied der NSDAP und arbeitete für die deutsche Abwehr. Wegen seiner Spionagetätigkeit wurde er im Zwittauer Hotel Ungar, dem jetzigen Hotel Slavia, verhaftet und in Brünn verurteilt. Nach der Besetzung des Landes durch die Deutschen kam er wieder auf freien Fuß und ging 1939 nach Krakau. Der Unternehmer beschäftigte in seiner Deutschen Emailwarenfabrik in Krakau vor allem Juden aus dem Getto. Im März 1943 wurde das Krakauer Getto aufgelöst. Mit Schmuck und Geld gelang es Schindler, die KZ-Leitung zu bestechen, damit weiterhin ›seine‹ Juden bei ihm arbeiten konnten. Das funktionierte nur für einige Wochen, dann verbot die KZ-Leitung das tägliche Pendeln der Arbeiter zwischen dem Lager und der Fabrik. Schindler sah nur den Ausweg, ein eigenes Arbeitslager aufzubauen. Wieder bestach er die Funktionäre und hatte Erfolg. Mehrmals wurde er als Judenfreund denunziert und von der Gestapo abgeholt, immer halfen ihm befreundete Offiziere aus der Klemme. Die bedrohliche Lage spitzte sich 1944 zu, als die Ostfront näher rückte und das KZ Krakau-Plaszow aufgelöst wurde. Schindler beschloß, seine Fabrik ins relativ sichere Sudetenland zu verlegen. Innerhalb weniger Stunden schrieb Schindlers Buchhalter Izak Stern aus dem Gedächtnis die berühmte ›Schindlerliste‹, auf der die Namen von 1200 Juden standen. Mit Gold und Edelsteinen kaufte er die Menschen frei und erhielt die Genehmigung für die Fabrikübersiedlung nach Brünnlitz (heute Brněnec) bei Zwittau. ›Seine‹ Juden halfen ihm kurze Zeit später bei der Flucht vor der Roten Armee in die amerikanische Militärzone.

Bis 1958 lebte Schindler in Argentinien, dann kam er zurück nach Deutschland. 1966, erst 21 Jahre nach Kriegsende, wurde er mit dem Bundesverdienstkreuz geehrt, 1974 verstarb Schindler in Hildesheim. Sein Grab befindet sich auf dem Zionsberg in Jerusalem. Der Staat Israel hatte ihn im Dezember 1963 als ›Gerechten der Nationen‹ geehrt – eine sehr selten vergebene Auszeichnung.

Ein Denkmal des verdienstvollen Deutschen steht im Park gegenüber dem Geburtshaus in der ul. Poličská 24. Die zweisprachige Inschrift lautet: ›Oskar Schindler – Dem unvergessenen Lebensretter 1200 verfolgter Juden‹. Eine Ausstellung zu seinem bewegten Leben befindet sich im Stadtmuseum.

Infozentrum der Stadt Svitavy, nám. Míru 48, 56802 Svitavy, Tel. 461 53 43 00, Fax 461 53 22 57, info@svitavy.cz.

Hotel Fontana, U Stadionu 6, Tel. 461 53 05 04. Kleines historisches Haus in der Stadt; DZ 53 bis 70 Euro.

Hotel Schindlerův háj, Tel. 461 53 33 64, Fax 461 53 33 53. Kleines modernes Hotel, etwa einen Kilometer vom Stadtzentrum an der Straße Richtung Litomyšl/ Hradec Králové gelegen, Restaurant, Sauna; DZ 46 bis 63 Euro.

Pension No 10, T. G. Masaryka 10, Tel. 461 53 45 07, Fax 461 53 45 09; DZ 33 bis 47 Euro; mit Pizzeria.

Letohrad

An die Ausläufer des Adlergebirges (Orlické hory) schmiegt sich das Städtchen Letohrad. Im Stadtmuseum wird neben Volkstrachten auch ein Schlitten ausgestellt, auf dem Kaiser Napoleon unterwegs war. Im privaten Handwerksmuseum sind auf über 700 Quadratmetern Ausstellungsfläche 40 kleine Werkstätten nachgestaltet.

Mit der Stadt sind auch bedeutende Persönlichkeiten verbunden, wie die ehemalige US-Außenministerin Madeleine Albright, deren Großeltern und Vater hier geboren wurden. Auch der weltberühmte Jugendstilmaler Alfons Mucha wirkte in Letohrad. Einige seiner Bilder sind im Stadtmuseum zu sehen.

Informationszentrum der Stadt Letohrad, Václavské nám. 77, 56151 Letohrad, Tel./Fax 465 62 20 92, info@letohrad.cz, www.mu.letohrad.cz.

Hotel Na zámku, Václavské nám. 1, Tel. 465 62 19 80. Hotel mit Restaurant im Schloß; DZ 20 Euro.

Stadtmuseum, Václavské nám. 77, von Mitte Juni bis Mitte September von Di bis Fr von 8.30 bis 17 Uhr, Sa, So von 9 bis 15.30 Uhr, außerhalb der Saison von Di bis Fr von 9 bis 16 Uhr, Sa von 9 bis 12 Uhr.

Handwerksmuseum im Neuhof (Nový dvůr), von Mai bis August täglich von 9 bis 17 Uhr, September bis April Mo bis Fr 9 bis 17 Uhr; mit Stilrestaurant, Weinkeller und Terrassenplätzen mit Schloßblick.

Velké Losiny

Der kleine Luftkurort Velké Losiny (Groß Ullersdorf) mit warmen Schwefelquellen liegt etwa sieben Kilometer nordöstlich von Šumperk. Das Renaissanceschloß aus dem 16. Jahrhundert blieb von Umbauten oder Zerstörungen verschont und zeigt sich beinahe im Originalzustand. Vom barocken Zeitgeist künden der schöne Arkadenhof und die Schloßkapelle. Der Rittersaal ist einer der wertvollen Renaissanceräume des Landes. Der Kachelofen mit Majolika-Kacheln (1589), die Zierotin-Familiengalerie, Gobelins und Waffen gehören zum herausragenden Interieur. Das schmiedeeiserne Schloßtor mit nachgebildeten Flammen erinnert an eine düstere Epoche: Über hundert Menschen wurden von 1678 bis 1693 nach Hexenprozessen auf dem Scheiterhaufen verbrannt.

Eine Papiermühle steht an der Hauptstraße von Šumperk nach Jeseník. Bereits seit dem 16. Jahrhundert wird hier handgeschöpftes Papier hergestellt. Des exklusiven Gutes bedient sich auch die tschechische Regierung, auf Ullersdorfer Papier wurden schon viele Staatsverträge unterzeichnet. In der angeschlossenen Verkaufsstelle wird eine große Auswahl handgeschöpften Papiers angeboten, es ist ein begehrtes Sammelobjekt.

Informationszentrum, Lázeňská 240, 78815 Velké Losiny, Tel. 583 39 42 02, Fax 583 39 42 52.

Hotel Žerotín, Rude armady 333, Tel. 583 21 38 49; DZ 28 Euro.

Hotel Diana, Tel. 583 24 85 05, Fax 583 24 85 05. Großes Neubauhotel; DZ 42 bis 50 Euro.

Schloß, im April und September Sa und So von 9 bis 12 und von 13 bis 16 Uhr, von Mai bis August täglich außer Mo von 8 bis 12 und von 13 bis 17 Uhr. Papiermühle, April bis September, Di bis So 9 bis 17 Uhr (August und September auch Mo 10 bis 14 Uhr), Oktober bis März Di bis Fr 9 bis 15, Sa und So bis 16 Uhr.

Ramzová

Das Dorf Ramzová (Ramsau) besitzt den kleinsten Schnellzughaltepunkt der Tschechischen Republik, es liegt an der Bahnstrecke Prag – Jeseník.

Ramzová ist vor allem ein günstiger Ausgangspunkt für Kammtouren im Altvatergebirge. Für 40 Kilometer Kammweg sollte man sich mindestens zwei Tage Zeit nehmen. Direkt gegenüber dem Bahnhaltepunkt und nahe dem Sessellift bietet die Pension Samt Unterkunft und Verpflegung an, so daß man von hier frühzeitig in die Berge gelangen kann. Bequem ist das Schweben mit dem Sessellift auf den Berg Šerák (Hochschar). Auf 1353 Meter Höhe steht das Georgschutzhaus (Chata Jiřího). Immer entlang des rot markierten Hauptweges ist von dort der nächste Gipfel schnell erreicht. Der Keprník (Köpernik) bietet einen Panoramablick in alle Himmelsrichtungen, der Vřesová Studánka (Haidebrünnel) mit Bergkapelle war einst ein Wallfahrtsziel und ist 1946 durch Blitzschlag abgebrannt. Die kleine holzschindelgedeckte Kapelle steht unterhalb des Hauptweges. Hier tritt Quellwasser zutage, dem eine wundersame Wirkung zugeschrieben wird.

Rasten oder Übernachten ist am Červenohorské sedlo (Rotenbergsattel) möglich. Das Hotel Orea und mehrere Ferienheime stehen hier zur Auswahl. Im Winter kommen viele Abfahrtsläufer an die Pisten an diesen Berg. Über den Sattel windet sich die serpentinenreiche Straße, die Šumperk mit Jeseník verbindet. Im Notfall kann man hier die Tour abbrechen und mit einem Linienbus in eine der beiden Städte gelangen. Etwa sechs Kilometer sind es vom Rotenbergsattel bis zur Švýcárna (Altvater-Schweizerei). Die Baude stammt aus dem Jahre 1887. Falls es hier mit

Winterstimmung am Altvatergipfel

der Unterkunft nicht klappt, stehen auch unterhalb des Praděd (Altvater) noch zwei Hotels zur Verfügung, das Sporthotel Kurzovní oder das Hotel Barborka.

Bei gutem Wetter lohnt der Aufstieg zum Gipfel des Praděd (Altvater). Eine grandiose Sicht bietet sich bei klarer Luft vom höchsten Berg des Altvatergebirges (1492 Meter). Hier befinden sich auch Fernsehturm und Bergrestaurant. Der Lift bringt die Besucher schnell hinauf zur Aussichtsplattform.

Vom Sporthotel Kurzovní verläuft der Weg angenehm noch ein Stück auf gleicher Höhenlage. Erst in Richtung Vysoká hole (Hohe Heide) führt der Pfad steil bergan. Der bald darauf östlich der Hochebene abfallende Velká kotlina (Große Kessel) ist ein Naturschutzgebiet der Superlative und wohl einmalig in Europa. Etwa 350 verschiedene, zumeist sehr seltene Pflanzen haben hier ein Refugium gefunden. Am Jelení studánka (Hirschbrünnel) wechselt man auf den grün markierten Pfad, der weiterhin dem Kamm folgt. Erst an den Verlorenen Steinen (Ztracené skály) endet der aussichtsreiche Weg, und es geht nun fünf Kilometer zum Teil steil bergab. Am Gasthaus Motorest Na Skřítku (Berggeist) kann man auf den Bus nach Šumperk warten, wo man umsteigt und wieder zum Ausgangspunkt Ramzová gelangt.

Unterkunft am Ramsauer Sattel (Ramzovské sedlo)
Pension Samt, Tel. 583 23 00 62, Fax 583 23 00 87. Mit gutem Restaurant.
Chata Ramzovské sedlo, Tel. 583 23 00 78, www.ramzova.cz.

▸ Unterkunft in den Bergen
Georgschutzhaus auf dem Hochschar (Horská chata Jiřího na Šeráku), Tel. 584 41 18 21.
Berghotel Červenohorské sedlo am Rotenbergsattel, Tel. 583 29 51 01, Fax 583 29 51 06.
Berghotel Orea am Rotenbergsattel (Červenohorské sedlo), Tel./ Fax 583 23 50 86.
Švýcárna (Altvaterschweizerei), Tel. 554 77 90 18. Gasthaus täglich von 9 bis 17 Uhr.
Sporthotel Kurzovní, Tel. 554 77 90 03, Fax 554 77 90 14.
Hotel und Restaurant Praděd, Tel. 554 77 90 17, www.praded.com. Fernsehturmgebäude auf dem Altvatergipfel; Übernachtung pro Person 10 bis 15 Euro.
Berghotel Schäferei (Ovčárna pod Pradědem), Tel. 554 77 90 07. Großes Berghotel mit Restaurant, im Winter Skihang mit Schlepplift direkt vor der Haustür, Haltestelle Pendelbus von Karlova Studánka.
Hotel und Pension Figura, Tel. 554 77 90 23, Fax 554 77 90 25. Kleineres Haus nahe der Schäferei; DZ 10 bis 60 Euro.
Horská chata Alfrédka, Tel. 554 21 23 43, www.alfredka.cz.

Sessellift Ramzová von 8.30 bis 16 Uhr.

Jeseník

Die Stadt Jeseník (Freiwaldau) liegt am Fuße des Altvatergebirges. Das fürstbischöfliche Wasserschloß geht auf eine Burg aus dem 13. Jahrhundert zurück, heute findet man hier das Stadtmuseum. Seinen früheren Weltruhm verdankt der Freiwaldauer Stadtteil Gräfenberg (Lázně Jeseník) dem Naturarzt Vinzenz Prießnitz (1799–1851). Der Sohn eines Bauern verlebte hier eine schwere Kindheit. Bei einem Unfall quetschte er sich die Rippen, der herbeigeeilte Arzt hielt die Verletzungen für tödlich. Der Kranke gab die Hoffnung aber nicht auf. Geduldig versorgte er die Wunden über ein Jahr mit Kaltwasserumschlägen und hatte Erfolg. Schnell verbreitete sich die Nachricht und die ersten Hilfesuchenden wandten sich an Prießnitz. Aus seinen Erfahrungen entwickelte der ›Wasserdoktor‹ eine Kaltwassertherapie. Ärzte aus der Umgebung sahen seine Arbeit jedoch mit Unbehagen. Der Pfuscherei für schuldig befunden, mußte er sich 1821 einem Gerichtsverfahren stellen. Er wurde zu einer Gefängnisstrafe verurteilt, hatte aber bereits so viele dankbare Patienten und einflußreiche Gönner um sich geschart, daß ihn die Obrigkeit freisprechen mußte. 1826 eröffnete Prießnitz auf dem Gräfenberg einen regelmäßigen Kurbetrieb. Im wesentlichen bestand die Kur aus langen kalten Bädern, Wassertrinken, anstrengenden Bergwanderungen und Arbeiten wie Holzsägen, Feldarbeit oder Schneeschippen: Schon im 19. Jahrhundert litt die wohlhabende Oberschicht aus Bequemlichkeit und Langeweile an den heute all-

Aussichtsturm auf der Goldkoppe bei Jeseník

seits bekannten Zivilisationskrankheiten. Mit seinem strengen Kurregime konnte Prießnitz den Lebenswandel manches Zeitgenossen zum Besseren verändern, und der Kurort wurde sehr populär. Später ließen dankbare Patienten für den verstorbenen Arzt und seine Frau ein Mausoleum mit einer Kapelle der Jungfrau Maria errichten und sie hier gemeinsam bestatten.

Dem Gründer des Kurbetriebes sind viele Denkmäler in der Stadt und ihrer Umgebung gewidmet. Ein Zeitgenosse von Prießnitz, Johann Schroth, eröffnete im westlichen Vorort Bad Lindenwiese (heute Lipová-Lázně) ebenfalls den Kurbetrieb.

Noch immer gilt, was ein tschechischer Professor Anfang der 1980er Jahre feststellte: ›Wenn die bezaubernde Landschaft und die natürliche Wasserkur mit vorzüglicher Physiotherapie und komfortabler Unterkunft verknüpft werden, sind viele Krankheiten bald geheilt.‹

Die Prießnitz Heil- und Kurbäder AG befindet sich an den Hängen der Reichensteiner Berge (Rychlebské hory), etwa zwei Kilometer vom Stadtzentrum entfernt in einer Höhe von 620 Metern.

Stadtinformation, Masarykovo nám. 1/167, 79027 Jeseník, Tel. 584 49 81 55, Fax 584 40 12 79, mic@mujes.cz, www.info-jesenik.cz.

Kurhaus Prießnitz (Lázeňský dům Priessnitz), Priessnitzova 912, Tel. 584 49 11 11, Fax 584 49 13 65, www.priessnitz.cz. Unterkunft auch ohne Heilbehandlung, Luxusappartement, Stadtbuslinie pendelt vom Busbahnhof Jeseník ins Kurzentrum; DZ 46 Euro.

Pension Schlesisches Haus (Slezský dům), Lipovská 630, Tel. 584 41 37 04, Fax 584 41 37 04, www.slezskydum.cz. 1994 erbaut, liegt ruhig am Waldrand wie eine alpenländische Familienpension, Restaurant; DZ 20 bis 33 Euro.

Pension Ariston, Lipovská 447, Tel. 584 41 20 80. Neu erbaut, ruhig gelegen; DZ 23 Euro.

Karlova Studánka

Karlova Studánka (Karlsbrunn) ist der höchstgelegene Kurort der Sudeten, der bis 1938 zur Herrschaft Freudenthal des Deutschen Ritterordens gehörte. 1780 ließ der Hoch- und Deutschmeister Erzherzog Maximilian das säuerliche Quellwasser untersuchen, und schon 1781 war das erste Kurhaus im Bau. Zum Andenken an den Deutschmeister Erzherzog Karl bekam der entstehende Kurort später seinen

Für Karlova Studánka sind die Kurhäuser in Blockbauweise charakteristisch

Namen. Bis heute blieben hier viele Kurhäuser in Blockbauweise aus dem 19. Jahrhundert erhalten, auch ein hölzerner Musikpavillon und der hübsche Trinkpavillon mit wohlschmeckendem Quellwasser. Ein Stück oberhalb steht die hölzerne Kapelle des Heiligen Hubertus mit einem sehenswerten Gestühl aus Wurzelwerk. Karlsbrunn galt einst als ›Perle der schlesischen Badeorte‹, heute rühmt sich der Kurort, die reinste Luft im Land zu besitzen.

Ein blau markierter Wanderweg führt in abenteuerlicher Weise entlang mehrerer Wasserfälle der Bílá Opava (Weißen Oppa) zum Altvater. Drei Stunden Gehzeit sind für den Aufstieg einzuplanen.

Von Karlova Studánka führt auch eine Straße hinauf zum Altvater. Bis zum Berghotel Schäferei (Ovčárna pod Pradědem) verkehrt mehrmals täglich ein Pendelbus ab dem Hotel Hvězda (zwischen 8 und 16 Uhr stündlich), PKW können gegen eine Gebühr von 6 bis 12 Euro (je nach Saison) bis zur Schäferei fahren.

Touristisches Informationszentrum, 79324 Karlova Studánka, Tel. 554 77 20 04, Fax 554 77 20 13, www.jesenicky-praded.cz.

Hotel Džbán, Tel. 554 77 20 14, Fax 554 77 20 13; DZ 33 Euro; mit Restaurant.

Kurbad, Tel. 554 79 82 62, Fax 554 77 20 26, www.k.studanka.cz.

Opava

Die Stadt Opava (Troppau an der Oppa) liegt nahe der polnischen Grenze am gleichnamigen Fluß. 1742 ging der Großteil Schlesiens an Preußen verloren. Troppau war fortan Hauptstadt, bis 1918 von Österreichisch-Schlesien, bis 1928 von Mährisch-Schlesien. 1945 tobten im Stadtzentrum schwere Kämpfe, ein Großteil des historischen Zentrums fiel während der vierwöchigen Belagerungszeit in Schutt und Asche.

Auf dem Horní nám. (Oberring) steht das Rathaus von 1618 mit dem Stadtturm (Hláska), der über 70 Meter in die Höhe ragt. Am Dolní nám. (Niederring) befindet sich das Gebäude des ehemaligen Jesuitenkollegs, einst Sitzungsstätte des Schlesischen Landtags.

Seit dem 15. Jahrhundert war das ehemalige Minoritenkloster ein Versammlungsort der Ständevertretung. Im Jahre 1820 fand hier der Troppauer Kongreß statt. In der Kirche des Heiligen Geistes, der Klosterkirche aus dem 13. Jahrhundert, sind viele Herzöge bestattet.

Am Platz der Republik zählen das ehemalige Kaufhaus Breda Weinstein (1927/28), dessen Schöpfer sich von amerikanischen Neubauten inspirieren ließen, sowie das Hotel Koruna zur bemerkenswerten Architektur des 20. Jahrhunderts.

In einem Neorenaissance-Kuppelbau vom Ende des 19. Jahrhunderts ist das Schlesische Landesmuseum beheimatet. Schon seit 1814 wurden kunstgewerbliche und naturkundliche Sammlungen der Region in einem Österreichisch-Schlesischen Provinzialmuseum ausgestellt. Im Park ist der mächtigste Findling des Landes zu sehen. Kostbare mittelalterliche Wandmalereien zieren die gotische Heiligkreuzkapelle im nordwestlichen Vorort Kateřinky (Katharein).

Schlesisches Museum, Komenského ul., von Di bis So von 9 bis 12 Uhr und von 13 bis 16 Uhr.

Ostrava

Die explosionsartige Entwicklung des Ortes begann, als 1763 die ausgedehnten Steinkohlefelder entdeckt wurden. Spottete man zunächst über Ostrau als ›Wiener Kohlebahnhof‹, war ›Schwarz-Kalifornien‹ wenige Jahre später das pulsierende Zentrum des Großindustriellen Rothschild. Schon 1830 war der erste Hochofen in Betrieb gegangen, die ›Witkowitzer Eisenwerke‹ wuchsen alsbald zum größten Hüttenbetrieb der Habsburger Monarchie. Nach Ende des Zweiten Weltkriegs folgten die Wirtschaftsstrategen der sozialistischen Planwirtschaft der von Stalin propagierten ›Tonnenideologie‹ blindlings: Die Schwer- und Chemieindustrie galt als wirtschaftliches Rückgrat beim sozialistischen Aufbau, ihr Ausbau wurde – gerade auch auf Kosten der Umwelt – rücksichtslos vorangetrieben.

1994 endete die Epoche des Steinkohleabbaus. Seitdem bemüht sich Ostrava (Ostrau), mit 320 000 Einwohnern die drittgrößte Stadt des Landes, um ein neues Image als Kultur-, Sport- und Handelszentrum.

Das interessanteste moderne Gebäude ist das Puppentheater (Divadlo loutek) in der ul. Pivovarská. Es wurde im Jahr 1999 eröffnet, besitzt einen ovalen Grundriß und ähnelt einer riesigen Schnecke. Die Vordachsäulen wurden durch fantasievolle Holzfiguren verkleidet: Kasperl, König und Königin, Engel und Teufel. Über der Eintrittshalle wölbt sich der Sternenhimmel mit vielen Märchengestalten.

Im Alten Rathaus auf dem Masarykovo nám. (Masaryk-Platz) ist seit 1931 das örtliche Stadtmuseum beheimatet, hier ist auch die berühmte Venus von Landek ausgestellt. Alte Jugendstilhäuser säumen den nahen Jiráskovo nám. (Hühnermarkt).

Vom Anfang des 20. Jahrhunderts bis in die dreißiger Jahre erlebte die wirtschaftliche Entwicklung ihre höchste Blüte. Der Zustrom von Kapital ermöglichte den Umbau der gesamten Innenstadt und setzte Architekturmaßstäbe für die Moderne. Das Schuhhaus Bat'a und das Warenhaus Prior (1931) am Masarykplatz entstanden im Stil des Funktionalismus. Das Warenhaus Prior Horník, einst Warenhaus Bachner, entstand 1933 nach Entwürfen des Berliner Architekten Erich Mendelsohn. Angesehene Architekten lieferten auch die Plane für das Neue Rathaus (Nová radnice) am Prokešovo náměstí. Anfang der dreißiger Jahre entstand hier der bis heute größte Rathauskomplex des Landes. Statt eines traditionellen Glockenturms erhielt das Rathaus einen 85 Meter hohen und modernen ›Leuchtturm‹ aus Beton, Glas und Metall. Besucher fahren mit dem Aufzug in 72 Meter Höhe – von der Aussichtsgalerie liegt dem Betrachter die Stadt und ihre Umgebung zu Füßen.

Im Stadtteil Vítkovice (Witkowitz), in den Straßen Místecká und Ruská, sind zahlreiche Relikte des alten Industrieerbes aus dem 19. Jahrhundert erhalten: Kokerei, Hochöfen, altes Stahlwerk und Schmiede. Die zahlreichen Backsteinbauten symbolisieren Wiener Industriearchitektur.

Im nördlichen Stadtteil Petřkovice erhebt sich über dem Zusammenfluß von Oder und Ostravice der Landek. Der bewaldete Hügel ist ein bedeutender archäologischer Fundort, Steinkohleflöze reichen hier bis an die Erdoberfläche. Schon vor 30 000 Jahren ließen sich hier Mammutjäger nieder. Sie nutzten die Steinkohle für ihre Feuerstätten, sehr wahrscheinlich hier weltweit zum ersten Male. An Ort und Stelle fand man 1953 unter einem Mammutbackenzahn auch die ›Venus von Landek‹, den Torso einer Frauengestalt.

Im Jahr 1829 nahm am Hügel Landek eine Steinkohlengrube ihren Förderbetrieb auf. Später kaufte dann Baron Rothschild die Lagerstätte und taufte sie in Grube ›Anselm‹. Hier befindet sich heute ein Bergbaumuseum (Hornické muzeum). Eine ständige Schau dokumentiert die urzeitliche Besiedlung des Hügels sowie die Entwicklung des Bergbaus bis in die Neuzeit. Auch ein Stollen ist zugänglich.

Im Stadtteil Hrabová ist die holzschindelverkleidete St. Katharinen-Kirche aus dem 13. Jahrhundert sehenswert.

Informationszentrum der Stadt Ostrava, Nádražní 7, 70200 Ostrava, Tel. 596 11 45 79, Tel. und Fax 596 12 39 13, mic@ostravainfo.cz, www.ostravainfo.cz.

Hotel Savoy, Macharova 16, Tel. 596 13 40 90, Fax 596 13 41 00, www.hotelsavoy.cz. Angenehmes Stilhotel nahe Hauptbahnhof und Stadtzentrum mit Restaurant; DZ 36 Euro.
Gasthaus Moravská Chalupa, Musorgského 9, Tel. 596 12 49 37. Mährische Spezialitäten.
Brauerei Ostravar (Pivovar Ostravar), Hornopolní 57, Tel. 596 65 02 51; Brauereirundgang von Mo bis Do von 9 bis 15 Uhr (nur nach Anmeldung), von April bis August Do ohne Anmeldung um 15.30 Uhr, von September bis März Mi ohne Anmeldung um 15.30 Uhr. Rundgang, Bierverkostung, Brauereimuseum im alten Sudhaus.

Stadtmuseum, Masarykovo nám. 1, von Mo bis Fr von 9 bis 17 Uhr, Sa, So von 9 bis 13 Uhr, während der Schulferien am So geschlossen.
Aussichtsturm des Neuen Rathauses, Prokešovo nám. 8, geöffnet von April bis Oktober von Mo bis Sa von 10 bis 19 Uhr, von November bis März von Mo bis Sa von 10 bis 17 Uhr.
Bergbaumuseum OKD, Ostrava-Petřkovice, Di bis So 9 bis 18 Uhr.
Grube Michal, Ostrava-Michálkovice, Čs. armády 95, Di bis So 9 bis 16 Uhr, April und Oktober nur Sa und So.

Puppentheater, Pivovarská 15, Tel. 596 11 48 84.
Zoo (Zoologická zahrada), Michálkovická 197, von April bis August täglich von 8 bis 19 Uhr, sonst bis zum Einbruch der Dunkelheit.

Im Stadtteil Poruba befindet sich das größte Naturschwimmbad Mitteleuropas.

Kopřivnice

1850 begann Ignaz Schustala im damaligen Nesselsdorf mit dem Bau von Pferdekutschen. Begeistert vom Automobil Benz Victoria, wurde hier später ein ähnliches Automobil gefertigt, das den Namen ›Präsident‹ erhielt. Nach 1918 kam der Markenname ›Tatra‹ ins Gespräch, obwohl die Fabrik von den Beskiden umgeben ist. 1923 entwarf der österreichische Ingenieur Hans Ledwinka hier einen tschechischen Volkswagen, den T 11. Die Karosserie war technisch so ausgereift, daß sie auf dem Stuttgarter Autosalon 1924 prämiert wurde. Im Laufe der Jahrzehnte wurden außer PKW auch Sport- und Rennwagen sowie LKW produziert. Ab 1970 machte sich die Autoschmiede mit dem Bau von Luxuslimousinen einen Namen. Heute rollen LKW der Marke Tatra vom Band.

Im Tatra-Museum sind neben etwa 70 Fahrzeugen auch Modelle, Karosseriestudien sowie Rennpokale ausgestellt. Im Obergeschoß gedenkt man des berühmten Sohnes der Stadt, des Langstreckenläufers Emil Zátopek (1922–2000). Das Museum ist im Sommer täglich von 9 bis 17 Uhr geöffnet, ansonsten wird eine Stunde früher geschlossen.

In die nähere Umgebung locken vor allem zwei Ziele, Hukvaldy und Příbor. In der Burg Hukvaldy residierten einst die Olmützer Bischöfe. Bestandteil der Burgruine ist der ehemalige Burgwildpark, heute ein weitläufiges Freigehege für Dam- und Muffelwild. 1854 erblickte in der Gemeinde Hukvaldy der Genius der tschechischen Musik, Leoš Janáček, das Licht der Welt. Das Sommerfestival klassischer Musik ›Hukvaldy von Janáček‹ erfreut sich großen Zuspruchs.

Příbor (Freiberg) ist die Geburtsstadt von Sigmund Freud (1856–1939). Sein Geburtshaus in der Schulstraße (ul. Zamecká) blieb erhalten, am Rathaus steht auch ein Freud-Denkmal, und dem Begründer der Psychoanalyse ist im Stadtmuseum eine kleine Ausstellung gewidmet. Geöffnet von Di bis Do von 8 bis 12 und von 13 bis 16 Uhr, So von 9 bis 12 Uhr.

Štramberk

Im Bergstädtchen Štramberk (Stramberg) blieben viele Blockhäuser im mährisch-walachischen Stil erhalten. Zum Teil mehrgeschossig, stehen sie auf einem hohen Natursteinsockel. Vom ansteigenden Marktplatz hat man einen herrlichen Blick auf die Relikte einer Burg. Das Stramberger Rohr (Štramberská trúba) ist der am besten erhaltene Teil der gotischen Feste aus dem 14. Jahrhundert.

In den Gassen unter der Burg und auf dem Markt riecht es nach Pfefferkuchen, denn in vielen Häusern werden sie produziert und an jeder Ecke feilgeboten. Die

Auf dem Markt in Štramberk

›Stramberger Ohren‹ (Štramberské uši) sind mit frischer Schlagsahne und Obst gefüllte Lebkuchen. Diese Tradition reicht bis zum Tatareneinfall 1241 zurück. Die Einwohner flüchteten auf den Berg Kotouč. In der Nacht vor Christi Himmelfahrt kamen den Eingeschlossenen starke Gewitter zu Hilfe. Teiche auf dem Plateau füllten sich mit Regenwasser, und die Bedrängten durchbrachen die Dämme. Die Fluten ergossen sich in die Lagerstätten der Tataren, viele von ihnen ertranken. Die ›Lebkuchenohren‹ sollen daran erinnern, daß die Tataren den getöteten Christen einst die Ohren abschnitten und sie ihrem Sultan schickten.

Unterhalb vom Markt befindet sich im Gebäude der Touristeninformation das Zdeněk-Burian-Museum. Der Maler und Illustrator ist weltweit ein Begriff, im deutschsprachigen Raum kennt man vor allem seine Illustrationen in Karl-May-Büchern. Berühmt wurden auch seine realistischen Bilder der Urzeit, die Galerien in vielen Ländern schmücken. Burian wurde durch archäologische Funde vor seiner Haustür inspiriert. In der nahen Höhle Šipka (jeskyně Šipka) fand man zwischen 1879 bis 1883 Skelettreste eines Neandertalers und Spuren menschlicher Besiedlung aus der Zeit des Mittel- und Spätpaläolith, die heute im Stadtmuseum am Markt zu besichtigen sind. Die Fundstellen mit der Šipka-Höhle am Fuße des Kotouč wurden zu einem Nationalgarten (Národní sad) gestaltet.

Informationszentrum der Stadt Štramberk, nám. 456, 74266 Štramberk, Tel. 556 85 22 40, Fax 556 81 20 85, mic@stramberk.cz, www.stramberk.cz.

Hotel Šipka, nám. 37, Tel. 556 85 21 81, Fax 556 85 21 84. Am Markt unterhalb vom Burgturm in einem historischen Bürgerhaus, Sauna, Restaurant und Freiluftplätze; DZ 32 bis 40 Euro.

Hotel Gong, Zauliční 140, Tel. 556 85 29 00, Fax 556 85 23 30, www.hotel-gong.cz. Komfortables Haus mit Sauna und Pool, Restaurant mit walachischer Stube, Faßbier Radegast, ca. 10 Fußminuten vom Marktplatz; DZ 53 Euro.

Burg Štramberk: im April von Di bis So von 9 bis 17 Uhr, von Mai bis September Mo bis So 9 bis 18 Uhr, von Oktober bis März Fr bis So von 9 bis 17 Uhr. Burian-Museum, nám. 456, Di bis So 9 bis 12 und 12.30 bis 17 Uhr.

Stadtmuseum (Okresní vlastivědné muzeum), von Mai bis Oktober von Di bis So von 9 bis 12 und von 13 bis 17 Uhr.

Nový Jičín

›Neutitschein hat zwar keine großen Bauten, die schon von weitem Wanderer locken würden. Doch sobald du die Stadtschwelle überschreitest, atmest du die besondere Atmosphäre auf. Alles ist hier hergerichtet und strahlt eine harmonische Ordnung aus.‹ So hat es im 19. Jahrhundert ein Zeitgenosse zu Papier gebracht, so zeigt sich die Altstadt von Nový Jičín (Neutitschein) noch heute – ruhig und beschaulich. Die Alte Post aus dem Jahre 1563 mit der zweistöckigen Loggia ist das wertvollste Gebäude, es gilt als das schönste Renaissancehaus in Tschechien. Parterre lädt heute ein chinesisches Restaurant ein, im zweiten Stock befindet sich das Café Lesewurm mit einigen Freiluftplätzen in der Loggia und Blick auf den Markt.

Auch das Haus ›Zum weißen Engel‹ gefällt mit seiner stuckverzierten Rokokofassade, die aber erst 1913 aufgetragen wurde. Neben der Pestsäule steht das Wahrzeichen der Stadt: Der Kuhländer Bauernbrunnen (1929) ist das Werk von Franz Barwig d. Ä. Das lustig tanzende Paar trägt die deutsche Kuhländertracht, deshalb war die Brunnenplastik in den Augen mancher Nationalisten lange umstritten. Doch mittlerweile gehört sie zum unverzichtbaren Schmuck des Marktes. Unter dem Tanzpaar speien drei Kuhköpfe und ein Schweinskopf erfrischendes Brunnenwasser aus. Der Name ›Kuhländchen‹ geht auf die Rinderzucht zurück. Auf der Weltausstellung 1873 wurde die Kuhländer Rinderrasse wegen ihrer sagenhaften Milchleistung ausgezeichnet.

Das tanzende Bauernpaar auf dem Marktbrunnen in Nový Jičín

Die Stadt wurde ab 1799 durch die Hutproduktion bekannt, im Jahre 1893 erhielt die Firma Hückel & Söhne gar den Titel des Kaiser- und Königlichen Hoflieferanten. Im Schloß zeigt man die Vielfalt aus der Geschichte und Gegenwart der Hutherstellung. Am Eingang zur Ausstellung liegen Hüte zum Anprobieren aus, vor verschiedenen Kulissen kann man sich damit fotografieren lassen. In den Vitrinen werden typische Alltagssituationen mit Personen und ihren Hüten dargestellt: Eine Hochzeit in den 1920er Jahren, in einem Café in den dreißiger Jahren, einem Kino mit Süßwarenverkäuferin in den vierziger Jahren. Hinter Glas kann man die Hüte bekannter Tschechen bestaunen. Auch eine Hutmacherwerkstatt mit hölzernen Hutformen ist zu besichtigen. Die Hutfabrik Tonak setzt die lange Tradition in Nový Jičín erfolgreich fort. Die heimatkundlichen Ausstellungen im Schloß wechseln.

Stadtinformation Nový Jičín, U Žerotínského zámku (Am Zerotiner Schloß), Úzká 27/2106, 74101 Nový Jičín, Tel. 556 71 18 88, icentrum@novy-jicin.cz, www.novy-jicin.cz.

Hotel Praha, Lidická 6, Tel./Fax 556 70 12 29. Ehrwürdiges Haus im Jugendstil nahe von Marktplatz und Schloß; DZ von 26 bis 32 Euro.

Pension U Haitlů, Bernartice nad

Odrou. 206, Tel. 556710749. Urlaub auf dem Bauernhof in einem malerischen Dorf etwa 6 km von Nový Jičín entfernt, Busverbindung; pro Nacht und Bett 10 Euro.

Gasthaus Stará jizba (Alte Stube), ul. Října Nr. 14/117. Im ersten Stock mit Sommerterrasse, von Mo bis Fr von 10.30 bis 18 Uhr, Parterre befindet sich die Selbstbedienungsbar Jidelna U Kocourků.

Café und Restaurant Praha, Lidická 6. K. u. k.-Atmosphäre wie um 1900, Di bis So von 9 bis 22 Uhr.

Rožnov pod Radhoštěm

Eingebettet in die Mährisch-Schlesischen Beskiden und die Westiner Berge liegt das Städtchen Rožnov pod Radhoštěm (Rosenau am Radegast). 1820 wurde hier ein Kurort gegründet, der bis zum Ende der Habsburger Monarchie als zweites Meran galt. Der Karpatenwind bewirkt oft klares, sonniges Wetter und trockene Luft, die Berge halten die rauhen Nordwinde ab. Die harzreichen Fichten- und Buchenwälder reichern die Luft mit natürlichem Ozon an. Rožnov verlor in den 1950er Jahren den Kurortstatus wegen neu errichteter Industrie am Stadtrand. Heute stört die Atmosphäre je nach Windrichtung der Straßenlärm auf der E 442 Richtung Žilina in der Slowakei.

Auf dem Marktplatz ist es ruhig und freundlich, fast wähnt man sich an diesem Ort mit großen Nadelbäumen und Blumenkästen an einem schönen Sommertag am Mittelmeer. Viele Häuser besitzen moderne Fassaden. Ein Denkmal des Staatsgründers T. G. Masaryk und Statuen vom Hl. Nepomuk und dem Hl. Florian säumen den Platz.

Berühmt wurde Rožnov durch sein Walachisches Freilichtmuseum. In Mitteleuropa ist es das älteste und größte seiner Art. Die ersten Holzbauten wurden zwischen 1925 und 1928 vom Rosenauer Marktplatz in den ehemaligen Kurpark versetzt: Das Rathaus (1770), das stattliche Bürgerhaus der Familie Bill (1750) und das Vašek-Gasthaus (Anfang des 17. Jahrhunderts). Die Bauten waren der Grundstock für das heutige Hölzerne Städtchen.

Rund um die Holzkirche der Hl. Anna ruhen Persönlichkeiten der Walachei auf einem Ehrenfriedhof, darunter die Gründer des Museums. Ende 2000 wurde hier auch der weltbekannte Läufer Emil Zátopek bestattet, der 1922 im benachbarten Kopřivnice geboren wurde. Der prominenteste Sportmoderator der DDR, Heinz Florian Oertel, beschrieb den eigenwilligen Laufstil so: ›Im Jahr 1952, bei den Olympischen Spielen in Helsinki, durfte ich als Reporter seine Läufe zu olympischem Gold schildern. Der Lauf über 10 000 Meter war das erste, was ich von Emil Zápotek sah. Mir stockte der Atem. Der Mann stirbt, dachte ich, so

Im ›Hölzernen Städtchen‹ bei Rožnov pod Radhoštěm

kann ein Mensch nicht laufen! Mehr als 20 Runden waren noch zu bewältigen, und er schwankte bereits schnaufend hin und her, wackelte mit dem Kopf und keuchte. Er schien am Ende seiner Kräfte. Doch Irrtum. Das war sein Laufstil, das war Emil Zápotek. Wegen diesem Stil hatte man ihm den Spitznamen ›Lokomotive‹ verliehen. Wo Zápotek auch hinkam, er faszinierte Millionen von Menschen. Nach Paavo Nurmi, dem Finnen, war er der beste Langstreckenläufer aller Zeiten.‹

Im ehemaligen Rathaus der Stadt Rožnov befinden sich ein rekonstruierter Krämerladen und ein funktionierendes Postamt, noch immer stempelt das bezaubernde Fräulein von der Post Karten und Briefe.

Neben Vašeks Gasthaus steht das Gasthaus ›Zum letzten Groschen‹, eine Kopie des letzten gezimmerten Hauses, das bis 1970 auf dem Marktplatz stand. Beide Häuser sind in Betrieb. Auf der Freilichtbühne sind an Sonntagen oft Tanzgruppen in Trachten zu bewundern.

Auf der anderen Straßenseite liegt das Mühlental (Mlýnská dolina), das nur mit Führung zugänglich ist. Hier wurde das Ziel verfolgt, neben dem Alltag der Menschen auch das technische Geschick unserer Vorfahren zu bewahren. Die Wasserkraft treibt mehrere Anlagen an, dafür wurden eigens Teiche angelegt.

In der Tuchwalke schlagen zwei riesige Hämmer auf das Gewebe, bei der Vorführung wackelt das ganze Holzgebäude. Zwei Wasserzulaufkanäle aus Holz

Denkmal für die Slawenapostel Kyrill und Methodius auf dem Radhošť'

sorgen für den Antrieb der Mühle und des Sägewerkes. Die Wassermühle funktioniert wie eh und je. Das Innere der Mühle zeigt aber den harten Alltag. In der Müllerstube schliefen nur die Eltern in einem Bett, die Kinder mußten mit dem Ofen, den Bänken oder gar dem Fußboden vorlieb nehmen. Auf dem Tisch steht ein Kienspanhalter für die Beleuchtung. Für den Wechsel im Abstand von fünf bis zehn Minuten waren die Kinder zuständig. Im Sägewerk rattert eine Gattersäge. Da sie zum Antrieb einen kräftigen Schwall Wasser benötigt, wurden Baumstämme einst vor allem im Frühjahr zu Brettern verarbeitet. In der benachbarten Ölpresse wurde Öl aus Samen und Obstkernen gewonnen.

Der Eisenhammer besitzt drei Wasserräder. Ein Rad treibt das Gebläse an, das zweite den Hammer und das dritte den Schleifstein. Für Touristen werden Hufeisen in verschiedenen Größen angefertigt und vom Schmied persönlich verkauft.

Das Walachische Dorf (Valašská dědina) liegt oberhalb des Mühlentals und bleibt in der bewaldeten Hügellandschaft anfangs den Blicken verborgen. Viele Bauernhäuser, Ställe, Gärtchen, Schmiede, Glockentürmchen und eine Windmühle liegen weit verstreut, so daß ein getreues Abbild früheren dörflichen Lebens entsteht. Dieser Eindruck wird durch einige Museumsangestellte in walachischer Arbeitstracht und zahlreiche Haustiere noch verstärkt. Im ehemaligen Wohnhaus des reich begüterten Viehzüchters Jiří Štúrala, 1761 erbaut, ist heute das Gasthaus ›Hospoda U Štúralů‹ (Nummer 303) beheimatet. Es kommen viele walachische Speisen auf den Tisch, bei schönem Wetter wird auch draußen bedient.

Rožnov pod Radhoštěm ist ein idealer Ausgangspunkt für Wanderungen in die Beskiden und auf den Radhošť (Radegast). Am Campingplatz beim Ortsausgang führt ein rot markierter Weg nach links. Von hier bis zum Gipfel sind 6,5 Kilometer zu bewältigen, bis Pustevny mit Bushaltestelle etwa zwölf Kilometer. Am Erholungs- und Schulungszentrum Orbita geht es nach rechts in den Wald, jetzt immer mäßig bergan. Über einen Skihang erreicht man schließlich den Gipfel. Seit 1898 steht hier eine Holzkapelle, die den Nationalheiligen Kyrill und Methodius geweiht ist. Beide Glaubensapostel hatten im Jahr 863, aus Byzanz kommend, das Christentum in Mähren verbreitet. Die mit Holzschindeln verkleidete Kapelle wurde jüngst renoviert, ist aber nur am Wochenende von 10 bis 15.30 Uhr geöffnet. An der Kapelle steht ein Denkmal von Kyrill und Methodius. Alljährlich am 5. Juli, am Tag der Slawenapostel, findet eine Wallfahrt statt. Der Gipfel wirkt etwas trostlos, nahe der Kapelle stehen noch ein riesiger Sendemast und ein technisches Gebäude. Ganz in der Nähe lädt das Berghotel Radegast zur Rast ein.

Auf dem Kamm führt der Weg, häufig über loses Gestein, sanft auf und ab. Nach 2,5 Kilometern in Richtung Pustevny erreicht man die berühmte Radegast-Statue, ein Geschenk der in Amerika lebenden Tschechen aus dem Jahre 1931. Radegast ist der slawische Gott der Ernte und Fruchtbarkeit, der Sonne, des Krieges und des Sieges. Seine Kraft erkennt man an der Mimik des Gesichtes und des

Die Beskiden bei Pustevny

muskulösen Körpers, der eine starre und herrschsüchtige Haltung eingenommen hat. Doch Perun war damit wohl nicht ganz einverstanden. Der slawische Gott des Blitzes zeigte 1938, wer hier der Stärkere ist: Bei einem Gewitter schob er die über drei Meter hohe und zwei Tonnen schwere Statue seines Kollegen einfach vom Sockel. Inzwischen befindet sich das Original im Museum Frenštát pod Radhoštěm, und in den Bergen steht seit 1998 eine Kopie. Einen halben Kilometer vor dem Bergsattel Pustevny bietet ein Altan einen schönen Ausblick.

Auf der Lichtung Pustevny stehen zwei wundervolle Zeugnisse der Volksarchitektur, die Holzhäuser ›Libušín‹ und ›Maměnka‹. Beide sind das Werk des slowakischen Architekten Dušan Jurkovič. Ende des 19. Jahrhunderts entstanden die Häuser als Pensionen. Sie sind mit bunten Malereien, Schnitzereien und verspielten Details verziert. Libušín beherbergt ein Gasthaus und den Walachischen Saal, der von Mikoláš Aleš gestaltet wurde. ›Mamenka‹ wurde jüngst als Hotel wiedereröffnet.

Die Wanderung von Rožnov pod Radoštěm bis Pustevny dauert etwa vier Stunden. Der letzte Bus zurück fährt werktags um 15.55 Uhr, am Wochenende um 16.40 Uhr.

Informationszentrum der Stadt Rožnov pod Radhoštěm, Palackého 484, 75661 Rožnov pod Radhoštěm, Tel./Fax 571 65 51 96, www.roznov.cz, www.valasske-kralovstvi.cz, http://roznov.valassko.cz, http://ubytovani.valassko.cz.

Hotel Eroplan, Tel. 571 64 80 14, Fax 571 64 82 22. Komfortables Haus, leider direkt an der Europastraße gelegen, mit Restaurant, Dancing-Club, Schwimmbad liegt gegenüber; DZ 53 Euro, Apartment für zwei Personen 97 Euro, Bungalow für sechs Personen 40 Euro.

Pension Na výsluní, Lesní 462, Tel. 571 64 82 21, Fax 571 64 81 15. Ruhig am Waldrand gelegen, etwas verblichener Charme der 1960er Jahre, freundliches Personal, Bar mit Freiluftplätzen; DZ 22 Euro.

Hotel Tanečnica, am Pustevny-Sattel im Ortsteil Horní Bečva nahe der Volksarchitektur Maměnka und Libušín, Tel. 556 83 53 41, Fax 556 83 62 06, www.tanecnica.cz. Swimmingpool, Sauna, Fahrradverleih, Restaurant, Zufahrt mit PKW möglich; DZ von 23 bis 43, Apartment von 50 bis 90 Euro.

Motel ›Mamenka‹, Tel. 556 83 62 07, www.libusin-mamenka.cz.

Camping Rožnov, Horní Paseky 940, Tel. 571 64 80 02, Fax 571 64 80 01, www.camp.roznov.cz.

Griechisches Restaurant (Řecká restaurace) ›El Greco‹, Hradištko 285, www.elgreco.cz. Nahe dem Bekleidungsbetrieb Loana am Neubaugebiet, vom Markt etwa 10 Fußminuten über den Fluß Bečva und die E 442, gute Küche, Faßbier Radegast, Freiluftplätze.

Freilichtmuseum Rožnov p. R. (Valašské muzeum v přírodě), Holzstädtchen: von Mitte Mai bis Ende August von Mo bis So von 8 bis 18 Uhr, im September bis 17 Uhr, im Oktober von Di bis So von 9 bis 16 Uhr, im November geschlossen, im Dezember (außer Weihnachten) von Mo bis So von 9 bis 16 Uhr. Walachisches Dorf und Mühlental: von Ende April bis Ende September von Mo bis So von 9 bis 17 Uhr, jährlich veränderte Öffnungszeiten: www.vmp.cz/provoz.htm.

In der Sommersaison finden zahlreiche Programme statt, die dem Museumsgelände Leben einhauchen. So die Rosenauer Festtage, Auftritte von Tanz- und Gesangsgruppen, Schmiede-Vorführungen und der Walachische Jahrmarkt. Im Juli ist das Areal Austragungsort eines Folklorefestivals. Das Kulturprogramm steht im Internet unter www.vmp.cz.

Aquapark Frenštát pod Radhoštěm. Am Ortsausgang an der Straße Richtung Nový Jičín, vom 15. Mai bis 15. September täglich von 9 bis 19 Uhr.

Während der Süden mit oft heißen und trockenen Sommern an Südeuropa erinnert, ist das Klima auf der Böhmisch-Mährischen Höhe (Českomoravská vrchovina) völlig entgegengesetzt. Das Mittelgebirge erscheint als weite Hochfläche, über die einige wenige Gipfel hinausragen. Die Touristen besuchen vor allem Brno, den Mährischen Karst, die Gegend um Austerlitz und die Schlösser von Lednice und Valtice.

Südmähren

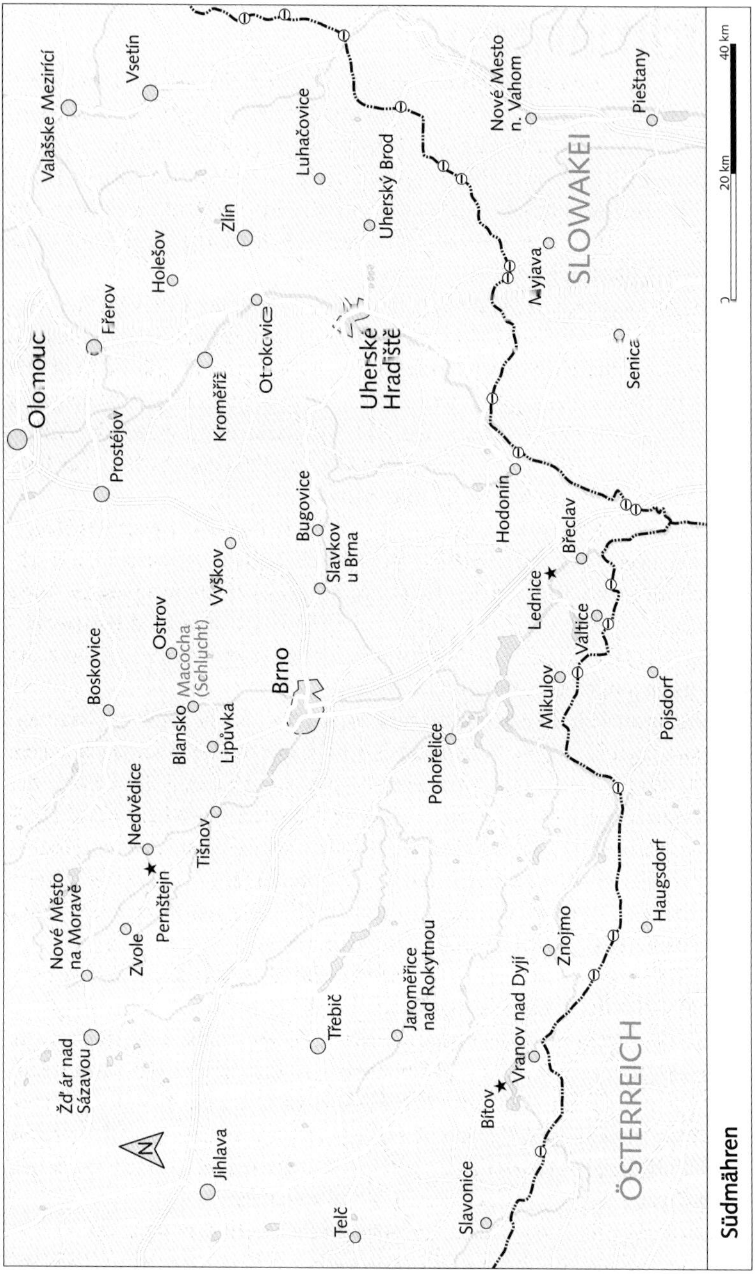
Südmähren
Jihlava
Telč
Žďár nad Sázavou
Nové Město na Moravě
Zvole
Pernštejn
Nedvědice
Tišnov
Boskovice
Blansko
Lipůvka
Ostrov
Macocha (Schlucht)
Brno
Vyškov
Slavkov u Brna
Bugovice
Prostějov
Olomouc
Přerov
Kroměříž
Holešov
Zlín
Valašske Mezirící
Vsetín
Luhačovice
Uherský Brod
Uherské Hradiště
Hodonín
Břeclav
Lednice
Valtice
Mikulov
Pohořelice
Třebíč
Jaroměřice nad Rokytnou
Znojmo
Vranov nad Dyjí
Bítov
Slavonice
Haugsdorf
Pojsdorf
Senica
Myjava
Nové Mesto n. Vahom
Piešťany
SLOWAKEI
ÖSTERREICH
20 km
40 km

Žd'ár nad Sázavou

Die Stadt Žd'ár nad Sázavou (Saar an der Sazau) liegt südlich des Saarer Berglandes (Žd'arské vrchy). Die Siedlung entstand im Einflußbereich eines Zisterzienserklosters, das in der Mitte des 13. Jahrhunderts gegründet wurde.

Das Haus Nummer 64 am Markt besitzt eine Jugendstilfassade, auf dem Relief ist Jan Hus auf dem Scheiterhaufen dargestellt. Über der Attika sieht man den gekrönten Löwen, der sich soeben von seinen Ketten befreit – ein Symbol der künftigen Freiheit Böhmens.

Das ehemalige Klosterareal liegt etwa drei Kilometer nördlich vom Stadtzentrum. Vom Markt führt ein schöner Wanderweg entlang des westlichen Stadtrands am Ufer des Flüßchens Sázava (Sazau) zu Kloster, Schloß und Grünem Berg. Der Weg ist fünf Kilometer lang und rot markiert. Kurz vor dem Ziel kommt man über eine Barockbrücke mit den Statuen von acht Heiligen in Lebensgröße, eine Miniatur der Prager Karlsbrücke. Über das Bauwerk von 1760 rauscht heute der laute Verkehr auf der Hauptstraße nach Chrudim.

Die Prälatur des Klosters ist ein Werk von G. Santini. Die Decke des Hauptsaales schmückt ein riesiges Fresko. Im Gebäude befindet sich heute ein Buch- und Schriftenmuseum mit alten Handschriften, ersten Handdruckpressen sowie einer Auswahl neuzeitlicher Bücher und Illustrationen. Neu ist die Dauerausstellung ›300 Jahre Klavier‹ mit einer Vielzahl historischer Tasteninstrumente. Sie ist im ersten Stock untergebracht.

Nach einem verheerenden Brand zum Anfang des 18. Jahrhunderts beauftragte der kunstsinnige Abt den berühmten G. Santini mit den Wiederaufbauarbeiten. Der Architekt verwirklichte das Ansinnen in einer seltenen Stilmischung, der Barockgotik. Nach Santinis Plänen wurden auch die Konventskirche Mariä Himmelfahrt, Pferdeställe, Brunnenkapelle und drei Kapellen am Unteren Friedhof um- oder neugebaut. Eine Ausstellung in den ehemaligen Pferdeställen erzählt vom Leben und Werk des Baumeisters. Ihm ist es zu verdanken, daß der Ort auf die Weltkulturerbeliste der UNESCO eingetragen wurde.

Die Mariensäule (1704) ist eine Arbeit von Matthias Wenzel Jäckel; im nahe gelegenen Uhrturm können Gäste stilvoll übernachten.

Am nahen Zelená hora (Grünberg) steht, von hohem Mischwald umgeben, die berühmte Johann-von-Nepomuk-Wallfahrtskirche. Das Meisterwerk von G. Santini entstand zwischen 1719 und 1722. 1719 wurde in Prag das Grab von Nepomuk geöffnet. Man erzählt sich, daß dessen schweigsame Zunge nicht verwest war. Der Abt des Klosters von Saar sah das als Zeichen Gottes an, und er beschloß, dem Heiligen ein unverwechselbares Denkmal zu setzen.

Nach der Überlieferung strahlte, als Johann von Nepomuk ertränkt wurde, eine Krone aus fünf Sternen über der Moldau. Aus diesem Grund wurde der Zahl fünf beim Kirchenbau eine übersinnliche Symbolik zugeordnet. Fünf Treppen führen zum Kirchlein, und fünf Pforten gewähren Einlaß; der Kirchengrundriß wurde in Form eines fünfzackigen Sterns gestaltet. Man zählt zudem fünf Altäre, fünf große und kleine Chorräume und 55 Fenster. Ein zehneckiger Kreuzgang mit zehn Kapellen und viele Gräber umschließen die Wallfahrtskirche eindrucksvoll.

Infozentrum Žd'ar nad Sázavou, nám. Republiky 24, 59101 Žd'ar nad Sázavou, Tel. 566 62 85 39, Fax 566 62 58 08, info@santini-tour.cz.
Infozentrum im Schloß Žd'ar nad Sázavou, Tel. 566 62 91 52, Fax 566 62 93 31, itc@zamekzdar.cz.

Hotel U Labutě, nám. Republiky 70, Tel. 566 62 29 49, Fax 566 62 66 47. Neu rekonstruiert, am Markt, mit Restaurant; DZ 24 Euro.
Hotel Tálský mlýn, Nr. 18, Tel. 566 62 55 01. In einer rekonstruierten Mühle, ruhig am Stadtrand gelegen, mit Restaurant; DZ 22 bis 42 Euro.

Camingplatz Pilská nádrž, Tel. 566 62 32 67; von Mai bis September, mit Bungalows.

Klostergasthof Táferna, Santiniho 38/4. Barockgebäude aus dem 18. Jahrhundert, vor der Straßenbrücke mit den Heiligenfiguren, täglich von 10 bis 22 Uhr; Teehalle im Schloß.
Radniční Restaurant, nám. Republiky 24, täglich von 11.30 bis 15.30 und von 17.30 bis 23 Uhr. Nettes und stilvolles Restaurant im Alten Rathaus am Markt.

Buchmuseum, Santini-Ausstellung und Wallfahrtskirche, von April bis Oktober von Di bis So von 9 bis 17 Uhr, November bis März nur nach Bestellung im Infozentrum des Schlosses.
Regionalmuseum, Tvrz 8, Di bis So 9 bis 12 und 12.30 bis 17 Uhr.

Nové Město na Moravě

Das Städtchen Nové Město na Moravě (Neustadt in Mähren), acht Kilometer östlich von Žd'ár nad Sázavou gelegen, ist ein Zentrum des Berg- und Wintersports und weist daneben einige Sehenswürdigkeiten auf. Dazu zählt die katholische Kirche, die 1928/29 von Karel Němec mit herrlichen Sgraffitos geschmückt wurde. Daneben gibt es ein Schloß, in dem sich die Hochlandgalerie mit Bildhauerarbeiten von O. Gutfreund und J. V. Myslbek sowie schönes Glas befindet, und das Alte Rathaus aus dem Jahre 1555, das das Stadtmuseum beherbergt. Es wartet mit einer Ausstellung zur Geschichte der Skifabrikation und des Skilaufens auf. Im Winter ist die Böhmisch-Mährische Höhe ein Wintersportparadies. Die schönsten Loipen werden in Rundkursen um das Skihotel gespurt, es werden häufig Wettkämpfe veranstaltet. Der bekannteste heißt ›Zlatá lyže‹ (Goldener Ski) und wird seit 1934 ausgetragen. Seit Anfang der achtziger Jahre zählt der ›Goldene Ski‹ zum festen Bestandteil des Weltpokals im Skilanglauf. Schöne Loipeneinstiege bieten sich auch von Rokytno, Studenice und Vlachovice an.

Im nördlichen Stadtteil Maršovice steht die Pension Maršovská rychta. Im historischen Gebäude befindet sich das beste Wirtshaus weit und breit. Allerdings kommen die hervorragenden ›Mährischen Spatzen‹ (Moravský vrabec), Schweinebraten mit Kraut und Knödeln, nur mittags auf den Tisch.

Der 836 Meter hohe Devět skal (Neunfelsen) ist ein eindrucksvoller Gneisfelsen. Der beste Ausgangspunkt für Wanderungen dorthin ist das kleine Dorf Milovy mit Hotel und Gasthaus.

Postleitzahl: 59231. Stadtinformation Nové Město na Moravě, Vratislavovo nám. 97, Tel. 566 65 02 54, Fax 566 61 72 02, ic@nmnm.cz.

Hotel Ski, Vlachovická 1000, Tel. 566 65 30 11. Modernes Haus mitten im Wald gelegen, Restaurant, direkt am Skistadion; DZ 51 Euro.
Hotel Pavla im Ortsteil Vlachovice, Tel. 566 61 92 45. Modernes Hotel, Restaurant, Badesee am Haus, nahe der Loipen, vier Kilometer zur Abfahrtspiste; DZ 18 bis 29 Euro.
Pension Maršovská Rychta, Nové Město na Moravě – Maršovice 1, Tel. 566 61 55 30. Historisches Gasthaus, hier gehen auch die Einheimischen essen; DZ 10 Euro.
Hotel Devět skal, Milovy 11, Tel. 566 58 55 41, Fax 566 58 54 44, www.orea.cz. Betonklotz in idyllischer und ruhiger Lage an einem Fischteich beim Waldesrand, Restaurant, reichhaltiges schwedisches Frühstück, Sauna, Mountainbike-Ausleihe; DZ 47 bis 57 Euro.
Pension Pegas, Stadtteil Tři Studně/Vlachovice, Tel./Fax 566 61 92 13, www.penzionpegas.cz. Unterkunft im Hauptgebäude und in sieben Hütten.
Pension U Martina, Tel. 566 61 89 66. Nette Pension, ca. 500 Meter hinter dem Ortsausgangsschild Rokytno an der Straße nach Sněžné gelegen, gemütliches Gasthaus täglich bis 22 Uhr.
Hostinec U Šlechtů in Milovy. Rustikal, gute Küche, kleine Preise, gegenüber dem Hotel Devět skal.

Hochlandgalerie (Horácké galerie), von Di bis So von 10 bis 17 Uhr.
Hochlandmuseum (Horácké muzeum), Vratislavovo nám. 114, von November bis April von Di bis Sa von 9 bis 16 Uhr, Mai bis Oktober von Di bis So von 9 bis 16 Uhr.

Pernštejn

Die Burg Pernstein (Pernštejn), im 13. Jahrhundert errichtet, liegt versteckt inmitten einer Hügellandschaft mit ausgedehnten Mischwäldern oberhalb des Städtchens Nedvědice und des Flüßchens Svratka. Ende des 15. Jahrhunderts sowie im

Die wehrhafte Burg Pernštejn

16. Jahrhundert ließen die Grafen von Pernstein Umbauten und Erweiterungen im Stil von Spätgotik und Renaissance vornehmen. Seitdem wurde kaum etwas verändert. Berühmt ist Pernstein für seinen vorgelagerten Turm, der über eine Holzbrücke mit der Hauptburg verbunden wurde. Das Bauwerk war als letzte Rückzugsmöglichkeit gedacht, doch dank ihrer Wehrhaftigkeit konnten Feinde die Burg nie erobern. Der berühmte Verschwörersaal ist nur durch ein Labyrinth von Gängen und Wendeltreppen zugänglich. Der letzte Burgherr war Vratislav der Prächtige von Pernštejn. Er fiel 1631 in der Schlacht um Tangermünde an der Elbe. Lange Zeit war Burg Pernstein eine Reichsfeste und dann bis 1945 im Besitz

Auf dem Zickzackweg zur Schneekoppe
Angler in der Moldau bei Rožmberk, Paddler auf der Moldau bei Vyšši Brod

der Familie Mitrowsky von Nemyšl. Die Grafen wohnten zwar nicht ständig auf der Burg, kümmerten sich aber um die Instandhaltung. Die feinsinnigen Besitzer widerstanden auch der Versuchung, das Bauwerk im 19. Jahrhundert im Stil der Zeit, also romanisch, zu verfälschen. Sie eröffneten auf Pernstein eine Bibliothek, in der bibliophile Schätze aufgelöster Klöster gesammelt wurden. 2005 wurde die Burg durch einen Brand schwer beschädigt. Vor dem Eingang zur Burg befinden sich Restaurant und Imbiß.

Burg Pernstein (hrad Pernštejn), Nedvědice, Tel. 566 56 61 01, von April und Oktober Sa, So und an den Feiertagen von 9 bis 15 Uhr, im Mai, Juni und September von Di bis So von 9 bis 16 Uhr, im Juli und August Di bis So von 9 bis 17 Uhr.

Zvole nad Pernštejnem

Im wildromantischen Bachtal Bobrůvka, nahe dem Ort Zvole nad Pernštejnem, wurde das Westernstädtchen Šikls Mühle eröffnet. Die südmährische Version einer Western-City veranschaulicht das Leben in Nordamerika im 19. Jahrhundert und zeichnet ein sehr realistisches Bild: Saloons, Cafés, Spielbänke, städtische Badeanstalt, eine kleine Kirche mit Friedhof, Sheriffs Office mit Knast sowie ein Bahnhof mit einem Zug der Union Pacific entstanden als exakte Kopien. Cowboys, Indianer, Goldsucher, Banditen, Sattler, Schmiede, Tänzerinnen und Stadtbewohner hauchen dem Städtchen Leben ein. Auf dem Programm des Freilichttheaters mit 2000 Sitzplätzen stehen regelmäßige Überfälle auf das Westernstädtchen, Reiter-Vorführungen und Stuntman-Shows.

Auf dem Rücken eines elektrischen Stieres kann sich der Besucher wie ein Cowboy fühlen, der einen wilden Mustang bändigt. Auch die Kunst, wie man Gold aus Bächen und Flüssen auf klassische Art mit der Goldwäscherpfanne gewinnt, kann man hier erlernen. Die Postkutsche von Wells & Fargo und der Union-Pacific-Zug sind häufig mit Besuchern unterwegs. Die Galerie des Wilden Westens dokumentiert die Geschichte der Besiedlung Amerikas sowie die Entstehung des Westernstädtchens. Das größte Freilicht-Westernareal Tschechiens ist von Mitte Juni bis Ende August geöffnet.

Aussichtspunkt am Prebischtor; Im Ostriesengebirge
Urwald beim Boubin-See

Auf dem Zeltcamp ist keine Vorbestellung nötig.

Westernstädtchen (Westernové městečko Šiklův Mlýn), 59256 Zvole nad Pernštejnem, Tel./Fax 566 56 74 00, www.western.cz. Hauptprogramm im Amphitheater: Juni täglich 13.30 Uhr außer Fr; Juli, August täglich 11.30 und 15 Uhr außer Mo, weitere Programme. Urlaub im ›Wilden Westen‹, Termine: siebentägiger Aufenthalt von So zu So im Hotel Colorado Grand, Tel. 566 56 74 00, Fax 566 56 75 07, www.western.cz, DZ 43 bis 71 Euro.

Tišnov

Im westlichen Stadtteil Předklášteří befindet sich das einzige Zisterzienserinnenkloster des Landes. Das Kloster Porta coeli (Himmelspforte) wurde 1233 gestiftet, die gotische Klosterkirche von 1240 bis 1260 erbaut. Schmuckstück ist das schmucke Westportal mit filigranen Details und Apostelfiguren aus dem 13. Jahrhundert, das an Portale französischer Kathedralen erinnert. Im Kreuzgang blieben frühgotische Gewölbe und Kapitelle mit figuralen und ornamentalen Motiven erhalten. Der große Kapitelsaal wurde zwischen 1260 und 1270 erbaut.

Schmucke Gotik: das Westportal des Klosters

Pension Villa Franke, Riegrova 281, Tel./ Fax 549 41 00 38; DZ 57 bis 127 Euro.
Hotel Květnice, nám. Míru 120, Tel. 549 41 03 70, Fax 549 41 02 90, http://hotel.tisnov.cz. Historisches Haus am Markt, Restaurant mit lustlosem Personal; DZ 30 Euro.

Klášter Porta coeli, 63302 Předklášteří u Tišnova, Tel. 549 41 22 93, Fax 549 41 00 98, von Januar bis April und von Oktober bis Dezember Di bis So von 8 bis 12 und von 13 bis 16 Uhr, von Mai bis September von Di bis So von 9 bis 12 und von 13 bis 17 Uhr.

Jihlava

Jihlava (Iglau), an der historischen Grenze zwischen Böhmen und Mähren gelegen, ist mit gut 50 000 Einwohnern die größte Stadt der Böhmisch-Mährischen Höhe und mit einigen Sehenswürdigkeiten geschmückt. Im 13. Jahrhundert führten reiche Silbervorkommen zu einem raschen Wachstum. Der Marktplatz zählte zu jener Zeit zu den größten in Europa. Das Iglauer Bergrecht war die Grundlage für den Bergbaukodex ›Ius Regale Montanorum‹ von 1300. Der Gesetzestext wurde zum Vorbild für das Bergrecht in Europa und Südamerika.

Zum Ende des 14. Jahrhunderts waren die Silbervorkommen erschöpft. Kaiserin Maria Theresia lockte später flandrische Tuchmacher in die Stadt, sie sorgten für einen neuen Aufschwung. Die Qualitätsprodukte waren in ganz Europa so gefragt, daß die Stadt in der zweiten Hälfte des 18. Jahrhunderts der zweitgrößte Tuchproduzent der Doppelmonarchie war.

Der nám. Masarykovo (Markt) ist allein aufgrund seiner Größe von exakt 36 653 Quadratmetern eindrucksvoll. Störend ist nur das Kaufhaus in der Mitte, eine geschmacklose Zutat aus den 1980er Jahren. Das Meisterhaus am Masarykovo nám. 57 ist das älteste Gebäude in Iglau, das eine Geschoßhalle besitzt. Seit 1630 war es im Besitz der Tuchmacherzunft. Das Patrizierhaus Nummer 58 wurde zwischen 1580 und 1590 erbaut.

Ab dem Mittelalter entwickelte sich eine für Iglau charakteristische Hausform. Das Iglauer Haus hat einen überdachten Hof, einen gotischen Saal im Erdgeschoß sowie einen Renaissanceraum mit einer Arkadenloggia. Die Gewölbe der Loggia sind häufig mit Malereien ausgeschmückt. Der untere gotische Saal, auch als Maßhaus bezeichnet, diente dem Besitzer als Gewerbe- oder Verkaufsfläche und häufig auch als Gasthaus, denn die meisten hier ansässigen Bürger besaßen das Brau- und Ausschankrecht. 1523 vernichtete ein Brand viele Häuser. Die Häuser am Markt wurden im Renaissancestil wieder aufgebaut, im 17. und 18. Jahrhundert erhielten sie Barockelemente und im 19. Jahrhundert teilweise strenge klassizistische Fassaden. In diesen schönen Häusern werden die Ausstellungen des Hochlandmuseums (muzeum Vysočiny) präsentiert. Das Meisterhaus am Masarykovo nám. 57 ist das älteste Gebäude in Iglau, das eine Geschoßhalle besitzt. Seit 1630 war es im Besitz der Tuchmacherzunft. Das sehenswerte Patrizierhaus Nummer 58 wurde zwischen 1580 bis 1590 erbaut.

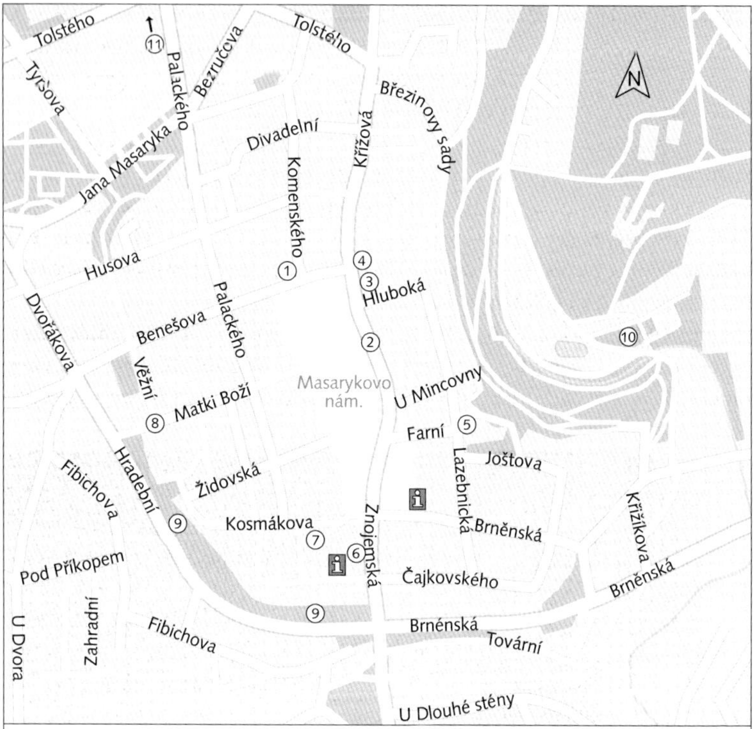

Jihlava

Legende

1 Hochlandmuseum
2 Rathaus
3 St. Ignatiuskirche
4 Eingang zu den Katakomben
5 Kirche des Hl. Jakobus des Älteren
6 Ehem. Wohnhaus Gustav Mahler
7 Dauerausstellung zu Mahler
8 Muttergottestor
9 Stadtmauer
10 Zoo
11 Bahnhof

Im 16. Jahrhundert entstand das Rathaus im Renaissancestil durch die Zusammenlegung von drei gotischen Bürgerhäusern. In der Nachbarschaft lenkt die frühbarocke Jesuitenkirche des Heiligen Ignatius von Loyola die Blicke auf sich. Die ehemalige Kirche des Jesuitenordens besitzt ein riesiges Deckenfresko von Karel Töpper, einen Illusionsaltar, zwei gotische Madonnen und ein Premyslidenkreuz (Standbild des Gekreuzigten aus dem 14. Jahrhundert). Im Hof des benachbarten Jesuitenkollegs befindet sich der Eingang in die Katakomben. Im Laufe der Jahrhunderte entstand ein Labyrinth auf drei Etagen von 25 Kilometern Länge, die Fläche beträgt etwa 50 000 Quadratmeter. Zwei bis vier Meter tief liegt das erste Untergrundgeschoß aus dem 14. Jahrhundert. Im zweiten Geschoß kommt man in eine Tiefe zwischen vier und sechs Metern. Unter einigen Gebäuden findet man noch eine dritte Ebene in 8 bis 14 Metern Tiefe.

Die nahegelegene Pfarrkirche des Heiligen Jakobus des Älteren ist an ihren beiden mächtigen Doppeltürmen zu erkennen. Anfang des 14. Jahrhunderts entstand der 63 Meter hohe Nordturm als Wachturm, heute ist er ein Aussichtsturm. Zu den Kostbarkeiten in der Kirche zählen eine Pieta aus dem 14. Jahrhundert, das goldene Taufbecken im Renaissancestil vom Nürnberger Goldschmied Hans Hirt und eine Statue der Hl. Katharina.

Gustav Mahler wurde 1860 im Dorf Kalischt in Böhmen, heute Kaliště, geboren. Als Dirigent, Operndirektor, unter anderem der Wiener Hofoper, und Leiter Philharmonischer Konzerte erwarb er sich weltweiten Ruhm als Repräsentant des

Das Muttergottestor ist das einzige noch erhaltene Stadttor

musikalischen Jugendstils. Er komponierte zehn Symphonien, in die er wirkungsvoll Chorgesänge einarbeitete; dabei nahm er sich Beethoven zum Vorbild. Mahlers künstlerische Leistungen waren zu seinen Lebzeiten umstritten. Das bezeugt die Inschrift auf seinem Grabstein: ›Diejenigen, die mich suchen, wissen, wer ich war. Und die anderen brauchen es nicht zu wissen‹. In Iglau verbrachte Mahler seine Jugend. Er kam im Dezember 1860 mit seinen Eltern in die Stadt. Der 10jährige trat erstmals im Stadttheater erfolgreich auf. Ein Wiener Professor bescheinigte dem Kind, daß es als ›geborener Musiker‹ auf die Welt kam. 1889, nach dem Tod seiner Eltern, verließ Mahler Iglau für immer. Das Wohnhaus findet man in der Znojemská 4/1089, südlich des Marktes. In der Gasse Kosmákova 9, südwestlich des Marktes, erinnert eine Dauerausstellung an den berühmten Musiker.

Bereits mit der raschen Stadtentwicklung im 13. Jahrhundert entstanden mächtige Befestigungsanlagen, die mit den Fortschritten in der Militärtechnik ständig ergänzt wurden. Von den ehemals fünf Stadttoren steht noch das Muttergottestor (brána Matky Boží) mit einer schönen Attika an der Turmkrone; es ist das Wahrzeichen Iglaus. Teile der Stadtbefestigung erhielten bei der Rekonstruktion das Aussehen, das sie im 17. Jahrhundert hatten, der Zwinger wurde als Grünanlage gestaltet. Letzte Überbleibsel des Grabens sind in der Straße Hradební zu sehen.

Im Tal der Jihlávka (Igel), östlich am Fuße der Altstadt gelegen, lohnt der Zoo einen längeren Besuch. Der Iglauer Zoo verwirklichte als erste Anlage in Tschechien das Konzept, Gitter durch Glasscheiben zu ersetzten.

Postleitzahl: 58601. Touristisches Informationszentrum, Masarykovo nám. 19, Tel./Fax 567 30 80 34, infojihlava@-ji.cz, www.jihlava.cz.

Grandhotel Jihlava, Husova 1, Tel. 567 30 35 41, Fax 567 31 01 99, www.grandjihlava.cz. Im historischen Zentrum, Restaurant, Weinstube Sandra, kleines Fitneßzentrum; DZ 21 bis 51 Euro, für Hunde und Katzen sind je 8 Euro fällig.

Hotel Gustav Mahler, Křížová 4, Tel. 567 32 05 01, Fax 567 32 05 07, www.hotelgmahler.cz. Nahe dem Marktplatz im ehemaligen Dominikanerkloster, Restaurant, Café, Weinrestaurant Viola, Kleiner Salon, historisches Refektorium; DZ 21 bis 60, Apartment für zwei Personen 90 Euro.

Hotel Zlatá hvězda, Masarykovo nám. 32, Tel. 567 30 94 21, Fax 567 30 94 96, www.zlatahvezda.cz. Historisches Haus am Marktplatz, gutes Restaurant, Pizzabar, Rockclub Gambrinus Mañana; DZ 32 bis 48 Euro.

Hotel Jihlava, Okružní 7, Tel. 567 32 32 41, Fax 567 33 34 39, krasim@volny.cz. Modernes Haus, Restaurant, Café; DZ 20 bis 44 Euro.

Pension U Svatého Jakuba, Jakubské nám. 4, Tel. 567 31 01 19, Fax 567 31 01 19. Haus im historischen Zentrum nahe der St. Jakobskirche; DZ 46 bis 63 Euro.

Plzeňská pivnice, Husova 20, von Mo bis Sa von 9 bis 22 Uhr, So 10 bis 22 Uhr (Gambrinus vom Faß).

Restaurant Nika Atrium, Husova 38, täglich ab 11 Uhr, nordwestlich des Marktplatzes. Außergewöhnliche Atmosphäre, auch Eis- und Snackbar.

Alttschechisches Gasthaus (Staročeská hospoda U randála), Masarykovo nám. 25; Mo bis Do 11 bis 22 Uhr, Fr 11 bis 01 Uhr, Sa 13 bis 24 Uhr, So 14 bis 21 Uhr.

Hochlandtheater (Horácké divadlo), Komenského 22.

Katakomben (katakomby), Alte Strecke (400 Meter), Mindestanzahl für eine Führung sind vier Personen, April bis Juni und September bis Dezember, 10, 11, 12, 14 und 15 Uhr, Juli und August 9, 10, 11, 12, 14, 15, 16 und 17 Uhr. Die neue Route ›Alpha‹ beginnt an der südöstlichen Seite des Masarykplatzes und ist 3,5 Kilometer lang. Diese Strecke ist nur im Juli und August zugänglich, täglich um 9, 11, 14 und 16 Uhr.

Museum der Böhmisch-Mährischen Höhe, Masarykovo nám. 57/58, Di bis So 9 bis 12 und 12.30 bis 17 Uhr. Wohnkultur, Bergbau und Münzprägung, Flora und Fauna der Böhmisch-Mährischen Höhe.

Mahler-Haus, Znojemská 4, Mo bis Fr 10 bis 12 und 13 bis 16 Uhr. Ausstellungssaal, mit Café Mahler (9 bis 21 Uhr) und Weinstube (17 bis 21 Uhr). Ausstellung ›Der junge Gustav Mahler und Iglau‹, Kosmákova 9, von Di bis Fr von 9 bis 12 und von 13 bis 17 Uhr, Sa, So von 13 bis 17 Uhr.

Galerie im Hotel Gustav Mahler, Křížová 4, von Di bis Fr von 9 bis 17 Uhr, Sa, So von 13 bis 17 Uhr, im ehemaligen Refektorium des Dominikanerklosters.

Galerie im Muttergottestor (Galerie brána Matky Boží), Vězní 1, von Di bis Fr von 9 bis 11.45 und von 14 bis 17 Uhr, Sa, So von 14 bis 17 Uhr; mit Aussicht auf die Altstadt.

Telč

Das Städtchen Telč (Teltsch) ist das Juwel der Böhmisch-Mährischen Höhe. Seit 1992 steht Telč auf der Weltkulturerbeliste der UNESCO. Den Grund sieht man, wenn man sich dem Marktplatz nähert: Für viele ist es Liebe auf den ersten Blick, und nicht wenige halten diesen Platz für einen der schönsten in Europa.

Zwei verheerende Stadtbrände in den Jahren 1387 und 1530 vernichteten beinahe sämtliche Holzhäuser. Der Grundbesitzer Zacharias von Neuhaus entschloß

Der weiträumige Marktplatz in Telč ist ein einzigartiges Kleinod

sich zum schnellen Handeln. Innerhalb weniger Jahre entstanden auf dem langgestreckten Marktplatz massive Wohnhäuser, die einheitlich in ein Renaissancegewand gekleidet wurden. Die für den Schloßumbau angestellten italienischen Bauarbeiter waren auch beim Ausbessern und Verschönern der Bürgerhäuser behilflich, einige der Bauten wurden mit Sgraffiti verziert. Manche Fassaden erhielten im Laufe der Zeit noch barocken und klassizistischen Zierat, aber sonst blieb links und rechts des buckeligen Kopfsteinpflasters alles unverändert. Verschiedenfarbig getünchte Fassaden, malerische Giebel, lauschige Laubengänge, hübsche Portale und Erker bilden zusammen mit Mariensäule, zwei Stadtbrunnen und Schloßmauern ein harmonisches Gesamtkunstwerk, das wie aus einem Traum wirkt.

Auch das Schloß ist sehenswert. Es war ursprünglich eine Wasserburg, deren Umbau zu einem Renaissanceschloß ebenfalls von den Herren von Neuhaus ausging. Zacharias von Neuhaus fand während einer Italienreise Gefallen an der Renaissancekunst und beauftragte deshalb italienische Baumeister, allen voran Baldassare Maggi von Arogno, mit den architektonischen Raffinessen. Die späteren Schloßbesitzer sahen keinen Grund, weitere Veränderungen vorzunehmen.

Während des Hauptrundgangs sieht der Besucher daher vor allem prunkvolle Renaissancesäle: Der repräsentative Goldene Saal imponiert dem Betrachter mit 30 achteckigen vergoldeten und mit kunstvollen Schnitzereien verzierten Kasset-

Blick auf Telč, im Vordergrund der heilige Nepomuk

ten an der Decke. Kassetten mit aufgemalten Masken schmücken den Theatersaal. Im Rittersaal werden die Taten des Herakles an der Decke glorifiziert, die Muster in den marmornen Bodenplatten vermitteln einen dreidimensionalen Eindruck. Dazwischen sind Rüstungen und historische Waffen ausgestellt. Im Blauen Salon zeigt ein Gemälde den Zweiten Prager Fenstersturz von 1618, wobei auch der damalige Schloßbesitzer und königliche Statthalter Wilhelm Slawata auf einen Misthaufen befördert wurde. Die zweite Besichtigungstrasse führt in die ehemaligen Wohnräume der Herrschaft. Das Heimatmuseum (muzeum Vysočiny) befindet sich im südwestlichen Schloßflügel.

Die prächtige Allerheiligenkapelle aus dem Jahre 1580 ist die Begräbnisstätte von Zacharias von Neuhaus und seiner Gattin Katherina von Waldstein. Beide ruhen in einem Marmorsarkophag, der von einem schmiedeeisernen Gitter mit filigranen Details umgeben ist. Der schöne Schloßgarten wird zur einen Seite von Loggien, zu den anderen Seiten von einem Arkadengang gesäumt.

Die Teltscher Altstadt umgeben spätgotische Stadtmauern, Parks und drei Fischteiche. Ein äußerst praktisches Geschenk kam 1998 aus der eidgenössischen Partnerstadt Belp: Die Schweizer finanzierten eine Holzbrücke über den Teich Ulický rybník.

Oberhalb des Bahnhofs wurde im Jahr 2000 ein stählerner Aussichtsturm eröffnet.

Postleitzahl: 58856. Informationszentrum, nám. Zachariáše z Hradce 10, Tel. 567 11 24 07, Fax 567 11 24 03, info@telc-etc.cz, www.telc-etc.cz.

Hotel Celerin, nám. Zachariáše z Hradce 43, Tel. 567 24 34 77. Kleines Hotel am Marktplatz mit zwölf Betten, zum Teil historische Balkendecken, kleines Kellerrestaurant und Gartenrestaurant; DZ 43 bis 53 Euro.
Hotel Černý orel, nám. Zachariáše z Hradce 7, Tel. 567 24 32 22. Am Markt neben dem Rathaus; DZ 55 Euro.
Hotel Na Hrázi, Na Hrázi 78, Tel. 567 21 31 50; DZ 52 Euro.
Hotel Pangea, Na Baště 450, Tel. 567 21 31 22, Fax 567 21 32 65. Beheiztes Schwimmbecken mit Welleneffekt; DZ 53 Euro.
Hotel Pod kaštany, Štěpnická 399, Tel. 567 21 30 42; DZ 22 bis 32 Euro.
Hotel Telč, Na můstku 37, Tel. 567 24 31 09, Fax 567 22 38 87. In einem Renaissancehaus nahe des Markts; DZ 50 Euro.
Hotel Šiškův mlýn, im benachbarten Dorf Vanov, Nr. 21, Tel. 567 37 90 38; DZ 68 bis 80 Euro. Romantisch.
Privatzimmer bei Ludmila Drbalová, nám. Zachariáše z Hradce 12, Tel. 567 24 35 11. Am Marktplatz, zwei DZ, ein Dreibett- und ein Fünfbettzimmer, jedes Zimmer mit Bad, gemeinsame Küche; pro Person 12 Euro.
Privatzimmer bei Jiří Šenigl, nám. Zachariáše z Hradce 11, Tel. 567 24 34 06. Am Marktplatz, ein Vierbettzimmer, Bad, Küche; pro Person 12 Euro.

Restaurant U Zachariáše. Am Markt nahe der Mariensäule, gemütlich, tschechische Spezialitäten: Hecht in Butter und Eingelegter Hermelínkäse, Pilsner Urquell vom Faß, mährische Weine, Freiluftplätze; täglich von 9 bis 23 Uhr.

Schloß Telč und Museum Vysočiny, täglich außer Mo, im April, September und Oktober von 9 bis 12 und von 13 bis 16 Uhr, Mai bis August bis 17 Uhr.
Turm der Hl. Geistkirche, Juni bis Sept.10 bis 12 und 13 bis 17 Uhr.
Turm der Hl. Jakubkirche, von April bis Oktober.

Slavonice

Nur einen Katzensprung von der Grenze zu Österreich entfernt liegt das Städtchen Slavonice (Zlabings). Am Oberen und Unteren Markt stehen einige Renaissancehäuser mit wunderschönen venezianischen und lombardischen Giebeln. Mehrere Fassaden schmücken auch kunstvolle figurale Sgraffitos. Die Haustürpforte am Obermarkt Nummer 85/517 steht meistens offen. Interessant ist vor allem der

Gotisches Gewölbe in einem der Hauseingänge in Slavonice

protestantische Betsaal in der ersten Etage mit schöner Holzbalkendecke und Fresken aus dem Mittelalter, die Szenen der Apokalypse aus der Offenbarung des Hl. Johannes darstellen.

Schmucke Giebelhäuser in Slavonice

Informationszentrum Slavonice, nám. Míru 480, 37881 Slavonice, Tel. 384 49 33 20, i@slavonice-mesto.cz, www.slavonice-mesto.cz.

Hotel U růže, nám. Míru 452, Tel. 384 49 30 04, Fax 384 49 39 87, www.dumuruze.cz. Kochnische, Sauna, Swimmingpool, im Haus befindet sich die Galerie Art mit einer Auswahl moderner tschechischer Kunst; DZ 40 bis 50 Euro.

Stadtmuseum, nám. Míru 476; im April, Mai und Oktober Sa, So 9 bis 12 und 13 bis 17 Uhr, Juni bis September Di bis So 9 bis 12 und 13 bis 17 Uhr. Ausstellung zur Renaissanceepoche. Stadtturm am Oberen Markt, Horní nám., an der Kirche; im April, Mai und September Sa, So von 10 bis 12 und von 13 bis 17 Uhr, von Juni bis August täglich von 9 bis 12 und von 13 bis 18 Uhr, Fr und Sa auch von 20 bis 22 Uhr geöffnet. Unterirdisches mittelalterliches Entwässerungssystem, nám. Míru 480, im Juli und August täglich von 9 bis 17 Uhr.

Vranov nad Dyjí

An vielen Häusern von Vranov nad Dyjí (Frain an der Thaya), das zwischen Slavonice und Znojmo unmittelbar an der Grenze zu Österreich liegt, bröckelt der Putz. Ein netter Platz im Ort ist das Restaurant ›Country saloon‹ am Markt, es bietet Freiluftplätze im Hof und gute Küche. Oberhalb der Siedlung steht ein Barockschloß, das seine heutige Gestalt durch einen Umbau von Meister Fischer von Erlach erhielt. Ahnensaal und Schloßkapelle sind reich geschmückt mit barocken Deckenmalereien, in der Dreifaltigkeitskapelle ist die Gruft der Familie Althan. Ein romantischer Pfad führt vom Markt über die Brücke zur nördlichen Seite des Schloßfelsens hinauf. Er ist gelb markiert, und man geht etwa 15 Minuten.

Von Vranov nad Dyjí beginnt ein abwechslungsreicher Weg durch das Thayatal zu einem Obelisken. Von dort hat man eine schöne Aussicht. Weiter geht es auf dem rot markierten Schmugglerpfad, der von einigen Stockgranitfelsen flankiert ist. An der Wegkreuzung Na keplech sind 8,5 Kilometer absolviert, hier biegt man links auf die Asphaltstraße zur prächtigen Hardegger Aussicht ab. Hardegg ist die kleinste Stadt Österreichs. Das Städtchen spendierte den hölzernen Aussichtspavillon auf dem mährischen Felsufer, ein kleiner Fuß- und Radfahrergrenzübergang in der Nähe ermöglicht das unkomplizierte Wechseln des Flußufers. Bis zur Kreuzung geht man den selben Weg zurück und verbleibt auf der kaum befahrenen schmalen Straße Richtung Čižov. Dabei läuft man längere Zeit auf dem

Das Barockschloß in Vranov nad Dyjí

Grenzstreifen, vier Jahrzehnte Tabuzone für Tschechen und Österreicher. Heute stehen bei Čižov die letzten Barrieren des ›Eisernen Vorhangs‹ im Land. Stacheldrahtzaun, Wachturm und Panzersperren sind original erhalten und wirken noch immer bedrohlich.

In Lesná laden Restaurants in der Holländerwindmühle (Věterný mlýn) und im privaten Motorradmuseum ein. Bis hierher sind 18 Kilometer Weg zu bewältigen, zurück nach Vranov fährt der Linienbus.

Informationszentrum Vranov nad Dyjí, nám. 47, 67103 Vranov nad Dyjí, Tel. 515 29 62 85, infocentrumvnd-@volny.cz, www.vranovsko.cz.

Schloßhotel (Zámecký hotel), Tel. 515 29 61 01, Fax 515 29 64 26; DZ 43 Euro.
Pension Anita, Benátky 244, Tel. 515 29 63 67. Nette Pension im ersten Stock eines Zweifamilienhauses, ruhig am Waldrand gelegen, ca. ein Kilometer vom Zentrum; DZ 33 Euro.
Hotel und Restaurant Country saloon, 8. května 35, Tel. 515296238, mobil 603594849.
In Bítov: Pension, Gasthaus und Café U Tesařů, Tel./Fax 515294616, am Markt; gute Küche, täglich außer Mo ab 9 Uhr; DZ 20 Euro.

Schloß Vranov nad Dyjí, im April und Oktober Sa, So von 9 bis 16 Uhr, im Mai, Juni und September Di bis So 9 bis 17 Uhr, im Juli und August bis 18 Uhr.
Schloßkapelle, im Juni und September Sa, So 9 bis 16 Uhr, im Juli und August Di bis So 9 bis 18 Uhr.
Burg Bítov, im April und Oktober Sa, So von 9 bis 16 Uhr, von Mai bis September von Di bis So von 9 bis 17 Uhr, im Juli und August bis 18 Uhr.

Bítov

Hoch über dem Thaya-Stausee steht die Burg Bítov (Vöttau) mit eindrucksvollen illusionistischen Wandmalereien, vor allem Stuckimitationen. Der Schloßherr Baron Haase von Haasenfeld sammelte präparierte exotische und heimische Tiere. Besonders reichhaltig sind Schmetterlinge und Vögel vertreten. Traurig und merkwürdig wirken die Tierpräparate, denen Kleidungsstücke übergestülpt wurden, als wären sie Spielzeuge. Und schaurig- merkwürdig erscheint die Sammlung von ausgestopften Hunden verschiedener Rassen. Aus den Schloßfenstern genießt man eine schöne Aussicht auf den in den 1930er Jahren angelegten Thayastausee mit Badeplätzen.

Jaroměřice nad Rokytnou

Das prunkvolle Barockschloß Jaroměřice nad Rokytnou (Jarmeritz) wurde von 1700 bis 1737 nach Plänen von J. Prandthauer am Fluß Rokytná erbaut. Der monumentale Komplex besitzt den Grundriß in Form des Buchstaben H. Neben Ausstellungen zur musikalischen Tradition kann man Gemälde holländischer und flämischer Meister sowie herrliche Fresken und Stukkaturen bewundern. Das Schloß bildet mit der St. Margaretenkirche eine harmonische Einheit, in den Gartenanlagen stehen Sandsteinfiguren griechischer mythologischer Gestalten.

Třebíč

Die St. Prokop-Basilika (1240–1260), Hauptattraktion in Třebíč, ist ein in Mitteleuropa seltener Übergangsbau von der Romanik zur Gotik und steht seit 2003 auf der Weltkulturerbeliste der UNESCO. Das Nordportal (Paradiestor) schmücken elf verzierte Säulen, die Krypta stützt sich auf 50 Säulen mit filigranen Kapitellen. Die Holzdecke zwischen den Gewölben ist über 700 Jahre alt.

Im 17. Jahrhundert wurde am linken Ufer der Iglau das jüdische Stadtviertel Zámostí gegründet. Mit zwei Synagogen, 120 Wohnhäusern, Rathaus, Schule, Rabbinat, Armenhaus sowie romantischen Gassen und Plätzen ist es heute das am vollständigsten erhaltene Judenviertel des Landes. In der Hinteren Synagoge (Zadní Synagoga) befindet sich eine Dauerausstellung zur Geschichte des Gettos. Auf dem Friedhof am Nordhang des Hügels Hrádek blieben 3000 Grabsteine erhalten. Weltweit stehen nur Jerusalem und Třebíč als eigenständige jüdische Gedenkstätten auf der Weltkulturerbeliste der UNESCO.

Das Renaissanceschloß aus dem 16. Jahrhundert ist heute Sitz des Westmährischen Museums. Der Steinsaal (Kamenného sálu) ist mit Wappen ausgeschmückt. Auf dem Markt stehen wertvolle Renaissancehäuser, die teils mit Sgraffitos geschmückt sind. Der Turm an der St. Martinskirche besitzt mit einem Zifferblattdurchmesser von sieben Metern die größte Uhr des Landes.

Informationszentrum Třebíč, Karlovo nám. 53, 67401 Třebíč, Tel. 568 84 70 70, www.trebic.cz.

Hotel Slavia, Karlovo nám. 5, Tel. 568 84 85 60-2, www.hotel-trebic.cz; DZ 47 Euro; im historischen Stadtzentrum.

St. Prokop-Basilika und Westmährisches Museum (Západomoravské muzeum v Třebíči); April bis Oktober, Di bis So 8 bis 12 und 13 bis 17 Uhr, November bis März bis 16 Uhr.

Znojmo

In aller Welt bekannt sind die Znaimer Gurken, deren Anbau bereits im 16. Jahrhundert begann – die Samen waren 1571 aus Ungarn gekommen. Eine gewisse Bekanntheit hat die Stadt Znojmo (Znaim) auch, weil hier Prokop Diviš den Blitzableiter erfand. Ein Denkmal mit dem lebensgroßen Abbild des Tüftlers findet sich an an der Kirche der Hl. Margarete.

Die romanische Rotunde der Hl. Katharina war Bestandteil einer Feste und ist heute ein nationales Kulturdenkmal. Innen sind Fresken aus dem 12. Jahrhundert erhalten, auf denen Přemyslidenfürsten abgebildet sind. Die einstige Burg wurde in ein Barockschloß verwandelt, das heute die Heimstatt für das Südmährische Museum ist: Volkskunstarbeiten, Stilmöbel und eine Galerie.

In einem Renaissancepalast am Markt lädt heute das Haus der Kunst ein. Unter den kostbaren Schnitzereien ragt die Znaimer Madonna hervor. Weiterhin sind Gemälde und eine Medaillenkunstausstellung zu Leben und Werk von J. T. Fischer zu sehen. Der nahe gelegene Rathausturm mit einer markanten gotischen Haube dient als Aussichtsturm.

Die meisten Häuser im Zentrum sind durch unterirdische Gänge verbunden, die in vier Etagen vom 13. bis zum 17. Jahrhundert entstanden. Am Eingang Kramářská/Slepičí trh 2 kann man in die Znaimer Katakomben hinabsteigen.

Hier werden die weltberühmten Gurken verkauft

Postleitzahl: 66901. Touristinformation Znojmo, Obroková 10, Tel. 515 21 62 97, Fax 515 22 25 52, tic@beseda.znojmo.cz.

Hotel Prestige, Pražská 100, Tel. 515 22 45 95, Fax 515 24 66 21, www.hotel-prestige.cz. Komfortables Haus nahe der Hauptstraße Richtung Prag, historisches Gewölbe wird Fr und Sa 20 bis 4 Uhr als Weinkeller genutzt, Restaurant mit Bar, Schwimmbekken, Sauna, Whirlpool; DZ 65 Euro.
Hotel und Restaurant Morava, Horní nám. 16, Tel. 515 22 41 47, www.znojman.cz/morava. Im historischen Zentrum, schöne große Zimmer; DZ 33 Euro.
Pension Austis, Václavské nám. 5, Tel. 515 24 19 49, Fax 515 24 27 17. Im historischen Zentrum, mit Restaurant und Sommergarten, große Zimmer; DZ 30 Euro.
Fahrradpension (Cyklopenzion) u Mikuláše bratů pátých,Mikulášské nám. 8, Tel. 515 22 08 56. In einem idyllisch gelegenen historischen Haus im Zentrum; DZ 14 Euro.

Znaimer Schloß mit Südmährischem Museum und der Rotunde der Hl. Katharina, Hradní 1, im Mai Sa, So von 9 bis 17 Uhr, von Juni bis September von Di bis So von 9 bis 17 Uhr.
Znaimer Katakomben (Znojemské podzemí), Slepičí trh 2, im April Mo bis Sa von 10 bis 16 Uhr, von Mai bis September täglich 9 bis 16 Uhr, im Oktober Sa 9 von bis 16 Uhr.
Haus der Kunst, nám. T. G. Masaryka 11, Mo bis So 9 bis 17 Uhr.
Rathausturm, von Mai bis September täglich von 9 bis 17 Uhr, im April und Oktober Mo bis Sa von 9 bis 16 Uhr, November bis März von Mo bis Fr von 9 bis 16 Uhr.
Südmährisches Museum im Minoritenkloster (Jihomoravské muzeum – Minoritský klášter), Přemyslovců 6.

Alljährlich am dritten Septemberwochenende begeht Znojmo ein großes Weinlesefest (Znojemské vinobraní).

Wanderung in das Thaya-Flußtal (údolí Dyje)

Südwestlich vor den Toren von Znojmo schlängelt sich die Thaya (Dyje) reizvoll durch eine Auenlandschaft. Mehrere markierte Wanderwege erschließen die schönsten Bereiche des Nationalparks, der seine Ursprünglichkeit nicht zuletzt der bis 1989 streng bewachten Grenze zu Österreich verdankt.

Ein lohnender Wanderweg führt von Popice, wohin von Znojmo auch ein Bus fährt, nach Hnanice, die Rückfahrt ist ebenfalls mit dem Bus möglich. Der Sealsfieldstein (Sealsfieldův kámen) eröffnet nach zwei Kilometern einen wundervollen Panoramablick auf das Thayatal, den Königsthron (Kralův stolec) und das

Blick vom Sealsfield-Stein in das Thayatal

Molchtal (Mločí údolí). Der Aussichtspunkt war ein Lieblingsplatz des Schriftstellers Charles Sealsfield aus Popice – daher der Name.

Der Südhang des Šobes ist ein einzigartiger Weinberg mit reiner Luft, von der Sonne verwöhnt und am Fuße von einer Thayaschleife umspült. Der Hügel hat einen lokalklimatischen Vorteil, er ist durch höhere Felsen vor kalten Winden geschützt. Hier läßt die Sonne vorzügliche Weine gedeihen. Von Juni bis August werden Weinverkostungen unter freiem Himmel angeboten.

Für Weinliebhaber hat die Winzergenossenschaft Znovín ein interessantes Touristenprogramm zusammengestellt, das entlang vieler Weinberge und Weinkeller zwischen Znojmo und Šatov führt. Den Auftakt bildet eine mährische Jause in dem über 300 Jahre alten Mährischen Keller (Moravský sklípek) in Šatov. Danach bleibt genügend Muße, den mit naiven Malereien von einem einarmigen Volkskünstler verzierten benachbarten Weinkeller (Malovaný sklep) anzuschauen. Die Gäste können am Weinberg Šobes entlang spazieren, auf dem der hochwertigste Wein Tschechiens gedeiht. Weiterer Höhepunkt der Exkursion ist die Besichtigung des Kreuzkellers (Křížový sklep) in Přímetice. Er wurde zwischen 1740 und 1756 erbaut und ist mit hunderten von Weinfässern einer der größten Weinkeller der Welt. Hier herrscht stets eine konstante Temperatur zwischen 10 und 12 Grad Celsius.

Das älteste Weinarchiv Tschechiens findet man in Jaroslavice, wo seit 1945 Weine des Tokaier-Typs lagern.

Infocentrum Šobes, 67122 Šatov, Tel. 515 26 66 20, Fax 624 23 24 65; von Mo bis Fr von 6.30 bis 17 Uhr. Nationalparkverwaltung (Sprava národní park Podyjí), Na Vyhlídce 5, 66901 Znojmo, Tel. 515 22 67 22, Fax 515 22 11 15, info@nppodyji.cz.

Znovín Znojmo AG, Tel. 624 22 16 56, www.znovin.cz.

Mikulov

Die mittelalterliche Burg Mikulov (Nikolsburg) liegt malerisch am Fuße der Pollauer Berge (Pavlovské vrchy). Die Sonne strahlt hier besonders kräftig; nirgendwo sonst in Tschechien ist es milder als hier, und nirgendwo sonst erinnert die Szenerie mit Weinberg, Heiligem Hügel mit Kapellen, Schloßberg und Ziegenkastell so sehr an Italien.

Mikulov bildet zusammen mit den benachbarten Orten Valtice und Lednice einen ›Garten Eurpoas‹. Unter Schutz der UNESCO stehen die Pollauer Berge als Biosphärenreservat ebenso wie die Schlösser und Parks.

Der Name der Stadt ist vom Feudalherren Mikula Mikulov abgeleitet. 1249 übergab Přemysl Ottokar II. die Stadt an die steirische Familie Liechtenstein, als Dank für die Unterstützung seiner Politik. 1560 verkauften die Liechtensteiner die Stadt an ungarische Adelige. 1575 gab Kaiser Maximilian II. die Stadt als Lehen an die Dietrichsteiner. Im 16. Jahrhundert kamen die als Ketzer verfolgten Wiedertäufer nach Nikolsburg und wurden unter den Schutz der Herrschaft gestellt. Sie dankten es mit dem Aufbau einer gewinnträchtigen Weinwirtschaft, die bis heute viele Gebiete Südmährens prägt.

1645 drangen die Schweden in die Stadt ein, steckten sie in Brand und plünderten die kostbare Bibliothek, deren Schätze die Söldner in zwölf Fässern abtransportierten. Im 18. Jahrhundert verursachten nochmals drei Brände starke

Das Altstadt-Panorama von Mikulov

Zerstörungen, das spätgotische Erscheinungsbild der wiederaufgebauten Stadt blieb jedoch bis heute erhalten.

Im Schloß fanden bedeutende politische Treffen statt. 1805 hielt sich hier Napoleon nach der Schlacht bei Austerlitz auf, am 26. Juli 1866 unterzeichneten die Vertreter Österreichs und Preußens in Nikolsburg einen Waffenstillstand des für Österreich verlorengegangenen Krieges. Die Kämpfe im Frühjahr 1945 überstand die Stadt fast schadlos, leider zündeten Soldaten der Roten Armee das Schloß an. Alle Schäden sind jedoch inzwischen behoben.

Die kunsthandwerklichen Sammlungen im Schloß stammen aus dem einstigen Mährischen Gewerbemuseum Brünn. Man sieht außergewöhnlich schöne Möbel, im Thronsaal ist eine Gemäldesammlung mit vielen Portraits zu sehen. Vor der Bibliothek hängen riesige Gemälde mit schaurigen Jagdszenen. Teile der Kardinalsbibliothek wurden im Dreißigjährigen Krieg von den Schweden geraubt und lagern heute in der Uni Uppsala und der Königlichen Bibliothek in Stockholm. Viele Bücher sind auch in die Vatikansbibliothek bei Rom gelangt. Die bibliophilen Schätze trug der kaiserliche Gesandte am spanischen Hof, Adam von Dietrichstein (1527–1590), zusammen. Seit 1575 lebte er in Nikolsburg. Später fanden hier mehrere Familiensammlungen und die Nikolsburger Piaristenbibliothek

Im Schloß Mikulov sind kunsthandwerkliche Sammlungen untergebracht

einen würdigen Platz. Da die Bücher Anfang 1945 im Theatersaal ausgelagert waren, überstanden sie den Schloßbrand unbeschadet.

In Räumen des Schlosses befindet sich eine Weinbauausstellung. Auf Schautafeln erfährt man interessante Details. Schon lange leben die Menschen hier unter dem Motto: ›Ein Mädchen und ein Gläschen Wein, die lindern alle Not, und wer nicht küßt und wer nicht trinkt, der ist schon lange tot‹. Während einer Führung steigen die Besucher in den Schloßkeller (Zámecký sklep) hinab. Hier steht neben mehreren Weinpressen ein Riesenfaß, das 1643 von Meister Konrad Specht und seinen Gesellen in 150 Tagen zusammengesetzt wurde. Es ist 6,5 Meter lang, 4,5 Meter breit, 22 Eisenreifen mit einem Einzelgewicht von 390 Kilogramm halten die Hölzer zusammen. Das ganze Faß wiegt 26 Tonnen und hat 1010 Hektoliter Fassungsvermögen. Ein halbes Jahrhundert diente es als Zehntenfaß, in dem die Abgaben der Weinbauern gesammelt wurden. Weil das Holz nach einer Mißernte austrocknete, bildeten sich Risse und das Faß wurde undicht.

Auf dem Markt stehen die barocke Dreifaltigkeitssäule, die ehemalige St. Annakirche und schöne Renaissance- und Barockhäuser. Die ursprüngliche Kirche besaß eine herrliche Kopie der Santa Casa im italienischen Loreto.

Vieles wurde bei einem Brand im Jahr 1784 zerstört. Von 1845 bis 1852 ließ Fürst Franz Joseph von Dietrichstein die beschädigte Kirche zur Dietrichsteiner Familiengruft umbauen. Aus dem Altarraum entstand eine Grabkapelle mit Empirefassade. Das vernichtete Gewölbe wurde nicht erneuert, auf dem ehemaligen Grundriß des Hauptschiffs entstand ein freier Hof. Die Särge mit den sterblichen Hüllen von 45 Familienmitgliedern stehen in den Seitenkapellen. Zur Besichtigung zählt auch ein Aufstieg zur Galerie zwischen den zwei erhaltenen Glockentürmen. Die Dietrichsteiner Familiengruft (Ditrichštejnská hrobka) ist erst seit 2001 wieder zugänglich.

Das ZDF wählte die Stadt Mikulov als Drehort für den Anfang 2003 ausgestrahlten Vierteiler ›Napoleon‹. Im zweiten Teil ist der Markt für einige Minuten im Bild zu sehen. Allerdings hat man ein wenig gemogelt: Napoleon war zwar tatsächlich hier, aber die Filmszenen sollen eine Stadt in Polen darstellen.

Die ehemalige Nikolsburger Judenstadt bezaubert noch immer mit einem geheimnisvollen Hauch vergangener Zeiten: Von 1550 bis 1851 war sie das politische, kulturelle und geistige Zentrum der mährischen Juden und Sitz des Oberrabbiners. In der ersten Hälfte des 19. Jahrhunderts lebten hier 3500 Juden, mit dem Nationalsozialismus kam das völlige Ende. Von ehemals 317 jüdischen Häusern blieben 90 erhalten, die Hälfte davon ist als Kulturdenkmal geschützt. Zu Blütezeiten besaßen die Juden zwölf Synagogen. Die wertvollste ist die Obere Synagoge unterhalb vom Schloß. 1550 erbaut, wurde sie 1689 erweitert und nach einem Brand 1719 bis 1723 nochmals verändert.

Am Weg zum Ziegenkastell liegt der Friedhof mit 2500 erhaltenen Grabsteinen. Ein jüdischer Lehrpfad erschließt den Weg zu den Denkmälern. Der Rest eines alten Festungsturms als Bestandteil der ehemaligen Wehranlage rund um die Stadt war das Ziegenkastell (Kozí hrádek). Der Turm ist nur geöffnet, wenn die Fahne weht.

Auf dem Svatý kopeček (Heiliger Berg) stehen die frühbarocke Kirche des Hl. Sebastian und mehrere Kapellen. Kreuzwegstationen mit großen Sandsteinplastiken führen auf das Plateau, von dem man einen wundervollen Ausblick auf die Stadt und nach Österreich hat. Eine feierliche Prozession zur Kirche des Hl. Sebastian findet alljährlich in der 1. Septemberwoche statt.

Postleitzahl: 69201. Touristinformation, nám. 30, Tel. 519 51 22 00, Fax 519 51 08 55, tic@mikulov.cz, www.mikulov.cz.

Legner Hotel Rohatý Krokodýl, Husova 8, Tel. 519 51 06 92, Fax 519 51 16 95, www.rohatykrokodyl.cz. Unterhalb des Schlosses, Restaurant, Café, stilvolle Bierstube, Sommerterrasse; DZ ab 30 Euro.

Pension Moravia, Poštovní 1,

Tel. 51951 16 44, pension.moravia@seznam.cz. In der Altstadt zwischen Schloß und Heiligem Berg, neu renoviert, Weinbaufamilie mit eigenem Rebsaft im Angebot, Garage; DZ 23 bis 27 Euro.
Pension U sv. Jana, U Lomu 2, Tel. 519 51 19 43, m.h.konecni@quick.cz; DZ 20 Euro.
Pension Pod Kozím hrádkem, Kozí hrádek 1, Tel. 519 51 20 93, info@penzion-mikulov.cz; DZ 23 bis 27 Euro, Apartment 25 bis 35 Euro.
Pension Zelený strom, Vídeňská 49, Tel./Fax 519 51 02 46, zeleny.strom@centrum.cz. Ruhig, zehn Minuten Fußweg vom Altstadtzentrum; DZ 20 bis 27 Euro.
Autocamping ATC Merkur Pasohlávky, Tel. 519 42 77 14, Fax 51 94 27 501, www.pasohlavky.cz. Am Westufer des Thaya-Stausees in Pasohlávky mit zwei Lagunen, auch FKK möglich, Unterkunft in Bungalows für 2 bis 6 Personen, Fahrrad-, Surfbrett-, Kanu- und Bootsausleihe; zwei Personen im Bungalow 22 Euro.
Restaurant U sv. Urbana, Pavlovská 27; täglich geöffnet ab 11 Uhr, 2002 neu renoviert, Sommerterrasse, gute Weine, viele Hausspezialitäten, darunter eine vorzügliche Knoblauchsuppe.
Restaurant Alfa, nám. 27, Sgraffitogeschmücktes Haus am Markt, mit Stilrestaurant, großes Weinsortiment, täglich 10 bis 23 Uhr.
Weinstube und -keller U hroznu, Kamenný řádek 3, am Fuß des Heiligen Berges, Wildspezialitäten, täglich geöffnet.
Café (cukrárna, kavárna a galerie) Brněnská 10; täglich 9 bis 18 Uhr, am Weg vom Markt zum Ziegenkastell, hübsches Glas- und Keramiksortiment.
Schloß und Regionalmuseum, Zámek 1, im April und Oktober von Di bis So von 9 bis 16 Uhr, von Mai bis September bis 17 Uhr.
Obere Synagoge, Husova 11, vom 18. Mai bis 30. September von Di bis So von 13 bis 17 Uhr.
Weinhandlungen (vinotéky): Rauš, Vídeňská 20; Merlin, nám. 24; Vino Mikulov, 28 října.

Lednice

Zehn Kilometer östlich von Mikulov, am südlichen Rand einer lieblichen Wald- und Teichlandschaft, findet sich bei Lednice (Eisgrub) ein großartiges Schloß mit Park. Im 13. Jahrhundert als gotische Burg errichtet, wurden die Mauern im 16. Jahrhundert als Renaissanceschloß erweitert. Die Liechtensteiner entschlossen sich hundert Jahre später zum prunkvollen Umbau im Barockstil. Die Aus-

Der Schloßgarten, im Hintergrund das Minarett

führung übernahmen die Architekten J. B. Fischer von Erlach und D. Martinelli. Im 19. Jahrhundert erhielt die Residenz ihr heutiges romantisches Aussehen im Stil der englischen Tudorgotik. Aus der Barockepoche blieben Reithalle und Pferdeställe erhalten.

Die herrlichen Räume besitzen reich verzierte Kassettendecken, außerdem kostbare Möbel-, Porzellan-, Jagdtrophäen- und Waffensammlungen. Sehenswert ist die geschnitzte und selbsttragende Wendeltreppe. Zu den Kostbarkeiten zählt auch das Relief eines Lebensbaumes aus Elfenbein. Von einem Zimmer aus kann man direkt in ein 1845 angelegtes Gewächshaus mit tropischen Pflanzen schauen, eine für die damalige Zeit sehr originelle Einrichtung. Im ersten und zweiten Stock ist eine Ausstellung des nationalen Landwirtschaftsmuseums zu sehen. Unter dem Motto ›Entwicklung der Umwelt in Tschechien‹ sind die positiven und negativen Eingriffe des Menschen in die Natur vom Altertum bis in die Gegenwart dokumentiert. Es ist die umfangreichste Ausstellung dieser Art in Mitteleuropa. Im westlichen Schloßflügel befindet sich das Aquarium Malawi mit tropischen Fischen und zwei riesigen Walfischknochen.

Um das Schloß breitet sich ein gepflegter französischer Garten mit etwa drei Meter hohen Hecken aus. Der sich anschließende Park im englischen Stil geht nahtlos in die freie Landschaft über. In der näheren Umgebung ließen die Liechtensteiner im Zeitgeist der Romantik eine ganze Reihe malerischer Bauwerke errichten, so ein 63 Meter hohes türkisches Minarett. Im Sommer pendeln Boote zwischen Schloß und Minarett. Die Johannisburg (Janův hrad) ist vom Schloß etwa zwei Kilometer entfernt und auf einem grün markierten Weg zu erreichen. Im Sommer fahren auch Kutschen dorthin. Die Burg wurde 1807 im Stil einer romantischen Ruine erbaut und als Sommerschlößchen genutzt. Im großen Rittersaal sind viele Jagdtrophäen der Liechtensteiner Herrschaft zu sehen.

Der Tempel Zu den drei Grazien befindet sich am Südufer des Eisgruber Teiches, der Apollotempel am Ostufer, das Grenzschloß am Westufer des einen Kilometer südlich von Lednice gelegenen Teiches.

Touristinformation Lednice, Zámecké nám. 68, 69144 Lednice, Tel. 519 34 09 86, tic@lednice.cz.

My Hotel – Lednice, 21. dubna 657, Tel. 519 34 01 30, Fax 519 34 01 66, info@myhotel.cz. Modernes Haus nahe am Schloß, Restaurant, Café; DZ 66 Euro.

Pension Onyx, Nejdecká 176, Tel. 519 34 00 68, Fax 519 34 01 74, onyx@made.cz. Rekonstruiertes Gebäude, Restaurant, Weinstube; DZ 26 Euro.

Schloß Lednice, von April bis Oktober von 9 bis 12 und von 13 bis 17 Uhr, im Sommer auch Nachtbesichtigungen, Tropfsteinkeller mit Weinverkostung.

Valtice

Das Barockschloß in Valtice (Feldsberg) entstand unter Regie namhafter Architekten, unter anderem C. Tencalla (bis 1641). Anfang des 18. Jahrhunderts realisierte D. Martinelli die Baupläne von J. B. Fischer von Erlach. Am attraktivsten sind der Spiegelsaal, der Kleine Salon des Prinzen Karl, die Gemäldegalerie sowie die Schloßkapelle. Mehrere Räume sind mit prächtigen Deckengemälden verziert. Zum Schloß gehört auch ein über 20 Hektar großer englischer Park. Im Schloß Valtice wurden Filmszenen der Hollywooderfolge ›Amadeus‹ und ›Indiana Jones‹ gedreht. Die Residenz war im Besitz der Liechtensteiner.

Im Schloß befindet sich der ›Weinsalon der tschechischen Republik‹, ein riesiges Weinlager mit den besten Tropfen des Landes. Die hiesigen Weine müssen

Triumphbogen Rendezvous bei Valtice

einen Nominierungswettbewerb bestehen und ausschließlich aus einheimischen Reben gekeltert sein. Jährlich sind nur hundert Sorten berechtigt, die Marke ›Weinsalon der Tschechischen Republik‹ zu tragen. Die Besucher können gegen einen Obolus alle diese Weine in repräsentativen Räumen verkosten und erwerben. Zum alljährlichen Sommerfest Ende August wird die Tradition von rauschenden Festen mit Oper, Konzerten, Ballett und Tanzbällen neu belebt.

Östlich von Valtice steht der Triumphbogen ›Rendezvous‹ in der freien Landschaft. Wer von Valtice nach Lednice wandern möchte, wählt vom Bahnhof Valtice den rot markierten Weg. Nach zwei Kilometern ist der Triumphbogen erreicht, weitere zwei Kilometer sind es bis zur St. Hubertuskapelle. Von hier sind bis zum Tempel der drei Grazien drei Kilometer, nochmals drei sind es bis zum Schloß in Lednice.

Touristinformation Valtice, nám. Svobody 4, 69142 Valtice, Tel./Fax 519 35 29 78, www.valtice.cz.

Hotel Apollon, P. Bezruče 720, Tel. 519 35 26 25,

Fax 519 35 20 09, apollon@genea-2000.cz. Gebäude im Stil eines Schlößchens, hoteleigenes Restaurant: Im Angebot stehen viele Gemüsekreationen, Sommerterrasse, Café, abgeschlossener Hotelparkplatz; DZ 50 bis 56 Euro.
Hotel Hubertus (Zámecký hotel Hubertus), Tel. 519 35 25 37, Fax 519 35 25 38, hubertusvaltice-@cmail.cz. Im Barockschloß, Restaurant, Sommerterrasse, Café, Schloßweinkeller, Zimmereinrichtung leider noch im sozialistischen Design; DZ 40 Euro.
Pension Weinhof (Vinařský dvůr), Malá strana 198, Tel. 519 35 27 37, Fax 519 35 24 25. Sauna, Swimmingpool, Weingeschäft.
Pension Siesta, Břeclavská 630, Tel./Fax 519 35 34 20, siesta@valtice.cz.

Restaurant Valtická rychta, Mikulovská 165, www.valtice.cz/rychta. An der Hauptstraße, nahe dem Abzweig zum Grenzübergang Valtice/Schrattenberg, Mo von 11 bis 15 Uhr, von Di bis Sa von 11 bis 22 Uhr, So von 11 bis 20 Uhr; sehr gute böhmisch-mährische und slowakische Küche, hausgemachter Topfen- und Apfelstrudel, Sommergarten, ausgesuchte regionale Qualitätsweine, viele österreichische Besucher, sehr freundliches Personal.

Schloß Valtice, April bis Oktober Di bis So 9 bis 16 Uhr.

Weinsalon (Národní salon vín), Zámek 1, www.salon-vin.cz; geführte Weinverkostung, täglich ab 13 Uhr.

Brno

Brno (Brünn) ist das ›Paris Mährens‹ und mit etwa 380 000 Einwohnern die zweitgrößte Stadt Tschechiens. Ihre internationale Bekanntheit verdankt die Stadt auch der alljährlich im September stattfindenden Brünner Maschinenbaumesse sowie einer Frühjahrsmesse. Neben der Bedeutung als Industrie- und Verwaltungsstandort gehört Brno auch zu den großen Universitätsstädten des Landes. Auf den Besucher wartet eine pulsierende Metropole mit einer Vielzahl von Baudenkmälern und kulturellen Angeboten.

Um 1050 wurde eine hiesige Burg zum Sitz der Přemysliden-Landesfürsten auserkoren, die zur Sicherung einer Furt an der Schwarza (Svratka) diente. Die erste Siedlung hieß Brnije, auf deutsch: Erde oder Schlamm. Im 13. Jahrhundert kamen viele Kolonisten, vor allem Deutsche, Flandern und Juden mit eigenen kleinen Wohnvierteln rund um die Burg Spielberg (Špilberk). 1243 erteilte König Wenzel I. der Siedlung Stadtrechte, die Kaiser Karl IV. hundert Jahre später noch um zahlreiche Privilegien ergänzte. So verfügte der Kaiser, daß alle ausländischen Kaufleute bei ihrem Zug durch Mähren Station in Brünn einlegen mußten. Im Jahre 1400 lebten etwa 10 000 Bewohner in rund tausend Häusern. In Brünn wurden große Jahrmärkte abgehalten. Während der Hussitenkämpfe blieben die Bürger auf Seiten der katholischen Obrigkeit. Die reiche Stadt leistete sich kirchliche und weltliche Prunkbauten, sie wurde zum Mittelpunkt spätgotischer Kunst.

Von 1643 bis 1645 belagerten die Schweden Brünn vergeblich: Die Stadt war uneinnehmbar. 1742 ereilte ein preußisches Heer die gleiche Erfahrung. 1744 wurden die Brünner Jahrmärkte zu Märkten erster Kategorie in Österreich-Ungarn erklärt. Am 2. Dezember 1805 tobte in der nahegelegenen Ortschaft Austerlitz, heute Slavkov u Brna, eine Schlacht, die Weltgeschichte schrieb. Die sogenannte Dreikaiserschlacht endete mit dem Sieg Frankreichs über Rußland und Österreich.

Brünn besitzt mehrere bedeutende Tuchfabriken, die der Stadt früher auch den Beinamen ›Österreichisches Manchester‹ einbrachten. 1839 fuhr der erste Eisenbahnzug Böhmens und Mährens in Brünn aus Richtung Wien ein.

Nachdem alle Festungsanlagen 1860 abgetragen worden waren, entstanden in freigewordenen Arealen wichtige Gebäude des öffentlichen Lebens nach Wiener Muster. Zwei weitere Bau- und Modernisierungsetappen erfaßten die Stadt: um 1900 im Jugendstil und in den zwanziger und dreißiger Jahren im Stil des eklektischen Historismus. Nach dem Ersten Weltkrieg wurde Brünn zur Hauptstadt des Landes Mähren-Schlesien erklärt.

Die Zeit der Okkupation, ab 1939, leitete eine Phase des Niedergangs ein. Am 30. Mai 1945 begann für die deutsche Bevölkerung der leidvolle ›Brünner Todesmarsch‹. Die spontane und gewalttätige Vertreibung aus der Stadt betraf etwa 30 000 Deutsche, 6000 von ihnen starben an Entkräftung oder wurden umgebracht.

1949 verlor Brünn seine Hauptstadtfunktion, da die Länder in der Tschechoslowakei abgeschafft wurden. Zwischen 1948 bis 1989 wuchs die Stadt weiter, die Altbausubstanz litt aber, wie in vielen Städten des Landes, unter Vernachlässigung. Seit Ende 1989 schickt sich Brno an, wieder zu den wichtigsten mitteleuropäischen Metropolen aufzuschließen, so auf den Gebieten Kultur, Wissenschaft und Hochschulwesen, aber auch als Messeplatz. Brno wurde Sitz des Verfassungsgerichts, des Obersten Gerichts und der Generalstaatsanwaltschaft der Tschechischen Republik.

Bei der Ankunft mit der Bahn entdeckt man gleich das erste interessante Gebäude, den Hauptbahnhof. Die Bahnhofshalle wurde von 1902 bis 1905 im Jugendstil erbaut. Am nahegelegenen Kapucínské náměstí (Kapuzinerplatz), dem ehemaligen Kohlenmarkt, stehen die Hl. Kreuzkirche und das Kapuzinerkloster.

Ab 1604 ließen sich Kapuzinermönche in Brünn nieder. Vor dem Kloster sieht man eine Terrasse mit Standsteinfiguren. Sie weisen den Weg zur Gruft, in der die Ordensbrüder und ihre Gönner bestattet wurden. Durch ein ausgeklügeltes Belüftungssystem und die günstigen geologischen Verhältnisse wurden die Toten mumifiziert. Unter dem Hauptaltar der Kirche liegt der älteste Teil der Gruft, dort ruhen 24 Angehörige des Ordens.

In der Nachbarschaft befindet sich der Krautmarkt (Zelný trh). Er ist seit dem Mittelalter und bis heute ein beliebter Verkaufsplatz für Gemüse, Obst und

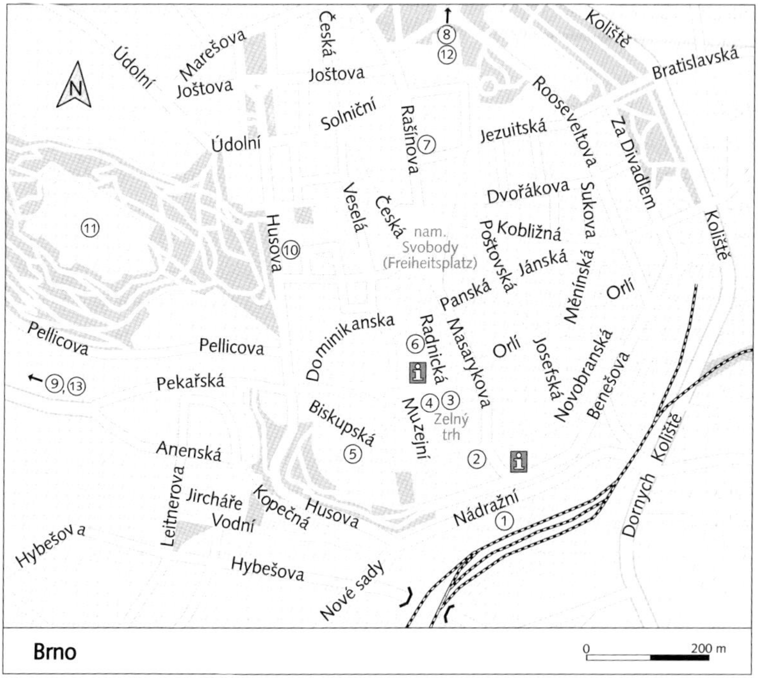

Legende

1 Hauptbahnhof
2 Kapuzinerkloster und Kirche zum Heiligen Kreuz
3 Redoute
4 Mährisches Landesmuseum
5 Dom Peter und Paul
6 Altes Rathaus
7 Jakobskirche
8 Mährische Galerie und Thomaskirche
9 Mendelianum
10 Mährische Galerie
11 Burg Spielberg
12 Villa Tugendhat
13 Messegelände

Blumen. An und auf ihm finden sich zahlreiche sehenswerte Objekte. Eindrucksvoll wirkt der barocke Parnas-Brunnen. Die Entwürfe von J. B. Fischer von Erlach wurden von 1691 bis 1695 von Tobias Kracker verwirklicht. Eine künstliche Felsengrotte zeigt Szenen der griechischen Mythologie. Auch an die Göttin Amphitrite wurde gedacht, viele Einheimische meinen sogar, es würde Glück bringen, wenn man sie küßt.

Das Theater Redoute (Reduta), zeigt sich im klassizistischen Baustil, entstand ursprünglich aber schon 1670. Mehrere verheerende Brände machten Reparaturen notwendig und führten zu baulichen Veränderungen. Trotzdem gehört es zu den ältesten Theatergebäuden Europas. 1767 dirigierte der 11jährige Mozart hier ein Konzert.

Die Gebäude auf der Südseite des Krautmarktes gehören zum Mährischen Landesmuseum mit Dietrichstein-Palast und Bischofshof. Im Dietrichstein-Palast sind Exponate der urzeitlichen Fauna und Flora sowie zur Mineralogie ausgestellt. Im zweiten Stockwerk findet man die archäologischen Ausstellungen mit der weltberühmten Venus von Westonitz (Věstonice).

Im Bischofspalast werden Sammlungen zur Tierwelt Mährens mit Aquarien, Münzen und Medaillen gezeigt. Im Münzsaal gefallen manieristisch bemalte Holzdecken. Wenn Sie das Museumspersonal darum bitten, zeigt man Ihnen auch die gotische Kapelle im zweiten Stock des Turmes mit schönem Gewölbe und Malereien.

Vom Krautmarkt führt die malerische Gasse Petrská (Petersberggasse) über Stufen hinauf zum Peter-und-Pauls-Dom auf dem Petrov (Petersberg). Um 1500 errichtete man den Sakralbau auf den Relikten einer altslawischen Burg und einer romanischen Kirche. Im Inneren fällt der Blick auf den elf Meter hohen Hauptaltar aus Zirbelkiefer, eine kostbare Madonna mit Kind steht im Unterchorraum. Die Mittagsglocken läuten um 11 Uhr, eine Stunde früher als anderswo. Diese Tradition geht auf die letzte schwedische Belagerung zurück. Am Himmelfahrtstag 1645 entschloß sich General Torstenson zum Abbruch der Belagerung, sollte Brünn nicht bis Mittag die Waffen strecken. Das Schicksal der Stadt stand auf Messers Schneide, denn die Befestigungsanlagen wiesen schon starke Risse auf. Plötzlich läuteten die Glocken, ein unbekannter junger Mann kündigte die Mittagszeit vorzeitig an. Ein Hirte hatte den Befehl Torstensons aufgeschnappt und die Nachricht sofort in die Stadt gebracht. Die Schweden zogen daraufhin unverrichteter Dinge ab.

Das Alte Rathaus findet man in der nördlich zum Krautmarkt einmündenden Radnická (Rathausgasse). Mit dem Bau wurde bereits im 13. Jahrhundert begonnen, seine Vollendung dauerte dann viele Jahrhunderte. 1511 schuf Meister Anton Pilgram im Erdgeschoß des Turms ein bewunderungswürdiges Portal. Für die ungerechte Entlohnung revanchierte sich der Meister mit einem absichtlich schief gearbeiteten Türmchen im Portalfigurenschmuck. Während einer Rathausführung kommen Besucher in die Schatzkammer, in den Fresken- und Kristallsaal sowie in den Rathausturm, in dessen unterem Bereich eine Ausstellung zur Rathausgeschichte und der Brünner Stadtverwaltung zu sehen ist.

Im Turmdurchgang zum Hof hängen zwei Symbole der Stadt: Der Drachen von Brünn und das Brünner Rad. Der Drachen ist eigentlich ein Krokodil. Der Legende nach sorgte der Drachen in der Brünner Umgebung für Panik und Schrecken. Schließlich stiftete der Stadtrat einen Preis für dessen Tötung. Ein findiger Ritter griff auf eine List zurück. Er füllte ungelöschten Kalk in einen toten Tierköder. Das Krokodil fraß den Köder, und nach dem Trinken zerriß sein Körper. Wahrscheinlicher klingt die Überlieferung, daß im Jahr 1608 König Matthias Corvinus von Ungarn der Stadt ein damals sehr exotisch wirkendes Krokodil schenkte, um sich die Gunst der mährischen Stände zu sichern.

Das Brünner Rad ist Ergebnis einer ungewöhnlichen Wette. Der Zimmermann Georg Birk aus Eisgrub, heute Lednice, hatte behauptet, daß er innerhalb eines Tages aus einem gefällten Baum ein Rad fertigen und dieses auch noch in das etwa 50 Kilometer entfernte Brünn rollen könnte. Er gewann die Wette. Doch es verbreitete sich das Gerücht, daß er diese bemerkenswerte Leistung nur geschafft habe, da er mit dem Teufel im Bunde stehe. Er bekam keine Aufträge mehr und verarmte.

Über die Panská (Herrengasse) und die Masarykova (Masarykstraße) gelangt man zum größten städtischen Platz, dem nám. Svobody (Freiheitsplatz), auch als Unterer Markt bekannt. In der Wende zum 20. Jahrhundert wurden viele historische Bauten abgetragen, man ersetzte sie durch funktionale Zweckbauten.

Der Schwartz-Palast (nám. Svobody 17) ist ein Renaissancegebäude mit sehenswerten Figurenreliefs und Sgraffitoschmuck.

Die große Pestsäule stammt aus dem Jahre 1680. Östlich davon mündet die Kobližná (Krapfengasse) ein. Das ehemalige Damenstift am Anfang dieser Gasse wurde im 17. Jahrhundert zur Betreuung und Erziehung von Waisenmädchen aus wohlhabenden Kreisen erbaut. Seit 1961 hat hier das Ethnografische Museum seinen Sitz. Neben Trachten, Keramik und kunstvoll verzierten Ostereiern ist auch die Volksarchitektur Mährens und Schlesiens ausgestellt.

Nördlich vom Freiheitsplatz kann man über die Rašínova zur Jakobskirche gehen. Ursprünglich stand hier eine Kapelle für deutsche Einwanderer, der jetzige Bau stammt aus dem 16. Jahrhundert. Mit 93 Metern Höhe besitzt die Kirche den höchsten Kirchturm der Stadt. Sehenswert sind die Barockaltäre aus Kunstmarmor sowie prächtige Chorbänke aus Eichenholz. Hinter dem Hauptaltar verdient das Grabmal von Raduit de Souches besondere Aufmerksamkeit. Als französischer Hugenotte und Oberbefehlshaber bei der Verteidigung gegen die schwedische Belagerung im Jahr 1645 erwarb er sich Ruhm und Anerkennung, indem er als Anführer der Verteidiger einer zwanzigfachen Übermacht erfolgreich Paroli bieten konnte. An der Kirchensüdseite streckt das Männlein Nehanba sein nacktes Hinterteil aus dem Fenster in Richtung Rathaus – die Rache des Bildhauers für die schlechte Entlohnung.

Auf dem nám. Svobody

Etwas weiter nördlich befindet sich die Thomaskirche. Das heutige Erscheinungsbild stammt aus dem 17. Jahrhundert. Der Kirche ist das ehemalige Augustinerkloster angeschlossen, heute als Statthalterpalast bekannt. Hier hat die Mährische Galerie ihr Domizil. Es wird Malerei aus der Zeit der Gotik, des Barock sowie des 19. Jahrhunderts gezeigt. Auch Schnitzarbeiten zumeist unbekannter Meister sind zu bewundern.

Im Mendelianum am Mendlovo nám. erinnert eine Ausstellung an das Wirken des ›Vaters der Genetik‹, Johann Gregor Mendel. Er experimentierte im Klostergarten an Versuchsreihen mit Bohnen und Erbsen. Dabei entdeckte der Mönch die Vererbungsgesetze bei Pflanzen. Erst nach seinem Tod wurden die Forschungsergebnisse gebührend beachtet.

Die Mährische Galerie (Moravská galerie) befindet sich in der Husova 14, unweit des Neuen Rathauses. Die Exposition umfaßt rund 100 000 Gegenstände, vor allem Stilmöbel, Keramik, Glas, Schmuck, Grafik, Fotografie, Kunst des Orients, Malerei und Bildhauerei. Häufig finden Wechselausstellungen statt.

Neben dem Peter-und-Pauls-Dom stellt die Burg Spielberg (hrad Špilberk) eine eindrucksvolle Dominante im Stadtbild dar. Sie wurde ursprünglich im 13. Jahrhundert als gotische Festung erbaut, später folgten barocke Umgestaltungen. Ab 1560 war sie im Besitz der Stadt, Brünn verlor jedoch die Eigentumsrechte wegen der Teilnahme an antihabsburgischen Aufständen. Seitdem sind die Mauern Staatseigentum. 1809 ließ Kaiser Napoleon Teile der Befestigungsanlage zerstören. Traurige Bekanntheit erlangte Spielberg als Kerker, hier waren viele Freiheitskämpfer der Doppelmonarchie inhaftiert, vor allem Ungarn, Polen und Italiener. Nachdem 1853 das Gefängnis aufgelöst worden war, diente das Areal als Kaserne.

In der Nordburg befinden sich heute die Ausstellungen ›Spielberg – Kerker der Nationen‹ und ›Bildende Kunst von der Renaissance zur Moderne‹ sowie ›Neues Brno‹. Einen Besuch wert sind die Kasematten im Burggraben. In die beiden Seitengräben wurden zweistöckige Gewölbekeller aus Ziegeln gebaut, die dem Schutz der Verteidiger bei einem Artillerieangriff dienten. Der Große Burghof dient im Sommer als Kulisse für Opern, Operetten, Musicals, Folkloretänze, dem Shakespearefestival und philharmonische Konzerte.

Nordöstlich der Altstadt, inmitten des feinen Wohnviertels Černá Pole, steht die Villa Tugendhat. Sie ist das erste Denkmal der modernen Architektur in Tschechien, das auf die Weltkulturerbeliste der UNESCO kam. Das funktionalistische Gebäude trägt seinen Namen nach dem jüdischen Textilfabrikanten Fritz Tugendhat. Von 1928 bis 1930 ließ er die verglaste Villa, ein Meisterwek des Architekten Ludwig Mies van der Rohe, für seine Familie erbauen. Neue bahnbrechende Materialien und Technologien kamen an diesem Bau zum Einsatz. 1938 emigrierte die jüdische Familie Tugendhat nach Südamerika. 1992 fanden in der Villa Diskussionen zwischen tschechischen und slowakischen Politikern statt, die das Ende der Tschechoslowakei einläuteten.

Vor den westlichen Stadttoren, am Schreibwald (Pisárecký park), wuchs in den 1920er und 1950er Jahren das wohl schönste Messegelände Europas heran, in dem jährlich rund 45 Fachmessen stattfinden. Im Park befindet sich der Pavillon Anthropos, ausgestattet mit archäologischen Fundstücken. Die Hauptattraktion ist ein lebensgroßes Mammut, daneben sind die Hohlenmalereien von Altamaria/Nordspanien und Lascaux/Südwestfrankreich als Kopien zu bestaunen.

Das markante Logo des Hotel Avion in der Česká von Bohuslav Fuchs

Zwischen den Orten Ostrovačice und Žebětín westlich von Brno werden auf dem international bekannten Masaryk-Ring jedes Jahr im August Grand-Prix-Motorradrennen veranstaltet.

Am nordwestlichen Stadtrand befindet sich der große Stausee Brněnská přehrada mit vielen Möglichkeiten zur Erholung (Baden, Bootsverkehr der ›Weißen Flotte‹, Segeln, Surfen etc.). Die Talsperre wurde zwischen 1935 und 1939 gebaut und staut den Fluß Svratka (Schwarzau) auf einer Länge von zehn Kilometern an.

Postleitzahl: 65878.
Kultur- und Informationszentrum der Stadt Brno, Radnická 8, Tel. 542 21 10 90, Fax 542 21 26 65, info@ticbrno.cz, www.kultura-brno.cz, www.brno.cz.

Brno hat günstige Bahnverbindungen mit Wien, Prag, Bratislava, Olomouc und Liberec über Hradec Králové. Mit Bussen gelangt man in viele andere Städte. Der Zentrale Busbahnhof liegt ungefähr zehn Minuten zu Fuß vom Stadtzentrum entfernt, im Südosten an der Straßenkreuzung Zvonařka ulice/Plotní ulice. Vom Hauptbahnhof führt ein Fußgängerweg, streckenweise auf Fußgängerbrücken, zum Busbahnhof.

A – Austerlitz Best Western Hotel, Táborského nábřeží 3, Tel. 543 21 47 18, Fax 543 24 21 51, www.ti.cz/austerlitz. Modernes Hotel in der Nähe des Messegeländes, das Interieur erinnert an die Zeit der Dreikaiserschlacht von 1805; DZ 67 bis 200 Euro.
Hotel Pegas, Jakubská 4, Tel. 542 21 01 04, Fax 542 21 43 14. Einfaches Haus im Zentrum über

einer Minibrauerei, hier wird auch Weizenbier gebraut, Zimmer mit dunklen Eichenmöbeln, ruhige Zimmer nach hinten; DZ 52 Euro.
Hotel Royal Ricc, Starobrněnská 10, Tel. 542 21 92 62, Fax 542 21 92 65, www.romantichotels.cz. Romantikhotel im Zentrum, gute italienische und französische Küche, Café, Weinstube, Zimmer mit Holzdecken, Kachelöfen, Gemälden, moderne Kunst; DZ 123 bis 217 Euro.
Parkhotel, Veslařská 250, Tel. 543 23 63 50, Fax 543 23 51 91, www.parkhotel.cz. Schlößchen aus dem 19. Jahrhundert, ruhig nahe dem Messegelände im Tal der Schwarzau gelegen, Restaurant, Wintergarten, Café, Weinstube, Sauna; zwanzig stilvolle DZ für 63 bis 77 Euro.
Pension Eliot, Kohoutovická 117/177, Tel. 546 21 73 33, Fax 546 21 73 22; DZ 26 bis 33 Euro; im Zentrum.
Jugendherberge (ubytovna Aikon), Vídeňská 106, Tel. 547 21 38 12.

Camping Bobrava am Brünner Stausee Brněnská přehrada, Tel. 547 21 60 56, Fax 547 21 60 57; ganzjährig geöffnet, mit Bungalows. Vom Stadt-zentrum mit Straßenbahn 18 bis Rakovec, von dort mit Buslinie 103.

Flora, Solniční 3a, täglich von 11.30 bis 24 Uhr; nahe der Geschäftstraße Česká, rustikales Milieu, ein Raum wurde als Fischerstube eingerichtet, Starobrno vom Faß.
U Bláhovsky, Gorkého 54, täglich von 12 bis 24 Uhr; eingerichtet im Stil der Kaiserzeit, Pilsner Urquell vom Faß, Spezialitäten: Eisbein, saurer Hering und warme Grieben.
U trech knížat (Zu den drei Fürsten), Minoritská 2, täglich von 10 bis 22 Uhr; in einem gotischen Haus aus dem 16. Jahrhundert, neu renoviert, herrliche Kreuzgewölbe in der ehemaligen Hauskapelle, mährische Spezialitäten, gute Salatbar, Starobrno vom Faß.
Café-Restaurant, Hlídka 2, täglich ab 11 Uhr; nahe der Burg Spielberg, elegant eingerichtet, Pilsner Urquell vom Faß, im Sommer Biergarten, Spezialität: gebackener Camembert mit Erdbeersoße.
Club osamělých srdcí (Lonely hearts Club), Poděbradova 12, täglich ab 17.30 Uhr; Brünner Kult-Gasthaus, Faßbier aus Strakonice und Nová Paka, nur Imbiß, für Freunde klassischer Rockmusik.

▸ Bierstuben

Černohorská pivnice, Kapucínské nám. 1, von Mo bis Fr von 8 bis 22 Uhr, Sa von 9 bis 14 Uhr; die preiswerteste Bierstube mit dem besten Bier der Sorte Schwarzenberger.
Pivnice Špalíček, Zelný trh 12, Mo bis Fr 10 bis 22, Sa 8 bis 14 Uhr.
Pivnice Pegas (auch Pension), Jakubská 4, täglich 9 bis 23 Uhr;

mit eigener Bierherstellung und Brauhausführung.
Stopkas Pilsner Bierstube (Stopkova), Česká 5, von Mo bis So von 10 bis 23 Uhr; über hundertjähriges schönes Gebäude, stilvolle Atmosphäre, Pilsener Bier und dunkles aus Taus.

▸ Weinstuben
U královny Elišky, Mendlovo nám. 1, von Di bis Sa von 19 bis 3 Uhr; historische Atmosphäre mit traditioneller Musik.
Biskupská vinárna, Biskupská 6, von Di bis So von 12 bis 16 und von 18 bis 2 Uhr.
Pod radničním kolem (Unter dem Rathausrad), Mecová 5.
Konditorei (Cukrárna) U čtyř mamlasů, nám. Svobody 10, von Mo bis Fr von 10 bis 18 Uhr, Sa und So von 9 bis 12 Uhr.
Kapuzinergruft (Kapucínská hrobka), von Di bis Sa von 9 bis 12 und von 13 bis 16 Uhr, So von 11 bis 16 Uhr.
Dietrichsteinpalast (Ditrichšteinský palác), Zelný trh 8, von Di bis Sa von 9 bis 17 Uhr geöffnet.
Bischofshof (Biskupský dvůr), Muzejní 1, geöffnet Di bis Sa 9 bis 17 Uhr.
Museum Burg Spielberg, Špilberk 1, geöffnet von Mai bis September Di bis So 9 bis 18 Uhr, im April und Oktober bis 17 Uhr, von November bis März Mi bis So 9 bis 17 Uhr.
Kasematten, Špilberk 1, geöffnet im Mai, Juni und September Di bis So von 9 bis 18 Uhr, im Juli und August täglich 9 bis 18 Uhr, von Oktober bis April Di bis So von 9 bis 17 Uhr.
Jüdischer Friedhof (Židovský hřbitov), Gorazdova/Pellicova, täglich außer Sa von 8 bis 17 Uhr geöffnet.
Mönitzer Tor (Měnínská brána), Měnínská 7, geöffnet Di bis So von 9 bis 17.30 Uhr. Sonderausstellungen im einzig erhalten gebliebenen Stadttor.
Haus der Künste (dům umění města Brno), Malinovského nám. 2, von Di bis So von 10 bis 18 Uhr. Gehört zu den großen Ausstellungshäusern des Landes mit wechselnden Expositionen.
Zoo, U Zoologické zahrady 46, geöffnet von April bis September 9 bis 18 Uhr, März und Oktober 9 bis 17 Uhr, November bis März 9 bis 16 Uhr.
Pavillon Anthropos, Pisárecký park, von April bis November von Di bis So 8.30 bis 17 Uhr geöffnet.
Villa Tugendhat, Černopolní 45, Mi bis So 10 bis 18 Uhr geöffnet.

▸ Theater
Nationaltheater (Národní divadlo v Brně), www.ndbrno.cz; Kartenvorverkauf in der Dvořákova 11.
Stadttheater (Městské divadlo), Lidická 16, www.mdb.cz.
Puppentheater Radost, Bratislavská 32.

Slavkov u Brna

Nur wenige Kilometer südöstlich von Brünn fand am 2. Dezember 1805 bei Austerlitz die sogenannte Dreikaiserschlacht statt: die Offensive der Truppen Kaiser Napoleons gegen die Verbände des russischen Zaren Alexander I. und des österreichischen Kaisers Franz I. Das verbündete österreichisch-russische Heer bot 84 000 Soldaten auf, Napoleon verfügte über 74 000 Mann. Das Völkergemetzel kostete insgesamt etwa 40 000 Menschenleben. Napoleon, der siegreich aus der Auseinandersetzung hervorging, dachte nicht in derlei Zusammenhängen und soll die Schlacht so kommentiert haben: ›... es genügt, wenn man sagt: Ich habe bei Austerlitz gekämpft, um als Antwort zu bekommen: Du bist ein Held!‹ Die von Napoleon Bonaparte ausgeklügelte geniale Strategie und Taktik werden bis heute auf allen Militärschulen unterrichtet.

Zum 100. Jahrestag der Wiederkehr der Schlacht wurde auf der Friedenshöhe (Mohyla míru) das Friedensdenkmal eingeweiht. Josef Fanta hat es im Jugendstil in Anlehnung an altslawische Grabstätten gestaltet. Das Denkmal besitzt ein Flüstergewölbe. Zur Erinnerung an die Schlacht finden alljährlich zum Jahrestag Gedenkveranstaltungen statt, wo Akteure in historischen Kostümen Schlachtszenen nachstellen.

Im Kaunitzschen Barockschloß wurden die Waffenstillstandsverhandlungen geführt. Für Napoleon war es ein glänzender Sieg. Europa lag dem Franzosen zu Füßen, Österreich war nun keine Weltmacht mehr.

Über die Straße Richtung Brno erreicht man zwischen Šlapanice und Podolí den Kaiserhügel (Žuráň), von wo aus Napoleon seine Truppen kommandierte. Am 2. Dezember 1805 um 7.30 Uhr sah Napoleon hier ›le soleil d' Austerlitz‹ (die Sonne von Austerlitz). Der Sonnenaufgang wurde zum Begriff und zur Legende, brachte er doch für tausende in den nächsten Stunden den Tod, für die französischen Truppen den Triumph.

In Rousínov steht die Alte Post (Stará pošta). Die ehemalige Poststation an der Straße nach Brünn war mehrmals das Hauptquartier der Oberbefehlshaber beider Parteien. Die Poststelle besitzt seit 2001 ihren eigenen Sonderstempel. Restaurant, Weinkeller und acht Luxusappartements stehen den Gästen zur Verfügung, in den Ställen stehen Pferde für Ausflüge zur Auswahl.

Infozentrum Austerlitz, Palackého nám. 1, 68401 Slavkov u Brna, Tel./Fax 544 22 09 88, info.austerlitz@infos.cz, www.slavkov-austerlitz.cz.

Hotel Victoria, Brněnská 121, Tel. 544220865; DZ ab 25 Euro.

Schloß Austerlitz mit Napoleonmuseum, Palackého

nám. 1, April und Oktober Sa, So 9 bis 16 Uhr, von Mai bis September Di bis So 9 bis 17 Uhr.
Denkmalstelle Friedenshügel, Prace u Brno, Tel. 544 24 47 24. Hier befindet sich auch ein stilvolles Café.
Alte Post (Stará pošta), 68301 Rousínov, Tel./Fax 517 37 59 85.
Gedenkveranstaltungen: www.austerlitz2005.com

Höhlen im Mährischen Karst

Die Macocha-Schlucht ist 138,7 Meter tief, aber von der Aussichtsplattform an der gleichnamigen Hütte sieht sie so gewaltig nicht aus – man kann nicht bis ganz hinunter schauen. Schon aus diesem Grund lohnt ein Besuch der weltbekannten Punkva-Tropfsteinhöhle. Entweder man nutzt den Sessellift, der den Eingang der Punkvahöhle und die Aussichtsplattform an der Macocha-Schlucht verbindet, oder man läuft von hier in einer reichlichen Stunde anfangs auf roter, später auf grüner Markierung zum Höhleneingang. Von Mai bis September sind die Eintrittskarten in die Punkvahöhlen oft ausverkauft. Deshalb sollte man die Eintrittskarten im voraus reservieren.

Während der etwa einstündigen Führung ist wundervoller Tropfsteinschmuck zu sehen, so der Baldachin, die versteinerten ›Wasserfälle‹ sowie die Tropfsteine Romeo und Julia. Die beiden erhielten ihren Namen, weil die Tropfsteinbildung beendet ist und sie nicht zueinander kommen können. Ein weiterer Höhepunkt ist die Besichtigung der Macocha-Schlucht auf deren Sohle – nur hier spürt man ihre Gewaltigkeit und kann die Schönheit vollständig erfassen. Zum Abschluß fahren die Besucher in Booten etwa 500 Meter auf der unterirdisch fließenden Punkva. Die Fahrt auf dem Wasser endet wieder im Freien neben dem Haupteingang.

In der Umgebung gibt es ungefähr noch 1000 Karsthöhen. Drei weitere Höhlen sind für Touristen zugänglich. Die Katharinenhöhle liegt knapp drei Kilometer südwestlich der Punkvahöhle und ist gut zu Fuß zu erreichen. Der Hauptdom ist 95 Meter lang, 44 Meter breit und 20 Meter hoch und damit der größte unterirdische Raum in Tschechien. Bei gelegentlichen Konzerten ist seine wunderbare Akustik zu erleben.

Der ›Kleine Bambuswald‹ (Bambusový lesík) wird von ein bis vier Meter hohen Stalagmiten gebildet. In der Mitte des ›Waldes‹ ragt eine kegelförmige Kuppe empor, darüber hängt ein Tropfstein, der einem Fasan ähnelt. Die weiß beleuchtete Wand im Hintergrund erscheint wie eine Wiese, auf der kleine Schafe weiden.

Jüngere Tropfsteinbildungen schufen den ›Venezianischen Kerzenhalter‹, eine Miniatur der Burgruine Trosky, die ›Musketiere‹ und den ›Niagarafall‹. Das märchenhafte Tropfsteingebilde ›Hexe‹ ist gebeugt, hat eine lange Nase, ein spitzes Kinn und stützt sich mit knochigen Händen auf einen Stock.

Die Balcarka-Höhle südlich von Ostrov u Macochy ist für ihre überaus bunten Tropfsteine bekannt, die Sloupsko-šošůvské jeskyně südlich von Sloup ist stufenlos erschlossen und kann deshalb auch von Behinderten besichtigt werden. Der Nagelabgrund ist mit 80 Metern Tiefe der gewaltigste seiner Art im Lande. Von zwei Plattformen kann man in die Tiefe schauen.

Zentraler Informationsdienst der Höhlenverwaltung, Skalní mlýn 65, 67801 Blansko-Moravský kras, Tel. 516 41 35 75, Fax 516 41 53 79, uismk@cavemk.cz, www.cavemk.cz.

Punkvahöhlen (Punkevní jeskyně), Blansko, Tel. 516 41 86 02, von Januar bis März sowie November und Dezember Di bis So von 8.40 bis 14 Uhr, von April bis September täglich von 8.20 bis 15.50 Uhr, im Oktober Mo bis Fr von 8.40 bis 14 Uhr, Sa, So von 8.20 bis 15.40 Uhr. Dauer der Besichtigung 60 Minuten, Länge 720 Meter, Länge der Bootsfahrt 450 Meter.

Katharinenhöhle (Kateřinská jeskyně), Blansko, Tel. 516 41 31 61, im Januar, November und Dezember geschlossen, im Februar und März von Di bis So um 10, 12 und 14 Uhr, von April bis September täglich 8.20 bis 16 Uhr, Oktober bis 14 Uhr. Dauer der Besichtigung 30 Minuten, Länge 430 Meter.

Balcarkahöhle (jeskyně Balcarka), Ostrov u Macochy, Tel. 516 44 43 30, im Januar, November und Dezember geschlossen, im Februar und März, von Di bis So um 9, 11 und 13 Uhr, von April bis September Mo bis Fr von 7.30 bis 15.30 Uhr, Sa, So von 8.30 bis 15.15 Uhr, im Oktober Mo bis Fr von 7.30 bis 13.30 Uhr. Dauer der Besichtigung 50 Minuten, Länge 700 Meter.

Sloupsko-šošůvské jeskyně, Sloup, Tel. 516 43 53 35, im Januar, November und Dezember geschlossen, im Februar und März Di bis So 10, 12 und 13 Uhr, April bis September täglich von 8 bis 15.30 Uhr, Oktober täglich von 8.30 bis 13.30 Uhr. Kurze Führung 60 Minuten, Länge 890 Meter, lange Führung 100 Minuten, Länge 1670 Meter.

Kroměříž

Anfang des 12. Jahrhunderts kam der Marktflecken Kremsier in den Besitz der Olmützer Bischöfe. Das Bischofskastell wurde alsbald zur beliebten Sommerresidenz der Bischöfe. Die prunkvollen Repräsentations- und Wohnräume zählen zu den schönsten in Europa. Der Reichstagssaal mit vergoldeten Stukkaturen, Spiegeln, Kristallüstern und kunstvoller Wandvertäfelung ist der schönste und größte Rokokosaal in Tschechien. Hier befindet sich die Portraitgalerie der Bischöfe und Erzbischöfe. In den Wirren der Revolution 1848/49 tagte hier der Konstitutionelle Reichstag der Habsburger Monarchie. Die Politiker verabschiedeten die erste demokratische Verfassung in Europa. Hier wurde erstmals verkündet: ›Alle Macht im Staat geht vom Volk aus‹. Die Beschlüsse wurden in der Habsburger Monarchie nicht umgesetzt, gaben jedoch wichtige Impulse für die Zukunft Europas. Das Schloß erlebte einen weiteren wichtigen Diplomatengipfel; im Zarensalon trafen 1885 Kaiser Franz Joseph I. und Zar Alexander III. zu Beratungen zusammen.

Eine wundervolle Rokokoausstattung schmückt auch den Lehenssaal mit einem Deckengemälde des Wiener Malers F. A. Maulbertsch. Ein weiteres großartiges Fresko schuf der Maler Josef Stern in der Schloßbibliothek. Hier lagern 33 641 Bände mit 304 Handschriften, 180 Erstdrucken, 20 000 Drucken vor 1800 und eine Sammlung von 19 000 Graphiken. Die Sammlung kirchlicher Prägungen von Münzen und Medaillen ist mit über 10 000 Stücken die weltweit zweitgrößte nach der im Vatikan.

Die Schloßgalerie im zweiten Stockwerk umfaßt zehn Säle. Gemälde von Weltrang sind die Meisterwerke von Cranach d. Ä., Bassano, Brueghel, Dürer, Hans von Aachen, Rubens, Tizian, van Dyck und Veronese. Als kostbarstes Bild im ganzen Land gilt ›Apollo und Marsyas‹ von Tiziano Vecellio. Das Gemälde wurde 1571 erschaffen und zeigt den antiken Mythos eines Musikerwettstreits zwischen dem Gott Apollon und dem Waldgeist Marsyas. König Midas trägt die Gesichtszüge des Künstlers Tizian. Nach der Prager Nationalgalerie ist die hiesige Sammlung mit 536 Werken die zweitgrößte im Land.

Im Erdgeschoß befindet sich eine Sala terrena mit Zugang zu den Unteren Schloßgärten (Podzámecká zahrada), die im englischen Stil gestaltet sind. Die prächtige Pompejanische Kolonnade reicht bis an das Ufer der March. Hierher wurden Büsten aus Pompeji gebracht.

Im 17. Jahrhundert wurde westlich des Stadtzentrums ein Blumengarten (Květná zahrada) nach französischem Vorbild angelegt. Die achteckige Rotunde ist mit Statuen, Malereien und Stukkaturen geschmückt. In der Spitze der Laterne hängt ein Foucault-Pendel, das die Rotation der Erde anzeigt. In den Nischen der Colloredo-Kolonnade stehen 44 Büsten antiker Gestalten, auf den Pfeilern der Arkaden sieht man weitere 46 Büsten. Die Kolonnade wird beidseitig von Nischen mit sensationeller Akustik abgeschlossen. Selbst Flüstertöne sind am anderen Ende der Kolonnade zu vernehmen. Dieser Effekt soll an die antike Nymphe Echo erinnern. Von einer unerfüllten Liebe gepeinigt, zog sie durch die Welt, bis sie so entkräftet war, daß nur noch ihre leise Stimme zu vernehmen war. Über einen Seitenaufgang gelangt man auf das Kolonnadendach. Vom Laufgang bieten sich die geometrische Ordnung der Spaliere und Brunnen und die farbigen Ornamente der Parterre besonders eindrucksvoll dar. Die Gartenanlage wurde Vorbild für viele Gärten in Mitteleuropa. 1998 wurden Schloß und Gärten in die Weltkulturerbeliste der UNESCO aufgenommen.

Im erzbischöflichen Weinkeller unter dem Schloßhof kommen erlesene Tropfen auf den Tisch.

Stadtinformation Kroměříž, Velké nám. 50/45, 76701 Kroměříž, Tel./ Fax 573 33 14 73, krominfo@snt.cz, www.mesto-kromeriz.cz.

Hotel Bouček, Velké nám. 182, Tel./ Fax 573 34 27 77. Kleines, familiär geführtes Haus am Markt; DZ 37 bis 43 Euro.

Hotel Oskol, Oskol 3203, Tel. 573 34 12 40, Fax 573 34 11 80. Hochhaus außerhalb vom Zentrum.

Pension Holub, Kollárova 25/741, Tel. 573 33 93 42, holub@ penzion.cz; DZ 38 bis 60 Euro.

Pension Menšík, Velké nám. 107, Tel. 573 33 06 01, v.mensik@ atlas.cz.

Jugendherberge (Domov mládeže Pavlákova), Pavlákova 3942, Tel. 573 34 05 08.

Schloß Kroměříž, Sněmovní nám. 1, Tel. 573 50 20 11, Fax 573 33 92 18, zamek@azz.cz. Besichtigungsrouten: Historische Säle (90 Minuten), Gemäldegalerie (1 Stunde), Sala terrena (30 Minuten), Schloßturm (30 Minuten, nur bei schönem Wetter), Münzpräge (30 Minuten, etwa 250 Meter vom Schloß entfernt), im April und Oktober Sa, So von 9 bis 17 Uhr, von Mai bis September von Di bis So von 9 bis 17 Uhr. Schloß- und Blumengarten, im Sommer von 7 bis 19 Uhr, ansonsten bis 16 Uhr.

Luhačovice

Luhačovice (Luhatschowitz) liegt in einem malerischen Tal. Der größte mährische Kurort wird von den Höhenzügen des Wisowitzer Berglandes und der Weißen Karpaten begrenzt. Hier erlebt man meist einen langen und warmen Sommer sowie einen milden und trockenen Winter. Nach Luhačovice kommen auch viele österreichische und deutsche Patienten. Hier werden Erkrankungen des Atmungs- und Verdauungssystems, Stoffwechselstörungen und Krankheiten des Bewegungsapparates behandelt.

Das moderne Hotel Adamantino an der Talsperre bei Luhačovice

Gegenwärtig werden 15 Quellen zu Heilbehandlungen genutzt. Die bekanntesten sind Vincentka, Aloiska, Ottovka, St. Josef und eine Schwefelquelle. Sie befinden sich sämtlich im Ortszentrum. In einer Stunde werden insgesamt 15 000 Liter Mineralwasser ausgeschüttet, das insgesamt 75 Kilogramm Mineralstoffe enthält: Natrium, Kalzium, Magnesium, Chlor, Brom, Jod sowie Kohlensäure und gelöstes Kohlendioxid. Die Temperatur beträgt zwischen zehn und zwölf Grad Celsius. Dank des hohen Mineralstoffgehaltes und dem freien Kohlendioxid gehören die hiesigen Quellen zu den stärksten alkalischen Sauerbrunnen Europas.

Die zentralen Kuranlagen auf dem Bäderplatz sind überwiegend schmucklose Zweckbauten, aber man findet auch schöne historische Kurhäuser im Fachwerkstil, so das Haus Jurkuvič (Jurkovicův dům) und das Hotel Smetana im Jugendstil am Bäderplatz (Lázeňské nám.).

Am westlichen Waldhang steht das Kurortmuseum Villa Lipová. Wer vom Kurzentrum immer dem Lauf der Horní Olšava flußaufwärts folgt, kommt an die etwa zwei Kilometer entfernte Talsperre (Přehradní nádrž). Die Staumauer aus dem Jahre 1930 besteht aus Natursteinen und schützt seitdem das Tal vor Hochwasser. Der Spaziergang um das Gewässer nimmt eine Stunde in Anspruch. Am Ufer warten viele Angler geduldig auf einen großen Fang. An der Talsperrenmauer sind riesige Karpfen zu beobachten, im Sommer ist der Stausee gleichzeitig Badesee.

Postleitzahl: 76326.
Luha-Info, Masarykova 950, Tel. 577 13 23 41, www.mesto.luhacovice.cz.
Bäderverwaltung (Lázně Luhačovice a.s.), Lázeňské nám. 436, Tel. 577 68 21 11, www.lazneluhacovice.cz. Man kann auch einen Aufenthalt in einigen Kurhotels ohne Behandlung buchen, Tel. 577 68 21 00.

Kurhotel Jurkovičův dům, DZ 88 bis 106 Euro; Sonderangebote am Wochenende; märchenhaftes Viersternehaus im volkstümlichen Jugendstil vom Architekten D. Jurovič, 2002 vollständig rekonstruiert, exklusives Restaurant, Sommergarten, Sauna, Whirlpool und Kohlensäurebäder.
Kurhotel Smetana, DZ 74 bis 88 Euro, im klassischen Jugendstil.
Kurhotel Palace, DZ 84 bis 102 Euro.
Garni Hotel Jestřabí, DZ 60 bis 70, im Fachwerkstil, neu rekonstruiert.
Hotel Adamantino, Pozlovice 337, Tel. 577 13 10 82, www.adamantino.cz; DZ 38 bis 45 Euro; modernes Hotel am Stauseeufer, Restaurant, Sauna, Swimmingpool, alle Zimmer mit Balkon.
Pension Hubert, Hradisko 467, Tel. 577 15 98 62, mobil 604 41 19 88, Fax 577159863, www.volny.cz/penzion-hubert; DZ 16 bis 20 Euro; kleine Pension.

Theatercafé (Divadelní kavárna), Dr. P. Blaho 416.
Konditorei (cukrárna Myslivna), Lázeňské nám.

Kurortmuseum (Muzeum Luhačovického Zálesí), Villa Lipová, geöffnet von Januar bis März sowie November und Dezember von Do 9 bis 12 und 13 bis 16 Uhr.

Zlín

Zlín ist die Heimat der tschechischen Schuhproduktion, die von hier aus ihren Siegeszug in die Welt antrat. 1894 begann Tomáš Bat'a mit der Produktion von Filzpantoffeln. Der große Aufstieg begann 1914 mit der Belieferung der österreichischen Armee. Weitere Großaufträge für das Militär beschleunigten die Einführung der Massenproduktion nach amerikanischem Muster, nach dem Ersten Weltkrieg lieferte Bat'a in die ganze Welt.

Aber nicht nur der Profit stimmte, Bat'a kümmerte sich auch um das Wohl seiner Arbeiter und Angestellten, so mit Gewinnbeteiligung und Selbstverwaltung

Im Aufzug dieses Hochhauses war das Büro von Tomáš Bat'a untergebracht, so daß er mühelos Kontakt zu den einzelnen Abteilungen halten konnte

der Werkhallen. Zum Aushängeschild wurde auch die moderne ziegelrote Architektur im Stil des Funktionalismus. Produktionshallen sowie öffentliche und private Gebäude wurden als ideale Industriestadt nach Plänen des tschechischen Architekten F. L. Gahura erbaut, einem Meisterschüler von Jan Kotěra. Zlín gilt als einzige Idealstadt, die jemals verwirklicht wurde. Die meisten Bat'a-Arbeiter wohnten in komfortablen Einfamilienhäusern und Wohnblöcken. Bei der Auswahl zur Neueinstellung bevorzugte die Betriebsleitung Jugendliche aus armen Familien aus Zlín und Umgebung, dies stärkte das Ansehen und die lokalpolitische Macht des Fabrikherren.

Tomáš Bat'a war bis zu seinem Tod im Jahre 1932 einer der mächtigsten Unternehmer der ČSR geworden. Überall auf der Welt entstanden Bat'a-Ableger, so Bata-Ville in Frankreich, Batagar in Indien, Bata-Town in England und Batawa in Kanada. In jeder großen tschechoslowakischen Stadt besaß Bat'a in der Vorkriegsepoche mindestens ein eigenes Schuhgeschäft. Während des Zweiten Weltkriegs belieferte Bat'a auch die Wehrmacht. Nach Kriegsende wurde Jan Antonín Bat'a der Zusammenarbeit mit den deutschen Besatzern bezichtigt, die Betriebe in Zlín wurden deshalb schon 1945 verstaatlicht. Um den renommierten Namen Bat'a aus dem Bewußtsein der Bevölkerung zu verbannen, wurde die Stadt 1949

Arbeiterhaus für vier Familien. Das Motto des Schuhfabrikanten Bat'a hieß: »Gemeinsam arbeiten, individuell wohnen«

in Gottwaldov umgetauft, nach dem führenden KP-Politiker Klemens Gottwald. Die Schuhwerke tragen seitdem den Namen Svit. Ende 1989 bekam die Stadt Zlín ihren alten Namen zurück.

Heute sitzt die Bata shoe organization im kanadischen Batawa, unweit von Montreal. Dem Imperium gehören in 90 Ländern 110 Fabriken und 6000 Schuhgeschäfte. Etwa 80 000 Angestellte produzieren jährlich weltweit etwa 350 Millionen Paar Bat'a-Schuhe.

Jetzt existieren in Tschechien wieder zahlreiche Bat'a-Schuhgeschäfte. Der Stammbetrieb in Zlín wurde bisher nicht an seine früheren Besitzer zurückgegeben, so wie alle anderen Betriebe, die nach 1948 verstaatlicht wurden. Bat'as Erben teilen in dieser Beziehung das Schicksal der enteigneten Sudetendeutschen. Die Weltfirma hat in Tschechien die bekannte Schuhmarke Botas gekauft.

Im Erdgeschoß des Hochhauses der Firma Svit, gegenüber vom Hotel Moskva, befindet sich heute das einzigartige Schuhmuseum (Obuvnické muzeum) mit Exponaten aus aller Welt. Die ältesten stammen aus dem 14. Jahrhundert. Auch Schuhe berühmter Persönlichkeiten werden hier präsentiert.

Ganz in der Nähe, gegenüber dem zentralen Busbahnhof, steht inmitten einer kleinen Parkanlage das Zlíner Schloß mit dem Südmährischen Museum und der Galerie der Bildenden Kunst mit tschechischer Kunst des 19. und 20. Jahrhunderts.

Die bekannten Wohnsiedlungen für ehemalige Bat'a- Betriebsangehörige, in den 1930er Jahren aus roten Klinkersteinen erbaut, befinden sich im östlichen Stadtbereich, zu beiden Seiten der Hauptstraße Richtung Vizovice. Berühmt sind auch die großen Filmstudios von Zlín.

Touristisches Informationszentrum Zlín, nám. Míru 12, 76140 Zlín, Tel. 577 63 02 22, Fax 577 63 02 74, is@muzlin.cz.

Interhotel Moskva, nám. Práce 2512, Tel./Fax 577 56 11 11, moskvazlin@-iqnet.cz. Monumentales Hotel aus den 1930er Jahren gegenüber der Schuhfabrik Svit, Restaurant, Café, Weinstube; DZ 46 Euro.
Hotel Garni, nám. T. G. Masaryka 1335, Tel. 577 21 13 12; DZ 40 bis 50 Euro.

Südmährisches Museum Zlín (Muzeum jihovychodní Moravy ve Zlíně) und Galerie der Bildenden Kunst im Schloß (Krajská galerie vytvarného umění), Soudní 1, www.muzeum.zlin.cz; Di bis So 9 bis 12 und 13 bis 17 Uhr.
Schuhmuseum im Schloß (Obuvnické muzeum Zlín), třída Tomáše Bati 1970, Tel. 577 21 39 78; Februar bis Dezember Di bis So 10 bis 12 und 13 bis 17 Uhr geöffnet.
Zoo am Schloß, Lukovská 112, www.zoolesna.cz.

Reisetips von A bis Z

Anreise

Für die Einreise nach Tschechien benötigen Deutsche, Österreicher und Schweizer nur einen Personalausweis oder Reisepaß. Ausweis oder Paß müssen mindestens noch sechs Monate Gültigkeit besitzen.

▸ Mit dem Auto
Führerschein und Kraftfahrzeugschein sind erforderlich, Mitnahme der Grünen Versicherungskarte wird empfohlen. Für die Benutzung von Autobahnen und ausgewählten Fernstraßen müssen Gebühren bezahlt werden. Die erforderliche Vignette (Tages-, Wochen- und Jahresvignette) ist an Grenzübergangsstellen, aber auch in Postämtern und ausgewählten Tankstellen erhältlich. PKW und Motorräder zahlten für die Jahresvignette 2005 etwa 30 Euro.

▸ Mit dem Zug
Vom frühen Morgen bis zum Mittag besteht ab Berlin ein IC/EC-Zweistundentakt nach Prag, die Züge benötigen knapp fünf Stunden für die 380 Kilometer. Von Dortmund über Köln, Frankfurt/M. und Nürnberg fährt der IC Karlstein, von Nürnberg zusätzlich der IC Franz Kafka nach Prag.
Mit den IC Hungaria und Porta Bohemica fährt man bequem auch von Hamburg in die Moldaumetropole. Die Verbindung Zürich-München-Prag bedient der EC Albert Einstein. Von Wien in Richtung Prag verkehren der IC Antonín Dvořák und mehrere D-Züge.

Grenzübergänge von Deutschland in die Tschechische Republik im Zugverkehr:
Zittau-Hrádek nad Nisou (Regionalverkehr)
Zittau-Varnsdorf (Regionalverkehr)
Ebersbach-Rumburk (Regionalverkehr)
Bad Schandau-Děčín (Hauptstrecke Berlin–Dresden–Prag)
Bärenstein-Vejprty (Regionalverkehr)
Johanngeorgenstadt-Potucky (Regionalverkehr)
Bad Brambach-Vojtanov (Regionalverkehr)
Furth im Walde-Domažlice
Schirnding-Cheb (Hauptstrecke Nürnberg-Prag)
Bayrisch Eisenstein-Železná Ruda (Regionalverkehr)

Grenzübergänge von Österreich in die Tschechische Republik im Zugverkehr:
Summerau-Horní Dvořiště
Gmünd/Schiel-České Velenice
Hohenau-Břeclav

▸ Mit dem Flugzeug
Lufthansa, Austrian Airlines, Swiss Air und die tschechische Gesellschaft CSA fliegen von Prag aus den deutschsprachigen Raum an. Tägliche

Verbindungen bestehen von München, Frankfurt/M., Berlin-Tegel, Zürich und Wien nach Prag. Mehrmals wöchentlich gelangen Sie auch von Köln, Stuttgart, Düsseldorf, Hannover und Nürnberg nach Prag. Seit kurzem fliegen auch zwei der sogenannten Billigflieger Prag an: easyjet von Dortmund und Germanwings von Köln/Bonn sowie Stuttgart. Die günstige tschechische Gesellschaft smartwings fliegt von Prag verschiedene Ziele in Europa an. Vom Prager Flughafen kann man mit dem Flughafenbus direkt bis ins Stadtzentrum fahren (ca. 20 Kilometer). Tickets dafür gibt es im Bus.

▸ Mit dem Fahrrad oder zu Fuß
Es existieren viele deutsch-tschechische Grenzübergänge, die nur Radfahrern, Fußgängern oder Skiläufern vorbehalten sind. Sie liegen in beliebten Wanderregionen. Nachts sind die Übergänge meist geschlossen. Auskünfte dazu erteilen die Fremdenverkehrsämter der jeweiligen Region. Auch zwischen Tschechien und den anderen Nachbarstaaten existieren zahlreiche derartige Grenzübergänge.

Apotheke (lékárna)

Das Angebot unterscheidet sich kaum noch von dem deutscher Apotheken. Viele Arzneimittel sind hier kostengünstiger zu haben. Wer bestimmte Medikamente regelmäßig einnehmen muß, sollte diese in ausreichender Menge von zu Hause mitzubringen.

Baden

Viele Stauseen, naturbelassene Flußufer, aber auch zahlreiche Seen und Teiche locken in der warmen Jahreszeit zum Baden. Zumeist existieren in Badezentren ein oder mehrere Campingplätze.
Einige beliebte Badegewässer:
- Lipno-Stausee im Dreiländereck Tschechien-Deutschland-Österreich.
- Hracholusky-Stausee westlich von Plzeň.
- Jesenická-Stausee südöstlich von Cheb.
- Slapy- und Orlík-Stausee südlich von Prag.
- Machasee (Máchovo jezero) bei Doksy.
- Rozkoš-Stausee südwestlich von Náchod.
- Vranov-Stausee westlich von Znaim.
- Brněská-Stausee bei Brno.
- Žermanice-Stausee östlich von Ostrava.

In den Städten gibt es zumeist Hallen- oder Freibäder. FKK wurde erst in letzter Zeit beliebt. Es gibt aber nur wenige Badestellen dieser Art.

Campingplätze

Tschechien verfügt über ungefähr 200 Campingplätze. An vielen Orten vermietet man auch kleine Bungalows – besonders bei schlechter Witterung eine willkommene und preiswerte Alternative zum Zeltaufbau. Eine große Anzahl der Campingplätze befindet sich an Stau-

seen, an attraktiven Flußauen und in der Nachbarschaft von Bergsportzentren. In Deutschland erscheint jährlich ein aktualisierter ADAC-Campingführer, in dem auch Plätze in Böhmen und Mähren mit ihren Betriebszeiten, Badegelegenheiten, Einkaufsmöglichkeiten, Restaurants und Preisen aufgeführt sind.
Der Verlag ShoCart verlegt alljährlich eine Campingkarte im M 1:500 000.
www.camp.cz.

Diplomatische Vertretungen Tschechiens im Ausland
In Deutschland:
Wilhelmstr. 44
10177 Berlin
Tel. 030 / 22 63 80
www.czech-embassy.de

In Österreich:
Penzinger Straße 11–13
1140 Wien
Tel. 01/89 95 80
www.mvz.cz/vienna

In der Schweiz:
Muristraße 53
3000 Bern 16
Tel. 031/350 40 70
www.mvz.cz/bern

Diplomatische Vertretungen in Tschechien
Deutsche Botschaft
12560 Prag 1
Vlašská 19
Tel. 257 11 31 11
www.deutsche-botschaft.cz

Österreichische Botschaft
Prag 5
Victora Huga 10
Tel. 257 09 05 11
www.austria.cz

Schweizer Botschaft,
Prag 6
Pevnostní 7
Tel. 220400611
vertretung@pra.rep.admin.ch

Einkaufen
In Tschechien gibt es kein Ladenschlußgesetz. Je nach Lage und Größe des Geschäfts variieren die Schließzeiten. Lebensmittelläden haben von Montag bis Freitag zumeist von 7 bis 18 Uhr, Samstag von 7 bis 12 Uhr und manche auch Sonntag von 13 bis 18 Uhr geöffnet. Ansonsten gilt 9 bis 18 Uhr an Werktagen als üblich. In Dörfern und Kleinstädten werden Geschäfte oft über Mittag und schon ab 17 Uhr geschlossen.
Kaufhäuser haben donnerstags meist bis 20 Uhr geöffnet, am Samstag bis 16 Uhr und in Großstädten auch am Sonntag. Potraviny ist ein Lebensmittelladen ohne Selbstbedienung, Samoobsluha ist ein Geschäft mit Selbstbedienung.
Maso uzeniny sind Fleisch- und Räucherwaren, eine cukrárna verkauft Gebäck und Süßigkeiten, lahůdky ist das Delikatessengeschäft. Obst- und Gemüseläden erkennen Sie an der Aufschrift ovoce/zelenina, neuerdings auch kolonial.

Besonders beliebte Mitbringsel aus Böhmen und Mähren sind Porzellan, Keramik, böhmisches Glas, Lederwaren, Spitze und Stickereien, Tonträger mit klassischer Musik (CD, MC), preisgünstige Bücher (insbesondere mehrsprachige Bildbände, auch in deutsch), Kalender, Kosmetikartikel, Bier, Magenbitter, Karlsbader Becher und Sliwovitz, ein Pflaumenschnaps.
Die Mehrwertsteuer-Rückerstattung ist seit dem EU-Beitritt nicht mehr möglich.

Fest- und Feiertage

Neujahr (1. Januar), Ostermontag, Tag der Arbeit (1. Mai), Tag der Befreiung Prags 1945 (8. Mai), Tag der Slawenapostel/Einführung des Christentums 863 (5. Juli), Gedenktag an Jan Hus, Verbrennung 1415 (6. Juli), Tag des Nationalheiligen Wenzel (28. September), Tag der Republik/Staatsgründung 1918 (28. Oktober), Weihnachten (24., 25. und 26.Dezember).

Festivals und Kulturelles

Die Tschechische Zentrale für Tourismus gibt alljährlich einen ›Kalender des Fremdenverkehrs-Tschechische Republik‹ heraus. Er enthält alle Daten zu wichtigen Festivitäten im Land in deutscher Sprache.

- Februar: Fastnachtumzüge in vielen Orten Böhmens und Mährens, die schönsten Umzüge gibt es in Südböhmen (Strakonice und Milevsko) sowie auf der Böhmisch-Mährischen Höhe (um Hlinsko) zu bestaunen.
- Mai: Musikfestival ›Prager Frühling‹, Königsritt in Vlčnov und Hluk bei Uherský Brod zu Pfingsten.
- Juni: Internationales Folklorefestival in Strážnice am Fuße der Weißen Karpaten, 80 Kilometer östlich von Brno.
- Juli: Folklorefestival in Rožnov pod Radostěm, Marionettenfestival in Chrudim, Historische Ritterspiele in Znojmo.
- August: Chodenfestival Domažlice, Chopin-Musikfestival in Mariánské Lázně, Sommerfest im Barockschloß Valtice in Südmähren, Musikfestspiele in zeitgenössischen Kostümen.
- September: Internationales Dudelsackpfeiferfestival in Strakonice, jedes zweite oder dritte Jahr Hopfenerntefeier in Žatec.
- Oktober: Pferderennen ›Große Steeplechase von Pardubice‹ und Turniere, Internationale Musiktage in Brno, Internationales Jazzfestival in Prag.

Geldumtausch

Der Vergleich vor dem Geldumtausch lohnt, einige Geldinstitute oder Hotelrezeptionen verlangen sehr hohe Gebühren. Normal sind höchstens zwei Prozent. Am kostengünstigsten ist das Geldabheben am Automaten mit der Postbank Sparcard. Pro Jahr sind vier Auszahlungen im Ausland kostenfrei, dazu kommt ein günstiger tagesaktueller Kurs (Ende 2005. 29 Kč = 1 Euro). Bei einigen Bankenautomaten kann man nur geringe Summen abheben, bei der Komercní banka sind jedoch Einzelabhebungen bis Kč 60 000 (etwa 2000 Euro) möglich. Kreditkarten werden vielerorts akzeptiert. Die Währungseinheit in Tschechien ist die Krone (Kč), 100 Heller (haléřů) sind eine Krone. In Tschechien gibt es Scheine zu folgenden Werten: Kč 20, 50, 100, 200, 500, 1000, 2000 und 5000. Münzen existieren zu Kč 1, 2, 5, 10 und 20 sowie haléřů 10, 20 und 50.

Grenzanliegende Staaten

▸ Slowakische Republik: Für die Überquerung der Grenzübergänge (von Süd nach Nord) genügen Personalausweis oder Reisepaß. Autobahn bei Lanžhot, weitere Grenzübergänge:
Lanžhot–Kúty
Břeclav–Kúty
Hodonín–Holíč
Sudoměřice–Skalica
Velká nad Veličkou–Vrbovce
Velká nad Veličkou–Myjava
Strání–Moravské Lieskové
Starý Hrozenkov–Drietoma
Brumov Bylnice–Horné Srnie
Střelná–Lysá pod Makytou
Velké Karlovice–Makov
Horní Bečva–Makov
Mosty u. Jablunkova–Svrčinovec
Březová–Nová Bošaca
Bílá–Klokočov
Šance–Podzávoz
Nedašova Lhota–Červený Kameň

▸ Polen: Auch hier genügen der Reisepaß und die Grüne Karte, um folgende Grenzübergänge (von West nach Ost) zu überqueren:
Hrádek nad Nisou–Porajów
Habartice–Zawidów
Harrachov–Jakuszyce (E 65)
Horní Malá Upa–Przełęcz Okraj (Kowary)
Královec–Lubawka
Starostin–Golinsk (nur kleiner Grenzverkehr, auch für Ausländer geöffnet)
Otovice–Tłumaczow
Náchod–Kudowa Słone
Lichkov–Boboszów
Mikulovice–Głuchołazy
Krnov–Pietrowice
Bohumín–Chałupki
Závada–Gołkowice (nur kleiner Grenzverkehr für Tschechen und Polen!)
Dolní Marklovice–Marklowice Górne
Chotěbuz–Cieszyn
Český Těšín–Cieszyn

Informationen

Tschechische Zentrale für Tourismus – Czech Tourism
Friedrichstr. 206
10969 Berlin
Tel./Fax 030/204 47 70
www.czechtourism.com

Tschechische Zentrale für Tourismus
Prinzregentenstraße
80538 München
Tel. 089/21 02 49 32
Fax 21 02 49 33
info2-e@czechtourism.com

Tschechische Zentrale für Tourismus
Herrengasse 17
1010 Wien
Tel. 01/53 32 19 33
Fax 53 32 19 34
info-at@czechtourism.com

Tschechische Zentrale für Tourismus
Vinohradská 46
12041 Praha 2
Tel. 221 58 01 11
Fax 221 58 04 92
cccr@cccr-cta.cz.

Tschechisches Zentrum – CzechPoint, Friedrichstraße 206, 10969 Berlin, Tel. 208 25 92, Fax 204 44 15, ccberlin@szech, www.czech-berlin.de.

Jagd

Die tschechische Mittelgebirgslandschaft bietet für Hoch- und Niederwild ideale Lebensbedingungen. Hirsch, Dam- und Schwarzwild, Mufflon, Reh, Hase und Fasan haben hier ihre Heimat. Während des Herbstzuges der Wildgänse bläst man in West- und Südböhmen sowie auf südmährischen Fischteichen zur Jagd. Der Wildbestand befindet sich insgesamt in einem gesunden Zustand, zahlreiche Arten wurden jedoch durch Umwelteingriffe dezimiert. Rebhuhn, Auer- und Birkhuhn sind nur noch sehr selten anzutreffen. Heute stammen Rebhühner größtenteils aus Zuchtanlagen.

Jagd- und Forstmuseen befinden sich in Ohrada bei Hluboká nad Vltavou mit der weltbekannten Sallač-Sammlung von Hirschgeweihen, im Schloß Lednice, in der Burg Úsov nordwestlich von Olomouc, in der Burg Křivoklát westlich von Prag, im Schloß Konopiště südöstlich von Prag sowie in den Schlössern Opočno nordöstlich von Hradec Králové und Orlík am gleichnamigen Stausee südlich von Prag.

Auskünfte zu gesetzlichen Regelungen und Höhe der Abschußgebühren erteilt die Tschechische Zentrale für Tourismus.

Klima und Reisezeit

Böhmen, Mähren und Schlesien gehören zum Gebiet des gemäßigten Übergangsklimas zwischen ozeanischem und kontinentalem Klima. Im wesentlichen entspricht es dem der mitteleuropäischen Nachbarländer. In den einzelnen Regionen herrschen einige Besonderheiten. So bewirken die Gebirgswälle eine deutliche Niederschlagsabnahme in den Vorlandregionen und im Landesinneren. In den Kammlagen von Böhmerwald, Erzgebirge und Sudeten verzeichnet man eine durchschnittliche Niederschlagsmenge von etwa 1300 Millimetern pro Jahr, dagegen sind es in Prag nur knapp 500 Millimeter.

In den Bergen schneit es etwa an hundert Tagen im Jahr, so daß im Riesengebirge von Ende November bis Ende März zumeist sehr gute Wintersportmöglichkeiten bestehen. Der kälteste Punkt des Landes ist die

Schneekoppe mit 0,1 Grad Celsius Jahresdurchschnittstemperatur. Schneefälle sind hier das ganze Jahr über möglich. Statistisch gesehen ist der Juli wärmster Monat (Prag 24,4 Grad Celsius, Riesengebirge 14 Grad Celsius). Die kälteste Periode herrscht im Januar (Prag 1,1 Grad Celsius, Riesengebirge –6 Grad Celsius). Mitte Mai bis Ende Juni wird es oft warm und es regnet kaum, ebenso im Altweibersommer von Anfang September bis Anfang Oktober. Im Juli und August führen schnelle Wetterumschläge oft zu Gewittern und hohen Niederschlagsmengen. Bei der Jahressonnenscheindauer beobachtet man von West nach Ost einen Anstieg.

Medien

Die meisten Hotels, Pensionen und Privatunterkünfte verfügen über TV-Satellitenempfangsanlagen. Deutsche Tageszeitungen, Nachrichtenjournale und Boulevardblätter sind an vielen Kiosken und Hotels zu bekommen. Die ›Prager Zeitung‹ ist deutschsprachig. Die Themen sind speziell auf im Land verbliebene Deutsche, Heimatvertriebene, aber auch alle Interessenten Tschechiens ausgerichtet. Mit einem ausführlichen Prager Veranstaltungskalender ist die Zeitung vielerorts zu haben.

Medizinische Versorgung

Zwischen Deutschland und Tschechien existiert ein Sozialhilfeabkommen. Vor der Reise muß sich der Versicherte bei seiner jeweiligen Krankenkasse eine Europäische Krankenversicherungskarte beschaffen. Damit kann man sich in Tschechien zu einer Vertretung der staatlichen Krankenkasse (Česká zdravotní pojištění) begeben, die in jeder größeren Stadt ein Büro hat. Dort erhält man Adressen der jeweiligen Vertragsärzte. Müssen dennoch Behandlungen selbst bezahlt werden, sollte man sich unbedingt eine Quittung mit Beschreibung der erbrachten Leistungen ausstellen lassen, damit die Kosten daheim rückerstattet werden können. Eine zusätzliche private Auslandskrankenversicherung wird angeraten, da die gesetzlichen Kassen keinerlei Kosten für einen Krankentransport nach Deutschland übernehmen.
Medizinischer Notfalldienst (landesweit): Tel. 155.
Zwei wichtige Worte: lékař (Arzt) und nemocnice (Krankenhaus).

Museen

Geöffnet ist in der Regel täglich außer montags und an Tagen nach Feiertagen. Der überwiegende Teil der Museen und Ausstellungen, die sich auf Burgen und Schlössern befinden, ist nur von Anfang April bis Ende Oktober zugänglich. In den Monaten April und Oktober haben viele Ausstellungen nur an Sams-, Sonn- und Feiertagen geöffnet, wenn keine Vorbestellung für andere Tage erfolgte. Eine Führung ist meist obligatorisch; spricht das Personal nicht deutsch, dann bekommen deutsche Touristen oft Besichtigungsmappen mit deutschem Text in die Hand gedrückt. Viele Museen zeigen spezialisierte Ausstellungen.

Post

Postämter in Städten haben meist durchgehend, auch am Wochenende, geöffnet. Ansonsten von Mo bis Fr von 8 bis 19 Uhr und Sa von 8 bis 12 Uhr. Auch Dörfer haben ihre Postämter, allerdings sind diese meist nur von Mo bis Fr von 8 bis 13 Uhr geöffnet. Briefe und Karten aus der Tschechischen Republik nach Deutschland (tschechisch: Německo) benötigen ein bis zwei Tage. Die Gebühr für Postkarten und Briefe bis 20 Gramm beträgt innerhalb Europas Kč 9. Briefmarken (postovní známka) erhält man an Zeitungskiosken, Schreibwaren- und Tabakläden.

Reiseveranstalter

Begegnung mit Böhmen, Dachbettener Str. 47b, 93049 Regensburg, Tel. 09 51/260 80, Fax 260 81, www.boehmen-reisen.de, info@boehmen-reisen.de.

Čedok, Kaiserstr. 54, 60329 Frankfurt/M., Tel. 069/274 01 70, Fax 23 58 90; Zweigstelle: Seydelstr. 27, 10117 Berlin, Tel. 030/204 46 44, Fax 030/204 46 23, www.cedok.de.

CS-Plusreisen, Husemannstr. 16, 10435 Berlin, Tel. 030/442 41 73, Fax 441 06 00, www.tschechien-reisen.de, info@cs-plus-reisen.de.

Europa-Reisen, Weidenstr. 1, 68165 Mannheim, Tel. 06 21/446 50 52, Fax 418 21 39, www.europa-reisen-mannheim.de, europa-reisen@freenet.de.

Frankenland-Reisen, Fitzenderfer Str. 11, 97496 Burgpreppach, Tel. 095 34/922 00, Fax 92 20 11, www.frankenland-reisen.de, kontakt@frankenland-reisen.de.

GO EAST Reisen GmbH, Bahrenfelder Chaussee 53, 22761 Hamburg, Tel. 040/89 69 09-0, Fax 89 49 40, www.go-east.de, info@go-east.de.

Ingtours Reisen GmbH, Karl-Marx-Allee 111, 10243 Berlin, Tel. 030/238 48 08, Fax 238 48 38, www.ingtours.de, berlin@ingtours.de.

Kira Reisen KG, Mellingerstrasse 6, CH-5400 Baden, Tel. 00 41 56/200 19 00, Fax 222 77 24, www.kira-travel.ch.

Nova-Tours, Leipziger Str. 260, 01139 Dresden, Tel. 03 51/856 70 63, Fax 856 70 64, www.nova-tours.de, info@nova-tours.de.

Tatra-Expres-Reisen, Kummerower Weg 7, 16306 Jamikow, Tel. 033 31/799 16, Fax 799 15, www.tatra-expres-reisen.de, tatra-expres@t-online.de

Wege nach Osten, Eulenkamp 22, 14552 Wilhelmshorst, Tel. 03 32 05/259 74, Fax 259 75, www.wege-nach-osten.de.

Sport

Für viele Sportarten bieten spezialisierte Reisebüros ihre Dienste an. Als die Nr.1 in Tschechien gilt dabei die Firma Sport-S mit Filialen in Prag (Václavské nám. 48, praha@sport-s.cz) und Chomutov (Blatenská 113); www.sport-s.cz.

▶ Angeln

Für die verschiedenen Fischarten gelten unterschiedliche Schonzeiten. Erforderlich ist eine Anglerkarte, die nach Vorlage des Reisepasses von den Stadtbezirks-, Kreisämtern sowie Stadt- und Gemeindeämtern oder in Čedok-Reisebüros ausgestellt werden (Tages-, Wochen-, Monats- und Jahreskarten). Eine Wochenkarte kostet pro Person für Forellengewässer in Westböhmen 10 Euro.
Die Tschechische Zentrale für Tourismus verschickt auf Anfrage die Infobroschüre ›Jagd und Angeln in der Tschechischen Republik‹. Die Firma SHOCart Zlín (Wassersport) gibt Fischrevierkarten (Rybářské mapy) heraus.
Infos: Tschechischer Anglerverband (Český rybářský svaz), Tovární 5, 30121 Plzeň, Tel. 377 22 35 69, Fax 377 32 87 89, www.top.cz/crsplzen.

▶ Bergsteigen/Klettern

Die Felsengebiete im Elbsandsteingebirge, die Felsenstädte Prachower Felsen, Adersbacher und Wekelsdorfer Felsen sowie das Böhmische Paradies sind ideale Klettergebiete, die auch Profis herausfordern. Teilweise erreichen die Kletterpartien auf den Sandsteinfelsen den 10. Schwierigkeitsgrad. Individuelles Bergsteigen in den Naturschutzgebieten ist nur Mitgliedern von Bergsteigerverbänden erlaubt. Hobbykletterer dürfen sich hier nur in Begleitung eines Bergführers an den Fels begeben.
Infos:
Tschechischer Bergsteigerverband (Český horolezecký svaz), Atletická 100/2, 16017 Praha 6, Tel./Fax 233 01 73 47, http://horolezectvi.cstv.cz.

▶ Radfahren

Zwischen Deutschland und Tschechien bestehen viele Grenzübergänge für Fußgänger und Radfahrer. Die grenzüberschreitende Fahrradmitnahme ist in vielen Zügen möglich. Bei der Tschechischen Bahn werden Fahrräder im Gepäckwagen oder -abteil transportiert, zumeist ist das Selbstverladen obligatorisch, die Fahrradfahrkarte kostet ca. 1 Euro. Fahrräder kann man in vielen Hotels und Touristenzentren ausleihen. Das ist oft teuer, meist werden Mountainbikes vermietet.
Auf allen Nebenstraßen kann man gut radeln, in Touristenzentren wur-

den spezielle Rundkurse für Fahrradfahrer ausgewiesen. Regionale Routen verlaufen oft auf Forst- und Wirtschaftsstraßen oder Wanderwegen. In allen Mittelgebirgen sind Mountainbiker aktiv, für sie stehen häufig asphaltierte Forstwege zur Auswahl (vor allem im Riesen-, Iser- und Adlergebirge sowie im Böhmerwald). Radfahrkarten (Velká cykloturistická mapa) vertreibt beispielsweise der Verlag SHOCart Zlín. Zusammen mit Karten im Maßstab 1:75 000 wird eine reichhaltige Infobroschüre verkauft (www.shocart.cz/engl./kolo.htm). Auch von Südböhmen gibt es die ausgezeichneten Radkarten ›Jihočeské Cyklotrasy‹ im Maßstab 1:75 000 von Geodézie ČS.
Radrouten: Detaillierte Radwegbeschreibungen enthält die Broschüre ›Radfahren in grenzenloser Weite‹, herausgegeben von der Tschechischen Zentrale für Tourismus.
Infos über Radwege im Internet: www.czech-tourist.de.

▸ Reiten
In Touristenzentren bieten Reitschulen vielfältige Angebote. Berühmt ist das Altkladruber Pferd, das einzige seiner Herkunft nach reinrassige Pferd, das in Tschechien gezüchtet wird. Viele schöne Landschaften kann man auch vom Sattel aus kennenlernen. Wenn Sie einen speziellen Reiturlaub planen, wenden Sie sich am besten an ein Čedok-Reisebüro.
Infos: Tschechische Reitföderation (Česká jezdecká federace), Atletická 100/2, 16017 Praha, Tel./ Fax 233 35 43 99.

▸ Wandern
Tschechien ist ein Paradies für Wanderer. Das ganze Land ist von einem einheitlich markierten Wegsystem durchzogen. Es werden vier Farben im Mittelteil (oben und unten weißer Streifen) verwendet. Rot (Fernwanderweg, Hauptwanderweg, Kammweg), blau (Strecken mittlerer Länge), grün (regionale Wanderwege), grüner Schrägstrich (Naturlehrpfad), gelb (Verbindungswege). An den Wegkreuzungen und Abbiegungen befinden sich Wegweiser mit Orts- und Kilometerangaben. Die besten Wanderkarten gibt der Klub Tschechischer Touristen (Klubu českých turistů) heraus. Alle Karten erscheinen im Verlag VKÚ Harmanec einheitlich im Maßstab 1:50 000, für das Riesengebirge auch im Maßstab 1:25 000. Einige Karten sind auch mit Informationen in deutscher Sprache erschienen. Eine Karte kostet vor Ort etwa 3 Euro.
Infos: www.klubturistu.cz.

▸ Wassersport/Wasserwandern
Schon ein flüchtiger Blick auf eine Karte der Tschechischen Republik zeigt viele Flüsse und Bäche, die sich hervorragend für wassersportliche Aktivitäten eignen. Für viele Flußgebiete existieren spezielle Wasserwanderkarten (Vodácká mapa).
Als beliebteste Wasserwanderstrecke

gelten die Flüsse Eger (Ohře), Moldau (Vltava), Sazau (Sázava), Beraun (Berounka), Angel (Úhlava), Wottawa (Otava), Lainsitz (Lužnice), Elbe (Labe), Iser (Jizera), Iglawa (Jihlava), Thaya (Dyje), March (Morava), Oder (Odra), Oppa (Opava) und Olsa (Olše).
Zumeist eignen sich die sauberen Bach- und Flußoberläufe. Auf der ›Vodácká mapa‹ sind alle günstigen Einsatzpunkte für Wasserrouten eingetragen, einschließlich der Anbindung an das Straßen- und Schienennetz. Aus der Farbmarkierung werden die Schwierigkeitsgrade ersichtlich. Auch die Höhenlage am Einsatzpunkt und die Flußkilometrierung sind zu entnehmen. Beliebte Strecken werden von anspruchsvollen Wettkampfstrecken unterschieden. An den Wasserläufen befindliche Campingmöglichkeiten sind eingezeichnet. Wasserwanderkarten des Verlages SHOCart Zlín: www.shocart.cz/cze/voda.htm

▸ Wintersport
Viele Wintersportler werden von der Schneesicherheit der böhmisch-mährischen Mittelgebirge angelockt. Für Abfahrts- und Skilangläufer bestehen vielerorts ideale Bedingungen. Über Schneehöhen in Wintersportzentren informiert das ADAC-Schneetelefon (Tel. 018 05/23 22 21) oder die deutschsprachigen Internetseiten: www.holidayinfo.cz.

Riesengebirge
Urlauberzentren sind Špindlerův Mlýn, Pec pod Sněžkou, Harrachov, Rokytnice nad Jizerou und Janské Lázně. Hier gibt es Skischulen und Ausleihstationen, Abfahrtspisten unterschiedlicher Schwierigkeitsgrade, Langlaufloipen, Ski- und Sessellifte sowie mehrere Skischanzen.

Isergebirge
Die ausgedehnten Kammlagen sind ideal zum Skilanglauf. An den Südhängen existieren Abfahrtspisten. Skisportzentren sind Bedřichov, Severák-Loučky, Jiřetín pod Bukovou und Jizerka.

Erzgebirge
Das größte Wintersportzentrum befindet sich um Jáchymov, Klínovec und Boží Dar. Boží Dar bietet sanfte Abfahrten für Anfänger.

Böhmerwald
Das Gebirge an der deutsch-österreichischen Grenze bietet mit seinen riesigen Hochplateaus ideale Verhältnisse zum Skilanglaufen. Die größten Skisportzentren sind Železná Ruda, Zadov-Churánov und Kvilda.

Weitere Wintersportzentren sind Nové Město na Moravě auf der Böhmisch-Mährischen Höhe, Deštně, České Petrovice und Olešnice v Orlickych horách im Adlergebirge, Karlov pod Pradědem, Ramzová, Ovčárna, Červenohorské sedlo und Nová Ves u Rýmařova im Altvatergebirge sowie Portáš und Pustevny/ Radhošt' in den Beskiden.

Telefonieren

Im ganzen Land sind Kartentelefone installiert. Gespräche in die Nachbarländer sind kein Problem. Auch das Handy funktioniert problemlos, nur in einigen Gebirgstälern kann Funkstille herrschen. Telefonauskunft 1180 (national), 1181 (international). Notrufnummern: Polizei (158), Schnelle ärztliche Hilfe (155), Straßenhilfsdienst (154) Feuerwehr (150). Aus Tschechien nach Deutschland wählen Sie die Vorwahlnummer 00 49, nach Österreich 00 43 und der Schweiz 00 41, danach folgt die jeweilige Ortskennzahl ohne die erste 0. Nach Tschechien gilt aus Deutschland, der Schweiz und Österreich die gemeinsame Vorwahlnummer 004 20, danach wählen Sie die neunstellige Telefonnummer. Im September 2002 wurde das Telefonnetz des Landes umgestellt. Seitdem gibt es keine Vorwahlnummern mehr. Telefonauskunft im Internet: http://phone.quick.cz. Tragen Sie den Namen (Příjmení) oder die Firma (z. B. Hotel, Penzion, chata) ein, unter Obec muß die Stadt oder Gemeinde genannt werden. Löschen Sie das Feld používám diakritiku. Dann starten Sie die Suche, Osoby für Personen oder Firmy für eine Firma.

Unterkünfte

Viele Reisebüros in Deutschland bieten Übernachtungen in Hotels, Ferienhäusern oder Pensionen an. Man kann aber auch auf eigene Faust vor Ort organisieren oder vor Reisebeginn eine Unterkunft bestellen.

▶ Hotels

Die Sternklassifikation 1 bis 5 ist üblich: 1 Stern = sehr einfach, zwei Sterne = Zimmer mit Dusche, drei Sterne = Zimmer mit Bad. Doch allein von Sternen sollte man sich nicht leiten lassen. Am besten man besichtigt das Zimmer, damit es keine Enttäuschung gibt. Das Personal spricht fast immer etwas Deutsch, so daß es keine Verständigungsprobleme geben sollte. In Prag und anderen Großstädten haben die renommierten Hotels längst Westniveau erreicht, auch bei den Preisen. Ein Einzelzimmer für 100 bis 200 Euro pro Nacht ist fast die Regel. In vielen Kleinstädten und Urlaubszentren kann man aber auch schon für 30 bis 40 Euro pro Doppelzimmer in einem schönen Hotel übernachten.

▶ Pensionen

Familienpensionen haben in den letzten Jahren einen Boom erlebt. Oft ist hier eine kleine Gaststube/Bar angeschlossen – eine gute Alternative für Reisende, die nicht auf alle Annehmlichkeiten verzichten, aber auch nicht zu tief in die Tasche greifen möchten. Etwa 15 bis 20 Euro pro Nacht und Person sind zu zahlen, darin ist meist ein Frühstück enthalten.

▶ Privatzimmer
Der Statistik nach soll aufgrund der gestiegenen Lebenshaltungskosten und des immer noch sehr bescheidenen Lohnniveaus beinahe jede zweite tschechische Familie gezwungen sein, Zimmer zu vermieten. Überall an Fernverkehrsstraßen und in landschaftlich schönen Gegenden trifft man auf das deutschsprachige ›Zimmer frei‹. Hier helfen Sie nicht nur, das Familieneinkommen ihres Vermieters aufzubessern, sondern Sie haben auch eine gute Möglichkeit, die Lebenssituation der Menschen kennen zu lernen. Oft ergibt sich ein interessantes Gespräch oder Sie erleben echte Gastfreundschaft. Die Zimmer haben allerdings recht unterschiedliches Niveau. Bevor Sie zusagen, besichtigen Sie am besten die Unterkunft. Einfache Privatzimmer kosten zwischen 7 und 14 Euro pro Nacht und Person.

▶ Touristenherbergen (Turistická ubytovna) und Berghütten (Horská bouda)
Diese beiden Übernachtungsmöglichkeiten sind für anspruchslose Globetrotter, Bergwanderer und Schülergruppen gedacht. Sie bieten zumeist Plätze in Mehrbettzimmern. Wenn genügend Platz ist, haben Sie in diesem Fall ein Zimmer für sich und bezahlen auch nur die benötigten Betten. Manchmal existiert zumindest ein Waschbecken im Zimmer oder es gibt einen zentralen Waschraum und Duschen. Sind in Berghütten Kinder- und Jugendgruppen untergebracht, dann ist meist mit einer schlaflosen Nacht zu rechnen. Kosten: 5 bis 10 Euro pro Nacht und Person.

Unterwegs im Land

Mit dem Autobus

Das Busnetz wird vom Unternehmen ČSAD und einigen anderen Firmen wie Connex Morava bedient. Bushaltestellen (autobusova zastávka) und Busplätze befinden sich meist in der Nähe von Bahnhöfen. Busfahren ist etwas teurer, als mit der Bahn zu reisen. Dafür kommt man mit dem Bus auch in fast jedes kleine Dorf. Große Gepäckstücke wie Rucksäcke und Skier verstaut der Fahrer mitunter im Gepäckraum. Das Gepäck muß meist extra bezahlt werden.
Fahrpläne: www.vlak-bus.cz
Wichtige Symbole an Busfahrplänen:

X	verkehrt nur werktags (Mo bis Fr)
b	verkehrt werktags und Sa
A	werktags vor Sa oder Feiertagen
g	täglich außer Sa
a	Sa, So und an Feiertagen
S	Sa
+	So und Feiertage
c	an Schultagen

h	in den Schulferien
V	verkehrt an Arbeitstagen vor einem arbeitsfreien Tag bzw. Freitag
r	nicht am 24. und 31.12.
L	im Sommer
Z	im Winter
1-7	Mo bis So
p	Mo

Mit der Eisenbahn

Die Tarife sind immer noch sehr günstig. Seit der letzten Tarifanpassung kostet ein Bahnfahrschein für eine Strecke von 100 Kilometern 4, für 500 Kilometer 18 Euro.
Bei der Fahrt mit Personenzügen sollte man Zeit mitbringen, das gemütliche Tempo läßt viel Muße zum Hinausschauen. SuperCity- (SC), Eurocity- (EC) und Intercity-Züge (IC) sind zuschlagpflichtig. Fahrkarten (jízdenka) gelten bis 200 Kilometer Entfernung einen Tag, darüber hinaus drei Tage. Der Ausstellungstag gilt als 1. Tag. Die Fahrkarte kann bis Mitternacht des 3. Tages benutzt werden. Fahrtunterbrechungen während dieses Zeitraumes sind problemlos möglich. An Haltepunkten der Regionalbahn gibt es oft keinen Fahrkartenschalter, in diesem Fall sollten Sie sich umgehend beim Schaffner des Zuges melden. Im grenznahen Bereich gilt das DB-Schöne-Wochenend-Ticket als ›Deutsch-tschechischer Freundschafts-Fahrschein‹ (německo-české jízdenky přátelství) auch auf böhmischen Bahnstrecken mit den Zielorten Liberec, Děčín, Ústí nad Labem, Litoměřice, Karlovy Vary, Mariánské Lázně, Plzeň, České Budějovice, Český Krumlov und einigen anderen. Es kostet am Automaten 30, am Schalter 32 Euro und gilt entweder am Samstag oder am Sonntag von 0 bis 3 Uhr des Folgetages. Werktags kann man in Sachsen das neue Böhmen-Ticket lösen, das am Automaten 27 Euro kostet. Es gilt ebenfalls für bis zu fünf Personen, von Mo bis Fr ab 7 Uhr des angegebenen Geltungstages bis 3 Uhr des Folgetages und an gesetzlichen Wochenfeiertagen bereits ab 0 Uhr in sächsischen Nahverkehrszügen sowie auf den grenznahen Strecken der Tschechischen Bahn wie beim DB-Wochenendticket. Wer ein Fahrrad grenzüberschreitend mitnimmt, zahlt für eine internationale Fahrradkarte 10 Euro. In Zittau kann man die Fahrradkarte zum günstigen tschechischen Tarif lösen, auch an den Grenzbahnhöfen Furth i. W. und Bayerisch-Eisenstein gelten andere Tarife. Infos Radfahrer-Hotline: 01805/151415.
Auch in Tschechien gibt es ein Wochenendticket (SONE): Es gilt einen Tag für bis zu zwei Erwachsene und drei Kinder, kostet für Regionalzüge 130 Kč, für Schnellzüge 360 Kč und ist auch auf grenznahen deutschen Bahnstrecken gültig.
Die Euro-Neisse-Tageskarte gilt im Tarifgebiet ZVON (Niederschlesischer Oberlausitzkreis, Landkreis Bautzen,

Landkreis Löbau-Zittau) sowie grenzüberschreitend auch im Kreis Liberec. In Deutschland kostet die Tageskarte 10 Euro, in Tschechien 4,50 Euro (hier heißt der Fahrschein Libnet plus). Preisbeispiel: Von der brandenburgisch-sächsischen Landesgrenze (Bahnhof Spremberg) bis Harrachov fährt man für 10 Euro, mit der Kleingruppenkarte für 20 Euro können bis zu fünf Personen günstig Bahn fahren. Die Fahrkarte ist beim Zugbegleiter der Lausitzbahn (Cottbus-Zittau) erhältlich, in Tschechien nur am Bahnschalter. Bei Vorlage des Studentenausweises (ISIC) bekommt man knapp 50 Prozent Rabatt auf Zeitnetzkarten, zwei Tage Bahnfahren – ohne Kilometerbegrenzung – kosten statt 400 Kč nur 220 Kč. Wer bereits bei der Hinfahrt den Tag der Rückreise kennt, läßt sich ein DB-Wochenendticket vordatieren. Internationale Fahrkarten sind wie in Deutschland auch in Tschechien zwei Monate lang gültig. Die Fahrt kann im Geltungsbereich beliebig oft unterbrochen werden. Inlandfahrkarten sind im Fernverkehr zumeist drei Tage lang gültig, im Regionalbereich nur einen Tag. Das Netz der Tschechischen Bahnen (ČD) ist noch sehr engmaschig, und man kann fast das gesamte Land auf der Schiene erkunden.

www.bahn.de, www-vlak-bus.cz.
Einige wichtige Vokabeln:

Abfahrt	odjezd
Ankunft	příjezd
Bahnhof	nádraží
Fahrplan	jízdní řád
Liegewagen	lehátkový vůz
Platzkarte	místenka
Schnellzug	rychlík
Verspätung	zpoždění
Zug	vlak

Einige wichtige Fahrplansymbole:

R	Reservierung erforderlich (Platzkarte)
X	verkehrt werktags (Mo bis Fr)
+	verkehrt feiertags
L	im Sommer
Z	im Winter
S	verkehrt an Sa
A	letzter Arbeitstag vor Sonn- oder Feiertagen
1	Montag
7	Sonntag

Stadtbuslinien, Straßenbahn, Metro
Fahrkarten erhalten Sie an Automaten oder an Verkaufsstellen der Verkehrsbetriebe, oft auch an Zeitungskiosken, Schreibwarenläden etc. Nach dem Einsteigen müssen Sie die Fahrkarte sofort entwerten. Die Umsteigebedingungen variieren von Ort zu Ort, im Zweifelsfall sollten Sie lieber neu lösen. Jede Stadt hat ihre eigenen Stadtlinienfahrkarten, sie können nur im jeweiligen Regionalbereich verwendet werden.

Mit dem Auto

Der Straßenzustand ist fast ausnahmslos gut. Die Verkehrsvor-

schriften wurden weitgehend den EU-Vorschriften angeglichen; es bestehen jedoch absolutes Alkoholverbot, Gurtpflicht und Handyverbot am Steuer. Im Winter muß auch am Tage mit Licht gefahren werden.
Geschwindigkeitsbegrenzungen:
130 km/h auf Autobahnen
90 km/h auf Straßen außerhalb geschlossener Ortschaften
80 km/h für PKW mit Anhänger
50 km/h innerhalb von Ortschaften
30 km/h ab 30 Meter vor Bahnübergängen bis nach deren Überquerung.
In Städten sowie auf Autobahnen und Hauptstraßen existieren Zapfsäulen mit Nonstop-Betrieb, ansonsten haben Tankstellen nachts sowie an Sonn- und Feiertagen oft geschlossen. Ende 2005 betrug der Preis für Eurosuper etwa 1,10 Euro, für Diesel etwa 1 Euro.

Autohilfsdienst
ADAC-Mitglieder, Tel. 261 10 43 51
Notrufe (gelten landesweit):
Polizei, Tel. 158
Unfallarzt, Tel. 155
Feuerwehr, Tel. 150

Leihwagen
Das Zweigstellennetz wird ständig ausgeweitet. Ansprechpartner sind am Flughafen Prag-Ruzyně, aber auch in Hotels zu finden. Die Preise entsprechen dem westeuropäischen Niveau, für einen Škoda je nach Wagentyp ab 35 Euro pro Tag. Der Besitz einer Kreditkarte ist wie überall Bedingung.

Avis-Büro Prag, Klimentská 46, Tel. 221 85 12 29.

Hertz-Büro Prag, Karlovo nám. 28, Tel. 222 23 10 10.

Rent a car, v.dvorak@dvorak-rentacar.cz, www.dvorak-rentacar.cz.

Taxi
›Kolik stoij kilometr?‹ heißt: ›Was kostet der Kilometer?‹ Das Taxameter sollte funktionieren, damit Sie jederzeit über den aktuellen Fahrpreis informiert sind. Auf Verlangen ist der Fahrer auch verpflichtet, eine Quittung auszustellen. Gesetzlich vorgeschrieben ist auch die Währung: nur tschechische Kronen. Wenn der Fahrer dennoch Euro wünscht, dann achten Sie auf den aktuellen Kurs.
In Prag kostet der Kilometer etwa 25 Kč (Euro 0,82). Hier kann man bei der Zentrale AAA, Tel. 233 11 33 11 oder bei Taxi Prag, Tel. 266 77 66 77 zu vernünftigen Gebühren ein Taxi bestellen.
Unser Taxitip: Daniel Hladík, mobil: 775 07 31 40.
Der Prager Bürgermeister verkleidete sich Anfang 2005 als italienischer Tourist, um die Ehrlichkeit der städtischen Taxifahrer zu überprüfen – mit erstaunlichen Ergebnissen. So sollte er für drei Kilometer satte 26 Euro zahlen.

Literaturhinweise

Belletristik

Božena Němcová, Die Großmutter, Prag 2004. Der Klassiker der tschechischen Literatur, der Roman zeichnet das böhmische Landleben des 19. Jahrhunderts und macht mit Gewohnheiten und Traditionen vertraut.

Michal Viewegh, Blendende Jahre für Hunde, Köln 1998. Roman des tschechischen Kultautors über die Geschichte einer hinreißenden Familie, welche die Turbulenzen vom Anfang der 1960er Jahre bis hin zur Wende zu überstehen hat, witzig und nachdenklich zugleich.

Nikolaus Martin, Prager Winter – Ein ganz normales Leben, Fischer Taschenbuch Verlag: Frankfurt a. M. 1994. Roman eines unpolitischen Pragers, der die 1930er Jahre in der Moldaustadt genießt und nach der Okkupation in die Fänge der Gestapo gerät und das KZ Theresienstadt überlebt.

Květa Legátová, Der Mann aus Želary, München 2004. 1942 muß sich eine junge Ärztin in wenigen Stunden eine neue Identität zulegen, weil sie für eine Widerstandsgruppe arbeitet. Sie heiratet – aber nicht den Mann ihrer Träume. Die Lovestory war Vorlage für einen Spielfilm.

Sachbücher

Jiří Burgerstein, Tschechien, C. H. Beck, München 1998. Informative Gebrauchsanweisung für Land und Leute.

Jiří Gruša, Gebrauchsanweisung für Tschechien und Prag, Piper, München 2003.

Bildband

Prag und die Landschaften der Tschechoslowakei, Stern-Fotoreportage, Gruner + Jahr, Hamburg 1991. Immer noch empfehlenswert, eindrucksvolle Fotos, einfühlsame Essays über das Land kurz nach der ›samtenen Revolution‹.

Reisebücher

Kerstin und André Micklitza, Wandern im Riesengebirge‹, DuMont Reiseverlag: Köln 2002 (DuMont aktiv). 30 Wandertouren im Riesengebirge, exakte Beschreibungen, Karten, Höhenprofile und Zeitangaben.

Dies., Durchs Prebischtor zur Schneekoppe, 2. Aufl. Lusatia Verlag: Bautzen 1998. 20 Wandertouren von der Böhmisch-Sächsischen Schweiz bis hin ins Riesengebirge werden in kleinen Reisereportagen beschrieben.

Dies., Von der Schneekoppe zum Altvater, Lusatia Verlag: Bautzen 1998. 20 Wandertouren vom Riesengebirge bis zum Altvatergebirge, einer der wenigen deutschsprachigen aktuellen Informationsquellen zu den Ostsudeten.

Tschechien im Internet

Unser Nachbarland präsentiert sich im Internet mit einer Vielzahl von Webseiten. Die meisten von ihnen, die touristische Informationen anbieten, sind auch in deutscher oder englischer Version abrufbar. Die Qualität ist aber sehr unterschiedlich. Die folgende Auswahl bietet die wichtigsten Informationen für Reisende nach Tschechien.

Allgemeine Informationen

www.tschechien-online.org
Ein deutschsprachiges Internetportal mit Suchfunktion, vielfältigen Informationen von A bis Z sowie Nachrichten aus Wirtschaft, Tourismus und Kultur. Das Angebot wird durch Immobilien- und Kleinanzeigen sowie interessante Links ergänzt.

www.czechtourism.de
Die Tschechische Zentrale für Tourismus (Czechtourism) in Berlin stellt alle Regionen des Landes kurz und bündig vor. Ein Archiv von Pressetexten ist abrufbar. Ausführlich werden die Weltkulturerbe-Denkmäler in Tschechien beschrieben, darüber hinaus auch Burgen, Schlösser, Kirchen und Klöster. Auch Infos zu Aktivurlaub, Kurorten, Museen und Galerien sind zu finden.

www.bohemianet.com
Das Angebot umfaßt eine komplette Aufstellung der historischen Städte und wichtigsten Kulturdenkmäler mit vielen Fotos. Auch kann man hier Unterkünfte im gesamten Land suchen.

www.czecot.cz
Der Touristikserver der Tschechischen Republik mit der Möglichkeit zur virtuellen Besichtigung touristischer Sehenswürdigkeiten sowie Sport- und Freizeitobjekten. Man findet touristische Webkameras, einen Veranstaltungskalender, eine interaktive Karte sowie die Darstellung vielfältiger Sachthemen, darunter: böhmisches Bier und böhmisches Glas, Folklore, Badeseen. Hilfreich ist die Auflistung sämtlicher Infozentren im Lande. Auch eine Unterkunftssuche ist über diese Seite möglich.

Übernachtung
www.travelguide.cz
www.czechhotels.cz
www.hotel.cz
Durch Ortseingabe können viele Hotels, Pensionen und Privatunterkünfte sowie Campingplätze und Restaurants gesucht werden. Es werden die Adresse und oft auch die Preise angezeigt. Häufig kommt man per Link zur Homepage des Anbieters. Bei einer Buchung über das Internetportal erhält man mitunter einen Rabatt.

www.camp.cz
Diese Seite stellt alle Campingplätze

des Landes mit Adressen und Öffnungszeiten vor.

http://ubytovani.invia.cz
Das Reisebüro bietet eine Unterkunftssuche im Internet nach Region, Preis und Standard mit vielen sehr günstigen Angeboten.

www.ceskehory.cz
Mit einem Mausklick auf der Landkarte erhält man Foto, Infotext, Preise und Kontaktadresse der Unterkünfte. Für Kurzentschlossene werden auch Schnäppchenpreise offeriert.

www.nasehory.cz
Dieser Web-Auftritt (›Unsere Berge‹) hat sich auf Unterkünfte in tschechischen Gebirgen spezialisiert. Hier können auch viele Privatunterkünfte verglichen werden. Leider ist das Angebot in manchen Gegenden recht dürftig.

Touristeninformation über Prag
www.pis.cz
Der offizielle Prager Informationsservice mit einem ABC für Touristen, Kulturveranstaltungsterminen, Beschreibung der wichtigsten Sehenswürdigkeiten, ausführlichem Unterkunftsverzeichnis nach Kategorien, Infos zum Prager Nah- und Fernverkehr sowie Adressen-Suchfunktion.

www.welcome-to-prague.cz
Ähnlich dem Angebot www.pis.cz, hier auch Stadtpläne sowie Ausflugs- und Kulturtips der Redaktion.

www.praha-mesto.cz
Informationsserver aus dem Prager Rathaus, allerdings nur in tschechischer und englischer Sprache.

www.prague.cz
Umfangreiche touristische Infos über die ›Goldene Stadt‹ in englischer Sprache.

www.ctg.cz
Einige ausgewählte Prager Adressen zu Restaurants, Autovermietern, Stadtführern, Kultur, Sport und Unterhaltung.

Kulturveranstaltungen/Festivals
www.ticketsbti.cz
Eintrittskarten für die Staatsoper Prag, das Nationaltheater, die Laterna Magika und das Schwarze Theater sowie für Konzerte des Tschechischen Philharmonie- und Symphonieorchesters.

www.ticketpro.cz
Nur tschechische und englische Version: Eintrittskarten für Veranstaltungen in ganz Tschechien (Musik, Theater und Sport).

www.czech-inspiration.cz
›Tschechische Inspiration‹ unter dem Motto: Kultur gibt's nicht nur in Prag. Kulturveranstaltungen in acht Städten mit Kontaktadressen.

www.festival.cz
Hier findet man alle wichtigen Infos über das alljährliche Musikfestival ›Prager Frühling‹ im Mai.

www.pim.cz
Infos, Kontakte und Anmeldung zum Internationalen Prag-Marathon.

www.pragueautumn.cz
Hier findet man alle wichtigen Infos über das alljährliche Musikfestival ›Prager Herbst‹ von September bis Oktober, jedoch nur in tschechischer und englischer Sprache.

www.mhfb.cz
Informationen zum Internationalen Musikfestival Brno in tschechischer und englischer Version.

www.iffkv.cz
Informationen zum alljährlichen Internationalen Filmfestival in Karlovy Vary (Juli), in tschechischer und englischer Sprache.

http://festival.divadlo.cz
Informationen zum alljährlichen Internationalen Theaterfestival in Plzeň (September).

Burgen und Schlösser
www.zamky-hrady.cz
Schlösser, Burgen, aber auch einige Museen, Kirchen, Klöster und historische Städte in Tschechien werden kurz beschrieben und auf stimmungsvollen Fotos dargestellt.

Kultur in Prag
www.hrad.cz
Informationen zur Prager Burg, zum Präsidenten und zur Tschechischen Republik, zur Zeit nur in tschechischer und englischer Sprache. Die deutsche Version wird überarbeitet.

www.ngprague.cz
Informationen zur Nationalgalerie in Prag, nur tschechisch und englisch.

www.narodni-divadlo.cz
Infos und Programmübersicht des Nationaltheaters in Prag (Ballett, Oper und Schauspiel).

Folklore
www.fos.cz
Hier findet man landesweit die Folklorefestival-Termine, zur Zeit sind weitere Infos nur in der tschechischen Version verfügbar.

Museen und Galerien
www.cz-museums.cz
Unterteilt in 14 Regionen, findet man hier die Adressen und Öffnungszeiten der Museen und Galerien in Tschechien, leider nur in tschechischer Sprache.
Bei der Suchanfrage wird unter Vyberte region zuerst die gewünschte Region ausgewählt, unter Vyberte město muß im Kasten »všechna města« stehen, unter Vyberte obor »všechny obory«. Klickt man dann auf den Button »Najdi muzeum«, werden alle regionalen Adressen und Infos angezeigt.

Flug-, Bus- und Zugfahrpläne
www.czech-airlines.com
Web-Auftritt des Prager Flughafens mit Flugverbindungssuche.

www.vlak-bus.cz
Bahnfahrten (Tschechien und Europa), Busfahrten (Tschechien, auch Slowakei und der ÖPNV in den größeren tschechischen Städten) sowie Flüge. Vorbildliche Suchmaske, auch in deutscher Version mit Preisangabe.

Gebirge
www.holidayinfo.cz
35 Webkameras zeigen das aktuelle Wetter in den Gebirgen des Landes. Man bekommt Infos zu Seilbahnen und Liften (Betriebszeiten, Preise), im Winter werden die Schneehöhe, die Schneequalität und die Temperatur übersichtlich angezeigt. Außerdem kann der Nutzer auf der Seite auch Unterkunftsanfragen per Webformular starten.

Natur- und Kulturreisen
www.heritage-trails.cz
Themenwanderungen, Rad- und Autotouren, Reiten sowie ausgewählte Unterkünfte.

www.czechitnow.com
Online-Auftritt des Verbandes der Unternehmer der Land- und Agrotouristik mit Angeboten ›Ferien auf dem Bauernhof‹.

Restaurantführer/Musikclubs
www.squaremeal.cz
Restaurantsuche in Prag in den einzelnen Stadtteilen nach Art der Küche, Preisen und weiteren Wünschen wie Ausblick, Musik, Garten, historisches Interieur etc. Platzreservierung möglich. Aktuelle Auflistung der zehn besten Prager Restaurants.

www.radostfx.cz
Homepage eines beliebten Prager Musikclubs.

Neuigkeiten
www.pragerzeitung.cz
Onlineauftritt der Prager Wochenzeitung mit gekürzten Artikeln der Printausgabe, darunter auch häufig zum Thema Tourismus.

www.praguepost.cz
Englischsprachige Infos über Prag und Tschechien, u.a. aktuelle Wirtschaftsdaten, Jobangebote, aber auch Restaurantbeurteilungen.

Bücher- und Kartenverkauf
http://shop.mittelosteuropa.com
Ein deutscher Online-Buchhändler beschafft die gesuchten Reiseführer, Wander- oder Radkarten auch von tschechischen Verlagen. Allerdings ist eine Lieferzeit von ca. zehn Tagen einzuplanen.

Die Autoren

Die Cottbuser Reisejournalisten Kerstin und André Micklitza haben zahlreiche Reiseführer veröffentlicht. Im Trescher Verlag erschienen von ihnen ›Die polnische Ostseeküste entdecken‹ (4. Auflage 2004) und ›Die Lausitz entdecken‹ (1. Auflage 2005).

Fotoausstellungen zu Polen und Tschechien fanden in Brandenburg und Sachsen großen Anklang.
Die Autoren sind freie Mitarbeiter bei verschiedenen Reise- und Kundenzeitschriften. Regelmäßig veröffentlichen sie auch Reportagen und Berichte in mehreren großen Tageszeitungen in Ost- und Westdeutschland.

Danksagung

Für die gewährte Unterstützung an Frau Agathe Vavrik und Herrn Mgr. Miroslav Rončák (Tschechische Zentrale für Tourismus in Berlin) sowie Herrn Ondřej Duda aus Nová Pec. Frau Renata Tylová brachte uns Prag mit Liebe näher und las das Prag-Kapitel Korrektur. Ein Dankeschön auch an Frau Jitka Zikmundová von der Touristikinformation Český Krumlov und Frau Mgr. Hana Jirmusova vom Egon-Schiele-Art-Centrum für die gute Zusammenarbeit. Frau Martina Novotná war bei der Organisation einer Reise nach Teplice v Čechach sehr behilflich, ein Dankeschön an die freundliche Stadtkennerin Jutta M. Benešová. Danke auch an den Globetrotter Gustav Ginzel, der mit uns im Misthaus in Klein-Iser (Jizerka) wochenlang Manuskripte korrigierte. Mit seinem Wissen und vielen persönlichen Tips hat er unseren ›böhmisch-mährischen Horizont‹ wesentlich erweitert.

Kartenregister

Ortsregister tschechisch-deutsch

Ortsregister deutsch-tschechisch

Register Prag

Personen- und Sachregister

Bildnachweis

Alle Fotos Kerstin und André Micklitza, außer: 40, 41, 81, 82o., 82u., 83o., 83u., 84, 100, 119, 154, 157, 160, 167, 168, 173, 175, 176, 181, 182o., 182o., 194, 196, 257, 280, 287, 382o., 382u. (Thomas Härtrich/transit-Archiv-Leipzig), 297, 395, 418, 428, 429 (Tomaš Ullman)
Titel: Wasserschloß Červená Lhota (Kerstin Micklitza)